2판

스마트시대 농업경영학

김배성·김태균·김태영·백승우
신용광·안동환·유찬주·정원호

박영사

제2판 머리말

'스마트시대 농업경영학'의 개정판을 발간하게 되어 매우 기쁩니다. 지난 2017년 초판 발간 이후, 농업 분야는 급격한 변화를 겪어왔습니다. 특히, 4차 산업혁명의 도래와 함께 스마트농업이 농업경영의 중요한 요소로 자리 잡게 되었습니다. 이에 따라, 이번 개정판에서는 '제14장 스마트농업과 농업경영'을 새롭게 추가하여, 현대 농업경영의 최신 동향과 실천 방안을 다루고자 합니다.

스마트농업은 정보통신기술(ICT), 인공지능(AI), 빅데이터, 사물인터넷(IoT) 등의 첨단 기술을 활용하여 농업 생산성을 극대화하고, 자원 효율성을 높이며, 환경 친화적인 농업을 실현하는 것을 목표로 합니다. 이러한 기술들은 농업 경영자들에게 새로운 기회를 제공함과 동시에, 기존의 농업 경영 방식을 혁신적으로 변화시키고 있습니다.

농업은 단순히 식량을 생산하는 것을 넘어, 우리의 삶과 환경에 큰 영향을 미치는 중요한 산업입니다. 따라서, 농업 경영자들은 변화하는 환경에 능동적으로 대응하고, 지속 가능한 농업을 실현하기 위해 끊임없이 노력해야 합니다. 이번 개정판이 이러한 노력에 작은 도움이 되기를 바랍니다.

스마트농업의 도입은 농업 경영자들에게 많은 도전과 기회를 제공합니다. 예를 들어, 드론을 활용한 정밀 농업, 자동화된 농기계, 스마트 센서를 통한 실시간 모니터링 등은 농업 생산성을 크게 향상시킬 수 있습니다. 또한, 빅데이터 분석을 통해 농작물의 생육 상태를 예측하고, 최적의 재배 방법을 제시함으로써 자원 효율성을 극대화할 수 있습니다.

스마트농업은 또한 환경 친화적인 농업을 실현하는 데 중요한 역할을 합니다. 예를 들어, 스마트 관개 시스템을 통해 물 사용량을 최적화하고, 농약 사용을 최소화함으로써 환경 오염을 줄일 수 있습니다. 이러한 기술들은 지속 가능한 농업을 실현하는 데 큰 도움이 될 것입니다.

이번 개정판에서는 이러한 스마트농업의 다양한 사례와 적용 방법을 다루고 있습니다. 독자 여러분께서 이 책을 통해 스마트농업의 개념을 이해하고, 실제 농업 현장에서 활용할 수 있는 구체적인 방법을 배우시길 바랍니다. 또한, 스마트농업이 가져올 수 있는 경제적, 환경적, 사회적 이점에 대해 깊이 생각해 보시길 바랍니다.

끝으로, 이 책이 농업 경영자, 연구자, 학생 등 모든 독자들에게 유익한 지침서가 되기를 기대하며, 앞으로도 지속적인 관심과 성원을 부탁드립니다. 이번 개정판이 여러분의 농업 경영에 작은 도움이 되기를 바랍니다.

감사합니다.

2024년 8월
저자 일동

정보화 사회는 풍부한 정보량, 신속 정확한 정보매체, 효율적 정보변환 및 저렴하고 용이한 정보접근 등 정보력에 의해 과거 산업사회와는 달리 정치, 경제, 사회, 문화적 측면에서 급속한 변화를 가져오고 있다. 예를 들면 예전에는 자리에 앉아서 해결했던 인터넷을 통한 각종 정보검색, 인터넷 쇼핑, 금융거래, 길찾기, 교통정보, 문화관광, 맛집, 신문/DMB방송, 주식거래, 이메일 등 일상생활에 필요한 전방위 정보들을 이제는 걸어 다니면서 이용할 수 있을 정도로 정보화 사회는 급속히 진행되고 있다.

    이러한 변화의 중심에는 바로 정보라는 가치수단이 있다. 즉, 과거 전통적인 농업사회에서 산업사회를 거쳐 고도 지식정보화 사회로 이행해 오면서 생산수단 또한 토지에서 에너지와 자원, 정보로 바뀌고 있다는 것이다. 이러한 정보화 사회로의 발전은 산업적 생산양식에서 정보적 생산양식으로 변화되고 있으며, 정보가 곧 돈이 되는 사회로 바뀌고 있음을 의미한다. 또한, 정보는 생산과 유통, 소비되는 과정에서 새로운 가치창출을 유도하고, 이를 통해 자본축적의 새로운 수단으로 작용하기 때문에 정보의 생산과 유통, 양과 질에 따라 지역 간, 계층 간, 산업 간 격차가 발생하게 된다. 이처럼 정보가 가지고 있는 힘은 과거에도 그러했듯이 미래사회에서도 더욱더 가치창출 수단으로 중요하게 작용할 것이다.

    이러한 변화와는 달리 농업분야는 고령화와 탈농화로 농업노동력의 질적·양적 악화는 물론 기후변화에 따른 생산조건의 악화, 국제화에 따른 농산물 수입개방으로 농산물 가격의 상대적 저위, 농자재 가격상승에 따른 비용증가 등 대내외적 환경은 더욱 열악해지고 있다. 뿐만 아니라 농업부문의 정보격차도 일반 국민이나 취약계층에서 가장 낮은 수준이다.

    일반적으로 농업은 부가가치가 낮은 산업으로 평가되고 있다. 그 요인은 부가가치라는 것이 생산단계부터 창출되는 것이지만 유통과 가공, 판매과정에서 보다 더 많은 부가가치가 창출되는 반면 농업은 토지를 기반으로 원료 농산물을 생산하여 공급하는 경제활동에 한정되어 왔기 때문이다. 따라서 농업이 안고 있는 대내외적 환경조건을 극복하고, 농업을 좀 더 부가가치가 높은 산업으로 발전시키기 위해서는 농산물 생산단계에서부터 가공과 유통까지 통합한 농식품 산업으로 육성할 필요가 있으며, 이 과정에서 경쟁력의 원천인 정보기술을 기반으로 한 내부정보 생산 및 외부정보를 결합한 통합정보시스템 구축이 전제되어야 한다. 이러한 측면에서 농업경영은 농업내부의 정보생산과 분석, 활용을 통한 경영성장과 발전의 가장 중요한 수단이 될 것이다.

또한, 과거 농업의 역할은 비농업부문으로의 인력공급과 값싼 농산물 공급원으로서 역할을 담당해 왔으나 농업노동력의 질적·양적 감소와 도농간 소득격차로 인해 과거와 같은 기능과 역할을 담당하기에는 한계에 도달하고 있다. 식량 자급률 저하와 농가인구의 급속한 감소, 농촌지역의 초고령화 사회로의 이행 등이 지속된다면 농업은 소멸될 것이라는 위기의식을 반영하여 사회적 공감대를 형성해 나가야 하며, 미래농업은 녹색성장의 중심적 역할과 식량의 안정적 확보, 안전한 농산물 공급원으로서 역할을 담당해야 한다.

이러한 농업의 역할변화에 따라 농업인의 역할도 변화되어야 한다. 과거 의존적·의타적 농업경영 방식에서 탈피하여 비즈니스 감각을 갖춘 경영자, 시장메커니즘하에서 합리적인 경제행위를 하는 경영자, 농업경영관리 기능을 갖춘 경영자 등 경영역량을 가지고 국제화 시대에 대응할 수 있는 경영혁신이 요구된다. 경영혁신은 우리가 농사를 지으면서 수지타산이 맞는지 또는 왜 손해를 보았는지 정확하게 파악할 수 있는 자료를 토대로 지속적인 경영개선을 통해 달성이 가능하다. 따라서 농업경영자가 농업을 영위하여 수지를 맞추고 계속 발전시켜 나가기 위해서는 영농활동 과정에서 발생하는 각종 자료를 집계·분류하고, 경영성과 분석, 경영진단과 설계, 경영 개선방안의 도출과 개선노력이 있어야 한다. 이러한 과정이 바로 농업경영의 과정이며, 실천적 의미를 가지고 있다. 즉, 농업경영은 외부조건과 내부조건을 종합하여 경영목표를 세우고, 이 목표를 달성하기 위해 각종 생산자재의 조달과 생산요소의 결합을 통해 생산활동을 수행한다. 이 과정에서 나오는 각종 자료는 물적·기술적 장부와 회계장부로 구분하여 기록하게 된다. 회계장부기록은 정해진 기장체계에 따라 자료정보를 집계하고, 여기에서 나온 결과를 기초로 재무제표를 작성하고, 물적·기술적 기록은 기술성과 집계표에 따라 정리한다. 이 두 자료를 종합하여 경영진단을 수행하게 되는데 재무제표 중 대차대조표에서는 안정성진단, 손익계산서에서는 수익성진단과 생산원가진단, 손익분기점진단을 수행한다. 그리고 기술성과의 집계자료를 통해 성과분석인 기술진단을 수행하게 된다. 진단과정에서 비교기준치를 설정하여 상호비교함으로써 문제발견과 경영개선과제를 제시하고, 차기 경영 계획을 수립하게 되는 것이다.

그러나 이러한 농업경영의 실천은 농업경영 주체의 실천적 의지에 의해 결정된다. 일반적으로 농업경영 형태는 가족경영과 법인경영, 전업경영과 겸업경영, 단일경영과 복합경영 등 다양한 형태가 있다. 어떠한 경영형태이든 간에 경영자의 경영이념과 사고, 의사결정 능력에 따라 경영성과가 좌우되고, 성공과 실패가 결정된다. 이는 농업경영의 성공요인이 자원과 자본, 환경 등에 의해 영향을 받지만 그 가운데 경영주 능력이 가장 결정적인 역할을 한다는 것이다. 농업기술을 생산현장에 적용하여 농산물을 생산하고, 농산물 가공과 상품개발, 농산물 유통과 판매, 농업수익 및 비용관리, 투자와 자산관리 등 모든 경영관리는 사람이 담당하기 때문이다. 농업생산을 담당하는 사람은 농업 생산성 향상을 위해 농법이나 기술, 생산관리 관련 능력을 향상시키고, 농산물가공이나 상품개발을 담당하는 사람은 이와 관련된 능력을 키우는 것이 개인과 사회를 성장시키는 원동력이 된다.

더욱이 현대사회는 기술혁신과 정보화의 진전에 따라 농업을 둘러싼 생산과 유통, 시장 등의 환경변화도 급속하게 변화되고 있다. 시장변화에서는 국민건강이나 환경에 대한 관심의 증대를 바탕으로 식품이나 농산물에 대해서도 안전하고 신선한 것을 추구하는 경향이 강해졌고, 낮은 가격의 식품이나 농산물에 대한 수요뿐만 아니라, 식품첨가물이나 농약 등 화학합성제를 사용하지 않는 식품이나 농산물에 대한 수요증가도 동시에 진행되고 있다.

이러한 식품이나 농산물에 대한 소비자의 수요변화는 농업경영 측면에서 농산물을 단순 출하형태에서 소비자와의 교류활동으로 직거래 확대나 가공을 통한 부가가치 창출, 관광농업을 통한 새로운 서비스를 제공하거나 식품 관련 사업이나 식자재 공급, 농촌어메니티 분야에도 참여하고 있으며, 이러한 사업영역의 확대는 새로운 비즈니스 기회를 제공하고 있다. 따라서 급속한 사회경제 환경변화 속에서 지속가능한 경영모델을 유지하기 위해서는 농업경영 주체들의 사회적 역할과 책임, 경영목표와 경영방침을 세우는 것이며, 이러한 모든 경영활동 영역을 통제하는 것은 경영관리 능력에서 출발하는 것이다.

본 저서는 이러한 시대적 환경변화에 맞추어 새로운 농업경영 비즈니스 모델을 만들고, 이를 실천하기 위한 경영관리 기법의 전반적인 이론적 체계화와 현실 적용이 가능한 실천 경영관리 기법으로 구성하고자 하였다. 이를 위해 제1장에서는 농업경영과 관련된 환경변화를 살펴보고, 제2장에서 는 농업경영의 개념과 접근방법에 대한 기존의 이론적 내용을 검토하였다. 제3장에서는 환경변화에 대응한 새로운 농업경영의 접근방법으로 전략경영의 접근방법을 제시하였으며, 제4장에서는 농업경영의 실천적 의미와 농업경영 주체자로서 갖추어야 할 농업경영 이념과 경영능력의 내용을 정리하였다. 제5장에서는 구체적으로 농업경영 실천을 위한 농업경영의 의의와 방법, 농업경영 성과분석과 진단, 경영개선 등 경영관리의 체계화를 정리하고, 제6장에서는 농업경영관리 영역 중 생산관리 측면에서 최적 생산과 투입수준 선택, 생산요소의 최적결합 방법, 제7장에서는 농업경영 조직관리에 대한 세부내용과 실천적 접근방법을 정리하였다. 제8장에서는 농업경영관리 중 화폐적 성과를 측정하기 위한 재무관리 방법, 제9장에서는 농업투자분석의 이론적 검토와 적용방법, 제10장에서는 위험과 불확실성하에서의 의사결정방법에 대한 이론적 접근과 실천전략, 제11장에서는 농업정보와 정보시스템을 활용한 의사결정 기법, 제12장은 앞서 언급한 농업경영의 이론적 내용과 적용방법을 활용한 영농창업 계획수립 방법, 제13장에서는 농업경영의 최종 단계인 농산물마케팅의 전략수립과 실천방법에 대한 내용을 정리하였다.

본 저서의 집필에는 농업경영 분야에서 학문적인 연구와 강의를 다년간 수행하였고, 관련 분야에서 활발하게 활동하고 있는 학자들이 참여하였다. 본 저서는 이러한 측면에서 기존의 농업경영학 이론을 한 단계 발전시키는 데 기여했다고 하겠다. 즉, 기존의 농업경영 분야의 이론적 내용을 검토하여 시대적 상황에 맞는 학문적인 접근방법과 다양한 현실적 경험을 기반으로 한 실천적인 접근방법을 병행하여 집필하였다. 또한, 농업경영에 대한 개념부터 농업경영 관리론적 접근방법, 의사결정 기법, 실천계획 수립에 이르기까지 실천적 학문으로서의 농업경영의 접근방법을 중심으로 집필하였다.

본 저서는 농촌진흥청 농업경영 연구진의 관심과 적극적인 지원에 의해 발간될 수 있었음에 깊은 감사를 드린다. 마지막으로 본 저서는 농업경영 분야의 성장과 발전을 위해 저술이 되었지만 수정 및 보완해야 할 내용들이 남아있을 것으로 생각하며, 앞으로 독자들의 지도와 편달을 통해 부족한 부분을 수정 및 개선해 나갈 것임을 밝히며, 본 저서를 통해 시대적 변화에 대응한 농업경영 분야의 활발한 학술활동을 기대해 본다.

2017년 9월
저자 일동

CONTENTS

PART 01 현대농업과 농업경영학   002

Chapter 01 **현대농업의 환경 변화와 농업경영**   **004**

    SECTION 01 경제발전과 농업성장   004

    SECTION 02 농업경영의 환경변화 요인   007

    SECTION 03 농업경영의 환경변화 요인   009

Chapter 02 **농업경영의 접근방법**   **020**

    SECTION 01 농업경영의 개념   020

    SECTION 02 농업경영과 농업경영학   024

    SECTION 03 농업입지론   025

    SECTION 04 농업경영의 규모와 집약도   030

    SECTION 05 농업경영의 조직화론   037

    SECTION 06 농업경영성과론   044

PART 02 전략경영과 농업경영자 능력   052

Chapter 03 **농업경영의 발상 전환과 전략경영**   **054**

    SECTION 01 현대 농업경영의 발상 전환과 중요성   054

    SECTION 02 전략경영의 개념   055

    SECTION 03 농업 외부 및 내부환경 분석   057

    SECTION 04 농업의 6차 산업화 개념과 접근방법   062

    SECTION 05 경쟁우위와 전략경영   065

    SECTION 06 지식경영과 실천   069

Chapter 04 **경영이념과 농업경영자 능력**   **080**

    SECTION 01 농업경영자와 경영이념   080

    SECTION 02 농업경영자 능력의 개념과 발현과정   087

    SECTION 03 농업경영자 능력의 평가와 활용   093

PART 03 농업경영의 관리기법   106

Chapter 05 **농업경영관리와 경영개선**   **108**

    SECTION 01 농업경영과 농업경영학   108

    SECTION 02 농업경영성과 분석과 진단   116

    SECTION 03 농업경영설계   130

Chapter 06 **생산경제 원리와 생산관리**   **141**

    SECTION 01 농업경영과 농업경영학   142

    SECTION 02 비용의 이해   145

    SECTION 03 최적 생산 및 투입 수준의 선택   149

    SECTION 04 최적 생산 및 투입 수준의 선택   151

Chapter 07 **농업경영 조직의 변화와 인적 자원관리**   **160**

    SECTION 01 농업경영 조직의 개념과 변화   160

    SECTION 02 농업경영 조직의 구성과 형태   165

    SECTION 03 농업경영 조직관리   176

Chapter 08 **농업의 재무관리 이해와 활용**   186

     SECTION 01   회계의 기초원리와 농업회계   186

     SECTION 02   재무회계의 이해와 활용   199

Chapter 09 **농업투자분석과 적용**   216

     SECTION 01   투자분석의 의의   216

     SECTION 02   화폐의 시간적 가치   217

     SECTION 03   투자분석 지표   218

     SECTION 04   농업투자분석의 적용   220

Chapter 10 **농장경영의 리스크 관리**   232

     SECTION 01   리스크의 종류와 원인   232

     SECTION 02   위험과 불확실성하의 의사결정   234

     SECTION 03   리스크 관리 전략   243

Chapter 11 **농업경영정보와 의사결정**   250

     SECTION 01   정보화 사회와 농업   250

     SECTION 02   정보처리기술의 발달과 지식영농   253

     SECTION 03   농업정보와 의사결정 방법   256

     SECTION 04   농업경영과 정보시스템의 활용   270

PART 04 영농창업과 마케팅 278

Chapter 12 **농장창업과 영농계획** 280

SECTION 01 창업이란 280

SECTION 02 농장창업 계획 및 타당성분석 285

SECTION 03 농장 영농계획의 수립 및 작성 292

Chapter 13 **농산물 마케팅 전략수립** 312

SECTION 01 농산물 마케팅의 이해 312

SECTION 02 농산물 시장과 소비자 319

SECTION 03 농산물 마케팅 조사 326

SECTION 04 농산물 마케팅전략 수립 332

Chapter 14 **스마트농업과 농업경영** 348

SECTION 01 스마트농업의 개요 348

SECTION 02 글로벌 스마트농업 현황 358

SECTION 03 스마트농업과 농업경영 366

연습문제 풀이 377

현대농업과 농업경영학

CHAPTER 01   현대농업의 환경 변화와 농업경영
CHAPTER 02   농업경영의 접근방법

현대농업은 국제화와 정보화, 기술혁신, 환경보전 인식의 진전에 따라 급속한 환경변화를 겪고 있다. 이러한 농업 현 실을 극복하고, 지속가능한 농업경영을 위해서는 시대변화에 대응한 농업경영정보와 지식의 생산과 최선의 선택을 위한 의사결정과 농업경영능력의 향상, 경영개선과 성장을 지원할 수 있도록 경영관리기법의 이론적 체계화 및 농업인 실천 경영관리기법 제시가 요구된다.

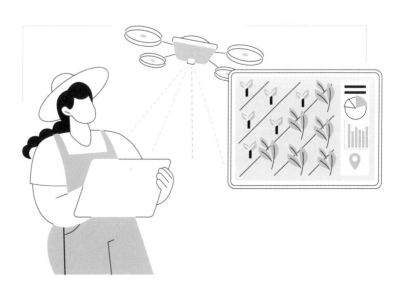

CHAPTER 01

현대농업의 환경 변화와 농업경영

학습목표

1 ┃ 경제발전에 따른 농업의 구조변화를 이해한다.   3 ┃ 농업경영의 환경변화요인이 무엇인지 이해한다.

2 ┃ 경제발전에 따른 농업의 역할을 이해한다.   4 ┃ 농업의 환경변화에 따른 대응방안을 이해한다.

SECTION 01   경제발전과 농업성장

01 경제발전과 농업의 구조변화

우리나라는 지난 60년 동안 근대화와 현대화 과정을 거치면서 전 세계 경제력에서 약 10위권에 이르는 급속한 성장을 해오고 있다. 한국의 경제구조를 보면 1차, 2차, 3차 산업 순으로 성장을 거듭해 왔다. 이에 따라 경제성장 초기에는 농업 종사 인구가 전체 산업의 약 80~90% 이상을 차지하였으나, 2015년에 이르러서는 농업부문(농림어업) 종사자 수가 1.35백만으로 전체 경제활동 인구수의 5.2% 수준에 머무르고 있다.

경제성장에 의한 농업 종사자 수의 감소는 선진국에서도 공통적으로 나타나는 현상이다. 그럼에도 불구하고 한국은 다른 선진국에 비해 2~5배 빠른 산업구조 재편을 경험하고 있다. 전체 GDP 대비 농업부문의 GDP 비중이 40%에서 5% 수준으로 감소하는 데 걸리는 시간이 영국, 독일, 프랑스, 네덜란드, 덴마크 등의 경우 약 120년, 미국의 경우 95년, 일본은 75년이었으나, 우리나라의 경우 약 30년밖에 걸리지 않았다.

그럼에도 불구하고, 우리나라 농업은 아직 주요 OECD 국가와 비교할 때 개발도상국 수준에 머물고 있다. 예를 들어 2015년 기준 OECD 국가의 농업의 상대적 비중은 약 1% 수준인 데 비해, 우리나라는 2배가량 높은 것으로 파악되며, 농업 종사자 수의 비중도 주요 OECD 국가들은 2~3% 수준인데 비해, 우리나라는 5.2%로 높은 수준이다. 전체 GDP 대비 농업부문의 GDP 비중을 시기별로 살펴보면, 1970년 25.4%, 1980년 13.7%, 1990년 7.5%, 2015년 2% 수준이며, 전체 경제활동 인구 대비

농업 종사자 수는 1970년 49.5%, 1980년 32.4%, 1990년 17.1%, 2000년 10.2%, 2015년 5.2% 수준이다. 위의 결과로 파악해 보건데, 농업이 전체 GDP에서 차지하는 비중이 급속도로 떨어지는 데 반해, 농업 종사자 수는 상대적으로 느리게 감소하고 있음을 알 수 있다. 따라서 농업이 전체 GDP에서 차지하는 비중이 농업 종사자 수가 전체 경제활동 인구에서 차지하는 비중보다 작아, 농업부문의 과잉 고용이 발생하고 있음을 알 수 있다.

그러나 경제가 성장하면서 농업부문의 비중이 감소하는 산업구조 개편이 농업부문의 경제규모가 감소한다는 것을 의미하는 것은 아니다.

국가체제와 상관없이 대부분의 국가에서 경제발전 초기의 산업화 동력은 농업으로부터 시작되었으며, 농촌으로부터 값싼 노동력이 공급되면서 높은 경제성장을 달성할 수 있었다.

표 1-1 국가경제현황에서 농업부문의 변화

구분	농림어업 총생산 (10억 원)	전체 GDP 상대비율					전체 경제활동인구 대비 농림업 취업자 비율
		농업·임업·어업	농업	임업	어업	농림어업서비스	농업·임업·어업
1970	736.7	28.9	24.9	1.9	1.7	0.4	50.4
1980	5,582.2	15.9	13.4	1.1	1.2	0.2	34.0
1990	15,030	8.4	7.2	0.4	0.8	0.1	17.9
2000	25,049.4	4.4	3.7	0.2	0.4	0.1	10.6
2005	26,125.1	3.1	2.7	0.1	0.3	0.1	7.9
2010	28,297.4	2.5	2.0	0.2	0.3	0.1	6.6
2014	31,560.3	2.3	1.9	0.2	0.2	0.1	5.7
2015	32,741.0	2.3	1.9	0.1	0.2	0.1	5.2

자료: 통계청, 각 연도

02 경제에 대한 농업의 역할

우리나라 경제에 대한 농업의 역할을 요약하면 다음과 같다.

첫째, 농업은 식량을 생산·공급한다. 1978년 녹색혁명을 통해 우리나라의 주식인 쌀 생산 자급에 성공하였고, 비록 그 이후 식량자급률은 지속적으로 감소하고 있지만, 식량의 안정적 공급이라는 농업의 중요한 역할을 공고히 해왔다.

둘째, 농업은 타 산업의 발전에 기여해 왔다. 농산물과 다른 생필품의 교환을 통해 상업과 교통이 발달하였고, 공예작물과 축산품이 원료로 공급되면서 제조업의 기반이 형성되었다. 후방연관산업으로 비료, 농약, 농기계 등 농자재 산업이 발전하게 되었고, 전방연관산업으로 농산물 가공 등의 식품 산업이 발전하게 되었다.

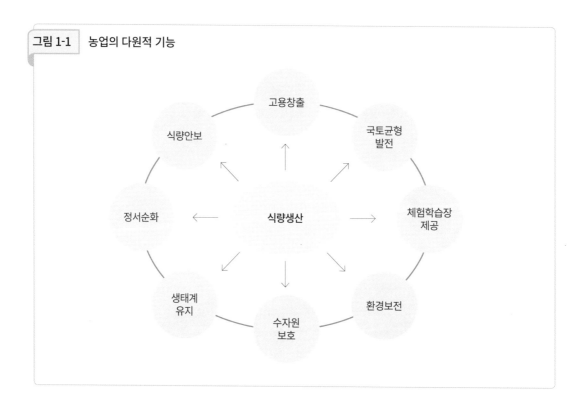

그림 1-1   농업의 다원적 기능

셋째, 농업은 국토보전과 자연환경 보전에 중요한 역할을 한다. 기본적으로 농업은 환경친화적인 산업이다. 비록 근대 농업은 합성 화학제품의 사용으로 수질오염 및 온실가스 배출 등의 원천으로 회자되고 있지만, 환경보전적 측면에서 타 산업에 비해 긍정적인 기능을 하고 있는 것은 자명한 사실이다. 특히 최근 들어 녹색식물의 공기정화 기능, 농업 및 농촌경관을 통한 어메니티(amenity) 제공 기능, 홍수조절 기능, 농지보전 기능 등 농업의 다원적 기능과 공공재로서의 비시장적 경제가치가 농업생산이라는 본연의 기능보다 더 강조되고 있다.

넷째, 농업은 유전 자원보전을 증진시킨다. 현재 지구상에 100만 종 이상의 생물이 살고 있으며, 이러한 생물종 다양성 유지는 자연과 조화를 이루고 생태계를 유지·보전하는 데 중요한 역할을 한다. 특히 우리나라의 경우 사계절이 뚜렷하다는 장점 때문에 세계에서 여섯 번째로 많은 식물 유전자원을 보유하고 있어, 농업 유전자원을 활용한 생물 산업의 발전 가능성도 매우 높을 것으로 기대된다.

다섯째, 농업은 경제와 사회 안정화에 기여한다. 식량은 인류 생존에 필수불가결한 요소이다. 따라서 농업의 쇠퇴는 연관 산업의 쇠퇴를 초래하고 국가 경제와 사회를 불안정하게 할 수 있다. 또한 농업은 고용과 소득창출을 통해 농촌인구 및 공동체 유지에 기여하고 있다. 농촌의 공동체가 붕괴되면 도시문제가 더욱 심각해지고 전통문화와 향토문화도 사라지게 될 것이다.

농업경영의 환경변화 요인

01 농업생산구조

농업생산구조 변화의 특징은 농가 수의 감소, 경영규모 확대, 기계화에 의한 노동력 절감, 농업 이외 경제활동 기회의 확대, 빠른 신기술 개발과 융복합 기술의 등장 등을 들 수 있다. 농가 수의 감소는 기계화에 의한 노동력 절감이 가능해지고 도시에서의 비농업부문의 경제활동 기회 확대로 농촌노동력의 도시로의 유출에 의한 것이며, 이는 농가의 경영규모 확대로 이어졌다. 우리나라의 경우 소규모 영세농이 주를 이루고 있지만 최근 30ha 이상의 대규모 경영체가 등장하고 특히 축산부문의 경우 수직계열화 등을 통해 기업화가 촉진되면서 농업경영에서 양극화가 진행되고 있다. 또한 개방화로 인해 국제시장에서의 경쟁이 격화되고 농산물의 국내 공급 가격 하락으로 농가경영의 다각화가 확대되고 있다. 최근 정보통신 기술의 발달은 스마트팜 등 융복합기술이 농업에 적용되는 사례가 빠르게 증가하고 있다. 이러한 농업생산구조의 변화로 농업경영체의 경영자로서의 역할과 경영 의사결정 능력의 중요성이 더욱 커지고 농가로 하여금 다양한 대응 전략적 선택에 직면하게 하고 있다. 또한 법인체를 포함하여 다양한 유형의 경영조직이 나타나고 있으며, 그에 따른 경영자의 전문성이 요구되고 있다.

02 기술

생명공학 및 정보통신 기술의 발달로 농산업분야 기술도 빠르게 변하고 있다. 생명공학기술은 GMO 농산물의 도입을 통해 생산성의 획기적 증대나 기능성 농산물의 생산을 빠르게 증가시키고 있다. 또한 바이오에너지, 의약품, 바이오소재와 같이 비식품분야로의 농산물 이용을 확대하고 있으며, 축산부문의 생산성을 획기적으로 증가시켜 왔다. 동물복제기술의 개발이나 동물을 이용한 이종장기의 개발 등 농축산업의 영역 또는 농축산물의 소비가 비식품분야로 빠르게 확장되어가고 있다. 또한 GPS 기술의 개발과 무선통신기술의 발달, 융복합 기술의 적용으로 다양한 형태의 정밀농업이나 스마트농업이 확산되고 있다. 이러한 빠른 기술개발은 농업경영자에게 이러한 새로운 기술을 도입할 것인지, 도입한다면 언제 도입할 것인지, 또한 이러한 기술 도입에 따른 비용과 편익은 어떠한지 등에 대한 의사결정을 요구하고 있다. 특히 4차 산업혁명이라고 불리는 ICT 기술의 융복합 등을 통한 기술의 변화는 경영자의 의사결정 능력의 중요성을 더욱더 요구하고 있다.

03 정보화

기술의 발달로 정보수집과 분석, 전달 방법이 획기적으로 개선됨으로써 개별 농가의 경영정보에 대한 접근성이 확대되고 있다. 즉, GPS의 개발, 센서를 이용한 생산 통제의 확대, 금융거래의 전산화, 개인용 컴퓨터, 스마트폰 등 현대의 경영자는 많은 정보를 이용할 수 있게 되었다. 하지만 정보의 홍수 속에서 어떤 정보가 경영의사결정에 유용한 정보인지를 판단하는 경영자의 능력이 중요해지고 있으며, 나아가 이러한 정보분석이나 활용능력이 요구되고 있다. 최근 빅데이터에 대한 접근성과 분석 기법의 등장으로 농업경영에서 정보의 획득과 분석능력의 중요성은 더욱 커지고 있다.

04 자원

자본의 조달과 관리 그리고 인적 자원 관리의 중요성이 증대되어 왔다. 먼저 대규모 경영체가 증가하면서 외부로부터의 자본 조달 수요가 계속 증가하여 왔다. 또한 경영체의 자산 부채 관리와 신용 관리의 중요성이 증대되었으며, 자본 조달에서 비농업부문과의 경쟁도 증가하고 있다. 따라서 농산업 경영체에서도 경영기록의 관리와 이를 통한 회계 분석의 필요성이 높아졌으며, 이에 대한 전문 서비스의 수요도 증가하고 있다.

또한 가족 중심의 경영과 달리 고용노동력이나 경영조직 참여자에 대한 인적 자원 관리의 중요성이 증대되고 있으며, 인적 자원 조달에서도 비농업부문과 경쟁이 이루어지고 있다. 즉, 인적 자원의 교육, 평가, 소통 등과 관련한 경영자의 능력이 중요해지고 있다. 한편으로는 이러한 분야에 대한 전문기관의 서비스 이용이 확대되면서 농산업분야 전문 컨설팅에 대한 시장도 확대되고 있다.

05 소비자 선호와 시장

과거 농산물은 동질적인 상품으로서 농업은 대표적인 완전경쟁시장의 예로 알려져 왔으며, 전통적인 농업에서는 주어진 기준에 맞춘 상품 생산이 전부였다. 하지만 농산물의 선별이나 품질을 측정할 수 있는 보다 정교한 장비와 기술의 개발이나 지리적 표시제 등과 같은 새로운 제도 도입으로 수요자의 요구는 점점 세분화되고 품질관리와 차별화된 상품생산이 점점 중요해지고 있다. 식용, 가공 등 용도에 적합한 품종이나 품질의 농산물을 생산하고, 고품질이나 마케팅 등을 통한 차별화 능력이 농산업 경영자의 새로운 경쟁력 원천으로 요구되고 있다.

06 환경과 건강

식량에 대한 안정적 접근성이 확보되면서 식품의 품질이나 안전성에 대한 소비자의 관심이 증대되어 왔다. 농업의 가치나 다원적 기능, 윤리적 소비 등을 추구하는 소비자의 등장으로 생산성이나 이윤 외에 이러한 소비자의 가치를 고려한 경영이 요구되고 있다. 또한 농촌 공간에 대한 도시민의 수요가 증대하고 있으며 환경이 농업자산의 가치를 결정하는 중요한 요인으로 작용하고 있다. 제도적으로도 친환경농업이나 경관보전, 조건불리지역 유지 등 농업과 농촌의 공익적 기능에 대한 보상이 이루어지고 있다. 따라서 건강이나 환경을 중요시하는 소비자의 니즈를 고려한 경영의 필요성이 대두되고 있다.

07 국제화

세계 각국과의 FTA 체결 등 지속적인 시장개방은 국제교역을 통한 시장 확대인 동시에 외국의 농업경영체와의 경쟁을 의미한다. 시장확대라는 측면에서 외국 소비자의 기호나 외국의 정책 변화의 영향을 받게 되었으며, 한편으로는 다양한 비관세 장벽과 같은 무역 장벽을 통해 자국 농산물의 보호를 꾀하고 있다. 하지만 이러한 국제화는 수입농산물과의 경쟁격화로서 위협인 동시에 수출을 통한 국내 농산물 시장확대라는 기회 요인이 될 수 있다.

SECTION 03 농업경영의 환경변화 요인

01 국내 농축산물 시장 개방 확대와 글로벌화[1]

1995년 WTO체계 출범 이후 관세 이외의 국경보호 장치가 사라진 개방시대가 도래하였고, 2004년 한·칠레 FTA를 시작으로 미국, EU 등 52개국과 15건의 FTA를 체결하여 우리나라 전체 농산물 수입액의 80% 이상을 이들 국가에서 수입하고 있다(이용선, 2016).

---

1 이용선 외(2016), 「농업·농촌·식품산업의 미래 비전과 지역발전 전략」의 일부 내용을 발췌, 정리함.

표 1-2

FTA별 주요 품목별 수입관세 철폐

단위 : 만톤, %

구분		2015년 수입		소비량 대비 수입비중(2015)	2016년 현재	관세 완전철폐 연도
		규모	비율*			
돼지고기	미국	16.0	31.2	29.5	0.0(냉동돼지고기)	2021
	EU	25.8	50.5		0.0(냉동돼지고기)	2021
쇠고기	미국	11.3	37.8	55.6	26.7	2026
	호주	16.4	55.1		32.0	2028
닭	미국	1.1	10.8	17.6	10.0(냉동닭다리)	2021
포도	칠레	4.4	76.7	17.5	0.0(계절관세)	2013
	미국	0.6	10.5		0.0(계절관세)	2016
오렌지	미국	13.0	83.2	100.0	10.0(계절관세)	2018

* 해당 품목의 총수입량 대비 해당 국가로부터의 수입량 비율
자료 : 이용선 외(2016), 「식품산업의 미래 비전과 지역발전」, 한국농촌경제연구원 인용

    이미 체결된 14건의 FTA 영향으로 국내에 미치는 영향은 더욱 커지고 있으며, 이와 동시에 또 다른 새로운 FTA가 추진되면서 우리나라 농업생산액 상위 1~3위(쌀 제외) 품목인 돼지, 한육우, 닭 등 축산물은 관세가 점차 철폐되어 2028년 이후에는 무관세로 수입될 예정이며, 계절관세가 적용받는 오렌지(3~3월), 포도(11~4월, 10월 16일~12월), 체리는 2018년부터 전량 무관세로 수입될 예정이다.

    기존 발효된 9건의 FTA와 함께 2014년과 2015년에 각각 발효된 영연방(호주, 캐나다, 뉴질랜드), 중국 및 베트남 간 FTA 이행으로 국내 농축산물 시장 개방 폭은 더욱 확대되었는데, 향후 이러한 추세는 더욱 지속할 전망이다. 이는 국내시장 개방 확대가 관세 인하뿐만 아니라 국내 농축산물 수급이 국제 시장 동향에 더욱 밀접하게 영향을 받게 됨을 의미한다(이용선 외, 2016).

    이미 체결된 FTA의 누적 영향으로 수입액은 지속적으로 증가하여 2036년에 2014년 농업생산액의 89.6% 수준인 349억 달러에 이를 것으로 전망된다. 수출액은 평균 1.9%씩 증가하여 2036년에는 84.7억 달러에 이를 것이고, 무역수지 적자는 매년 1.6% 증가하여 2036년에는 263.9억 달러가 될 전망이다(이용선 외, 2016).

표 1-3 농축산물 수입현황 및 전망

구분		1996	2006	2016	2026	2036	2036/1996
농축산물 총 수입액(억 달러)		82	109	250	300	349	4.3배
수입물량 (천 톤)	6대 곡물	13,417	13,940	16,713	17,916	18,600	1.4배
	5대 채소	96	216	254	302	336	3.5배
	6대 과일+열대과일	185	559	816	982	1,187	6.4배
	4대 축산물	231	55	851	1,028	1,142	4.9배

주 : 6대 곡물(보리, 밀, 콩, 옥수수, 고구마, 감자), 5대 채소(무, 배추, 고추, 마늘, 양파), 6대 과일(사과, 배, 복숭아, 포도, 감귤, 단감), 4대 축산물(소, 돼지, 육계, 우유)
자료 : GTA(Global Trade Atlas), 이용선 외(2016) 재인용

02 농업정보화와 ICT 융·복합화 추세

정보화사회에서 산업의 가치 중심이 지식과 정보, 콘텐츠, 컨버전스로 이동하면서 농업 내 경쟁력 확보를 위한 핵심 원동력으로써 IT와의 결합이 주요 이슈로 부상하였다. 농업선진국과 대등하게 경쟁하기 위한 방법으로 해외 농업선진국에서는 자국의 농업경쟁력을 강화하기 위한 전략으로 농업생산 – 유통 – 판매의 산업생태계 전반 과정에서 IT를 적극적으로 활용하고 있으며, 농업분야의 IT적용으로 생산성 향상을 유도하고 불리한 환경요건 등을 극복하는 등 높은 성과를 보였다.

표 1-4 주요 국가의 농업분야 IT 적용사례

국가	농업분야 IT 적용사례
덴마크	돼지 사육부터 판매단계까지 IT기술을 적용하여 고품질 돼지고기를 생산하여 수출(생산돼지의 80% 수출, 세계 1위)
네덜란드	국가 노동력의 6%인 부족한 농업인구, 척박한 토양, 불안정한 기상 등 불리한 기후환경요건을 자동화 온실과 같은 첨단농법의 도입으로 극복
이스라엘	국토 20% 수준의 제한된 경지면적, 농업용수의 부족 등 불리한 생산여건에서 시설채소, 과수, 화훼 등에 첨단기술 적용, 농업 생산성 제고
호주	2002년부터 소에 RFID 귀표를 의무적으로 부착하고, 생산과 판매단계에 걸쳐 이력추적제를 시행함으로써 수입국 신뢰 확보

자료: (사)한국농림식품정보과학회·(주)지역농업네트워크(2011), 「차세대 농림수산식품정책IT 융합 마스터플랜 수립」, 농림수산식품부를 재인용

최근 들어 정부는 ICT에 친숙한 귀농·귀촌인구의 증대와 젊고 선도적인 농업인력의 유입으로 이들을 중심으로 한 농업경쟁력을 높일 수 있는 수단이 필요하게 되었는데, 이에 정부는 규모화된 시설농업을 중심으로 농업 생산, 유통, 소비단계 등에 ICT를 통한 생산성을 향상하고 노동력을 절감할 수 있는 스마트팜 모델개발과 보급사업을 추진하고 있다.

'스마트팜'이란 ICT 기술을 비닐하우스, 축사, 과수원 등 농축산 생산시설에 접목하여 원격·자동으로 적절하게 작물과 가축의 생육환경을 관리할 수 있는 농장으로, 시설원예부문에서는 유리온실, 비닐하우스 등에서 온도, 습도, 이산화탄소 등 작물 생장에 필요한 조건을 최적의 상태로 유지하여 생산성 및 품질을 향상하도록 ICT 융·복합시설 장비를 보급하고 과학적 데이터를 활용할 수 있도록 한다. 비닐하우스나 유리온실 등 농업생산 시설 내 각종 센서를 통해 시설 내·외부의 데이터를 수집하고, 곁창이나 천창 등을 제어하고 작물 생장 시기에는 필요한 영양분(영양액)의 적정량을 공급할 수 있도록 하며, 농가는 축적된 데이터를 활용한 전문가의 컨설팅을 통해 생산성을 향상한다.

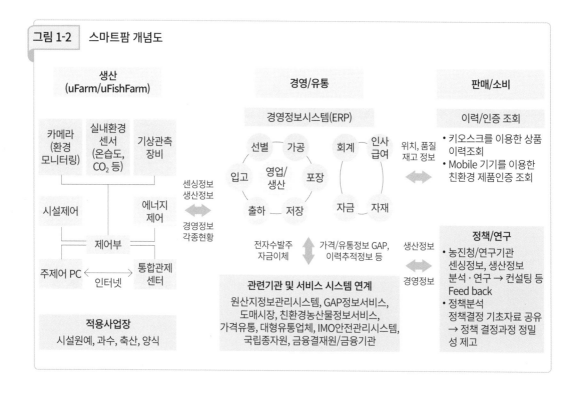

그림 1-2   스마트팜 개념도

과수부문에서는 과수원의 온·습도, 풍향, 강우 등 기상요소 모니터링을 통해 작물 생장에 필요한 물을 과학적 시스템을 통해 공급하고, 병해충 예찰을 통해 방제시기 및 방법을 결정하며, 서리 방지·냉해방지·야생동물 침입방지 등을 위한 ICT 융·복합 시설장비를 보급하는데, 농가에서는 과수의 생리 상태, 토양, 기상 및 병충해 피해 상태 등에 대한 데이터 분석으로 영농활동을 함으로써 생산성 향상과 품질향상을 기할 수 있다.

2014년부터 본격적인 확산사업이 진행된 양돈분야는 축사의 온·습도 및 이산화탄소 측정과 같은 사육환경에 대한 모니터링과 더불어 돼지의 사육단계별 체계적이고 과학적인 사료 급여를 통해 생산성을 향상할 수 있도록 급이기, 음수 관리기 등 ICT 융·복합 시설 및 장비를 보급하고 경영관리 시스템의 연계를 통해 생산성을 향상하게 한다.

정부는 앞으로 농업을 미래 성장동력 산업으로 육성하기 위해 ICT를 접목한 스마트팜 보급사업을 적극 추진할 예정이며, 2017년까지 시설원예 온실 현대화 면적의 40%에 해당하는 스마트온실 4천ha, 축산 전업농 규모의 10%인 스마트축사 700호 및 노지분야 스마트과수원을 600호로 늘릴 예정이다.

03 농업의 6차 산업화

농업의 6차 산업화는 농촌에 존재하는 유·무형의 자원과 1차 산업인 농업, 그리고 식품 및 특산물 제조·가공 등의 2차 산업, 유통과 판매, 문화·체험·관광서비스 등 3차 산업을 연계하여 새로운 부가가치를 창출하는 활동을 의미한다.

우리나라는 경지면적이 넓지 않고, 농업소득이 불안정하며, 농업에 종사하는 인구 중 상당수가 고령화되고 있는 상황에서, 최근 가속화되고 있는 시장개방으로 농업소득의 지속적 감소와 농촌지역의 활력 저하가 우려되고 있다.

이러한 상황에 대응하기 위해 생산·제조·관광 등 가치사슬의 연계를 강화하는 농업의 6차 산업화를 통해 농업의 부가가치를 제고하고 일자리를 창출하여 지역경제 활성화에 기여하고 있다. 특히, 6차 산업화에서의 3차 산업인 서비스 부문은 직접 농업활동을 하는 데 다소간의 어려움을 느끼는 고령·여성 농업인과 아직 농업활동의 전문성이 떨어지는 귀농인들에게 일자리를 제공할 수 있는데, 이들이 점차 농촌사회 내에서 차지하는 비중이 커지는 상황에서 6차 산업화는 더욱 중요해지고 있다(한국농업경제학회, 2014).

또한, 농업의 6차 산업화는 새로운 부가가치의 창출을 통해 농업 생산자의 소득향상과 도농 간 소득격차 완화에 기여할 수 있다. 예를 들어 수확한 농산물을 직접 시장에 출하하는 것보다 가공 및 서비스 기능을 더하여 더 높은 농가소득을 창출할 수 있으며, 그 대표적인 사례로 쌀을 가공하여 즉석밥, 떡, 술로 만들어 팔면 일반적인 쌀보다 5~10배에 달하는 높은 부가가치를 올릴 수 있다고 한다(정현희 외, 2016).

| 그림 1-3 | 쌀과 쌀 가공식품의 가격과 부가가치 사례 |

| 2천원/kg | 1만 원 | 1만 3천 원 | 2만 1천 원 |

농업의 6차 산업화의 필요성이 제기됨에 따라 다른 나라들도 농업의 6차 산업화정책을 활발하게 추진되고 있다. 일본의 경우, 6차 산업화의 개념을 가장 먼저 논의하여 농공상 융합을 위한 정책의 하나로 추진하였다. 2007년부터 농림수산성과 경제산업성이 공동으로 관련 사업들을 진행하였고, 2011년 3월에는 관련 법률도 제정하고, 6차 산업 인증제도와 지산지소(地産地消) 운동 등을 적극적으로 추진하고 있다. 또한 중국도 농업의 6차 산업화 정책에 관심을 두고 6차 산업화를 "농업의 산업화 경영"으로 정하고, 농가 조직화를 통해 생산·가공·판매의 일체화와 농가경쟁력을 제고시키기 위한 정책사업들을 시도하고 있다(한국농업경제학회, 2014).

04 농업법인체의 등장

2000년대 들어 대형마트가 새로운 유통채널로 등장하면서 출하상품의 규격화, 대규모 물량, 소포장 상품화와 협상에 의한 납품이라는 새로운 형태의 거래방식을 농업생산자들에게 전면적으로 요구하게 되었다. 이에 따라 산지조직을 중심으로 대형유통업체와 교섭할 수 있는 단위로 확장하기 시작했는데, 그 대표적인 형태가 농업법인체(농업회사 법인, 영농조합 법인 등)이다.

최근 들어 산지에 기반을 둔 다양한 농업법인체들은 시장에 대한 공동대응이라는 기조 아래 연합과 협력을 통한 규모화 및 시장경쟁력을 확보해 나가고자 하고 있으며, 농식품부는 「농어업경영체 육성 및 지원에 관한 법률」에 근거하여 농업법인체 육성 및 지원을 점차 확대해 나가고 있다.

2015년 말 현재 운영 중인 농업법인은 53,475개소이며, 이 중에서 실제 사업을 하는 법인은 24,825개소(47%)에 불과하고, 136개소(0.3%)가 일반법인으로 전환하였다.

이와 같이 점차 개별경영체가 법인경영체로 변화되고 있는데, 이러한 변화는 단순한 경영형태의 변화가 아닌 법적인 규제를 받아야 하고, 이외에 경영면에서 농업경영자는 발상의 전환이 필요하다.

예를 들어 가족경영에서는 일반적으로 소유와 경영, 노동 등의 삼위일체적 성격을 갖지만, 그 성과(각 생산요소의 보수)는 경영자에게 귀속되는 경우가 많다. 그러나 법인으로 전환되면 실질적으로는 경영자에게 모두 귀속된다 하더라도 법적으로는 소유와 경영, 노동의 보수가 분리되어야 한다. 이러한 메커니즘에 따라 경영관리가 이루어져야 하며, 법인경영에 알맞은 경영관리 기법을 도입하여 유지하는 것이 필요하다. 물론 가족형태의 법인이라 할지라도 토지나 건물과 같은 고정자산은 개인 소유와 법인 소유를 분리하여 개인 소유의 고정자산은 법인소유로 하여 개인이 임대하는 형태로 임대료를 수취하거나 가족노동도 원가로 평가하여 임금을 지불하고, 자금조달과 운용에 있어서도 개인이 조달하여 법인에 공급하면 이자를 수취하는 형태로 처리되어야 한다.

05 농업경영구조의 전환

경제성장과 발전에 따라 산업구조는 1차 산업에서 2차, 3차 산업으로 전환되며, 단순한 취업인구의 집중을 의미하는 것이 아니라 자원과 자본의 집적화를 포함한다. 이러한 요인은 부가가치 창출을 통한 이익의 극대화를 추구하는 경제적 요인이 강하게 작용하기 때문이다.

산업구조의 변화는 농업구조의 변화를 수반하게 되는데, 농업구조의 변화는 토지, 노동, 자본 등 생산요소의 변화를 의미한다. 토지요소 측면에서는 농지의 규모화, 농지 전용의 확대와 경지면적 감소, 농지의 집약적 이용, 경지이용률 저하, 휴경지의 증가 등 농지 유동화와 집적화 현상이 발생한다. 노동요소 측면에서는 농가인구의 감소, 고령화와 여성화, 신규 인력의 감소 등 노동의 질적·양적 감소가 발생하게 된다. 자본요소 측면에서는 투자자본의 감소, 자본축적의 정체, 수익성 악화, 부채증가, 자산형성의 제약 등 농업 생산과 자본형성의 제약이 뒤따르게 된다.

이러한 농업구조의 변화는 농업경영구조의 전환을 필요로 한다. 우리나라의 경우 1990년대 이후 농가들은 농업구조개선 투융자 사업에 힘입어 농업경영형태의 조직화, 농작업 기계화의 진전과 농기계의 대형화, 영농시설의 자동화와 대규모화 등 과거 조방적 농업경영형태에서 자본집약적 농업경영형태로 이행하고, 농업경영 조직형태도 생계위주의 가족경영에서 기업적 가족경영, 농업경영의 법인화 형태로 전환되고 있다.

그럼에도 불구하고 대다수의 농가들은 아직도 경영내부의 자금관리, 작업관리 등 경영관리 능력의 부족으로 인해 상당수 농가들이 과거의 경영방식을 그대로 유지하고 있으며, 경영자 능력의 부족과 투자의 비효율성·부실화에 의해 경영악화 문제가 대두되고 있다. 규모확대와 더불어 규모이익에 대한 실현은 경영조직 및 경영관리 조직의 분화정도와 역할에 따라 좌우된다. 일반 기업경영에서는 경영관리 조직이 수직적·수평적으로 분화되어 각 관리자 계층에 의한 기능수행과 최고관리자의 종합관리 기능으로 구성되어 있지만, 농업경영에서는 세대를 중심으로 한 인적결합 형태로 경영활동이 이루어지고 있기 때문에 경영주가 최고관리자로서의 종합관리 기능을 수행하고 있다. 이는 농업경영이 일반 기업경영에 비해 상대적으로 경영관리 조직의 기능분화가 낮다고 볼 수 있으며, 개별경영 간에도 경영주의 기능수행 정도에 따라 규모이익의 실현이 차이가 발생함을 의미한다. 따라서 국내외적인 경영환경 변화에 대응하기 위한 경영규모의 확대는 경영목적을 달성하기 위한 경영자로서의 경영능력과 자질을 요구하며, 경영관리 기법의 변화를 필요로 한다.

농업경영관리는 일반적으로 경영목표에 따라 경영활동에서 발생하는 각종 기록자료를 집계·분류하고, 경영성과를 나타내는 기술성과와 화폐적 성과(대차대조표, 손익계산서 등)를 분석하여 경영실태에 대한 인과관계를 규명하고, 이를 바탕으로 경영개선을 도모하는 것이다. 이러한 농업경영관리의 기본 조건은 바로 영농기록에서부터 출발한다. 즉 경영목표를 세우기 위해서는 경영활동에 대한 기록내용이 없이는 불가능하다.

따라서 농업경영관리를 통한 경영개선을 도모하기 위해서는 우선적으로 경영기록에 관한 자료가 선행되어야 한다. 즉, 기록자료로부터 정보와 지식을 생산하며, 생산된 지식은 최선의 선택을 위한 의사결정과 농업경영능력을 향상시키며, 이러한 일련의 과정을 통해 경영개선과 성장을 도모할 수 있다. 따라서 농업구조의 변화에 따라 외형적인 경영규모 확대뿐만 아니라 농업경영구조의 전환도 뒷받침되어야 한다. 즉, 경영내외부의 환경변화에 따라 이에 대응한 경영 대응방법의 도입을 통해 경영관리의 체계화가 이루어져야 농업경영체의 지속적인 성장과 발전이 가능하다.

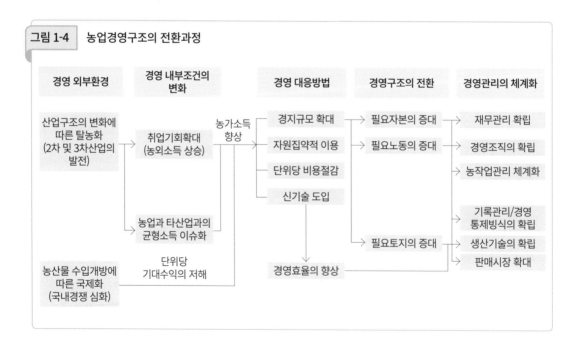

그림 1-4　농업경영구조의 전환과정

1 | 농업은 경제성장과 발전에 어떠한 역할을 하는지 자료를 근거로 논하시오.

핵심포인트 농림수신식품 주요통계자료의 시계열 자료를 활용하여 식량공급, 농자재 산업, 농산물도매가격 등을 분석하고, 식품원료 공급 통계자료도 활용함

2 | 시대변화에 따라 농업구조는 어떻게 변해왔는지 자료를 근거로 논하시오.

핵심포인트 농업구조는 농산물 생산의 투입요소(토지, 노동, 자본)의 변화, 농산물 생산과 소득, 비용의 변화 등을 분석하는 것임. 따라서 1960년대부터 10년 단위로 변화양상을 분석함

3 | 급속한 환경변화에 따른 농업의 대응방안이 무엇인지 논하시오.

핵심포인트 농산물 소비패턴, 지구온난화, 4차산업혁명, 6차산업화, 스마트팜, 산업의 융복합화, 국제화 등 농업을 둘러싼 환경변화를 우선적으로 분석하여 이에 따른 대응방안의 논의함

4 | 농업의 6차산업화에 대한 장점과 문제점을 사례를 들어 설명하시오.

핵심포인트 6차산업화는 가공분야가 매우 어려움. 따라서 1차/2차/3차의 완벽한 연계 보다는 1차/3차, 1차/2차 등의 사례도 분석하여 각기 장단점과 문제점, 개선사항을 분석함

1 | 경제성장과 발전과정에서 농업의 역할에 대한 설명이 옳지 않은 것은?
① 농업은 식량생산과 공급의 중심적 역할을 한다.
② 농업은 국토보전과 자연환경보전에 중요한 역할을 한다.
③ 타산업의 성상과 발전에 선도적 역할을 한다.
④ 농업은 도시문제 해결과 전통문화계승에 역할을 한다.

2 | 농업의 다원적 기능으로 옳지 않은 것은?
① 국토균형발전과 생태계 유지
② 정서순화와 체험공간 제공
③ 수자원 보호와 환경보전
④ 식량생산과 삶의 질 향상

3 | 농업구조 변화에 대한 설명으로 옳은 것은?

① 축산부문의 경우 수평계열화가 이루어지고 있다.

② 경영규모의 확대가 이루어지고 있다.

③ 가족농의 양극화가 이루어지고 있다.

④ 농업에 IT기술의 적용으로 스마트팜 기술이 증가하고 있다.

4 | 농업기술의 발전으로 인한 결과가 아닌 것은?

① 농업생산에 융복합 기술이 적용되면서 조방적 농업이 빠르게 성장하고 있다.

② GMO의 농업적용으로 생산성의 획기적 증대가 이루어지고 있다.

③ 농업에 정보통신기술의 적용으로 경영자의 의사결정 능력을 높여 주고 있다.

④ 다양한 동물복제기술의 개발로 농축산물의 소비가 비식품분야로 확장되고 있다.

5 | 스마트팜 기술의 설명으로 거리가 먼 것은?

① 작물생산 시기별 영양분의 적정량 공급

② 온실의 측량, 천창 등 시설물 제어

③ 서리방지, 냉해방지, 야생동물 침입방지

④ 기상자료 또는 기후변화자료 등 빅데이터 분석

6 | 농업의 6차 산업화의 설명으로 가장 거리가 먼 것은?

① 농촌의 유무형 자원과 2차, 3차 산업의 결합을 의미한다.

② 농업의 6차 산업화는 미국 등 선진국에서 가장 먼저 추진한 정책이다.

③ 생산, 제조, 관광 등 가치기술 연계강화로 일자리 창출을 도모하는 것이다.

④ 농업의 6차 산업화로 인한 귀농 귀촌인구의 증가가 기대된다.

- 서종석·최영찬·유찬주, 2011, 『고소득농업경영체의 경영능력평가 및 지속성장 모델 개발』, 농촌진흥청.
- 정현희·김현숙·권오성 외, 2016, 「6차산업화 제조과정 시설 디렉토리 구축」.
- 한국농업경제학회, 2014, 「6차 산업화 관련 정책사업 추진실태 진단 및 정책 간 연계방안 연구」.
- (사)한국농림식품정보과학회·(주)지역농업네트워크, 2011, 『차세대 농림수산식품정책IT 융합 마스터 플랜 수립』, 농림수산식품부.
- 木村 伸男, 2000, 『農業法人の經營觀理とその支援』, 全國農業改良普及協會.
- GTA(Global Trade Atlas).
- Kay, R.D., W.M. Edwards, P.A. Duffy, 2016, Farm Management, McGraw-Hill Education: Singapore.

CHAPTER 02

농업경영의 접근방법

학습목표

1 | 농업경영의 목적과 개념을 이해한다.
2 | 농업경영학을 정의한다.
3 | 농업입지론의 발전과정을 정리한다.
4 | 농업경영 규모와 집약도의 개념을 이해한다.

5 | 농업경영조직의 분류와 조직화 과정, 지역농업 및 지역 농업조직화에 대해 이해한다.
6 | 농업경영성과의 여러 산출방식과 개념을 이해한다.

SECTION 01 농업경영의 개념

01 농업과 경영

농업경영을 정의하기 위해서는 우선 농업(Agriculture)과 경영(Management)의 개념을 정리할 필요가 있다. 농업은 넓은 의미로 '인류의 욕망 충족에 직접 또는 간접으로 유효한 식물성 및 동물성 물질을 생산하는 원시산업의 일부분'으로 정의되고, 좁은 의미로 '토지를 이용하여 식물 및 동물을 육성하여 생산물을 얻고, 그 생산물을 가공하여 수익을 얻는 경제적 활동'으로 정의된다(구재서 외, 2004).

한편 경영은 경영체의 목적 달성을 위해 제한된 인적·물적 자원을 효율적으로 배분하여 상품을 생산하고 시장에 공급하는 활동과 관련된 모든 의사결정이다. 이러한 경영 의사결정의 예는 무엇을, 어떻게, 얼마나, 어떤 투입물을 얼마나 이용하여 생산하여 어디에 판매할 것인가를 포함한다. 경영의 기능은 계획(Planning), 실행(Implementation), 관리(Controlling), 그리고 조정(Adjustment) 등으로 구성된다. 계획은 경영의 가장 중요한 기능으로서 경영목표의 수립, 이용가능한 자원에 대한 양적·질적 정의, 대안의 선택, 자원의 조달과 배분, 평가 또는 통제 기준의 설정, 그리고 평가결과의 피드백 등으로 구성된다. 계획 단계에서 경영자는 경영의 목적과 목표를 설정하며, 산출물 및 투입물의 가격에 대한 예측, 경영 환경 및 제약 요인에 대한 전망, 평가기준이나 벤치마킹을 위한 표준의 설정 등이 이루어진다. 실행 단계에서는 자원의 조달과 배분으로 이루어지며, 구체적으로는 토지, 노동, 자본 등의 조달, 농기계나 장비 및 시설의 조달, 일정의 작성, 인력의 배치와 통제 및 소통 등이 포함된다. 관리 단계는 결과에 대한 모니터링과 정보의 관리, 결과를 목표 및 설정 지표와 비교 평가하여 피드백하는 과정을 포함하며, 조정 과정은 결과와 목표의 차이를 조정하기 위한 문제 진단과 개선 등을 포함한다.

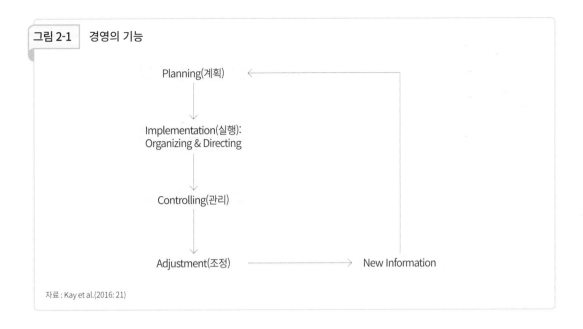

그림 2-1 경영의 기능

Planning(계획)

Implementation(실행):
Organizing & Directing

Controlling(관리)

Adjustment(조정) ⟶ New Information

자료 : Kay et al.(2016: 21)

02 농업경영의 목적

농업경영활동을 하는 주된 목적은 식량을 생산하여 자급을 하고 나아가 이윤창출을 통해 생계를 유지하기 위한 소득을 확보하는 것이다. 농업경영의 목적은 농업을 구성하는 여러 가지 상황과 여건에 따라서 변할 수 있다. 과거에는 주로 농산물을 생산해서 판매하는 것에만 초점이 맞추어져 있었으나, 경제성장과 더불어 시장개방이 가속화되고 소비자의 욕구가 다양화되면서 농업경영 활동이 단순히 농산물을 생산해서 판매하는 데에만 머물러서는 안 되는 현실에 놓여있다. 농산물 가공을 통해 부가가치를 창출하고, 숙박, 식당, 체험 등 다양한 서비스 제공을 통한 수익구조 개선 및 다각화가 필요하다. 나아가 단순히 경제적 이익추구뿐만 아니라 농촌 및 향토문화의 계승, 농업의 다원적 기능 유지·보전을 통해 소비자에게 다양한 비시장적 서비스를 제공하는 것도 농업경영의 범위에 속할 수 있다. 따라서 이제 농업경영은 농산물의 생산, 유통, 판매를 포괄하는 개념으로 정의되어야 하며, 이는 품목선정단계부터 소비자의 선호를 파악하여 적절한 생산요소(토지, 노동, 자본)의 조합으로 농산물을 생산하고, 품질을 관리하며, 소비자가 원하는 형태로 가공할 뿐만 아니라 소비자가 직접 농업·농촌을 체험할 수 있는 다양한 서비스를 제공하는 등 1차, 2차, 3차 산업을 포괄해야 함을 의미한다. 또한 농업경영의 목표를 설정하고, 목표달성을 위한 계획을 수립하는 일련의 과정도 농업경영의 개념에 포함되어야 한다.

농업경영의 목적을 문헌을 통해 재정리해 보면 다음과 같다.

19세기 초 독일의 농학자 테아(A. D. Thaer)의 경우 농업경영의 목적을 "되도록이면 많은 금전적 이익을 계속하여 높이는 데 있다"고 하였다. 즉, 총생산액에서 비용을 제외한 순수익의 극대화를 추구하였다. 폰 튀넨(J. H. von Thunen)은 「고립국(孤立國, Der isolierte Staat)」이라는 저서에서 "더 많은 지대를 생기게 하는 경영이 더 유리한 경영이라"고 주장하여, 테아의 순수익설을 구체화하였다. 20세기에 브링크만(T. H. Brinkmann)은 농업경영의 목적이 "되도록 많은 경제적 이익을 얻는 데 있다"고 하였으며, 이때 한계비용과 한계수익이 일치하는 점에서의 경영규모가 최대의 이익을 올릴 수 있는 지점임을 밝혔다. 이외에도 크라프트(G. Krafft)나 애덤스(R. L. Adams) 등은 농업경영의 목적을 "농업수익에서 생산비를 뺀 순수익을 최대로 늘리는 것"이라고 주장하였다.

그러나 에레보(F. Aereboe)의 경우 금전적인 이익만을 추구하는 기존의 주장에서 벗어나서 농업의 경제적 목적을 "농민과 가족의 욕구를 완전히 충족시키는 데 있다"고 주장함으로써 농업경영의 목적을 소득에 두었다. 스위스의 라우르(E. Laur)도 에레보와 비슷한 입장에 있다. 여기서 소득은 경영에 투입된 자가 노동력에 대한 보수, 자기자본금에 대한 이자 등을 포함한 합계이며, 토지나 자본에 대한 지대나 이자를 제외한 나머지를 의미한다.

03 농업경영의 개념

농업경영의 목적을 바탕으로 농업경영의 개념을 문헌을 통해 정리해 보면 다음과 같다. 우선 Kay et al.(2016), 김용택 외(2010)는 농업경영을 "경영 목적을 달성하기 위하여 제한된 생산자원을 여러 생산 가능한 대안들에 배분하는 것과 관련된 의사결정 과정"으로 정의하였다. 심영근 외(2003)는 "생산·제도·기술요소·인간요소·시장·정책·환경 등의 변화에 따른 불확실성하에서 개별 영농단위가 자체의 경제 내·외적 목표를 달성하기 위하여 자원을 배분하는, 즉 농장의 문제해결(problem solving)을 위한 의사결정 과정"으로 정의하였다. 구재서 외(2004)는 "농업자 및 경영자가 일정한 목적을 가지고 토지, 자본, 노동을 이용하여 작물재배, 가축 사양 및 농산물 가공 등을 행하여 농산물을 생산하고, 이것을 판매, 이용 또는 처분하는 조직적 경제단위"라고 하였으며, 강봉순(2006)에서는 "농가가 스스로의 영농 목적을 달성하기 위해 주어진 외부 환경이나 자신의 자원을 효율적으로 활용하는 방법"으로 정의하였다. 끝으로 농촌진흥청과 유준수(2016)에서는 "농업을 경영하는 사람이 설정한 경영 목적을 달성하기 위하여 계획하고 실행하며 이를 통제하는 일련의 동태적인 과정"으로 정의하였다.

04 농업경영의 특징

농업경영은 다른 부문의 경영과 차별화되는 특징이 있다. 첫째, 농업경영은 생물학적 과정을 대상으로 하기 때문에 경영자의 통제가 미치지 못하는 자연의 법칙에 따르는 부분이 있어 기후나 질병 등 경영자의 경영능력으로 대처하기 어려운 위험 요인이 상존하고 있다. 둘째, 가장 중요한 생산요소의 하나인 토지의 공급이 제한적이다. 특히 단기적으로 생산에 투입될 농지는 주어져 있으므로 생산성에 초점을 둘 수밖에 없으며, 임차나 매매를 통해 투입 가능한 토지 역시 주변 지역에서 제한적으로 이용가능하다. 셋째, 다른 산업분야와는 달리 소규모 경영체의 수가 압도적으로 많이 존재한다. 가족 중심의 경영이 많고 따라서 특정 작업이나 경영활동에 전문화하기 어렵다. 넷째, 완전경쟁에 가까운 시장이다. 많은 소규모 농가가 경쟁하는 시장이며, 따라서 경쟁에 이기기 위한 틈새시장이나 지역시장의 발견이 매우 중요하다.

05 농업경영의 의사결정 요인과 과정

농업경영 의사결정은 농업경영체를 둘러싼 여러 제반 조건들의 영향을 받는다. 농업경영의 제반 조건은 크게 자연적 조건(기상조건, 토지조건), 경제적 조건(농장과 시장과의 경제적 거리), 사회적 조건(소비습관, 과학기술 발달수준, 제도, 법률 등), 개인적 조건(경영주 능력, 가족수, 자본력 등)으로 구분되며, 이러한 제반 조건이 농업경영의 의사를 결정하는 데 중요한 요인이 된다.

농업경영의 의사결정 과정은 총 6단계로 구분할 수 있다(유준수, 2016). 우선 문제정의 단계에서 농업경영 의사결정을 위한 문제를 파악하고, 2단계에서 문제원인을 발굴하고, 3단계에서 문제해결을 위한 여러 가지 대안을 개발하고, 4단계에서 가장 적합한 대안을 선택하고, 5단계에서 대안을 실행할 계획을 수립하며, 끝으로 대안실행에 대한 성과평가를 실시한다.

그림 2-2   농업경영의 제반조건 및 의사결정 요인

자연적 조건 → 기상: 온도, 일조, 강수량, 습도 등
→ 토지: 토질, 수리, 지세(경사, 고도)

경제적 조건 → 시장: 시장과의 경제적·물리적 거리, 시장규모, 교통
→ 작목: 수량, 가격, 비용, 소득수준 및 안정성

사회적 조건 → 국민 소비 습관, 과학기술 발달 수준
→ 농업관련 법률, 제도, 정책

개인적 조건 → 경영자원: 경지, 가족노동, 자본력
→ 경영능력: 경영주 능력, 성향

주: 유준수(2016)에서 발췌 및 재구성

그림 2-3	농업경영 의사결정 과정

문제정의	문제원인의 발굴	대안개발	대안선택	대안실행 계획수립	성과평가

SECTION 02 농업경영과 농업경영학

01 농업경영학이란?

자본주의 경제사회에서 경영학이란 기업 활동을 연구대상으로 하는 학문이다. 농업경영학도 농업경영주체의 경제활동을 연구대상으로 하며, 대상만 다를 뿐 일반경영학과 동일하다. 농업경영과 관련한 이론과 방법을 탐구하는 학문으로서의 농업경영학을 정의해보면, 구재서 외(2004)에서는 농업경영학을 '농업경영의 본질을 탐구하고 어떻게 가장 효율적으로 농업경영의 목적을 달성할 수 있을 것인가에 대한 이론과 방법을 연구하는 학문'이라고 정의하였다. 즉, 농업경영학은 경영주체가 일련의 농업경영 목적을 설정하고, 그 목적을 달성하기 위한 이론과 방법을 연구하는 실천적 학문이라고 할 수 있다(심영근 외, 2003). 현대의 농업경영의 목적이 단순히 금전적 이익만 추구하는 것이 아닌 것처럼, 농업경영학도 단지 기업의 수익성만을 추구하는 것은 아니며, 기업이 처한 경제적, 사회적, 자연적 제약하에서 합리적인 의사결정을 할 수 있도록 도움을 주는 이론적이고 과학적인 학문이다.

02 농업경영학의 연구대상

농업경영학은 학문이나 과학으로서의 명확한 연구 대상을 가져야 한다. 농업경영학의 연구대상은 크게 두 가지로 나뉘는데, 하나는 영리조직체인 기업을 연구대상으로 보는 경우이고, 다른 하나는 기능론적 관점에서 경영관리로 보는 경우이다. 이 두 가지 입장에서 보면 농업경영학은 기업이라는 산업조직뿐만 아니라 농업조직체의 경영관리 원리를 연구하여 조직체 일반에 적용되는 보편성의 행동원리라고 할 수 있다(김원수, 1998). 따라서 기업의 영리목적과 경영관리라는 농업경영학의 연구대상을 바탕으로 농업경영학을 정의하면 "농업경영학은 농업경영의 경영관리론적 차원에서 본질을 탐구하고, 어떻게 하면 가장 효율적으로 농업경영의 목적을 달성할 수 있을 것인가의 이론과 방법을 연구하는 학문이다".

농업경영의 형태는 주변입지에 많은 영향을 받는다. 본 절에서는 농업경영형태의 결정요인으로서의 농업입지론의 발전과정을 다룬다.

01 농업입지론의 발전과정

농업생산의 경제적 분석은 18세기 중엽에 전개된 중농주의 시대부터 시도되었으나, 농업생산이 갖는 공간성의 인식에 대해서는 일반화되지 못했고, 이후 스미스(A. Smith)가 농업생산에서 지역적 제약이 존재한다는 것을 인식하면서 본격적으로 다루어졌다. 스미스는 지대를 토지의 사용에 대한 지불가격이며, 그 지대는 생산량과 그 위치에 의해 차이가 발생하므로, 생산량과 위치에 따라 토지 이용의 형태를 분류할 수 있다고 하였다. 스미스의 지대이론은 기존의 입지이론과 달리 경제 원리를 반영한 토지의 가치를 정립하였다는 점에서 높게 평가되고 있다. 농업입지론은 이후, 튀넨(von Thünen, 1783~1850), 에레보(Aerebo), 던(Dunn)의 농업입지이론으로 발전하게 되었다.

농업입지론은 특정 농산물이 특정한 지역에서 재배되는 이유를 구명하는 것이다. 농업입지의 결정요인은 자연적 요인과 사회·경제적 요인으로 구분된다. 자연적 요인은 기상조건, 토지의 물리적 특성 등이며, 사회·경제적 요인은 농산물과 시장의 거리에 따른 운송비, 농산물을 생산하는 데 필요한 투입요소의 공급량과 산출물을 결정하는 인구, 지대, 생산기술, 자본, 국가 정책 등이다.

매카시와 린드버그는 토지에 대한 수확체감의 법칙이 바탕이 된 리카도의 차액지대(Different Rent) 개념을 공간적으로 일반화하였다. 그들은 농작물의 최적지와 한계는 생산성의 차이에 따라 지대의 차이가 존재하며, 생산비가 농산물 가격보다 낮은 지점까지 농작물의 재배가 이루어진다는 농작물 재배의 경제적 한계에 대해 제시하였다.

02 브링크만의 지대이론

토지생산을 기반으로 하는 농업은 입지이용에 대한 경쟁으로서 입지문제가 전개되지만 일반적으로는 최고지대를 추구하는 것을 목적으로 한다. 이에 대해 브링크만은 비용과 거리의 관계를 통해 시장거리와 지대의 관계에 대한 모형을 종합적으로 표현하였으며, 비용을 농업에서 조달하는 것과 공업에서 조달하는 것으로 나눠 노동비와 물재비로 구분하였다. 이 모형에서 농업의 노동비는 농업에서 조달한 비중이 크기 때문에 약간만 우하향하는 것으로 나타났으며, 농업의 물재비는 시장에서 멀

---

1 한주성(2015)의 「경제지리학의 이해」, 구재서 외(2004), 「개정 농업경영학」의 내용을 요약·정리함.

리 떨어질수록 낮고 공업의 물재비는 시장 근처의 입지에서 가장 유리해진다. 브링크만은 또한 시장에서 가까워 교통 위치가 양호한 지역은 집약적인 농업경영방법이 입지하고, 이와 반대인 경우에는 조방적인 농업경영방법이 입지한다고 주장하였다. 교통입지에 따른 토지의 집약도 차이는 자본집약도와 노동집약도의 차이이며, 토지이용에 대한 집약도 차이는 해당 작물의 생산비 증가와 동시에 집약적인 작목으로 전환함을 의미한다.

03 튀넨의 고립국 이론

튀넨의 농업입지론은 1826년에 발간한 그의 저서 「농업과 국민경제에 관한 고립국」에 담겨진 것으로, 대표적인 고전적 농업입지론이다.

튀넨의 고립국 이론은 다른 세계와 격리된 하나의 독립국을 상정한다는 전제조건으로 이론을 전개하였으며, 이 독립국은 하나의 도시가 그 중앙에 위치하고, 평탄하고 비옥한 경작지가 그 주변에 있다. 토양의 물리적·화학적 특성은 동일하고, 도로 이외의 교통시설은 구축되어 있지 않다. 도시 거주자의 농산물은 주위 농업에 의해 공급되며, 농업경영인은 도시로부터 생산에 필요한 재화를 구입하는 관계에 있다고 가정한다. 이러한 가정하에서 모든 농업경영인은 수익을 최대화할 수 있는 작목을

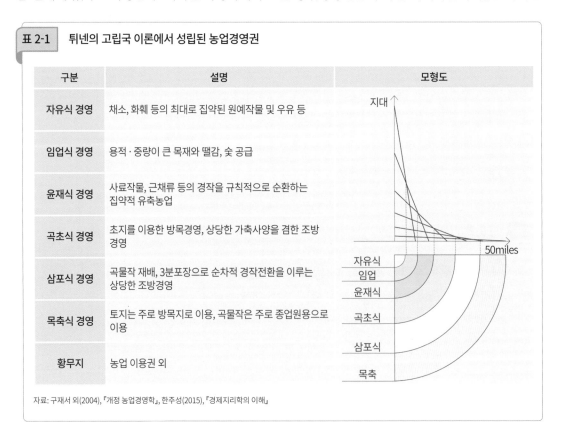

표 2-1 튀넨의 고립국 이론에서 성립된 농업경영권

구분	설명	모형도
자유식 경영	채소, 화훼 등의 최대로 집약된 원예작물 및 우유 등	
임업식 경영	용적·중량이 큰 목재와 땔감, 숯 공급	
윤재식 경영	사료작물, 근채류 등의 경작을 규칙적으로 순환하는 집약적 유축농업	
곡초식 경영	초지를 이용한 방목경영, 상당한 가축사양을 겸한 조방경영	
삼포식 경영	곡물작 재배, 3분포장으로 순차적 경작전환을 이루는 상당한 조방경영	
목축식 경영	토지는 주로 방목지로 이용, 곡물작은 주로 종업원용으로 이용	
황무지	농업 이용권 외	

자료: 구재서 외(2004), 『개정 농업경영학』, 한주성(2015), 『경제지리학의 이해』

선택하게 되고, 도시와 농촌의 전체적인 조화를 달성할 수 있다고 하였다. 고립국 이론은 이상의 가정에서 독립국의 농업이 어떠한 경영 형태를 따를 것이며, 또한 중심도시로부터 독립국 사이의 거리는 경영 형태에 어떻게 영향을 미치는지에 대해 제시하였다.

고립국의 농업은 도시를 중심으로 주작물이 다른 몇 개의 권역을 형성하게 되고, 다른 권역에는 별개의 경영조직을 구성하여, 총 6개의 경영권이 성립된다고 주장하였다. 6개의 경영권은 〈표 2-1〉의 순서대로 도시로부터 점점 거리가 멀어지고 있기 때문에 토지의 이용방식에 차이가 나타난다고 설명하였다.

04 농업입지론의 응용

고립국 이론이 발표된 이후, 이를 이용한 다수의 실증연구가 이루어졌다. 프랑스의 사례를 보면, 농가가 분포한 지역에 인접한 작은 규모의 경지에는 채소를 재배하고, 채소 재배의 범위 밖으로 갈수록 포도 재배, 관목 숲, 삼림지로 나타나기 때문에 농가로부터 거리가 멀어짐에 따라 농지와 농업생산의 집약도가 감소한다는 사실을 알 수 있다. 인도 북서부의 사례를 보면 농가와 농지의 거리가 멀어질수록 점점 조방적인 경영권이 나타나고, 농업입지의 결정은 농산물을 공간적으로 이동시키는 데 소요되는 비용과 시간에 영향을 받는다. 미국 북동부 지역의 사례에서는 중심시장을 중심으로 낙농품 공급권역이 형성되는데, 동일한 무게라도 시유와 유제품의 수송비의 차이가 존재하기 때문에 낙농가 입지가 지역적 분화를 가지는 모습이 나타났다.

베이커는 튀넨의 고립국 이론에서 배제한 자연적 조건의 차이가 농업적 토지이용을 결정하는 중요한 요인이 된다고 하였다. 그는 미국의 농업, 목축업, 임업의 지역적 분포를 검토하는 과정에서 지형조건, 토양조건, 수분조건, 기온조건 등의 여러 가지 자연 조건이 현실적인 토지 이용의 표준적 질서에 영향을 미친다고 주장하였다.

브링크만은 개별경영의 이윤극대화에 적합한 집약도와 경영형태를 제시함으로써 튀넨의 고립국 이론을 이용하였고, 이를 집약도 이론으로 발전시켰다. 튀넨의 고립국 이론이 농업조직과 농업경영 형태의 입지 배치를 설명하고 있다면, 브링크만의 이론은 경영 집약도 이론과 경영방식으로 구성되어 개별 농가의 농업경영조직 관점에서 설명하고 있다. 예를 들어 시장에 접근할수록 집약도가 높고, 경영비의 증가, 조방적 작목에서 집약적 작목으로 전환, 토지의 휴경기간의 단축, 수확횟수의 증가에 따라 농업경영의 집약도는 증가한다는 사실을 밝혔다.

던은 자신이 발간한 저서 『농업생산입지이론』에서 경제학적으로 농업입지의 경영권 구조를 해석했다. 일반균형이론을 가격, 수요, 경계선, 공급의 변수로 농업의 공간경제에 대해 전개한 후 튀넨의 모형을 수식화하고, 체계적으로 정리하였다.

리카르도의 비교우위원리는 지역 및 국가 간의 무역이 이루어짐에 따라 특화된 농작물이 비특화지역으로 이동한다는 것을 설명하고 있다. 비교우위원리에서는 특화지역에서 초과 공급된 잉여 농산물이 부족 현상을 보이는 비특화지역으로 이동함에 따라 절대적 우위와 절대적 손해 관계가 형성되고, 비로소 농산물 생산의 전문화가 달성된다. 이로 인해 두 지역에서는 상호 이익이 최대화되는 농산물을 추구하게 되고 농업경영의 형태가 무역 이전과는 달라진다는 것이다. 비교우위원리에서는 상품의 이동방향에 대해서는 제시하고 있지만, 실제 무역량과 적정가격에 대해서는 제시하고 있지 않다. 또한 농업 생산의 수확체감의 원칙에 의해 완전한 전문화는 이루어지기 어렵고, 운송비용의 부담이 많을수록 지역적 전문화가 성립되지 않는다는 점에서 운송비용이 지역적 전문화 형성에 많은 영향을 미치게 된다.

05 동태적 농업입지론

이후의 농업입지론은 농업생산의 장소적·시간적 조건의 변화 등 현실적인 생산입지 관점에서 접근하게 되는 동태적 농업입지론으로 거듭 발전하게 되었다. 튀넨의 이론에서도 국가의 성장과 인구의 증가에 따른 농업지역의 확대가 이루어진다고 지적하면서, 어느 정도 동태적 고찰을 제시하였다. 브링크만은 종래 재배지역의 한계가 국민경제의 발전으로 인해 외부로 표출된다고 지적하였으며, 이러한 재배지역의 동태적 변화 원인은 농업경영방식의 변화, 새로운 재배방법의 등장, 신기술의 도입 등 여러 원인에 의해서 이루어진다고 설명하였다.

06 도시 주변지역에서의 농업입지론

싱클레어(R. Sinclair)의 농업입지모형은 도시에 근접할수록 토지의 이용이 조방적이며, 도시 외곽에서 원예 농업 등의 집약적 농업경영이 이루어진다는 결과를 제시하였는데, 이는 튀넨의 농업입지론과는 상반된다. 도시화가 진전되지 않은 지역에서는 튀넨의 고립국 이론이 성립될 수 있으나, 도시화가 진전되거나 공업화가 이루어진 도시주변지역에서는 튀넨의 농업입지론이 적용될 수 없다는 것이다. 도시화가 진행된 지역에서는 지가상승을 기대하는 투기자와 개발업자에 의해 농업적 토지 이용이 일시적이거나 경작을 포기하게 되고, 도시에서 멀리 떨어져있거나 도시화가 진전되지 않은 지역의 농업경영인은 농업 활동을 통해 토지를 이용하게 된다. 따라서 도시에 근접할수록 조방적 경영이 이루어진다.

싱클레어의 농업입지모형은 토지이용의 순서를 제1지대(도시농업 및 잠정적 원예농업지역), 제2지대(공지 및 잠정적 목축 지역), 제3지대(일시적 경종농업과 목축 지역), 제4지대(낙농업과 경종농업 지역), 제5지대(전문화된 혼합농업지역)로 배열하였다. 도시지역의 가장자리에 위치한 제1지대에서는 가금 사육, 온실재배, 버섯재배 등으로 농축산물을 생산하고 있으며, 제2지대에서는 도시적 토지이용의 세분화는 일어나지 않고 일정한 경작이 이루어진다. 제3지대에서는 미래의 도시화를 기대하기 때문에 농업부문에 자본을 투자하지 않으며, 겸업농가가 많이 분포하는 지역이다. 제4지대의 안쪽은 도시화를 기대하는 지역으로서, 낙농지역에서 집약도가 낮은 환금 작물을 재배하는 경향이 있다. 제5지대에서의 경제활동은 대도시로부터 직접적인 영향을 받지 않는 지역이다.

그림 2-4 농업과 도시주변, 도시음영, 농촌배후지 간의 관계

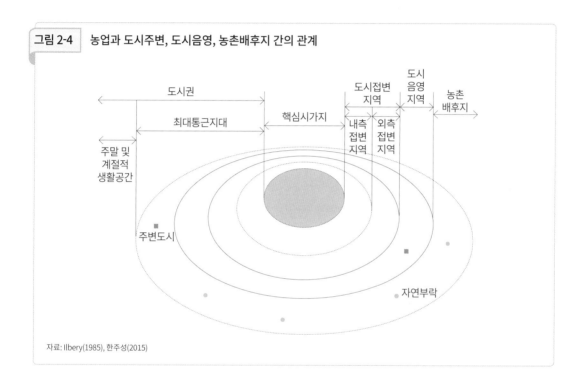

자료: Ilbery(1985), 한주성(2015)

브라이언트(C. R. Bryant)는 튀넨과 싱클레어의 농업입지론을 절충하였고, 농업집약도가 처음에는 증가하다가 도시 주변으로부터 거리가 멀어질수록 감소한다고 하였다. 또한 브라이언트는 도시와 농촌지역 사이의 도시권을 안쪽 접변지역, 바깥쪽 접변지역, 도시음영지역, 농촌배후지로 구분하였는데, 안쪽 접변지역은 농업적 토지 이용이 도시적으로 전환될 것이 확실시된 지역으로서 이미 많은 도시적 토지로 이용되고 있으며, 바깥쪽 접변지역은 농업적 토지이용이 도시 지향적으로 나타나게 된다. 도시음영지역은 대도시 지역의 접근성이 높아 중심도시와 밀접한 관계를 갖는 지역이며, 농촌배후지에는 출퇴근 외곽권에 분포하는 거주지역을 의미한다. 이처럼 브라이언트의 입지이론은 도시 주변지역에서 농업적 토지이용이 4가지로 구분될 가능성이 존재할 수 있다는 점을 나타내고 있다.

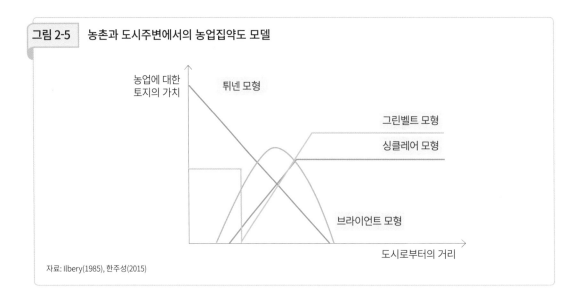

그림 2-5   농촌과 도시주변에서의 농업집약도 모델

농업에 대한 토지의 가치

튀넨 모형

그린벨트 모형

싱클레어 모형

브라이언트 모형

도시로부터의 거리

자료: Ilbery(1985), 한주성(2015)

그린벨트 모형은 농업정책을 반영한 모형으로, 도시적 토지이용에 대한 수요가 그린벨트 외부로 집중되어 있다는 것이며, 여기서 그린벨트는 도시의 팽창을 방지하기 위해 설치된 녹지를 의미한다. 이 그린벨트는 도시의 과대화 방지, 도시 주변 위성도시의 설치를 통한 도시중심의 역할 분산 기능을 통해 도시주변부의 토지가치를 향상시키는 데 기여하였으며, 농업부문에서 보면 도시주변에서 멀어진 지역은 농업에 대한 토지의 가치가 일정하게 증가하게 된다.

SECTION 04 농업경영의 규모와 집약도

농업경영의 규모와 집약도의 개념은 서로 구분하여 정리할 필요가 있다. 경영규모와 집약도의 개념적 차이를 살펴보면, 우선 경영규모는 고정적 생산요소의 크기에 초점을 맞추고 장기적 관점에서 규모의 확대 및 변화를 논하는 데 비해, 집약도(또는 조업도)는 단기적으로 고정적 생산요소가 일정 규모로 주어진 상황에서 비용과 생산량의 관계를 나타내는 것이다.

01 농업경영 규모의 개념과 척도

농업경영은 토지, 노동, 자본 등의 생산요소를 유기적으로 결합하여 이루어지므로 농업경영의 규모도 어느 한 요소를 기준으로 파악하는 것은 적절하지 않을 수 있다. 동일한 경지규모라도 작물의 종류, 축종 및 사육두수, 농기계 보유 정도, 노동 투하량, 농장의 위치, 토양비옥도 등 여러 가지 환경이나 조건에 따라 상대적인 규모가 차이날 수 있기 때문이다. 농업경영에서 규모의 개념은 주로 고정적 생산요소의 비축량(stock)으로 규정할 수 있는데, 이는 투입된 경지면적, 가족 등 상시고용 노동력과 고정자본재 등의 고정적 요소를 의미한다. 따라서 농업경영의 규모는 토지뿐만 아니라 다른 생산요소나 조건들도 고려해야 한다.

그럼에도 불구하고 일반적으로 경지규모가 농업경영의 규모의 측정 지표로 가장 많이 사용되고 있는 이유는 다음과 같다.

첫째, 농업생산의 경우 공업생산과 달리 토지가 가장 기본적인 생산수단으로 토지수익이 농업수익의 가장 큰 비중을 차지하고 있으며, 경지면적 자체가 단기에 고정적이기 때문에 한정된 토지면적하에서 타 투입요소(노동력, 가축사육수, 농기계 등)의 규모확대를 본원적으로 제약할 수 있기 때문이다.

둘째, 경지규모는 농업경영에 있어서 공통적으로 존재하며 단순하고 측정이 용이하기 때문에 일반적인 농업통계에서 경지면적에 의해 경영규모를 분류하는 것이 용이하다는 장점이 있다.

표 2-2   경영규모에 대한 척도

Efferson (1953)	Steinhauser (1992)
농장면적	〈고정생산요소 부존량〉
경지면적	·토지이용면적
작부 총면적	·투입적극재산의 크기
주요 작물 면적	·가축사육두수
주요 가축사육두수	·노동력 보유단위
평균 노동자 수	〈투입요소의 금전적 크기〉
환산노동력	·고정적 생산요소의 가치
총수입	·농업경영으로서의 비용합계
총가축단위	〈경영성과〉
생산적 가축단위	·농업수익
생산적 노동단위	·농업순수익
	·이윤

주: 金澤夏樹 (1985)에서 인용 및 재구성

규모의 척도는 다양한 농업경영학 교과서에서 언급되는데, Effereson(1953)의 Principle of Farm Management와 독일의 Steinhauser(1992) 등이 편찬한 「농업경영학 입문」의 내용이 주로 인용되고 있다. 대표적인 두 저서에서의 경영규모에 대한 척도를 정리하면 다음과 같다.

02 농업경영 집약도의 개념과 척도

집약도(또는 조업도, Intensity)는 고정적 생산요소가 일정한 상황에서 비용과 생산량의 관계를 나타내는 것이다. 경영 집약도는 특히 우리나라처럼 경지면적이 협소하고 확대 가능성이 적은 경우에 더욱 관심을 가져야 하는 개념이다. 전통적인 집약도는 토지의 단위면적당 투입된 노동 및 자본의 양으로 나타낸 토지이용도를 의미한다.

$$\text{집약도 } Intensity, \ I = \frac{(\text{노동} + \text{자본})}{\text{토지}}$$

노동력과 자본을 적게 투입하고 토지의 생산능력에 의존을 많이 하면 집약도가 낮다고 하고, 조방적 경영이라고 한다. 반면 토지의 생산능력 향상을 위해 비교적 많은 노동력과 자본을 투입하는 것을 집약도가 높다고 하며, 집약적 경영이라고 한다. 이러한 집약도에 대한 척도는 매우 다양하게 존재하며, 金澤夏樹(1985)에서 제시한 농업경영 집약도의 종류는 다음과 같다. 골츠(Goltz) 등은 경영 집약도를 기초자본 대비 농업경영에 사용된 자본의 가치 비율로 정의하였고, 크레이머 등은 경영 집약도를 토지자본 대비 농업경영자본의 가치로 정의하였다. 또한 에레보 등은 토지의 단위면적당 노동일수와 현물기준 자본소비량의 합계로, 사가웨이 등은 토지의 단위면적당 노동비용과 자본소비액의 합계로, 브링크만은 토지의 단위면적당 노동비용, 자본소비, 자본이자의 합계로 정의하였다.

표 2-3 집약도 척도 예

저자	집약도 척도
골츠 외	$\dfrac{\text{경영자본가치}}{\text{기초자본가치}}$
크레이머 외	$\dfrac{\text{경영자본가치}}{\text{토지자본}}$
에레보 외	$\dfrac{\text{노동일수+자본소비량(현물)}}{\text{토지면적}}$
사가웨이 외	$\dfrac{\text{노동비용액+자본소비액}}{\text{토지면적}}$
브링크만	$\dfrac{\text{노동비용액+자본소비액+자본이자}}{\text{토지면적}}$

자료: 金澤夏樹(1985)

03 적정규모와 집약도 이론[2]

金澤夏樹(1985)에 따르면 적정한 규모에 맞는 적정한 집약도가 있다고 한다. 따라서 단순히 집약도나 경영규모 한 가지 측면에서 농업경영의 합리성을 따질 수 없고, 각각의 규모에서 적정한 집약도를 실현하는 것이 농업경영의 합리화라고 할 수 있다고 한다.

여기서 적정집약도는 〈그림 2-6〉에서 만약 집약도의 척도를 일정한 경지규모에서의 투입비용으로 간주할 때, 평균생산(Y/X)이 최대가 되는 비용투입 지점(A_1)을 가리킨다. 그러나 적정집약도가 달성되는 비용투입지점이 반드시 이윤이 극대화되는 지점은 아니며, 이윤의 극대화는 〈그림 2-4〉에서 한계수입과 한계비용이 일치하는 수준($\frac{P_x}{P_y} = \frac{\Delta Y}{\Delta X}$)인 A_2에서 이루어진다. 金澤夏樹(1985)는 이를 '최유리집약도'라고 일컫는다. 여기서 사용된 집약도의 척도는 일정 경지규모에 대한 투입비용뿐만 아니라 생산요소의 부존량(stock)을 분모로 하는 다른 척도를 사용해도 이론적으로 다르지 않다.

그림 2-6 적정집약도

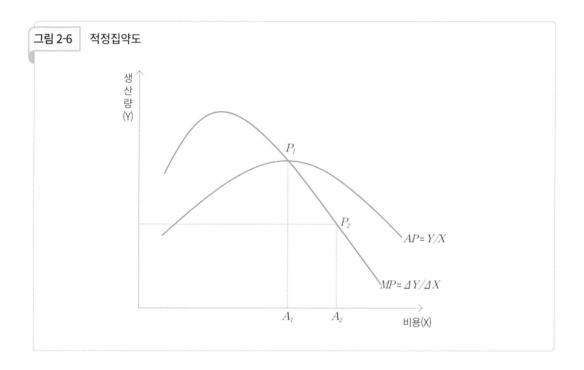

적정규모란 평균생산성이 가장 높은 규모를 달성하는 것을 의미한다. 각각의 주어진 규모에서 평균생산이 최대가 되는 지점에서 적정집약도가 달성되고, 장기적인 관점에서 규모를 변화·확대하면서 평균생산성이 가장 높은 투입비용지점에 도달하게 된다. 〈그림 2-7〉은 규모를 I, II, …, V로 변화해나가는 과정을 나타내는데, 여기서 규모가 III일 때 평균생산성이 가장 높은 적정규모가 된다. 여기

---

2 金澤夏樹(1985)의 93~95쪽을 요약·정리함.

서 중요한 점은 III의 어느 투입지점에서나 적정집약도를 달성하는 것은 아니므로, 적정집약도를 유지하면서 적정규모를 달성하는 지점인 A지점에 도달하는 중요하다. 만약 규모는 II에서 III으로 확대되었으나, 집약도는 지점 A가 아닌 지점 A′에 머무르고 있다면, 규모확대에 대한 효과가 전혀 없다고 할 수 있다. 따라서 적정집약도를 유지하면서 장기적으로 규모를 변화시키면서 적정규모에 도달하는 것이 중요하다.

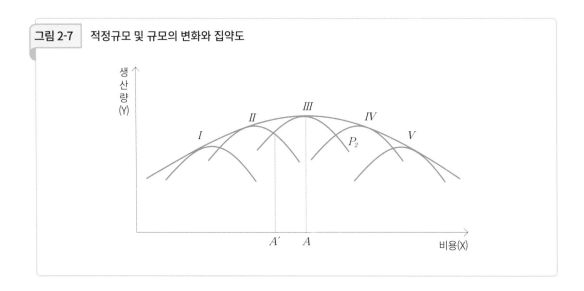

그림 2-7 적정규모 및 규모의 변화와 집약도

04 우리나라의 농업경영규모 및 집약도

우리나라 통계청에서 제공하는 농업경영규모 척도는 경지면적, 주요작물면적, 농업종사자수, 가축사육두수, 농업수입 등 다양하다. 그 대표적인 사례로 〈그림 2-8〉에서는 연도별 농가의 평균 경지면적 변화와 농업 상시종사자수의 변화를 제시하였다. 통계청의 농가경제조사(2003~2022)에 따르면 2022년 기준 농가의 평균경지면적은 11,763m²이고 2003년 이후 매년 0.93% 감소하였으며, 평균 상시종사자수는 2022년 기준 1.76명으로 매년 0.49% 증가하는 것으로 나타났다.

또한 〈그림 2-9〉는 2022년 기준 주요 작목별 농가의 평균경지면적과 상시종사자수를 나타낸 것으로, 작목별 평균경지면적은 논벼가 20,343m²으로 가장 높고 상시종사자수는 기타가 2명으로 가장 높은 것으로 나타났다.

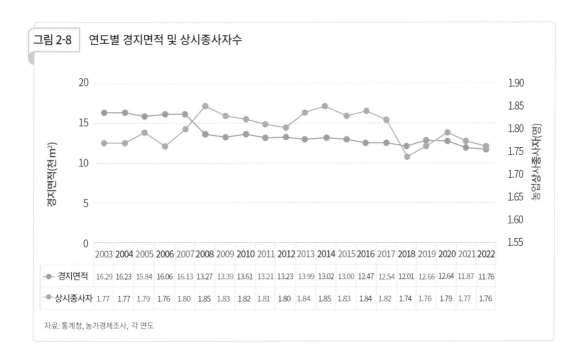

그림 2-8 연도별 경지면적 및 상시종사자수

	2003	2004	2005	2006	2007	2008	2009	2010	2011	2012	2013	2014	2015	2016	2017	2018	2019	2020	2021	2022
경지면적	16.29	16.23	15.84	16.06	16.13	13.27	13.39	13.61	13.21	13.23	13.99	13.02	13.00	12.47	12.54	12.01	12.66	12.64	11.87	11.76
상시종사자	1.77	1.77	1.79	1.76	1.80	1.85	1.83	1.82	1.81	1.80	1.84	1.85	1.83	1.84	1.82	1.74	1.76	1.79	1.77	1.76

자료: 통계청, 농가경제조사, 각 연도

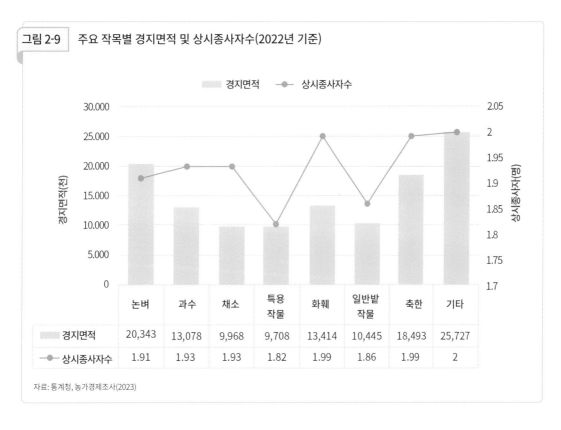

그림 2-9 주요 작목별 경지면적 및 상시종사자수(2022년 기준)

	논벼	과수	채소	특용 작물	화훼	일반밭 작물	축한	기타
경지면적	20,343	13,078	9,968	9,708	13,414	10,445	18,493	25,727
상시종사자수	1.91	1.93	1.93	1.82	1.99	1.86	1.99	2

자료: 통계청, 농가경제조사(2023)

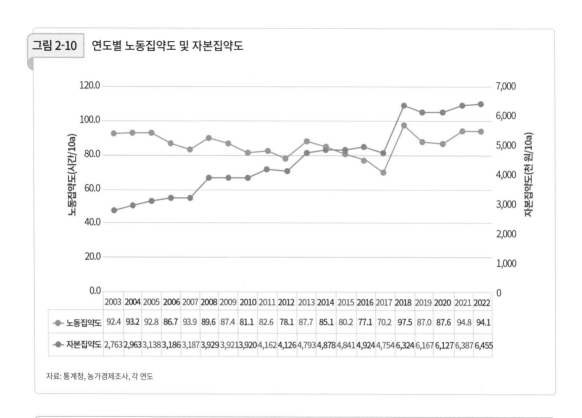

| 그림 2-10 | 연도별 노동집약도 및 자본집약도 |

	2003	2004	2005	2006	2007	2008	2009	2010	2011	2012	2013	2014	2015	2016	2017	2018	2019	2020	2021	2022
노동집약도	92.4	93.2	92.8	86.7	93.9	89.6	87.4	81.1	82.6	78.1	87.7	85.1	80.2	77.1	70.2	97.5	87.0	87.6	94.8	94.1
자본집약도	2,763	2,963	3,138	3,186	3,187	3,929	3,921	3,920	4,162	4,126	4,793	4,878	4,841	4,924	4,754	6,324	6,167	6,127	6,387	6,455

자료: 통계청, 농가경제조사, 각 연도

| 표 2-4 | 경지규모별 경영집약도(2022년) |

경지규모	노동집약도(시간)	자본집약도(천 원)	자본계수
0.5ha 미만	267.41	10,969	6.33
0.5−1.0ha 미만	157.25	7,722	4.06
1.0−1.5ha 미만	122.66	7,588	4.23
1.5−2.0ha 미만	102.14	6,162	3.66
2.0−3.0ha 미만	74.07	6,718	6.03
3.0−5.0ha 미만	61.03	6,174	4.16
5.0−7.0ha 미만	40.00	5,355	5.97
7.0−10.0ha 미만	34.29	3,762	3.60
10.0ha 이상	33.63	3,735	2.80
평균	99.16	6,465	4.54

주 1) 노동집약도 = 자영농업노동시간/경지면적(10a)
　2) 자본집약도 = 농업자본액/경지면적(10a)
자료: 통계청, 농가경제조사(2023)

농업경영 집약도 또는 이와 유사한 개념으로 우리나라 통계청에서 제공되는 척도는 노동집약도, 자본집약도 등이 있다. 〈그림 2-10〉은 농가의 연도별 노동집약도와 자본집약도의 변화를 나타낸 것인데, 노동집약도는 등락이 있기는 하나 전반적으로 감소하는 추세에 있고, 자본집약도는 매년 꾸준히 증가하는 추세를 보이고 있다.

〈표 2-4〉는 2022년 기준 우리나라의 경지규모별 경영집약도를 두 가지 척도로 제시하였다. 전반적으로 경지규모가 작을수록 단위면적당 노동집약도와 자본집약도가 높은 것으로 나타났고, 경지 규모가 클수록 집약도가 낮은 것으로 나타났다.

SECTION 05 농업경영의 조직화론

01 농업경영조직 분류와 조직화 과정

농업경영조직은 단일 농업경영체의 의지로 구성된 농업생산 조직을 의미한다. 유준수(2016)에서는 농업경영조직의 기본구성을 〈그림 2-11〉과 같이 경영요소(토지, 자본, 노동)와 농업경영부분의 결합으로 설명하였다.

그림 2-11   농업경영조직의 기본구성

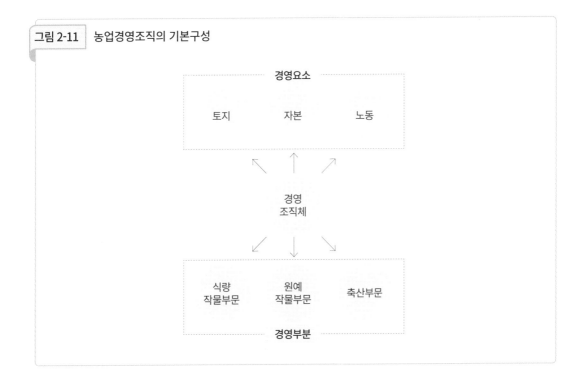

표 2-5	농업경영조직의 분류

분류 기준	농업경영조직
생산부문	경종농가, 축산농가, 과수농가
경영주체 유형	개인경영, 가족경영, 기업경영, 공동경영, 협업경영(협업농), 농업회사법인, 영농조합법인 등
작목조합	단작경영, 복합경영
작물의 상호관계	경합관계, 보합관계, 보완관계
경영규모나 집약도	대농, 소농, 조방적 경영, 집약적 경영
타 산업과의 겸업여부	전업, 겸업
소유 및 임대차 관계	자가경영(자작농), 임차경영(임차농), 위탁경영(위탁농) 등

자료: 심영근 외(2003)

농업경영조직은 분류 기준에 따라서 〈표 2-5〉와 같이 분류할 수 있다(심영근 외, 2003).

농업경영조직의 분류는 각 농업경영체가 선택하는 작목에 따른 분류가 있으며, 단일 작목이냐 복합 작목이냐에 따라 단작경영과 복합경영으로 구분된다. 단작경영의 경우 새 기술의 도입이 쉽고 노동의 숙련도와 작업능률을 올릴 수 있으며, 생산물이 통일되어 판매상 유리한 장점이 있다. 반면 복합경영의 경우 자본의 회전이 빠르고 자연적, 경제적 위험을 분산할 수 있으며, 노동력 이용과 노동의 분배상 유리한 측면이 있다. 농업생산이나 경영의 경우 기업경영과는 달리 가족경영이나 공동경영이 주로 많이 이루어지고 있으며, 특히 우리나라와 같이 영농규모가 비교적 영세한 경우 농업경영이 농가의 가계 운영과 따로 분리되지 않고 자가 노동력과 토지를 기반으로 한 가족경영이 가장 일반적이다. 그러나 경제가 발전하면서 영농조합법인 및 농업회사법인 등을 비롯한 대규모 상업화 영농이 진전되어 가족 영농체제에서 벗어나 전문적인 기업경영체제로 전환하는 추세를 보이고 있다.

김정호(2008)는 농업경영조직(농업경영체)을 크게 가족경영체(가족농)와 농업생산자조직으로 나누어 살펴보았다(표 2-6). 우선 가족농의 경우 경영주를 포함한 가족 노동력을 사용하고 경영주 단독으로 의사결정을 할 수 있어 의사결정이 신속하다는 장점이 있다. 그러나 주로 소규모 개인투자로 운영되므로 농업의 기술진보와 상업화에 취약하고 후계자 부재 시 경영소멸로 이어질 수 있어 경영의 지속성 측면에서 취약한 구조를 지니고 있다. 반면 농업생산자 조직은 복수의 구성원으로 이루어져 있어 의사결정의 신속성은 가족농에 비해 떨어질 수 있지만, 다수 구성원의 공동출자와 농업경영의 전문화·다각화, 대량생산을 통한 규모화를 실현할 수 있어 기술진보에 대한 대처가 용이하고, 고품질화·균일화·규격화로 상업화에 유리하다. 또한 지속적인 구성원의 신규참여를 통해 경영의 연속성을 확보할 수 있어 지역농업의 안정적인 유지와 발전을 위한 지속성 있는 농업경영체로 정착할 수 있다는 장점이 있다.

| 표 2-6 | 가족농과 농업생산자조직의 성격비교 |

구분	가족농	농업생산자조직	
		임의조직	법인
경영체 성격	단독 자연인	복수 자연인	복수 출자자의 법인
사업 계속성	사망으로 종결	구성원의 해체로 소멸	영구 또는 일정기간
책임형태	무한책임	무한책임	무한 또는 유한책임
자금조달	개인투자	구성원의 투자	구성원 출자, 차입금 등
토지조달	상속, 구입, 차입	구성원의 제공	출자, 구입, 차입
의사결정	경영주 단독	구성원의 합의	구성원, 사원의 합의

자료 : 김정호(2008)

| 그림 2-12 | 농업경영체로서 생산자조직의 발전단계 |

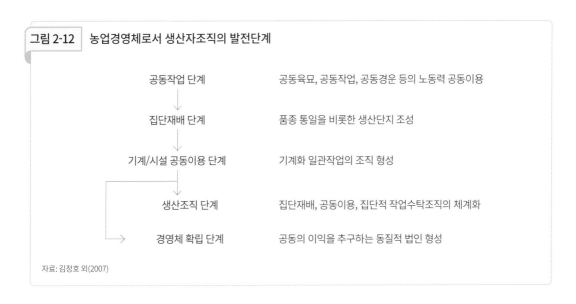

공동작업 단계 → 공동육묘, 공동작업, 공동경운 등의 노동력 공동이용

집단재배 단계 → 품종 통일을 비롯한 생산단지 조성

기계/시설 공동이용 단계 → 기계화 일관작업의 조직 형성

생산조직 단계 → 집단재배, 공동이용, 집단적 작업수탁조직의 체계화

경영체 확립 단계 → 공동의 이익을 추구하는 동질적 법인 형성

자료: 김정호 외(2007)

김정호 외(2007)는 농업경영체로서 생산자조직의 발전단계를 〈그림 2-12〉와 같이 분류하였다. 생산자조직화 초기의 공동작업 단계에서는 공동육묘, 공동작업 등 주로 노동력의 공동이용이 주를 이룬다. 집단재배 단계에서는 품종 통일 등을 통한 균일화와 규격화를 위해 생산단지를 조성하며, 기계/시설 공동이용 단계에서는 기계화 일관작업을 위한 조직을 형성한다. 끝으로 생산조직 단계에서 집단재배, 기계/시설의 공동이용, 집단적 작업수탁 조직의 체계화를 이루게 된다. 또한 경영체 확립 단계에서는 공동의 이익을 추구하는 동질적인 법인을 형성한다.

02 지역농업과 지역농업조직화

최근 개별경영체 중심의 경쟁력 강화 정책에 대한 반성과 더불어, 지역중시, 상향식 농촌지역개발 정책의 전개, 지방자치제 실시에 따른 지역의 영향력이 강화되면서, '지역농업'에 대한 논의가 활발하게 진행되고 있다. 즉, 지역농업은 농업·농촌의 환경변화에 개별경영체적 대응이 아닌 지역단위의 협조적·집단적·조직적으로 대응하는 농업경영을 강조한다.

▌지역농업의 개념

지역농업의 개념은 농업입지론 또는 농업구조론적인 입장과 지역농업관리론적인 입장으로 나뉜다. 우선 농업입지론적인 측면에서는 주로 특정지역의 농업이 처한 공통점, 제약조건이나 대응방식의 차이를 강조하며, 예를 들어 농업을 평야지역농업, 도시근교농업, 중산간지역농업 등으로 분류하는 경우의 농업을 의미한다. 또한 지역농업관리론적인 입장에서는 일정한 지역에서 농가의 일부 또는 전부가 일정한 공동의 목표를 형성하고, 집단적·협조적·조직적인 관계를 통해 경영활동을 전개해 가는 것을 의미한다. 최근의 지역농업의 개념은 지역농업관리론적인 입장에서 목표지향적인 지역농업 개념을 중시하는 경향이 강하다(유정규, 2007).

▌지역농업조직화

지역농업의 활성화의 가장 중요한 과제는 지역농업의 조직화와 조직화의 주체설정이다. 지역농업조직화는 지역자원을 종합적으로 활용하기 위한 기본 전제이며, 지역농업활성화는 지역농업조직화와 불가분의 관계에 있다. 지역농업조직화의 형태는 '집단의 전 영역에 걸쳐 마치 개개의 농가가 자신의 경영에서 하듯이 역내에 존재하는 농업자원의 최적조합을 고려하여 계획을 세우고 실천하는 단일농장', 또는 '경제단위로서의 경영은 개별농가에 의하지만, 기능단위로서의 경영은 개별농가의 틀을 넘어 지역차원에서 완결되는 형태'(윤수종, 1995)를 상정한다. 지역농업조직화는 선택적 활용이 아닌 종합적 활용을 통해 새로운 가치를 창출하고, 농촌사회의 공동체 기능을 회복·유지하고자 하는 목적도 가진다(유정규, 1999).

지역농업조직화에서 '지역'의 범위는 단순한 물리적인 공간적 개념이라기보다는 사회적 공간에 가까우며, 의사결정 주체가 지역 내의 문제를 해결하기 위해 지역자원의 특성을 지역구성원 상호에게 인식시키기에 용이한 공간범위, 예를 들어 법정리, 농협의 영업권역 등이 될 수 있다.

지역농업의 조직화를 위해서는 지역농업조직화의 주체의 설정도 매우 중요하다. 지역농업조직화 주체의 유형은 지역영농집단, 생산자조직(농협), 지방자치단체로 나뉠 수 있다. 우선 지역영농집단의 경우 지역농업의 실질적인 실천주체이면서 동시에 수익주체로서 이념적인 타당성은 있으나, 현실적으로 정책자금에 대한 의존도가 높은 상황에서 자율성이나 주체성의 제약이 존재한다. 농협과 같은 생산자 조직의 경우 조합원의 자발적, 주체적, 민주적 조직체로서의 장점이 있으나, 실제로 지역농업의 주체로서 기능하는 사례가 많지 않아 일반화하는 데 한계가 있다. 끝으로 지방자치단체의 경우 지역경영의 주체이자 자원배분의 주체로서 타당성이 인정되나 행정기관으로서의 한계점도 지닌다. 따라서 지역농업조직화의 주체는 지역의 구체적 여건을 고려하여 현실적 목표를 설정하고 그 목표를 달성하기 위해 적절한 주체를 설정하는 것이 바람직하다.

지역농업조직화를 추구하는 연구에서는 조직화를 '생산 조직화, 유통 조직화, 공간 조직화' 등으로 분류하고 있다. 유정규·소순열(2007)의 경우 조직화의 이점이 부각되기 쉬운 부문(유통부문 등)을 중심으로 지역을 조직화하는 접근이 필요하다고 하였다.

유정규(2007)에 따르면 지역농업조직화의 방향을 다음 여섯 가지로 분류하였다.

① 전문화·지역복합형: 규모에 상관없이 개별경영은 특정분야로 전문화하고, 동일부문 경영주체 간의 작업수행, 생산자재조달 및 이용, 출하, 판매 등에서는 협조관계를 구축

② 대규모 전업·소규모 겸업 병존형: 소규모의 안정겸업농가군에서 대규모의 전업농가군으로 토지이용권을 이전시켜 규모의 확대를 도모하고, 동시에 전자의 작업을 후자가 수탁하여 전자를 보완

③ 대규모 시설·기계공동 이용형: 대규모 시설이나 농기계 등은 농협이나 농업기술센터와 같은 농업관련기관이 소유하고, 농가는 조직화를 통해 공동으로 임대하여 이용함으로써 비용부담을 분산시키고 작업단위를 규모화 하여 경제성 향상 도모

④ 출하·판매공동형: 출하단위의 규모화와 출하조정을 통해 시장교섭력을 확대함으로써 농가수취가격을 제고시키고, 대형유통조직의 일반화에 대응한 출하단위 규모화와 출하조정의 이익 추구를 위해 생산주체간 협조관계 필요

⑤ 경관·환경유지형: 농촌관광, 도농교류, 농업·농촌어메니티, 농업의 다원적 기능 중시경향에 따라 농촌경관과 환경의 중요성 부각

⑥ 농촌지역재편형: 농업노동력의 부족 및 고령화 등으로 인해 조건불리지역 농업자원의 유휴화와 황폐화가 심화되고 있는 상황에서 지역 내 농업자원을 다음 세대까지 보전하기 위한 젊은 농업자의 확보와 농촌지역 생활환경 정비 필요

03 우리나라의 농업경영 조직화 사례

우리나라의 농업경영 조직화 사례는 주로 농업경영체의 법인화에서 찾아볼 수 있다. 영농조합법인과 농업회사법인은 영세소농 위주의 농업생산 구조를 탈피하고 규모화를 촉진하기 위해 도입된 것이다. 영농조합법인은 5인 이상의 조합원이 참여하는 조합형식의 법인을 의미하고, 농업회사법인은

출자금이 전체의 25% 이상을 차지하고 농민이 대표가 되는 상법상의 법인을 의미한다.

표 2-7 농업경영조직의 분류

구분	영농조합법인	농업회사법인
성격	협업적 농업경영	기업적 농업경영
목적	농업경영 및 부대사업 농산물 가공 농산물 출하·유통·판매 등	농업경영 및 부대사업 농산물 가공 농산물 출하·유통·판매 등
설립자격	농업인, 농업생산자단체	농업인, 농업생산자단체 등
발기인수	농업인 5인 이상	합명(2인), 합자(유무한 각 1인), 유한(50인 이하), 주식(1인 이상)
출자제한	조합원 1인의 출자액 제한없음	비농업인은 총출자액의 90% 이내
의결권	1인 1표	출자지분
농지소유	소유 가능	소유 가능
설립운영	농업인 자율적으로 설립·운영	좌동

자료: 김태곤·최병옥·양찬영(2013)

그림 2-13 농업법인 수 증가추이

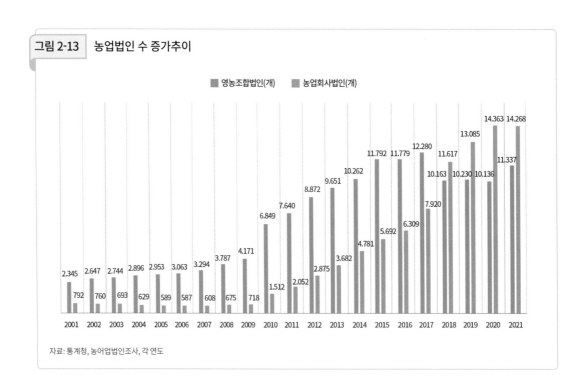

자료: 통계청, 농어업법인조사, 각 연도

2021년 현재 우리나라의 영농조합법인 수는 11,337개로 2001년 2,345개에 비해 약 5배 정도 증가하였고, 농업회사법인은 2021년 14,268개로 2001년 792개에 비해 약 18배 정도 증가한 것으로 나 타났다.

표 2-8 자산규모별 농업법인 현황

조직형태별	연도	5억 미만		10억 미만		10억 이상	
		법인수	비중(%)	법인수	비중(%)	법인수	비중(%)
영농조합법인	2001	620	46.9	268	20.3	435	32.9
	2005	906	47.6	397	20.8	602	31.6
	2010	3,425	60.4	901	15.9	1,349	23.8
	2015	4,932	56.7	1,825	21.0	1,943	22.3
	2020	6,230	61.5	1,427	14.1	2,479	24.5
농업사회법인	2001	167	71.4	26	11.1	41	17.5
	2005	127	46.2	41	14.9	107	38.9
	2010	587	44.0	220	16.5	527	39.5
	2015	2,445	47.4	825	16.0	1,888	36.6
	2020	7,016	48.8	2,085	14.5	5,262	36.6
계	2001	787	50.5	294	18.9	476	30.6
	2005	1,033	47.4	438	20.1	709	32.5
	2010	4,012	57.2	1,121	16.0	1,876	26.8
	2015	8,100	58.4	2,045	14.8	3,713	26.8
	2020	1,3246	54.1	3,512	14.3	7,741	31.6

자료: 통계청, 농어업법인조사, 각 연도

자산규모를 기준으로 농업법인현황을 살펴보면, 2020년 현재 영농조합법인의 경우 5억 미만 법인의 비중이 61.5%로 10억 이상의 법인 14.1%에 비해 많으며, 최근 연도로 올수록 5억 미만 법인 의 비중이 10억 이상 법인의 비중보다 더 높아지는 것으로 나타났다. 반면 농업회사법인의 경우 5억 미만 법인수 비중이 2001년 71.4%에서 2020년 48.8%로 줄어들고, 10억 이상의 법인수는 2001년 17.5%에서 2020년 36.6%로 증가한 것으로 나타났다.

농업경영성과는 농업경영주체의 합리적인 경영활동으로 생산된 농산물, 2차 가공품 및 서비스를 소비자에게 판매함으로써 얻은 결과물이다. 즉, 농업경영성과는 농업경영주체의 경영목표의 달성 결과라고 할 수 있다. 농업경영성과를 나타내는 지표는 다양한 유형으로 존재하며, 통계청에서 농가경제조사를 통해 매년 농업경영성과지표를 제공하고 있다.

농업경영성과지표는 농업경영활동의 여러 가지 성과를 산술적 방식으로 표현한 것을 의미하며, 크게 농가경제지표, 농업생산성지표, 경영수익성지표 등으로 구분할 수 있다.

01 농가경제 주요지표

표 2-9   농가경제지표

주요지표	계산방법
농가소득	경상소득 + 비경상소득
경상소득	농가순소득 + 이전소득
농가순소득	농업소득 + 농업외소득
농업소득	농업총수입 - 농업경영비
농업총수입	농가가 당해 연도의 농업경영결과로 얻은 총수입 = [농축산물판매수입, 생산물중 자가소비 평가액, 대동식물(大動植物) 증식액, 재고농산물 증감액 총합]
농업경영비	농업경영에 투입된 일체의 비용으로서= [농업지출현금, 현물지출 평가액, 대농기구등 농업용 고정 자산의 감가상각액, 재고생산자재 증감액 총합], 단, 자가생산하여 재투입된 중간생산물은 농업경영비에서 제외
농업외소득	겸업소득 + 사업외소득
겸업소득	농업이외 사업 경영 소득 = [임업 및 어업, 제조업, 건설업, 기타겸업 등의 수입에서 제비용을 차감한 잔액]
사업외소득	사업외의 활동 소득 = [농가 가구원이 노동력을 제공하고 얻은 노임, 급료 등의 소득과 그 외 임대료, 배당이자 등의 총합에서 제비용을 차감한 잔액]
이전소득	농가가 비경제적 활동으로 얻은 수입 {= [공적보조금(연금 등)] + [사적보조금]}
비경상소득	경상소득을 제외한 소득, 정기적이지 않고, 우발적 사건에 의해 발생한 소득
농가처분가능소득	농가소득 - 비소비지출(=제세공과금, 연금, 보험 등 납부)
가계지출	소비지출(가계유지를 위해 지출되는 일체의 비용)+비소비지출
농가경제잉여	농가처분가능소득 - 소비지출

자료: 통계청 농가경제조사 설명자료

농가경제 상황을 나타내는 주요지표는 다음 〈표 2-9〉와 같다. 농가소득은 농가가 경상소득과 비경상소득을 합산한 총액이며, 여기서 경상소득은 농가순소득과 이전소득의 합계이고, 비경상소득은 경상소득을 제외한 소득을 의미한다. 농가순소득은 농업소득과 농업외소득의 합계이고, 이전소득은 농가가 비경제적 활동으로 얻은 공적·사적 보조금 등의 수입을 의미한다. 농업소득은 농업경영성과지표로 가장 많이 활용되는 지표이며, 농업총수입에서 농업경영비를 차감한 금액으로 농가의 당해연도 농업생산 활동의 최종 성과이며 투입된 생산요소에 대한 총보수를 의미한다. 농업외소득은 농업이외의 사업을 경영하여 얻은 겸업소득과 농가가 사업외의 활동을 통해 얻은 사업외소득의 합계이다. 그 외의 농가경제지표로는 농가소득에서 비소비지출을 제한 농가처분가능소득, 가계지출, 농가경제잉여 등이 있다.

02 농업수익성 지표

농업경영의 수익성(profitability) 지표는 농업경영체가 보유한 자산을 이용하여 얼마나 효율적으로 목표로 하는 성과를 달성하는지를 평가하는 지표라고 할 수 있다. 통계청에서 제공하는 대표적인 농업수익성지표로는 농업총수입, 농업유동재비, 농업부가가치, 농업자본액, 등 총 11개이며, 각각의 정의와 계산방법은 〈표 2-10〉과 같다.

표 2-10 농업수익성지표

주요지표	계산방법
농업총수입	농업수입(현금, 현물) + 생산현물가계소비 + 미처분농축산물증감액 + 대동식물증감액
농업유동재비	농업경영비 − (지불노임 + 지불임차료 + 지불이자 + 감가상각비)
농업부가가치	농업총수입 − (중간재비−감가상각비) · 중간재비 = 농업경영비 − (지불노임 + 지불임차료 + 지불이자)
농업자본액	농가 경영규모의 척도로서 농업생산에 투입된 자본재 중 재생산 가능한 자본재를 평가한 금액(①+ ②+ ③+ ④) ① 토지자산(자작지, 대부지)의 토지개량, 개간·간척, 경지정리, 지목변경에 따른 연중증가액 중 투입자본액(구입지불비, 자급재료비, 가족노동평가액) ② 건물 및 구축물과 기계·기구·비품, 대식물, 대동물 등 토지를 제외한 농업용 고정자산의 연초현재가 ③ 미처분농축산물, 미사용구입자재, 소동물 등 농업용 유동자산에 대한 연말 평가액 ④ 1년간 투입된 경상적 농업경영비(감가상각비, 미사용구입자재증감 제외)
농업노동 1시간당 농업소득	농업총수입/자영농업노동시간
농업노동 1시간당 농업총수입	농업총수입/자영농업노동시간
단위자본(백만원)당 농업소득	(농업소득/농업고정자본액)×단위자본
단위자본(백만원)당 농업총수입	(농업총수입/농업고정자본액)×단위자본
단위면적(10a)당 농업소득	(농업소득/경영경지면적)×단위면적
단위면적(10a)당 농업총수입	(농업총수입/경영경지면적)×단위면적
농업소득률	{(농업총수입 - 농업경영비)/농업총수입}×100

자료: 통계청 농가경제조사 설명자료

03 농업생산성 지표

생산성(productivity)이라는 개념은 자원이 한정된 상황에서 지속가능한 생산활동을 이어가기 위한 것으로 단순히 최대생산 개념이 아닌 투입과 산출을 동시에 고려하자는 의도에서 탄생된 개념이다. 경제학에서의 생산성은 생산요소(토지, 자본, 노동 등)가 생산활동에 기여하는 정도를 의미한다. 일반적으로 생산성은 생산요소가 생산물로 체화되는 과정을 투입물에 대한 산출물의 비율, 즉 평균생산으로 표현한다. 생산성 지표는 주로 토지의 생산성을 타 토지와 비교하고, 다른 작물과 비교하는 지표로 주로 사용한다. 통계청에서 제공하고 있는 농업생산성 지표로는 다음 〈표 2-11〉과 같이 노동생산성, 토지생산성, 자본생산성 등 총 7개 지표가 있다.

표 2-11 농업생산성 지표

주요지표	개념 및 계산방법
노동생산성	투하된 노동력과 그 결과로써 얻은 생산량의 비율 - 농업부가가치/자영농업노동시간 * 노동생산성 지표는 자본생산성 지표와 함께 농업과 타 산업 또는 농가 상호간의 경제적 능률을 비교하는 주요 지표임.
토지생산성	토지면적 단위당의 생산량을 말하며 그 토지의 경제성을 타 토지와 비교하는 데 사용 - 농업부가가치/경지면적(10a)
자본생산성	투입된 자본에 대한 생산량을 말하며, 자본계수와는 역수의 관계 - 농업부가가치/농업자본액(백만원)
노동집약도	일반적으로 단위생산물에 대한 투하노동량의 비율을 뜻하며 농가 경제조사에서는 일정 경지면적에 대해 투하된 노동량을 의미 - 자영농업노동시간/경지면적(10a)
자본집약도	일정 경지면적에 대하여 투입된 농업자본액을 의미 - 농업자본액/경지면적(10a)
자본구성도 (자본장비율)	일반적으로 노동자 1인당 자본액을 말하는데 농업의 경우 가족노동이 많고 노동의 계절성 때문에 제조업의 경우와 같이 노동자 1인당 자본장비율을 표시하지 않음 - 농업자본액/자영농업노동시간, 노동생산성×자본계수
자본계수	일정 기간의 생산량에 대한 자본량의 비율 - 생산량을 O, 자본량을 K로 하여 보통 K/O로 표시 - 자본집약도/토지생산성

자료: 통계청 농가경제조사 설명자료

1 | 농업경영의 목적을 정리하시오.

2 | 농업경영과 농업경영학 개념을 정의하시오.

3 | 농업경영 의사결정에 미치는 요인과 의사결정단계를 정리하시오.

4 | 튀넨의 고립국 이론에서 성립된 농업경영권에 대해 설명하시오.

5 | 싱클레어의 농업입지모형에서 토지이용의 순서를 설명하시오.

6 | 농업경영규모와 집약도의 개념을 정리하고 차이점을 설명하시오.

7 | 농업경영체로서 생산자조직의 발전단계를 정리하시오.

8 | 지역농업의 개념과 지역농업조직화 방향에 대해 논하시오.

**연습
문제**

1 | 다음 중 올바른 농업경영의 정의는?
  ① 농업경영이란 농업을 경영하는 이가 이용 가능한 자원을 결합하는 과정이다.
  ② 농업경영이란 자신의 농장에서 발생하는 문제를 해결하는 것이다.
  ③ 농업경영이란 농업경영을 실행하고 경영결과에 책임지는 과정이다.
  ④ 농업경영이란 경영목적을 달성하기 위하여 제한된 생산자원을 여러 생산 가능한
     대안들에 배분하는 것과 관련된 의사결정 과정이다.

2 | 농업경영의 의사결정단계로 적합한 것은?
  ① 문제정의 – 문제원인 발굴 – 실행계획수립 – 대안개발 – 대안선택 – 성과평가
  ② 문제원인 발굴 – 문제정의 – 대안개발 – 대안선택 – 실행계획수립 – 성과평가
  ③ 문제정의 – 문제원인 발굴 – 대안개발 – 대안선택 – 실행계획수립 – 성과평가
  ④ 문제원인 발굴 – 문제정의 – 대안개발 – 대안선택 – 성과평가 – 실행계획수립

3 | 농업경영학에서 주로 공부하는 분야는?
  ① 농산물 증산과 유통
  ② 농지제도와 농업노동력 확보
  ③ 생산물의 선택, 생산방법 등 농업경영 의사결정
  ④ 농업경영과 관련된 농업금융문제

4 | 농업경영목표를 설정할 때 고려하지 않아도 될 것은?

① 지역의 생산조건 　　　　　② 농업경영인의 활용 가능한 자본

③ 농업노동력 　　　　　　　④ 주변국의 생태계

5 | 농업입지론의 대표적인 학자로 도시를 중심으로 자유식, 임업식, 윤재식, 곡초식, 삼포식, 목축식 등의 순서로 해당 권역이 원형으로 형성된다고 주장한 학자는 누구인가?

① 브린크만(Brinkmann) 　　　② 튀넨(Thunen)

③ 뢰쉬(Losch) 　　　　　　　④ 던(Dunn)

6 | 영국의 데이비드 리카르도(David Ricardo)가 주장한 것으로 지역 및 국가 간의 무역이 이루어짐에 따라 특화된 농작물이 비 특화지역으로 이동한다는 것을 설명한 이론은 무엇인가?

① 절대우위론 　　　　　　　② 기회비용이론

③ 비교우위론 　　　　　　　④ 노동가치론

7 | 다음과 같은 생산함수와 이윤함수가 주어져 있을 경우, 평균생산이 극대화되는 적정집약도와 이윤극대화 조건에서의 최유리집약도를 달성하는 투입수준을 구하시오.

생산함수: $Y = -X^3 + 15X^2$ (단, $X \leq 30$), 여기서 Y는 총생산, X는 투입물을 의미함
이윤함수: $\Pi = 1 \cdot (-X^3 + 15X^2) - 27X = -X^3 + 15X^2 - 27X$

8 | 단작경영에 비해서 복합경영이 유리한 점은?

① 자본의 회전이 빠르고 위험을 분산할 수 있다.

② 신기술 도입이 쉽다.

③ 노동의 숙련도와 작업능률을 높일 수 있다.

④ 생산비가 덜 들고 시장 경쟁력이 증대한다.

9 | 복합경영 대비 단일경영이 유리한 점은?

① 자급생산물이나 중간 생산물의 이용가능

② 생산물이 통일되어 판매상 유리하다.

③ 노동력이용과 노동의 분배상 유리하다.

④ 자연적, 경제적 위험분산

10 | 가족경영 대비 생산자조직이 유리한 점은? (복수응답 가능)

    ① 경영의사결정이 신속하다.   ② 대량생산과 기술혁신에 유리하다.

    ③ 자금조달이 유리하다.   ④ 사업의 계속성이 보장된다.

11 | 작물의 중간산출물은 가축이 이용하고 가축이 생산한 퇴비를 작물이 이용하는 작물과 축산이 결합한 경영형태는?

    ① 경합관계   ② 결합관계

    ③ 보합관계   ④ 보완관계

12 | 농업생산성지표 가운데 바르게 적은 것은?

    ① 자본생산성 = 농업자본액 ÷ 농업소득

    ② 자본집약도 = 경지면적 ÷ 농업자본액

    ③ 노동생산성 = 영농시간 ÷ 농업소득

    ④ 노동집약도 = 영농시간 ÷ 경지면적

13 | 다음 소득지표 공식 중 옳지 않은 것은 어느 것인가?

    ① 농업소득 = 농업총수입 - 농업생산비

    ② 농가소득 = 농가순소득 + 이전소득 + 비경상소득

    ③ 농업외소득 = 겸업소득 + 사업외소득

    ④ 농업부가가치 = 농업총수입 - (중간재비 - 감가상각비)

참고문헌

- 강봉순, 2006, 『농업경영의 새로운 패러다임』, 서울대학교 농경제사회학부.
- 구재서·권원달·김영수·이동호, 2004, 『개정 농업경영학』, 선진문화사.
- 김용택·김석현·김태균, 2010, 『농업경영학』, 한국방송통신대학교 출판부.
- 김원수, 1998, 『경영학 원론』, 경문사.
- 김정호·박문호·이용호, 2007, 『농가의 경제사회적 성격 변화와 전망』, 한국농촌경제연구원, R543.
- 김정호, 2008, 『농업법인은 한국농업의 활로』, 목근통.
- 김태곤·최병옥·양찬영, 2013, 『기업의 농업참여 실태와 상생협력 방안』, 한국농촌경제연구원, P184.
- 박문호·김태곤·채광석, 2009, 『지역농업 주체의 확립과 육성방안』, 한국농촌경제연구원, R605.
- 박진도, 1994, 『한국자본주의와 농업구조』, 한길사.
- 심영근·이상무, 2003, 『새로 쓴 농업경영학의 이해』, 삼경문화사.
- 유정규, 1999, 『지역농업에 관한 논의동향과 발전과제』, 농정연구포럼 정기월례세미나.
- 유정규, 2007, 『지역농업조직화를 위한 각 주체의 역할과 과제』, 지역재단.
- 유정규·소순열, 2007, 『지역농업의 이론과 실제』, 농촌진흥청 연구과제.
- 유준수, 2016, 『농업경영학』, 서원각.
- 윤수종, 1995, 『농산물수입개방과 농업구조 재편(2)-지역농업의 전개과정에 관한 사례연구』, 농촌사회, 5:279-317.
- 통계청, 농가경제조사(2003~2015).
- 통계청, 농어업법인조사.
- 통계청, 농가경제조사 설명자료.
- 한주성, 2015, 『경제지리학의 이해』, 한울아카데미.
- Efferson, J.N., 1953, Principle of Farm Management, McGraw-Hill.
- Hugo Steinhauser, 1992, Einf?hrung in die landwirtschaftliche, Betriebslehre.
- Ilbery, B.W., 1985, Agricultural Geography: A Social and Economic Analysis, Oxford: Oxford Univ. Press.
- Kay, R.D., W.M. Edwards, and P.A. Duffy, 2016, Farm Management (8th Edition), McGraw-Hill.
- 金澤夏樹, 1985, 『농업경영학강의』, 신동완·강경선 옮김, 풀빛.

전략경영과 농업경영자 능력

CHAPTER 03   농업경영의 발상 전환과 전략경영
CHAPTER 04   경영이념과 농업경영자 능력

21세기에 들어와 농업을 둘러싼 급속한 환경변화가 이루어지고 있으며, 농업에서도 지속가능한 미래농업을 위해 농업경영의 획기적인 발상 전환이 요구되고 있다. 즉, 단순한 농산물 생산을 뛰어넘어 보다 혁신적인 농업경영을 위해 과거와는 완전히 다른 전략적 경영을 필요로 하고 있다. 이를 실현하기 위해서는 무엇보다 비즈니스 감각을 갖추고, 국제적인 관리기능과 감각을 가진 농업경영자 능력이 요구된다.

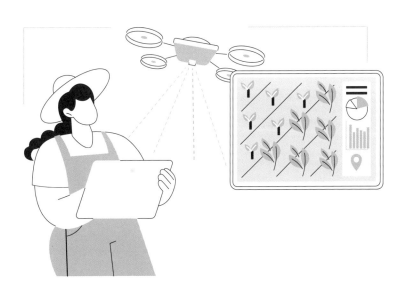

CHAPTER 03

농업경영의 발상 전환과 전략경영

1 I 농업경영의 발상 전환과 중요성에 대해 이해한다.

2 I 전략경영의 개념을 이해한다.

3 I 농업 외부 및 내부환경 분석 개요와 적용 사례를 정리한다.

4 I 농업의 6차 산업화 개념과 접근방법을 정리한다.

5 I 경쟁우위와 전략경영의 개념을 이해하고, 경쟁우위 전략을 수립한다.

6 I 지식경영의 개념을 이해하고, 지식경영 전략을 수립한다.

SECTION 01 현대 농업경영의 발상 전환과 중요성

전세계적으로 메가트렌드를 논하는 사람들은 농업이 미래 성장산업이라고 주장한다. 이들은 2050년이면 지구 인구가 90억을 돌파하는 등, 인구성장은 급속도로 증가할 것인데, 이들을 먹여 살리기 위해서는 새로운 농업혁명이 요구되며, 농업경영에 있어서도 새로운 대안, 획기적인 발상 전환이 요구된다고 한다.

그래서 다국적 기업인 듀퐁은 화학산업을 포기하고 농업생명 관련 사업에 집중하고 있으며, 국내 LG생명과학도 종자, 비료산업과 함께 바이오기술을 이용한 농자재산업에 적극적으로 진출하는 등 국내외 대기업들도 서둘러 농산업 진출을 준비하거나 진출 중이다. 또한 4차 산업혁명의 중심에 있는 네이버나 다음카카오 등 플랫폼산업 기업들도 농산물 유통을 시작했다.

결국 농업을 둘러싼 외부환경은 급속도로 변화하고 미래를 준비하는데, 특히 필립 코틀러가 말하는 '소비자의 눈높이에 맞는 차별화된 가치를 추구하는 마켓 4.0' 시대에 농업은 아직까지 내부적으로 생산과 경영에 있어 외부의 발전 속도를 따라가는 것이 힘겹다. 기존 '생산자 → 유통인 → 소비자'로 이어지는 산업의 가치사슬체계가 소비자가 생산자와 개별 소비자의 눈높이에 맞는 상품가치를 공동으로 창출하고, 소비자 만족과 교감을 교환하는 연결성이 더욱 부각되는 시스템으로 변화하는 시점에서 농업도 품질 좋은 농산물을 생산하여 소비자를 만족시키는 생산과 경영으로는 경쟁력을 잃고 도태될 수밖에 없다. 따라서 지속적으로 소비자와 공감할 수 있는 가치를 찾고, 이에 맞는 농산물을 생산하는 보다 혁신적인 농업경영을 위해 과거와는 완전히 다른 접근의 전략적 경영이 필요한 시점이 되었다.

01 전략경영의 정의와 프로세스[1]

전략경영(strategic management)

전략경영이란 영리를 추구하는 (농산업)경영체나 기업이 궁극적으로 추구하는 목표(mission)를 달성하기 위해 효과적인 전략을 수립하고 실행하는 일련의 과정으로, 관련되고 서로 강화하는(related and mutually reinforcing) 의사결정과 행동들이 연속된 과정이라고 할 수 있다. 여기서 관련되고 서로 강화한다는 것은 어떤 의사결정(또는 행동)이 다른 의사결정(또는 행동)에 의해서 영향을 받으며, 의사결정들(또는 행동들)간에 강한 보완성이 있다는 것을 의미한다.

전략경영의 중요성

전략경영이 중요한 이유는 첫째, (농산업)경영체나 기업이 자기의 영리활동을 얼마나 잘 수행하는지와 관련하여 차별성을 주기 때문이다. 동일한 환경조건에 직면했을 때, "왜 어떤 사업은 성공하고 실패하는가?"에 대해 궁리하고 계획을 수립하여 실천하게 되는데, 실제로 기업들을 대상으로 한 경영학 연구에서는 전략적 계획활동을 하는 기업들이 그렇지 않은 기업들보다 재무적인 성과가 상대적으로 높다는 결과를 발표하기도 하였다.

둘째, 다양한 형태와 규모 조직 내 관리자들이 지속해서 변화하는 환경에 직면해 있기 때문이다. 대개 관리자들은 미래활동계획에 있어서 적합한 요인들을 점검할 때 전략경영 프로세스를 활용하여 불확실성에 대처한다.

셋째, 조직마다 복잡하고 다양하기 때문이다. 조직 내 각 부분들이 유기적으로 연결되어 움직여야만 궁극적인 목표를 달성할 수 있으며, 전략경영은 이를 돕는 역할을 한다. 예를 들어 전 세계 다양한 부서와 점포에서 210만 명 이상의 종업원들이 일하고 있는 Walmart는 전략경영을 활용하여 종업원들이 중요한 부분에 노력하도록 집중시키고 상호 협동하도록 하고 있다.

전략경영 프로세스

전략경영의 동태적인 과정을 구체화하면 다음의 〈그림 3-1〉과 같이 다섯 단계로 나누어 볼 수 있다. 전략경영의 첫 번째 단계는 (농산업)경영체나 기업의 궁극적인 목적인 미션(mission)을 규정한다. (농산업)경영체나 기업의 궁극적인 목적, 미션은 기업의 존재감을 확실히 하고, 이를 명확하게 하기 위해 기업이 나아갈 방향을 제시한다. 즉, (농산업)경영체가 어떤 사업에 참여할 것인가 하는 사업영역(business domain) 또는 전략경영(strategic domain)을 결정하는 것이라고 할 수 있다.

---

1 방호열·김민숙(2014), 「전략경영」, 문우사의 내용을 발췌하여 정리한 내용임.

그림 3-1　전략경영의 동태적 과정

1단계		2단계		3단계		4단계		5단계
미션 규정	→	목표 설정	→	전략 수립	→	전략 실행	→	성과평가 및 통제

자료: 방호열·김민숙(2014)에서 재구성

　두 번째 단계는 (농산업)경영체나 기업의 장·단기적 경영목표를 설정하는 것이다. (농산업)경영체의 궁극적인 목표를 구체적인 성과척도로 전환하여, (농산업)경영체의 전략적 방향을 제시하고 최종적으로는 자신들의 궁극적인 목적인 미션을 실현하는 것으로 연결된다.

　세 번째 단계는 (농산업)경영체나 기업의 미션을 추구하고 효과적으로 목표를 달성할 수 있는 전략을 수립(strategy formulation)하는 단계이다. 이를 위해 외부환경 분석을 통해 기회 요인(opportunities)과 위협 요인(threats)을 파악하고, (농산업)경영체나 기업이 자체적으로 보유하고 있는 자원과 능력에 대한 분석을 통해 강점(strength)과 약점(weakness)을 파악한다. 그리고 외부환경(기회 요인과 위협 요인)과 내부자원(강점과 약점) 분석을 통해 (농산업)경영체나 기업이 효과적으로 목표를 달성할 수 있는 전략을 수립한다.

　일반적으로 전략의 수립단계는 (농산업)경영체나 기업이 선택 가능한 전략대안을 파악하고, 이 중에서 목표달성에 가장 효과적인 전략대안을 선택하는 과정으로 설명되고 있다. 전략수립이 '선택 가능한 전략 대안을 파악하고 이 중에서 하나의 대안을 선택하는 것인가' 아니면 '어떤 상황에서 적합한 단일한 전략대안을 만들어 내는 것인가' 하는 것은, 전략수립을 '선택적 의사결정 문제로 보는가' 아니면 '창의적 발상문제로 보는가'에 따라 달라진다. 실제로는 상황에 따라 두 가지 방법이 모두 사용될 것이며, 의사결정에 필요한 정보를 많이 보유한 상황일수록 선택적 의사결정에 의한 전략수립의 가능성이 높아질 것이다.

　네 번째 단계에서는 수립된 전략을 세부적인 행동계획을 짜고 절차를 구체화하여 이를 실행(strategy implementation)한다. (농산업)경영체나 기업의 목표 달성은 전략의 수립과 실행으로 좌우된다. 아무리 좋은 전략을 수립한다고 하더라도 이를 잘 실행하지 못한다면 궁극적으로 추구하는 목표를 달성할 수가 없다. 이를 위해 경영체나 기업은 보유하고 있는 내부자원을 적절히 배분하고, 이들 자원을 수립된 전략적 방향으로 활용할 수 있도록 하는 것이 중요하다.

　마지막 단계에서는 전략을 실행한 결과로 그 성과를 평가하고, 조정이나 수정이 필요한 경우에는 다음의 전략 수립 단계에 이를 반영한다.

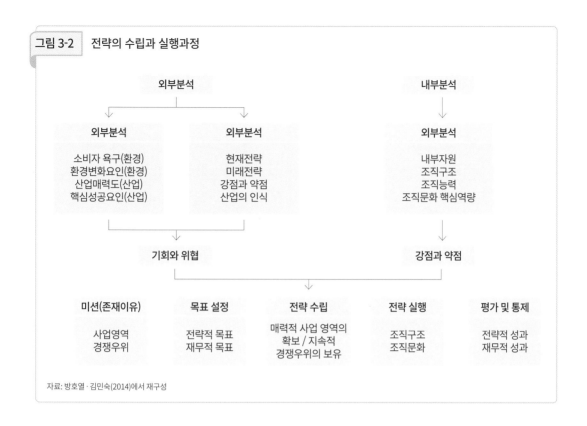

그림 3-2 전략의 수립과 실행과정

외부분석

외부분석
소비자 욕구(환경)
환경변화요인(환경)
산업매력도(산업)
핵심성공요인(산업)

외부분석
현재전략
미래전략
강점과 약점
산업의 인식

내부분석

외부분석
내부자원
조직구조
조직능력
조직문화 핵심역량

기회와 위협

강점과 약점

미션(존재이유)	목표 설정	전략 수립	전략 실행	평가 및 통제
사업영역 경쟁우위	전략적 목표 재무적 목표	매력적 사업 영역의 확보 / 지속적 경쟁우위의 보유	조직구조 조직문화	전략적 성과 재무적 성과

자료: 방호열·김민숙(2014)에서 재구성

이상에서 알 수 있듯이 전략경영의 일반적인 과정은, 먼저 (농산업)경영체나 기업의 궁극적인 목표와 장·단기 실현목표를 설정하고, 외부와 내부 환경 분석을 통해 (농산업)경영체나 기업의 현재 상황을 평가하고, (농산업)경영체나 기업이 처한 환경에 적합한 전략을 수립하고 이를 실행한다. 전략경영을 이렇게 전략수립과 실행의 2단계를 구분하여 설명하는 것이 합리적 분석모형의 전형이라 할 수 있다. 〈그림 3-2〉는 전략경영의 단계적 과정을 보다 구체적으로 나타낸 것이다.

SECTION 03 농업 외부 및 내부환경 분석

01 외부 및 내부환경 분석 개요

기업을 포함한 모든 조직체는 주어진 내부 및 외부환경에 의해 영향을 받는다. 경영체나 기업도 마찬가지로 당면한 외부환경과 자체적으로 보유한 내부역량이 처한 내부환경에 대해 평가하고, 향후 대응해 나가야 할 전략적 방향성을 찾아야 한다.

02 외부 및 내부환경 요인

▌외부환경 요인

산업과 경제 전반에 관련되어 있는 환경으로, 경영체나 기업 외부에서 경영체나 기업의 의사결정에 영향을 미치는 요인이 외부환경 요인이다. 외부환경 요인 중에는 경영체나 기업에 직접적이고 단기적으로 영향을 주는 요인이 있는 반면, 간접적이고 장기적으로 영향을 주는 요인이 있다. 대표적인 외부환경 요인 중 농업과 농업인에 직접적이면서 단기적으로 영향을 주는 요인은 농산물 시장개방을 들 수 있다. 농산물 시장개방은 개방일정에 따라 개방이 되는 즉시 농산물가격과 농가소득에 직접적으로 영향을 주었으며, 이는 농업경영의 불안정을 심화시킨 직접적인 계기가 되었다. 반대로 농업용수이용이나 농지규제 등은 농업경영에 직접적이고 장기적으로 영향을 주는 외부환경 요인이라 할 수 있다. 이처럼 정부정책, 국제화 추세, 자원의 이용가능성 등 경영체나 기업 외부로부터 경영체나 기업에 영향을 미치는 것을 외부환경 요인이라고 한다.

▌내부환경 요인

경영체나 기업의 내부환경 요인은 경영체나 기업 내의 요인들로 구성된다. 이러한 내부환경 요인에 속하는 것으로는 경영체나 기업이 추구하는 사명, 경영자의 지도력 및 경영철학 그리고 조직구조, 기업문화 및 획득 가능한 자원 등이 있다. 경영체나 기업이 농업을 성공적으로 경영하려면 외부 환경요인의 영향에 적응할 수 있는 내부환경조성과 내부역량강화가 필요하다.

예를 들어 소비자의 기호가 안전한 식품과 품질이 높은 농산물을 원하는 것으로 외부환경이 바뀌고있다면 농산물을 생산하는 농가나 영농조합 등은 이러한 고품질의 안전한 농산물을 생산하기 위해 보유자금과 가족노동력 및 농지를 고품질 농산물 쪽에 투입해야 한다. 즉, 내부 생산자원의 결합을 외부환경 요인에 맞추어 나가는 것이다. 이외에도 내부환경 요인에 포함되는 것으로는 재무비율, 사업의 성공요인, 재고, 이용 가능한 내부자원 등 내부적으로 농업경영을 도와줄 수 있는 기법 등이 있다.

03 농업 외부 및 내부환경 분석[2]

▌외부환경 분석

일반적으로 외부환경 분석은 기업이 속해 있는 업계를 구성하고 있는 공급자(신규 진입 기업, 기존 경쟁 관계를 형성하는 기업), 기존산업을 대체할 수 있는 대체재, 그리고 구매자로 구성된다(김영생, 2005).

---

2 김영생(2005), 「성공적인 농업CEO의 경영전략」, 한국농촌경제연구원에서 발췌하여 정리함.

새로운 사업기회를 활용하여 시장에 접근하려는 기업의 신규진입은 진입장벽에 의하여 결정된다. 규모의 문제가 일종의 진입장벽이라 할 수 있는데, 규모의 경제성 측면에서 신규로 진입하는 기업이나 경영체는 처음부터 경쟁력을 확보할 수 있는 투자를 선행하여 발생할 수 있는 재고의 위험이나 투자 위험을 감수하거나, 소규모 투자로 시작하여 비용의 불리함을 극복해야 한다. 또한 제품과 서비스의 품질 등에서 기존 기업들과 차별화하기 위한 기술과 노하우 등이 있어야 한다. 그렇지 않다면 고객의 관심을 끌지 못하고 시장 확보 또한 어려울 것이다.

생산된 제품과 서비스의 시장 유통을 위한 유통망을 확보하기 위해서는 다양한 인프라와 조직이 필요하다. 그러나 이는 단시간에 해결할 수 없는 신규 진입장벽으로서, 주로 기존 기업이나 경영체가 장기간에 걸쳐 형성하며, 기업이나 경영체 내에 유통망을 두는 경우와 외부 위탁 또는 기존 유통망에 합류시키는 경우 등으로 구분된다. 또한, 시장에서 브랜드 파워의 형성은 신규진입 기업으로서는 가장 극복하기 어려운 진입장벽이 되며, 기존 기업이나 경영체의 영업적 측면에서 경쟁자들을 저지하거나 신규 진입자를 압도하려는 방법 등이 사용되기도 한다.

내부환경(역량) 분석

기업이나 경영체의 내부역량 분석은 외부환경 분석과 대비하여 기업이나 경영체 내부 관점에서 구체적으로 기업이나 경영체가 보유하고 있는 역량이나 자원이 무엇이고 어떤 역량 혹은 자원이 기업이나 경영체가 가질 수 있는 경쟁우위의 근본적인 원천인가를 분석하는 것이다(김영생, 2005).

물적자원은 설비 및 공장 규모, 사회적·지리적 위치, 건물과 토지의 용도 전환 등이 중요하며, 원자재의 확보 여부는 기업이나 경영체의 생산 가능성을 제한하거나 비용과 품질 우위를 결정짓는다. 또한, 금융자원은 기업이나 경영체의 자금 확보 및 동원능력과 내부자금 운용능력 등 기업의 투자능력을 결정한다.

기술자원은 특허나 저작권과 같은 공인된 지식과 독점적 기술이나 노하우 등 전문 기술과 연구 및 기술 인력을 포함한다. 또한 브랜드는 기업이나 경영체가 보유한 상표로 널리 알려질 경우, 소비자들에게 상품에 대한 신뢰감을 심어줄 수 있다.

인적 자원은 직원 교육훈련과 직원이 보유한 전문기술을 기업이나 경영체가 활용할 수 있는 기술수준을 결정하며, 인적 자원의 유연성과 적응능력이 기업이나 경영체의 전략적 유연성을 결정하고, 인적 자원의 헌신과 효율적 구성은 기업이나 경영체의 경쟁력 유지를 위한 능력을 결정한다. 조직구조는 조직구성원들 간의 상호관계를 일컬으며, 기업의 전략이나 내·외부 환경에 따라 지속적으로 변하는 특징이 있다.

기업이나 경영체 내 문화는 구성원들이 공유하는 가치의 우선순위나 업무수행 방법에 대한 것으로, 구성원 간, 조직과 구성원, 조직과 외부 사회와의 관계를 규정한다. 따라서 기업이나 경영체 내 문화는 구성원이 바뀌어도 쉽게 변화되지 않고 지속해서 유지하려는 성향이 있다.

핵심역량은 경영전략에 있어서 기업이나 경영체의 역량 혹은 보유 자원 중 가장 중요한 부분으로서, 경영전략 수립에 가장 먼저 고려되어야 할 대상이다. 핵심역량은 고객에게 가치를 높이거나 그 가치가 전달되는 과정을 효율적으로 할 수 있는 특정한 방법의 능력을 나타내며, 이러한 능력은 기업이나 경영체의 신규 사업 진출과 규모 확대를 위한 능력이 된다. 따라서, 핵심역량은 경쟁기업이나 경영체보다 우월한 상대적인 경쟁능력이며 경쟁우위를 갖게 하는 자체 능력이다. 또한 핵심역량은 사업부 혹은 제품의 경쟁우위의 원천으로서 지속적으로 발전시켜야 하며, 다양한 시장으로의 진출의 가능성을 증대시킬 수 있어야 하므로 환경변화에도 지속적인 경쟁력 유지가 필요하며, 다른 경쟁자가 쉽게 모방할 수 있게 해서도 안 된다.

▎ 농산업의 환경분석 사례(전남 광양지역 매실산업 활성화를 위한 환경분석)[3]

건강에 대한 대중의 관심 증가와 건강을 모토로 한 매실 음료 제품의 인기로 수요가 급증하고, 지구 온난화로 매실 재배 가능 지역이 기존 남부지방에서 중부지방으로 점차 확대되면서 국내 매실의 재배면적과 생산량은 급증하였다. 그러나 외국산 매실의 국내유입 증가는 공급과잉으로 이어져 매실 가격이 하락하였고, 경영여건이 악화되었다. 이러한 상황을 능동적으로 타개하고 향후 주산지의 매실산업의 경쟁력을 키우기 위한 다양한 수요 발굴과 판로 다변화가 시급한 상황이 되었다. 따라서 전국 매실의 28.0%를 생산하는 광양지역의 매실산업을 사례로 하여 매실산업 활성화를 위한 환경 분석을 통해 다음과 같은 내용을 분석결과로 도출하였다.

① 외부환경 분석
• 재배면적 급증으로 인한 생산량 과잉: 건강에 대한 높아진 관심과 음료 등 다양한 농산물 가공기술 개발에 따른 수요 증가와 지구 온난화에 따른 매실 재배 가능이 확대되면서, 2000년 대비 2008년 우리나라 매실의 재배면적은 1,034ha에서 3,513ha로 3.4배, 생산량은 7,743톤에서 28,251톤으로 급증하였다.
• 매실 가공품목의 편중화와 소비정체: 매실가공식품은 주로 음료로 편중되어 있어 가공원료로 매실 수용의 증가에 한계가 있었다. 2000년 이후 매실 음료 시장의 확대로 매실의 재배면적과 생산량도 늘어나고 있지만, 매실에 대한 수요는 많이 증가하지 않았다. 원료 수급의 불안정과 국산 매실의 높은 가격은 외산 원료 사용을 이끌어 결국 매실 음료 수요 확대가 국산 매실 수요 증가로 이어지지 못했다.

---

3   서용일(2010), 「광양지역의 매실산업 활성화방안」, 순천대학교 경영행정대학원 물류학과 석사논문 내용 중 환경분석 내용을 발췌하여, 요약함.

- 가공원료(매실농축액)의 수입량 증가: 국내 매실 가공제품 중 가장 비중이 높은 매실 음료의 경우 원료인 매실농축액을 중국산이나 대만산을 사용함으로써 생산이 급증하는 국산 매실은 대량 수요처를 찾지 못하고 있었다.
- 매실에 대한 소비자의 인식 미흡: 매실은 품종이 다양하고, 품종별로 수확시기도 다르다. 그러나 매실을 단순히 청매실과 홍매실로 나누거나 또는 청매실이 더 건강에 좋다는 등 잘못된 속설도 있어 생산자는 미숙과를 출하하고 소비자들은 미숙과를 구매하는 등의 문제들이 발생하기도 하였다.

② 내부환경 분석
- 품종별 맞춤형 생산관리 및 유통 미흡: 일본의 경우 총 37종의 매실품종 중 7가지 우수 품종을 선정하여 선별재배를 하는 반면, 우리나라 대부분의 매실 재배 농가들은 여러 품종을 난립하여 재배하고 있어 품종별 체계적인 수확과 유통을 하지 못하였다.
- 소규모 재배농가 위주의 열악한 경영여건: 광양지역 매실 재배 농가의 경우, 1ha 미만의 소규모 농가가 전체의 94%를 차지하고 있으며, 일부 농가는 수확기 일손 부족으로 매실을 제때 수확하지 못하고 포기하기도 하였다.
- 과원 노후화로 인한 상품성 하락: 광양지역에서는 1930년대부터 상업적인 목적으로 매실 집단 재배를 시작하며, 최근 계획적으로 매실을 심기 시작한 지역에 비해 광양지역 매실나무의 수령은 상대적으로 고령화되었고, 경사재배 지역 등에서는 상품이 낮은 매실이 생산되는 등 체계적인 과원관리가 어렵다.
- 품질관리 및 포장 디자인의 불균일성: 광양지역의 매실 재배농가들은 읍·면의 마을별로 자체 선별기를 통해 선별, 포장하여 직거래 판매를 하거나, 지역농협 공동선별장을 통해 농협으로 출하한다. 따라서 국립농산물품질관리원 기준과 맞지 않고, 품종을 혼재한 채 숙과시기가 다른 매실과 섞어 출하하는 등 제대로 품질관리가 이루어지지 못하고 있다. 또한 개별적인 포장 디자인과 브랜드도 통일되지 않아 '광양매실'이라는 상표가치를 높이지 못하였다.
- 가공산업의 영세함: 광양지역의 매실 가공공장은 소규모 가공업체로 주로 자가 생산한 매실을 원료로 사용하고 있어 관내 농가에서 생산한 매실을 원료로 충분히 처리하지 못하고 있으며, 매실 가공제품도 매실 농축액, 매실 장아찌 등 1차 가공제품에 한정되어 있다. 게다가 가공제품이 다소 고가에 판매되면서 가내 제조가 늘거나 소비가 줄어들었다. 매실 소비를 진작시키기 위한 새로운 매실 가공제품을 개발하거나, 다양한 매실 가공제품의 구색을 갖추기도 어려운 실정에 있다.
- 유통구조의 취약성: 매실은 저장성이 매우 낮아 수확 후 빠른 시일 내에 가공·유통되어야 하나, 2008년 기준 광양지역 전체 생산량의 9%만 관내에서 유통되고 있는 실정이다. 대부분 소비자가

수도권지역에서 있어 유통기간이 길다는 약점이 있으며, 대부분의 소비자가 청매실을 선호하면서 유통 과정상 상품 품질관리에 어려움이 있다.

- 매실의 기능성·약리성에 대한 연구 및 홍보 미흡: 매실은 주로 건강이나 기능성 때문에 선호하는데, 소비 증대를 위해서는 매실의 약리성, 기능성 성분이나 효능을 발견하는 과학적인 연구 결과들이 다수 발표되고 홍보되어야 한다. 그러나 현재 매실 성분 연구에 대한 특허와 학술지 및 논문은 주로 식품 분야의 항산화, 항균 등에 대한 것들이며, 아직 화장품과 의약품에 대한 연구자료는 미미한 실정이다.

③ 환경분석 결과 정리

전남 광양지역 매실산업에 대한 외부 및 내부환경 분석 자료에 근거하여 SWOT(강·약점 및 기회·위협)분석을 하면 다음과 같은 결과를 도출할 수 있다.

- 강점(Strength): 매실 재배에 적합한 자연환경 조건과 매실 재배에 대한 신기술과 노하우를 습득한 농업인이 많으며, 가공 산업이 발달하고, 행정지원이 적극적이고 인지도가 높다.
- 약점(Weakness): 노동력 부족으로 규모화가 어렵고, 경사지에 소규모 재배가 많고, 저장성이 낮으며, 연구 및 기술개발 미진하고, 매실 가공제품의 다양성이 부재한다.
- 기회(Opportunity): 기능성 건강식품에 대한 국내 수요 증가, 매실특화 지역으로 인근지역과 클러스터 구축 가능, 지리적 표시제 등록, 정부의 지원과 관심 증가한다.
- 위협(Threat): 동북아로 한정된 시장규모, 국산 매실의 가격경쟁력 약화, 수입 매실 증가, 전국 매실 재배 면적 증가가 위협이다.

SECTION 04 농업의 6차 산업화 개념과 접근방법

01 농업의 6차 산업화 개념[4]

농업의 6차 산업화는 1990년대 중반 일본에서 주장되어 발전된 개념으로 농림축수산물을 생산하는 1차 산업과 2차 산업인 가공업과 3차 산업인 서비스업을 융합하여 농업의 다각화(diversification)와 종합산업화(1차×2차×3차=6차)를 추구하는 것을 의미한다..

---

4 (사)한국농업경제학회(2014), 「6차 산업화 관련 정책사업 추진실태 진단 및 정책 간 연계방안 연구」, 농림축산식품부 중 농업의 6차 산업화의 개념과 현황 부분을 발췌하여 정리함.

그림 3-3 농업의 6차 산업화 개념

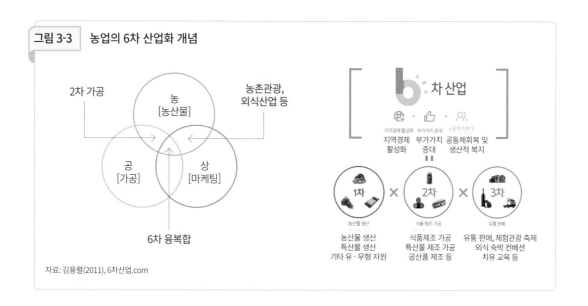

자료: 김용렬(2011), 6차산업.com

그림 3-4 6차 산업화의 성립 기본조건

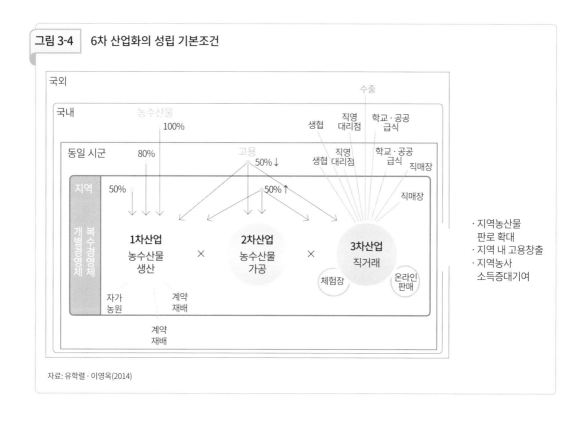

자료: 유학렬 · 이영옥(2014)

농업의 6차 산업화의 목적은 농업이 1차 산업에서 농축산물의 가공, 식품제조업 등 2차 산업과 및 도소매업, 요식업, 체험, 관광 등 3차 산업으로 산업 영역을 확대하여 농촌에 새로운 가치와 취업기회를 창출하는 데 있다.

일반적으로 농업의 6차 산업화의 성공을 위한 조건으로 첫째, 지역 농업에 기반을 둘 것, 둘째, 6차 산업화로 창출되는 1, 2차 산업의 일자리에 지역 주민을 우선 고용할 것, 셋째, 3차 산업 역시 지역 내 6차 산업 경영체가 주도할 것, 넷째, 6차 산업 경영체의 지속가능한 자립능력을 부여할 것 등이 포함된다(유학열·이명옥, 2014).

지역 농업을 기반으로 하는 6차 산업화의 원칙으로는 첫째, 2차 가공산업의 원료를 6차 산업 경영체가 위치한 지역(시, 군)에서 공급받도록 하며, 둘째, 자가 생산 또는 지역 내 농가와의 계약재배로 안정적인 원료 공급시스템을 구축하도록 하고, 셋째, 6차 산업화로 신규 진출하는 1차 및 2차 노동력의 50% 이상을 지역 내 주민을 고용해야 하며, 넷째, 3차 산업인 유통, 홍보, 서비스 등의 산업도 6차 산업 경영체가 직접 관리 및 운영하며, 유통은 직매장, 온라인 판매, 체험 등과 연계된 직거래를 원칙으로 한다. 끝으로 자체적인 경영 역량을 증진하여 다양한 수익구조 창출을 모색함으로써 6차 경영체의 지속적 발전을 도모한다.

농림축산식품부는 농업의 6차 산업화를 농촌 지역주민이 주도하고, 지역내 자원을 최대한으로 활용하며, 2차 또는 3차 산업과 연계하여 부가가치와 농가소득을 창출하여 농업·농촌으로 내부화하도록 규정하고 있다. 6차 산업화와 유사한 개념으로 농공상 연대 또는 상생 협력이 있는데, 농공상 연대는 직접 농업과 공업·상업을 연대시켜 유기적인 협력을 통한 가치 창출과 각각의 경영자원을 활용, 각 산업의 시너지를 높이는 활동이라고 정의되며, 상생 협력은 인력, 기술, 자금, 구매, 판로 등의 부문에서 서로 이익을 증진하기 위하여 하는 공동활동으로 농업의 6차 산업화와는 개념적으로 차이를 보인다.

02 농업의 6차 산업화 유형과 사례

농림축산식품부(6차산업.com)에 따르면 농업의 6차 산업화는 중심사업 유형에 따라 2차 산업(가공) 중심형과 3차 산업(외식, 관광) 중심형으로 나눌 수 있으며, 이를 다시 참여 주체의 범위에 따라 농가, 법인이나 경영체, 마을 공동체, 시군 및 광역 지자체로 세분할 수 있다. 부문별 6차 산업화 대표 사례는 〈표 3-4〉와 같은데, 6차 산업화는 다양한 형태로 진행되고 있음을 보여주고 있다.

표 3-4

표 3-4 6차 산업화의 유형과 특징

구분	가공	음식	유통	관광
개별농가	· 서산 참샘골호박농원 · 제주 청정원 · 양평 다물한과	· 안동 화련 · 서산 소박한 밥상 · 공주 미마지	· 봉화 파머스마켓 · 홍성 품무우유 & 평촌목장 · 남원 안터원 목장	· 여주 은아목장 · 횡성 에덴양봉원 · 영동 사토미소
법인 및 단체	· 평택 미듬영농조합 · 보령 돼지마블로즈 · 영주 미소머금고	· 함양 상림영농조합 옥연가 · 당진 신평양조장 · 세종 뒤웅박고을	· 파주 장단콩연구회 · 언니네 텃밭 · 김포 엘리트농부	· 예산 사과와인 · 제주 귤림성 · 원주 돼지문화원
마을단위	· 양양 송천떡마을 · 서천 달고개모시마을 · 횡성 금나루무지개마을	· 남원 흥부밥상 · 사례 비비정마을 · 진도 운림예술촌	· 상주 승곡마을꾸러미 · 안동 삼배마을유통 · 파인토피아 봉화꾸러미	· 아산 외암민속마을 · 창원 감미로운마을 · 단양 한드미마을
시군 및 광역단위	· 김포 인삼쌀맥주 · 문경 오미자 · 고창 복분자	· 제천 약체락 · 문경 산채비빔밥	· 완주 로컬푸드조합 · 고창 황토배기유통 · 진안 로컬푸드사업단	· 양평 농촌나드리 · 화천 산천어축제 · 고창 청보리밭축제

자료 : 농림축산식품부, 6차산업.com

SECTION
05 경쟁우위와 전략경영[5]

01 경쟁우위란?

경쟁우위란 영리활동을 하는 경영체나 기업이 다른 경영체나 기업보다 좀 더 우월한 경쟁적 위치에 있는 것으로, 현재의 잠재적 경쟁자에 의해 동시적으로 수행되지 않는 새로운 가치를 창조하거나 또는 같은 가치를 보다 더 잘 만들어 낼 수 있도록 하는 것을 의미한다. 즉, 경영체나 기업이 전략적으로 중요하다고 인식하는 활동을 경쟁자보다 저렴하게 혹은 더 좋은 방법으로 수행함으로써 보다 우월적 지위를 확보할 수 있는 것이다.

경쟁우위의 가장 대표적인 것으로는 비용우위와 차별화우위가 있다. 비용우위는 경쟁자와 동등하거나 유사한 질의 상품을 경쟁자보다 낮은 비용으로 제공함으로써 얻어진다. 영리활동을 하는 경영체나 기업이 경영활동을 수행하면서 경쟁자보다 원가를 낮출 수 있으면 그 경영체나 기업은 원가우위를 갖게 되는 것이다.

차별화우위는 자기 경영체나 기업에서 생산한 상품과 경쟁자의 상품 간에 나타난 어떤 차이가 소비자가 중요하게 생각하는 속성으로 반영되어 고객들이 자기 경영체나 기업에서 생산한 상품구매 욕

---

5 방호열·김민숙(2014), 「전략경영」, 문우사의 내용을 발췌하여 정리한 내용임.

구가 실제 구매로 연결될 때 달성된다. 즉, 고객이 중요하게 여기는 속성에서 경영체나 기업에서 생산한 상품과 경쟁자의 상품 간 차이가 있을 때 발생한다.

일반적으로 경영체나 기업들은 구매자들이 가치를 부여하지 않는 것들에 독창성을 불어넣어 타 기업과 차별화를 이루는 경쟁 우위를 점하기도 하고, 표준화를 선택해 차별화에 따른 이점을 제대로 얻지 못하는 경우도 있다. 성공적인 차별화는 차별화로 인해 추가적으로 발생하는 비용을 초과하는 가격 프리미엄을 얻을 수 있는 수준에서 구매자들을 위한 부가적인 가치를 창출할 때 가능하다.

02 경쟁우위의 필요성

영리활동을 하는 경영체나 기업의 본질은 이윤추구이므로, 경영체나 기업이 지금의 무한경쟁시대에서 살아남기 위해서는 무엇보다도 초과이익을 달성하는 것이 매우 중요하다. 경영체나 기업이 초과이익을 달성하는 데 가장 중요한 요인은 결국 시장 내에서의 성과차이라고 할 수 있다.

일정하게 주어진 경영 환경에서 경영체의 성패가 갈리는 것을 보면, 경영체나 기업의 성패는 경영환경 요인에 의해 영향을 받는 것은 맞지만, 그것보다 중요한 것은 이러한 환경에서 살아남을 수 있는 경영체의 능력이다. 따라서 무한경쟁 시대에 경영체나 기업에 필요한 것은 내부적 성과차이, 즉 주어진 경영환경에서 살아남기 위한 경영체나 기업체가 가지고 있는 내재된 경쟁력이다.

03 경쟁우위의 원천의 조건

경쟁우위를 갖기 위해서는 우선 경쟁우위 원천을 파악해야 한다. 올바른 경쟁우위의 원천은 다음의 몇 가지 조건들을 충족시켜야 한다고 한다. 첫째, 경쟁하는 경영체보다 우수한 기술이나 자원을 가지고 있어야 하고, 둘째, 고객에 가치를 제공하는 기술이나 자원을 보유하고 있어야 하며, 셋째, 다른 경쟁업체의 어떠한 반응과 공격에도 버틸 수 있는 기술이나 자원이 있어야 하며, 끝으로, 미래에 기업의 환경이 바뀌어도 그 가치와 중요성이 줄어들지 않는 기술이나 자원을 보유하고 있어야 한다는 것이다. 경영자나 경영체는 이러한 조건들을 만족하는 경재우위의 원천에서 경쟁우위의 전략을 세울 필요가 있다.

04 경쟁우위의 지속성

경쟁우위의 지속성이란 시간이 흘러도 기존에 존재하는 경쟁우위, 즉 우월한 경쟁적 위치가 지속적으로 유지되는 것을 의미한다. 경영체나 기업의 사업이 경쟁우위가 있더라도 이러한 경쟁우위가 단기적이면 아무런 의미가 없으며, 경쟁우위가 얼마나 오래 지속할 수 있느냐가 중요하다.

이미 확보된 경쟁우위를 장기적으로 지속시키기 위해서는 적어도 다음의 세 가지를 알아둘 필요가 있다. 첫째, 보유하고 있는 핵심기술과 자원에 대한 지속적인 재투자가 필요하다. 둘째, 현재의 기술과 자원이 경쟁사들에 의해 쉽게 모방당하는 경우, 독창성을 키워 기술이나 자원을 더욱 공고히 하도록 투자와 노력이 필요하다. 셋째, 보유하고 있는 핵심기술과 자원의 장점을 최대한 활용하여 확장하고, 지속적인 사업 재평가가 이루어져야 한다.

05 경쟁우위를 위한 전략

이상적인 경쟁우위는 모든 경재요소에서 경쟁사보다 우위에 있는 것이겠지만, 현실적으로 경영체가 모든 경쟁요소에서 우위를 갖기는 사실상 불가능하다. 따라서 여기서 경쟁우위를 갖는 것의 의미는 경영체가 모든 경쟁요소에서 우위를 가져야 한다는 의미가 아니며, 경쟁요소 간의 차별적인 우위를 확보해야 한다는 의미이며, 이러한 차별적 경쟁우위는 현실적으로 실현가능성이 높다.

차별적 경쟁우위를 확보하기 위한 전략은 다음 세 단계로 구분할 수 있다. 우선 첫 번째 단계에서 명확한 목표를 설정해야 한다. 경쟁우위 확보를 위한 목표는 예를 들어 제품차별화, 원가우위, 품질우위 등이 될 수 있으며, 이러한 목표설정이 명확해야 된다는 의미이다. 이를 위해 경영체 자체적으로 경쟁사와 차별화된 강점과 약점을 충분히 고려하여 경쟁우위 확보를 위한 차별적 요인을 발굴하고 이에 따른 목표설정을 명확히 하는 전략이 필요하다.

두 번째 단계에서는 목표 달성을 위한 전략을 수립하고 집행한다. 이 단계에서는 구체적인 전략수립과 실행을 위한 다양한 혁신활동이 전개될 필요가 있다. 차별적 경쟁우위 확보를 위한 전략은 비용우위 전략과 차별화 전략이 있는데, 여기서 비용우위 전략은 원가 우위를 통해 가격측면에서 선도적 위치를 선점하고 새로운 경쟁자의 출현을 억제할 수 있으며, 차별화 전략은 품질이나 시간, 디자인 등 비가격적 경쟁요소를 통해 경쟁우위를 확보하는 것을 의미한다.

마지막 단계에서는 설정된 전략의 성과를 극대화하기 위한 동맥역할을 할 인프라를 구축해야 한다. 이러한 세 가지 단계가 조화를 이루어야 경영체는 차별적 경쟁우위를 확보할 수 있다.

06 경쟁우위 전략 수립 및 사례[6]

▎ 차별화 전략 추진사례(J 영농조합법인)

차별화 전략 추진사례로는 J영농조합법인을 들 수 있다. J영농조합법인은 1995년 설립된 도라지 생산 전문 영농조합법인으로, 사업의 핵심은 평균 수명이 3년에 불과한 도라지를 20년생 이상으로

---

6 본 사례는 2015년 한국농촌경제연구원 연구자료 「성공적인 농업 CEO의 경영전략」 중 경영전략 사례내용을 발췌하여 정리함.

재배하여 건강증진용 식품으로 가공, 판매하며, 도라지 재배 방법 및 가공공정은 특허로 등록하여, 기술적으로 차별화된 기술우위를 갖게 되었다는 점이다.

J영농종합 법인의 도라지의 20년생 이상의 도라지는 원료 자체로 차별성을 가지고 있는데, 실험 결과에 따르면 20년생 이상의 도라지는 일반 도라지와 성분상에 상당한 차별성을 가지고 있다고 한다.

또한 도라지의 약용 성분이 21년산에서 가장 많았다는 사실을 발견하고, 재배 방법에 대한 특허를 취득하였다. 보유한 특허의 핵심은 도라지를 20년 이상 재배하는 방법과 유효 성분을 추출하는 방법에 관한 것이다.

원료 자체의 차별성을 제품화하기 위한 기술도 특허로 지정되어 도라지 생물 판매는 물론 추출액과 다양한 레토르트 형태의 제품을 생산하였다. 또한 차별화된 제품을 마케팅하는 데도 차별적인 방법을 사용하였는데, 우선 독자적인 대리점 망을 통해 판매함으로써 제품의 고급이미지를 구축하고, 의학 및 약학 관련 학회에 J영농종합법인의 도라지의 효능에 관한 연구논문 및 사례를 발표토록하여 소비자 신뢰를 구축하였다.

■ 비용우위 전략 추진사례(H농장 영농조합)

비용우위 전략 추진 사례로 H농장 영농조합을 들 수 있다. H농장 영농조합은 1992년에 설립되었으며, 유기농 채소 중심의 생산단지를 조성하여 사업 기반을 다졌다. 또한 유통 전문회사 U데이를 설립하여 유기농 채소 생산단지 기반의 농산물 유통업체로 성장하였다.

H농장 영농조합의 사례는 생산 활동 중심의 영농조합을 유통과 마케팅을 중심으로 변화시켜 유통 중심의 사업체로 발전하는 과정에서 생산자 간 협력을 통해 경쟁력 있는 생산체계를 갖춤으로써 단일경영권을 확보하였다. 즉 부가가치 창출을 통한 농가소득 증대를 위해 생산 위주에서 벗어나 새로운 유통채널을 개척하여 유통 중심의 사업체로 변화한 사례라고 할 수 있다.

H농장 영농조합은 생산과 유통에서의 비용절감과 효율화를 통해 농산물 가격은 경쟁사의 유기농산물에 비해 저렴하고, 할인점의 대규모 세일 등 가격 인하 압력에도 탄력적으로 대응할 수 있었다.

H농장 영농조합의 가격경쟁력 확보 전략을 살펴보면, 생산 분야에서 규모화를 통한 대량 공동구매와 공동관리 및 전문화를 달성하였으며, 유기농 자재를 대량구매에 따라 협상력을 높임으로써 상당한 가격 인하 효과가 있었다. 또한, 농기계를 영농조합이 소유하여 농가의 농기계 구입부담을 해소하였다. 선별장, 가공 포장시설을 확장하며 중간상 없이 직접 대형마트에 마케팅을 시도하였고, 이러한 과정에서 품질관리, 납기준수, 회계처리 방식을 개선하고, 식품표시, 친환경농산물인증, HACCP, GAP와 같은 시스템도 도입하였다. 끝으로 전문화가 필요한 유통, 가공, 생산관리, 기계 운용 등 분야

는 전문가를 양성하여 효율성 증가는 물론 우수한 인적 자원을 내부적으로 육성하여 확보하는 성과
도 있었으며, 저장과 운반 분야는 아웃소싱을 통해 외부에 위탁함으로써 비용 절감 효과를 거두었다.

 ## 지식경영과 실천

01 지식경영의 개념정의

지식경영은 회사법인, 경영체 등 영리조직체 운영의 모든 것, 즉 조직형태, 업무방식, 연구개발, 인
적 자원의 활용과 관리방법, 성과측정 방식 등 운영에 대한 모든 지식을 수집하고, 공유하여 활용하는
데 초점을 맞추어 변화시키는 경영방법이다.

02 지식경영의 등장배경

세계적인 경영학자인 피터 드러커(Peter Drucker)는 정보의 다양성과 방대함이 존재하는 오늘날사
회를 '지식사회(knowledge society)'라고 표현하고, 정보와 지식의 중요성에 대해 강조하였다(Drucker,
1993).

그는 새로운 경제에 있어서 지식은 단순한 전통적인 생산요소(노동, 자본, 토지)와 같은 하나의 자원
이 아니라 기업이 가지고 있는 오직 하나의 '의미 있는 자원'이라고 하였다. 이처럼 지식이 현대 경영
의 복잡계 내에서 기업의 핵심 경영자원 중 하나로 대두되고 있으며, 기업이 가진 경쟁력과 부가가치
의 원천으로도 간주되고 있다. 따라서 지식경영(knowledge management)이 주목받고 있다.

지식경영이 중요한 경영전략의 대상으로 부상하게 된 이유는 개방화, 다양화 및 기업의 인수·합
병 그리고 다운사이징 등 외부요인이 기업운영에 크게 영향을 미쳐 기존의 전통적인 경영에 의존한
전략으로는 해결할 수 없는 많은 문제점이 발생하고 있기 때문이다. 따라서 기업이 기존에 보유하고
있는 자산 외에 새로운 의미 있는 지식을 창조하고 축적하며, 이를 공유하고 활용함으로써 기업의 경
쟁력을 향상시켜야 한다는 필요성이 강조되고 있다.

농업경영에서도 농업의 생산과 유통과정, 경영 등 농업과 관련된 과정에서 지식과 새로운 아이디
어를 바탕으로 고부가가치를 창출하여 시장을 개척해 나가는 지식집약적인 경영형태로 '지식기반 농
업'의 개념이 도입되어 확산되고 있다. 기존의 기술·자본집약적 농업경영이 첨단기술 정보·지식이
집약된 고부가가치 복합산업으로 발전하고 유전공학과 전자공학 기술 등이 농업분야에 광범위하게

활용되어, 1차 생산비중은 감소하지만 생산·가공·유통 및 관련 산업의 비중이 증가되고 있다.

03 지식경영 전략

▌지식경영의 목표선정

경영자는 지식경영을 위해 조직구성원들이 업무를 수행하는 과정에서 쌓은 경험을 공유하도록 하는 데 도움이 되는 개념적 틀(conceptual framework)을 제공해야 한다. 그러나 경영자가 제시하는 개념적 틀이 너무 명확하면 그것이 경영자의 명령이나 지시에 가깝기 때문에 오히려 실패를 야기할 수 있다. 따라서 경영자는 직접 할 수 있는 가장 최선의 일을 자기 조직화와 집단 또는 팀이 공동 작업을 할 수 있도록 기반을 조성해주는 것이고 이를 통해 지식경영의 목표를 정하는 것이다.

지식경영의 목표를 선정하는 것은 '경기에서 승리하는 데 어떤 도구를 쓸 것인가?'라기보다는 '어떤 경주에 참여할 것인가를 파악하여 승리를 위해 조직의 역량을 결집하도록 방향을 설정하는 것'과 같다.

따라서 효과적인 지식경영의 목표선정 방법은 경영자가 직접 목표를 설정하고, 집행은 구성원에게 하도록 하는 일방통행식의 방법보다는, 구성원이 함께 참여하는 목표선정이 더 효과적이다.

▌지식의 분류

지식은 데이터나 정보 등과 함께 어떻게 적용되느냐에 따라 매우 다르다. 데이터는 사실들(facts), 측정치(measurements) 그리고 통계치(statistics)의 집합으로 이루어져 있지만, 정보는 적용에 필요한 시점에 맞춰 시의적절한 형태로 가공된 데이터의 추정치이다. 그리고 지식은 정황적이고, 적절하며, 실천적인(어떤 행위를 가능하게 하는) 정보이다.

지식은 주어진 상황에 대해 깊은 경험과 사려에 기반을 두고 있기 때문에 정보와는 다른 측면이 있다. 지식을 가졌다는 것은 문제를 해결하기 위해 그것이 활용될 수 있다는 것을 의미하는 반면, 정보를 가졌다는 것은 이와 같은 의미를 내포하는 것은 아니다. 예를 들어, 같은 상황에 직면한 두 사람이 같은 정보를 가지고 있다 하더라도, 이들이 같은 정보의 성과를 얻기 위해 발휘하는 정보 활용능력은 서로 다를 수 있다. 이와 같은 가치를 부여하는 인간의 능력에는 차이가 있을 수 있는데, 이러한 능력의 차이는 경험, 훈련, 관점 등의 차이에서 기인한다.

데이터, 정보 그리고 지식 모두를 조직의 자산으로 볼 수 있는데, 그 중에서도 지식이 보다 높은 수준의 의미를 제공한다. 지식은 의미를 제공함으로써 보다 높은 가치를 가지는 경향이 있는데, 그럼에도 불구하고 수명이 짧은 경향이 있다.

지식과 지식경영이 구체적으로 의미하는 것을 한 가지로 정의할 수는 없지만, 이에 대한 비즈니스 관점은 상당히 현실적이다. 정보는 일종의 자원으로서 항상 중요성을 뒷받침하는 데에 초점을 맞추는 반면, 지식은 적절한 사용과 오용 간의 구분을 가능하게 하는 암묵적인 이해와 경험을 기반으로 한다. 그래서 시간이 지나면서 정보는 축적되었다가 퇴화되는 반면, 지식은 시간이 지나면서 경험에 의해 진화한다.

지식경영에서의 지식은 암묵지(tacit knowledge)와 형식지(explicit knowledge)로 개념화하여 구분하는데, 암묵지는 대부분 주관적, 인지적 그리고 경험적 학습의 영역에서, 형식지는 보다 객관적이고, 기술적(technical)인 지식(데이터, 정책, 절차, 소프트웨어, 문서 등)에서 생성된다(Polanyi, 1958; Nonaka & Takeuchi, 1995).

형식지로는 기업의 정책, 절차안내, 백서, 설계안의 형태로 다른 사람들에게 전해질 수 있으며, 프로세스나 전략으로 전환될 수 있는 형태로 부호화(codified, 문서화)되어온 것들이다. 예를 들어 기업의 인적 자원 정책을 매뉴얼로 문서화하여 해당 기업의 채용 프로세스를 어떻게 진행되는지 그 내용을 기술하는 기술서가 이에 해당한다. 또한 형식지는 쉽게 개인, 문서, 또는 조직이 사라질 수 있기 때문에 유출성 지식(leaky knowledge)이라고 불린다.

암묵지는 조직이 가지고 있는 기술, 경험, 관찰, 지적능력, 전문지식, 노하우, 거래 비밀, 등을 통해 축적된 지식뿐만 아니라 조직의 사람, 과정, 가치 등에 대한 과거와 현재의 경험도 포함한다. 따라서 암묵지는 개인의 머릿속에 있거나 조직 내 상호 작용과정에서 생성된 전문지식 또는 고난도 기술들로 구성되어 있어 내재된 지식(embedded knowledge)이라고도 일컫는다. 또한, 암묵지는 비구조적이며, 인식할 수 없기 때문에 부호화(codify)가 어렵다.

▎지식과 지식경영 전략

① 코드화 전략

형식지를 기반으로 한 코드화(Codification) 전략의 목표는 평범한 수준의 지식이 광범위하게 공유하여 기업의 경쟁력으로 발현되도록 하는 것이다. 예를 들어 경영체의 개별 종업원 수준은 매우 평범하지만, 고객서비스에 대한 정보의 성공적인 표준화와 정보시스템을 이용한 공유를 통해 매우 지적인 조직으로 변모할 수도 있다.

코드화 전략의 장점은 첫째, 지식센터에 풍부한 지식 자원과 이를 관리·지원하는 전담인력이 있어 구성원들이 필요로 하는 지식으로의 접근이 쉽고, 둘째, 지식의 재사용을 통해 고객들에게 신뢰할 만한 서비스를 다른 경쟁자들보다 저렴한 가격으로 신속하게 제공할 수 있는 경쟁력을 제공하며, 셋째, 정보기술에 바탕으로 산업 특성에 따라 다양한 형태의 새로운 사업을 전개할 수 있다는 점을 들 수 있다.

② 대인전략

암묵지를 중심으로 한 대인(Personalization)전략은 구성원이 문제해결을 위해 조직 내·외부의 동료나 전문가들에게 자문하도록 대인 네트워크를 구축하는 것이다. 이 전략은 전문가시스템, 사내 컨설팅, 직무순환 등의 수단을 통해 구성원들이 효과적으로 업무수행에 필요한 해법을 구하는 데에 초점을 맞추고 있다.

대인전략의 장점은 첫째, 데이터와 정보를 무작정 만들어내는 것이 아니라 업무 수행에 유용한 정보와 지식만을 생산할 수 있게 하며, 둘째, 지식경영의 주도권이 조직 구성원들에게 있어 구성원들이 자발적으로 참여를 유도할 수 있고, 셋째, 대규모의 IT 투자 없이도 가능하므로 전체적으로 지식경영에 드는 비용이 저렴하다. 그러나 지식을 공유하는 데에 시간과 비용이 많이 들고, 지식공유에 대한 평가와 보상이 쉽지 않는 등의 단점도 존재한다.

③ 지식경영 전략

성공적인 지식경영에서 코드화 전략과 대인 전략 두 가지 중 하나만을 채택하여 전략을 수립할 수 없다는 점을 명심해야 한다. 예를 들어 조직 내 표준화된 가치를 추구해서 서비스를 제공하는 사업팀과 특정 고객에게 특화된 가치를 추구하여 서비스를 제공하는 사업팀이 함께 있을 경우에는 두 사업팀의 성격을 달리해서 지식경영 모델을 구축해야 할 것이다. 또한 지식경영 전략에 맞게 투자, 인재관리(채용·육성 등), 보상의 방향도 달라져야 할 것이다. 코드화 전략을 채택하는 조직에서는 투자는 대규모로, 인재관리도 조직 차원에서, 보상의 초점은 구성원들이 지식을 표면화해서 지식센터에 집어넣도록 하는 데 두어야 한다. 반면, 대인 전략을 채택하는 조직에서는 투자는 상대적으로 적게, 인재관리는 개인 중심으로, 보상의 초점은 구성원들이 동료들과 지식을 공유하도록 해야 한다.

04 지식경영 실행방안: 지식관리 사이클

지식관리의 라이프사이클(life cycle)은 〈그림 3-5〉와 같이 6단계로 구성된다. 이러한 라이프사이클을 가지는 이유는 시간이 지나면서 환경도 변하게 되는데, 지식은 이러한 변화를 반영하여 시간의 흐름에 따라 지속해서 개선·발전되고 있기 때문이다.

첫 번째 단계(지식창조): 지식이 사람들의 업무 방식을 새롭게 변화시키고, 노하우를 개발하며, 때로는 외부지식이 도입되기도 한다.

두 번째 단계(지식포착): 새로운 지식은 가치를 유지하면서 표현 가능한 형태로 정의되어야 한다.

세 번째 단계(지식정제): 새로운 지식이 현실에 적용되어 기여할 수 있도록 필요한 상황과 잘 연계되어야 한다.

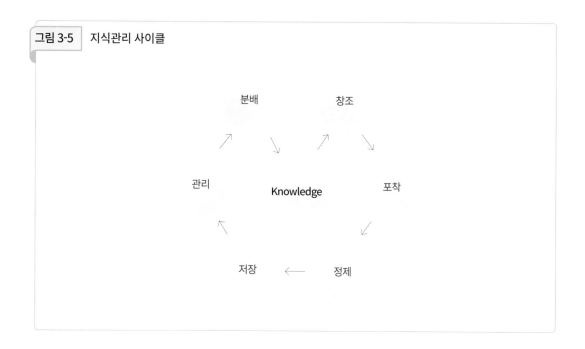

그림 3-5 지식관리 사이클

분배　　　　　창조

관리　　　Knowledge　　　포착

저장　←　정제

네 번째 단계(지식저장): 유용한 지식은 사람들이 쉽게 접근할 수 있도록 합리적인 형태로 지식관리 시스템에 저장되어야 한다.

다섯 번째 단계(지식관리): 지식은 잘 보관되어야 하고, 적절성과 정확성 입증을 위한 검토가 수행되어야 한다.

마지막 단계(지식분배): 지식은 이를 필요로 하는 사람이 언제 어디서든 유용하게 사용할 수 있도록 제공되어야 한다.

05 지식경영 실행사례: S식품 클러스터 사례[7]

S식품 클러스터는 기존 가내수공업 형태로 진행되어 오다가 1980년대 중반부터 산업화가 시작되었고, 1990년대 후반 장류 민속 마을을 조성하여 지자체가 중심이 되어 산업 육성을 본격화하였고, 2000년대 이후에는 중앙정부가 특구로 지정하여 산업 지원을 위한 장류연구사업소를 설치하는 등 산업클러스터로 발전하였다.

S식품 클러스터의 가장 큰 특징은 산업클러스터에서 혁신클러스터로 성장하는 데 필수적인 산·학·관 연계기관을 설치, 전통식품을 제조하던 개개인의 암묵지를 조직적인 형식지로 변환시켰다는

7　곽윤석·양해술(2010), "지식경영 성공요인이 농산업클러스터 기업의 경영성과에 미치는 영향", 「한국콘텐츠학회 논문지」 Vol 10, No.9.

점이다.

일반 지식경영 관점에서 S식품 클러스터의 지식경영 발전과정을 다음과 같이 정리해보았다.

① 준비기
- 개념: 지식경영 목표수립과 조직 구성
- 구성요소: 지식경영 전담팀 구성, 유관업체의 집적, 지식경영 목적과 추진전략 정립, 지식경영 동기부여 및 공유

장류 식품의 제품생산 방식은 주로 가내수공업 방식에 의존하고 있어 핵심 기술이나 위생상태의 격차가 크다는 점이 제품의 고부가가치화에 중대한 장애 요인이 되고 있다. 지역의 특화산업이 산업 고도화를 통해 농산업으로 발전해 나가기 위해서는 지식경영 요소를 도입하여 장류 식품 제조의 핵심기술과 제조공정을 표준화하고 체계화해야 한다. 따라서 농산업 분야의 지식경영 도입기에는 우선 핵심기술 및 제조공정의 표준화, 체계화를 전담할 전담 조직이 구성되어야 한다. 이러한 전담조직을 중심으로 지식경영 목표 및 추진전략을 수립하고, 기업 구성원과 공유해야 한다.

S식품 장류산업은 산업의 고도화를 위해 산재해 있던 장류 제조업체들을 장류 산업 클러스터 지역으로 집적시키고, 제조공정의 표준화를 위해 산·학·관 연계사업단을 중심으로 표준공정 도입을 위해 노력하였다.

② 도입기
- 개념: 암묵지를 조직지로 전환
- 구성요소: 현존 지식의 표준화 및 체계화, 지식공유 문화 활성화, 지식공유 네트워크(조직) 인프라 구축, 지식공유 정보인프라 구축

지식경영의 도입기는 준비기에 구성된 전담조직을 중심으로 표준 제조공정을 완성하고, 조직 구성원간 생산과 품질 관리에 대한 노하우를 공유하는 것이 우선되어야 한다. 이를 통해 암묵지 중심에서 형식지 중심의 생산방식으로 전환하고, 기업의 조직지로 전환하는 작업이 이루어지며, 축적된 조직지를 유관업체들과 공유할 수 있는 네트워크와 정보 인프라를 구축한다.

S식품 장류산업의 경우 산·학·관 연계로 장류연구소에서 지자체의 지원을 받아 장류 제품 내 미생물의 기능성 개선 및 웰빙형 신제품 개발을 주도하고, 장류제품의 위생성을 인증받을 수 있는 HACCP 제조공정의 도입하였다. 또한 각 개별업체의 DB 구축과 운용을 지도하고, 이노카페(S식품 장류연구소내 마을 카페)를 통해 장류연구소와 유관업체, 전문 연구개발 지원기관 간의 네트워크를 구축하였다.

③ 성숙기

• 개념: 지식관리시스템 실현
• 구성요소: 지식관리 기술시스템 정착, 지식창조 문화 활성화, 평가 및 보상제도 작동

　지식경영의 성숙기에는 지식관리시스템이 정착되면서 기업 내 지식 공유문화가 활성화되고, 평가와 보상제도가 작동되어 지식이 재생산된다. 성숙기에는 지식이 암묵지에서 형식지와 조직지로 발전하고 다시 암묵지로 축적되는 선순환 고리가 형성하여 지식관리시스템을 완성하는 것이 특징이다.

　그러나 S식품 장류산업의 지식 공유와 생산 활동은 산업클러스터 사업단인 S식품 장류연구소 주도로 진행되어, 개별 기업별로 지식의 선순환 구조가 형성되지는 못한 상황이다. 제품생산을 위한 DB 관리와 기술관리 인프라가 도입되었지만, 아직 새로운 기술 창조를 위한 활동으로까지 연계되지는 못했다. 따라서 아직 S식품 장류산업은 지식경영의 성숙기에 도달했다고 하기에는 다소 무리가 있다.

1 | 본인이 새로운 농산업 사업을 구상하고 있는 농업경영인이라 가정하고, 미래 식량으로 부각되고, 중·고등학교 자유학기제 시행에 따른 청소년 자연학습활동의 교구로 활용될 수 있는 '식용곤충'에 대한 사업을 하려 한다. 전략경영 단계에 따라 '식용곤충 시설운영'사업에 대한 전략을 수립해보시오.

2 | 본인이 대규모 과수원을 경영하는 농업경영인이라 가정하고, 한반도 기후 온난화에 따른 농작물의 식생대 변화에 따른 외국산 아열대 과일을 재배하는 사업을 하려 한다. 이 사업에 대한 외, 내부 환경을 분석해 보시오.

3 | 농업의 6차 산업화와 농공상 연대의 개념 차이를 예를 들어 설명하시오.

4 | 경쟁우위 전략 중 비용우위 전략과 차별화 전략의 개념을 예를 들어 설명하시오.

1 | 전략경영의 중요성이 아닌 것은 무엇인가?

① 농산업 경영체나 농기업 스스로 자신의 영리활동을 얼마나 잘 수행했는지와 관련하여 차별성이 주기 때문이다.

② 농산업 경영체나 농기업내 관리자들이 지속적으로 변화하는 환경에 직면하기 때문이다.

③ 농산업 경영체나 농기업의 사업환경이 더욱 복잡하고, 다양하기 때문이다.

④ 농산업 경영체나 농기업이 사업은 타 산업보다 상대적으로 규모가 영세하고 단순하기 때문에 오로지 재무적인 성과만이 중요하기 때문이다.

2 | 전략경영 프로세스에 대한 설명으로 틀린 것은?

① 첫 번째 단계인 미션(mission)의 규정은 농산업 경영체나 농기업이 궁극적인 목적과 존재감을 확실히 하고, 어떤 사업을 할 것인가를 결정하는 것이다.

② 두 번째 단계인 장·단기적 경영목표(goal & object)의 설정은 농산업 경영체나 농기업의 사업에 대한 목적을 구체적인 목표와 성과척도로 전환하여 미션 실현과 연결한다.

③ 세 번째 단계인 전략수립(strategy formulation)인데, 농산업 경영체나 농기업이 외부환경 분석을 통해 자체 역량의 적합성을 달성하는 전략을 수립한다.

④ 네 번째 단계는 수립된 전략을 실행(strategy implementation)하는 것인데, 이는 농산업 경영체나 농기업이 수립한 전략에 대한 내부 자원을 배분하고, 이들 자원을 수립된 전략적 방향에 맞춰 효과적으로 활용하는 것이다.

⑤ 다섯 번째 단계는 전략실행 성과를 평가(evaluation)하고, 필요한 경우 조정과 수정을 통해 다음 전략 수립에 반영한다.

3 | 농업경영의 외부 환경 요인이 아닌 것은 무엇인가?

① 국내 농축산물 시장 개발
② 구제역, 조류독감(AI) 등 가축 질병의 발생
③ GAP 인증 농산물 유통확대 분위기
④ 농업회사 내부 인력의 품질관리 교육 확대

4 | 내부환경 분석 중 핵심역량에 대한 설명으로 옳지 않은 것은?

① 핵심역량은 농산업 기업 또는 경영체의 역량 혹은 배분자원 중 경영전략에서 가장 중요한 부분이다.
② 핵심역량은 경쟁 기업이나 경영체에 비해 더 잘할 수 있는 상대적인 경쟁능력이며, 경쟁우위를 주는 자체 능력이다.
③ 핵심역량은 농산업 기업 또는 경영체이 생산하는 상품의 경쟁우위의 원천이 될 수 있다.
④ 핵심역량은 자기보다 상대적으로 뛰어난 경쟁 기업이나 경영체를 모방하여 자체 경쟁력 강화에 도움이 될 수 있게 한다.

5 | 일반적으로 농업의 6차 산업화의 성공을 위한 조건이 아닌 것은 무엇인가?

① 지역 농업 기반
② 1, 2차 산업에 지역 주민 우선 고용
③ 3차 산업은 지역 내,외부의 경영체나 회사가 주도
④ 6차 산업 경영체의 지속가능한 자립능력 부여

6 | 일반적으로 경쟁우위 원천의 조건이 아닌 것은 무엇인가?

① 경쟁 기업이나 경영체보다 뛰어나 기술이나 자원
② 고객이 중요시하는 가치의 제공
③ 기업환경의 변화에도 중요성이 감소하지 않을 기술이나 자원
④ 경쟁이 되는 경영체나 기업보다 모든 경쟁요소가 우위에 있는 기술이나 자원

7 | 경쟁우위 전략을 수립하고 시행하는 과정에 대한 설명 중 올바르지 않는 것은 무엇인가?

① 경쟁우위 전략의 첫 번째 단계로, 명백한 목표의 설정단계를 들 수 있는데, 이때 경쟁이 되는 경영체나 기업보다 모든 경쟁요소가 우위에 있도록 목표를 설정해야 한다.

② 경쟁우위 전략의 두 번째 단계로는 목표달성을 위한 전략수립과 집행을 들 수 있는데, 이때 전략수립과 전략시행을 위한 혁신활동도 전개되어야 한다.

③ 경쟁우위 전략의 마지막 단계는 설정된 전략의 성과를 극대화할 수 있는 인프라를 구축하는 것이다.

④ 경쟁우위 확보를 위한 목표, 전략, 인프라 완비와 혁신활동뿐만 아니라 목표와 방향성 확립 또한 매우 중요하다.

8 | 다음 암묵지에 대한 설명 중 옳지 않은 것은?

① 조직이 가지고 있는 경험, 관찰, 전문지시, 노하우, 기술, 지적능력 등이 이에 해당된다.

② 내재된 지식이라고도 하며, 프로세스나 전략으로 전환될 수 있도록 부호화되어 있다.

③ 산재되어 있고, 비구조적인 형태의 것들이 많다.

④ 일반적으로 교제, 실습·훈련, 도제, 대화 등을 통해 전이 또는 공유된다.

9 | 지식경영을 수립하고 시행하는 과정을 올바르게 표시한 것은?

① 지식창조 → 지식포착 → 지식저장 → 지식정제 → 지식관리 → 지식분배

② 지식창조 → 지식포착 → 지식정제 → 지식저장 → 지식관리 → 지식분배

③ 지식포착 → 지식정제 → 지식저장 → 지식관리 → 지식창조 → 지식분배

④ 지식포착 → 지식저장 → 지식정제 → 지식관리 → 지식창조 → 지식분배

• 곽윤석 · 양해술, 2010, "지식경영 성공요인이 농산업클러스터 기업의 경영성과에 미치는 영향", 『한국콘텐츠학회 논문지』, Vol 10, No.9.

• 김영생, 2005, 『성공적인 농업CEO의 경영전략』, 한국농촌경제연구원, D204.

• 서용일, 2010, 『광양지역의 매실산업 활성화방안』, 순천대학교 경영행정대학원 석사학위논문.

• 유학열 · 이영옥, 2014, "창조농업 실현을 위한 6차 산업화", 「농업전망 2014」, 한국농촌경제연구소.

• 한국농업경제학회, 2014, 「6차 산업화 관련 정책사업 추진실태 진단 및 정책 간 연계방안 연구」.

• Drucker, P. F., 1993, Postcapitalist Society, NewYork: HerperCollins Publishers.

• Polanyi, M. 1958, Personal Knowledge: Towards a Post-Critical Philosophy, Routledge & Kegan Paul Ltd.

• Nonaka, I, and H, Takeuchi, 1995, The Knowledge-Creating Company: How Japanese Companies.

• Create the Dynamics of Innovation, Oxford University Press.

CHAPTER 04

경영이념과 농업경영자 능력

학습목표

1 │ 경영이념의 개념과 농업경영자 경영이념의 중요성을 이해한다.   3 │ 농업경영자 능력의 평가지표 선정방법을 이해한다.

2 │ 농업경영자 능력의 개념과 중요성에 대해 이해한다.   4 │ 농업경영자 능력의 실증분석 방법을 이해한다.

SECTION 01 농업경영자와 경영이념

01 농업경영자의 개념

농업은 기술적인 측면의 농업생산과 경영경제적인 측면의 농업경영이라는 이중구조를 가지고 있다. 농업생산은 가계를 영위하는 데 필요한 소득확보를 위한 것으로 많은 양을 생산하는 것과 원래의 가치보다 더 큰 가치를 창출하는 생산성 측면과 농업경영은 한정된 자원을 가지고 매년 계속하여 경영목적을 최대로 얻을 수 있거나 일정한 경영목적을 달성하기 위해 최소한 비용을 들일 수 있도록 조직하는 수익성 측면에 그 목적으로 두고 있다.

농업기술과 기법은 농업생산의 증대를 위해 공헌하고 있지만, 농업경영의 목적에는 부합되지 못하는 경우가 많다. 즉 경제적인 경영목적을 달성하기 위한 수단으로 농업생산이 행하여 질 때 비로소 농업경영의 문제가 논의될 수 있다. 먼저 농업경영자의 개념에 대해 여러 학자들의 견해를 검토하기로 한다.

농업에서 경영자라는 용어는 강용성(1962)의 농업경영학에서 사용되고 있다. 그 저서에서 경영의 주체는 농업자, 즉 경영자이며, 그는 일정한 목적을 가지고 농업을 경영한다고 정의하고 있다. 즉, 무엇을 어떻게 생산할 것인가, 생산물의 처리·처분·가공, 저장, 운반, 판매, 자가공급 등을 어떻게 할 것인가, 경영에 소요되는 재료로서 무엇을 어떻게 구입·획득할 것인가, 자금의 융통을 어떻게 할 것인가 등 경영적 활동에 대하여 방침을 세우고 또 그것을 실행하기 위해서 항상 경영목적에 대한 확실한 인식을 가짐으로써 경영의 전 조직을 목적 달성에 적합토록 지향해야만 된다는 뜻이며, 무엇보다 중요한 것은 활동의 목적 파악이라고 하였다.

이러한 농업경영자의 개념은 우리 농업의 소생산적 자급자족 경영이라는 경제적 상황하에서 자가의 노동력으로 자기토지 또는 임대하여 농업을 영위하는 생산자의 의미로 농민이라는 용어를 사용하게 되었고, 이로 인해 농업경영자의 개념은 몇몇 교과서에서만 언급되고 있으며, 최근에는 농업인이라는 용어가 사용되기도 하였다.

농업경영자란 농업경영의 주체자이며, 의사결정의 주체자이다. 기업경영학적 개념에서와 같이 경영활동과 관련된 의사결정의 권한과 책임을 갖는 기업 내의 상위계층이면서, 현재까지도 생산을 담당하는 계층이기도 하다. 일반경영학과 농업경영학을 토대로 기업경영자와 농업경영자의 개념을 비교하면 아래와 같다.

겔박은 경제적, 기술적, 사회적 문제의 동향을 분석하고 이를 토대로 정확하게 예측할 수 있어야 하며, 현시대의 개척자로서 새로운 가능성을 창출하고 이용하여야 한다고 했다. 즉 새로운 과제에 대한 인식과 기업에 있어서 미래의 가능성을 실현하기 위한 제 수단의 준비와 활동을 의미하는 것으로 이것이 경영자의 본질적인 역할이라고 강조하였다.

슘페터는 경제영역에 있어서 새로운 가능성을 식별하고 수행하며, 혁신자로서 규정하고 경영자의 역할을 ① 양질의 신제품 개발과 생산, ② 새로운 생산방식 도입, ③ 판매시장 및 구매시장의 개척, ④ 산업계에 있어서 새로운 조직 설립이라 제시하였다.

민스버그는 경영자의 실제 활동을 관찰하여 ① 상징적 역할, ② 리더역할, ③ 정보전달자의 역할, ④ 교섭의 역할이라 하였다.

또한 경영자가 지녀야 할 자질을 드러커는 성실성, 도덕성, 원만한 인격, 창의성, 리더십, 솔선수범성, 통찰력, 그리고 포용성, 설득력이라 하였고, 버나드는 도덕성, 책임감, 용기, 결단력, 인내력, 지구력, 지식, 설득력이라 하였다. 휠러는 지성, 개방성, 정서적 안정, 책임감, 적극성, 창의성, 의사결정능력이 필요하다 하였고, 폐율은 건강, 육체적 특성, 지성과 지성적 활력, 도덕성, 일반교양, 관리지식, 당해 기업에 대한 특수능력, 기타 제 기능에 대한 능력으로 보았다. 슬림은 용기, 의지, 심적 융통성, 품성의 고결함으로 웨이즈는 통솔성, 유연성, 창조성, 적응력으로 보고 있다.

〈표 4-1〉에서 보는 바와 같이 일반경영학에서 경영자는 의사결정자이며 경영관리 계층으로 기업 내 상위 계층이며, 대인관계에서 대표자, 의사결정자, 정보수집·보급자로서 역할을 수행해야 한다.

이러한 역할을 수행하기 위해서는 개방적 심성과 판단능력 등 개인적 자질과 분석능력, 전문적이며 기술적인 실무능력의 경영 기술적 자질을 가져야 한다. 또한 경영자의 기능은 관리적 기능, 기술적 기능이 공통으로 포함되어 있다.

이러한 일반경영학에서 경영자의 개념을 명확하게 규정하고 있는 반면, 농업경영학에서는 경영자의 개념적 사용이 적어 이를 정확하게 파악할 수 없으며 경영자가 의사결정자임은 일반경영학과 공통적인 개념이다.

	경영자	경영자의 역할	경영자의 기능	경영자의 자질
일반경영학	현학순 (1999)	경영활동과 관련된 의사결정의 권한과 책임을 갖는 기업 내의 상위계층	대인관계역할, 정보적 역할, 의사결정역할	·개념적 기능: 관리적 기능, 기업문제의 파악과 기업목적과 일치하는 의사결정능력 ·인간적 능력: 기업구성원에 초점을 두는 기능, 구성원의 지위, 동기부여, 갈등관리능력 ·기술적 기능: 전문적 지식, 경험, 기술을 문제해결에 활용하는 능력	·개인적 자질: 개방적 심성, 정서적 안정성, 책임의식, 창조력 ·경영자적 자질: 분석능력, 조정평가능력, 사회책임능력, 의사결정에 영향을 주는 요인판단능력, 노사이해능력, 기술평가능력
	양훈모 (1999)			·관리기능: 계획, 조직, 지휘, 통제 ·업무기능: 생산관리, 마케팅관리	·기술적 자질: 전문적이며 기술적인 실무능력 ·인간적 자질: 원만한 관계유지 능력 ·개념적 자질: 거시적인 판단·전망을 하는 능력
	박세홍 (1999)	기업의 주요 의사결정자로 기업목표를 제시하고 이를 달성할 수단을 강구하며, 이를 관리하여 기업을 유지발전시키는 주체로 경영관리계층이라는 전문가집단을 의미	·대인적 직무: 대표자역할, 리더역할, 연락자역할 ·의사결정 직무: 기업가적 역할, 문제처리가적 역할, 중재자적 역할 ·정보처리 업무: 정보수집자역할, 정보보급자역할, 대변자적 역할	·관리기능적 접근: 계획, 조직, 지휘, 통제 ·기술혼합기능적 접근: 관리적 기술, 인간적 기술, 전문적 기술, 진단적 기술, 정치적 기술	
농업경영학	김문식 (1981)		사업에 대한 의사결정을 행하는 것이 중심적인 과제		·직면한 문제를 깊이 생각하고 분석할 수 있는 능력의 소지자(의사결정) ·새로운 지식습득을 위해서 노력하는 사람(실천능력)
	구재서 (1987)	농업경영을 조직하고 운영하며, 그 재생산 기능을 담당하는 사람		·경제적 기능: 작목선정, 작목의 생산순서 및 생산규모의 결정, 경영수단의 도달, 생산물의 처리, 경영계획의 수립 ·기술적 기능: 생산기술의 채용, 생산과정의 관리	
	木村 (1994)	경영의 최고위에 위치하고 지속성장해 가기 위한 미래를 작성하고, 그에 대한 전략, 전술을 책정하는 사람	·역사적 역할: 가계와 경영의 분리 ·사회적 역할: 사회적 책임, 가치관, 윤리관	경영을 관리하는 기능	
	出村 (1991)			경영자(자본가), 노동자, 기술자, 조직자의 기능	

표 4-1　기업경영자와 농업경영자의 개념

일반경영학과 농업경영학에서 경영자 개념의 차이는 기업경영자는 의사결정자이며, 관리자로서의 경영기술자이지만 농업경영자는 기업경영자의 경영기술자(경제적 기능)뿐만 아니라 생산에 직접참여하는 노동자로서 생산기술자적인 기능(기술적 기능)을 가지고 있다는 것이다. 이는 기업적 경영이되지 못한 소규모 기업적 가족경영이기 때문이다. 따라서 농업경영자의 기능은 경영자적 기능, 기술자적 기능, 생산자적(노동자) 기능을 포함한다.

02 농업경영자의 사명감

경영이념은 농업의 장래를 결정하는 중요한 요소이고, 농업의 존속과 발전을 위해 그 확립이 필요하다. 지금까지 농업경영의 「주류」는 농가(가족경영)였고, 경영이념이라 할 것도 없이, 선조로부터 가업으로 내려온 승계 영농 혹은 국가정책에 따라 영농활동을 추구하는 단순 농가의 성격이 강했다. 그 결과, 인간생존의 필수적인 식생활에 대한 사명감과 책임감이 결여됨과 동시에 농업을 경시하는 풍조로 흐르게 되어 이농과 이촌현상이 지속적으로 이루어져 현재와 같은 농업위기 상황에 이르게 되었다.

21세기에 우리나라 농업이 존속하고, 발전해 나가기 위해서는 농업경영자의 경영이념은 필수불가결한 농업경영 요소이다. 경영이념은 경영사상, 경영자 이데올로기, 경영자정신, 경영자철학, 경영자 신념, 경영자 사명, 지도원리 등으로 표현할 수 있다.

경영이념은 「경영자의 신념이다」라는 말처럼 단순한 경영방법에 대한 경험과 사고를 말하는 것이아니라, 그 이상의 강한 사명감과 확신을 의미한다. 경영이념은 영농활동을 실천해 나가는 데 있어 기본적인 의사결정 방향을 제시하는 것이다. 즉, 사회의 역할, 사회적 책임, 목표, 전략, 행동, 지침 등 중점을 둔 말과 이미지를 표현한 것이다. 경영이념은 조직의 기본적 방향, 공통의 가치를 정하는 것이다. 이는 경영철학, 경영신념, 이데올로기, 기업가적 정신, 경영스타일, 관습, 경영비전, 지도이념 등과동일한 의미를 가진다.

경영이념은 이러한 사상을 가지고 행동하면 반드시 성공할 것이라는 굳은 신념으로 농업경영을영위하는 가치관이다. 경영사회에 있어서 기술력이 중요하고, 판매능력과 자본, 인적 자원도 매우 중요한 생산요소이지만 그 중에서도 가장 근본이 되는 것은 올바른 경영이념이다. 경영이념이 기본이되고 그 토대 위에 인적 자원과 기술, 자본 등이 제대로 확립될 때 제 기능을 발휘할 수 있다.

이러한 경영이념은 일반적으로 창업 시에 발현되지만, 창업할 때부터 명확한 경영이념을 가지고시작하는 것은 아니다. 처음에는 경영이념이란 개념에 대해 별 생각을 하지 않는다. 오로지 일상적인생산과 관습적인 판매에 따라 열심히 노력하는 것에만 관심을 갖는다. 그러나 생산과 판매가 어느 정도 성장해 감에 따라 상식적·통념적인 것에 대한 의문을 가지게 된다. 관습적인 판매, 사회적 상식에 따라 열심히 노력하는 것도 나름대로 중요한 의미를 갖지만, 점차 무엇을 위해 농사를 짓는가라는 보다 고차원적인 농업생산자의 사명을 생각해 볼 필요가 있다. 만약 이러한 생각을 갖지 않는다면 관습적인 사고에 머물러 환경변화에 제대로 대응할 수 없을 뿐만 아니라 위기상황에 대한 대처의 불안정성 가중과 지속 가능한 농업경영 구조를 기대할 수 없을 것이다.

03 농업의 경영이념

최근에는 글로벌 시장메커니즘하에서 합리적이고, 효율적인 경제활동이 농업에 도입되기 시작했다. 그 결과, 비즈니스 감각이 뛰어난 농업경영자가 나타났고, 농업경영 관리기능을 발휘하기 시작했다. 21세기에 들어오면서부터 이 현상은 급속하게 확산되고 있으며, 국제적인 관리기능과 감각을 가진 농업경영자가 점차 증가하고, 농업의 선도자로서 주목을 받고 있다.

농업경영에서 경영이념은 급속하게 변화하는 경제사회 환경하에서 다양한 경영문제가 발생하고, 이를 해결하기 위한 적절한 대처방법을 강구해 나가는 것이며, 농업경영에서도 경영이념을 토대로 영농활동을 도모할 때 농업경영의 건전한 발전을 기대할 수 있다.

또한, 대다수 가족농과 법인체를 이끌어 나가고, 협조체계를 구축하여 강력한 시너지 효과의 창출 기반이 되는 것도 역시 경영이념이다. 따라서 농업경영에서 단순한 이해관계 조정이나 소득창출과 확장에만 집중하기보다는 영농활동의 근간이 되는 올바른 경영이념을 세우는 것도 중요하다.

그리고 그 경영이념은 무엇이 옳고 그름을 판단하고, 하나의 인생관, 사회관, 세계관에 기인해야만 하는 것이며, 이러한 가치관에서부터 출발한 경영이념이 진실되고 올바른 경영이념이라 할 수 있다. 따라서 농업경영자가 될 사람은 이처럼 자신의 인생관, 사회관, 세계관을 늘 함양해 가는 것이 매우 중요하다. 즉, 올바른 인생관과 사회관, 세계관이라는 것은 진리, 사회의 이치, 자연의 섭리와도 밀접한 관계를 가지고 있다. 만약 이에 반하는 경영이념이라면 이는 진실되고, 올바른 인생관, 사회관, 세계관이라 말할 수 없고, 이에 기인한 경영이념 또한 적절함과 온당함이 결여되고 말 것이다.

결국, 진정한 경영이념의 출발점은 사회의 이치, 자연의 섭리를 바탕으로 한 것이다. 이에 따른 경영이념은 그 활용과 방법, 정서에 따라 다소 변화하지만, 그 기본은 변하지 않는다. 바꾸어 말하면, 인간의 본질은 자연의 섭리에 비추어 무엇이 옳고 그른가 하는 것에 입각한 경영이념은 과거와 현재는 물론 미래에도 통용되는 것이다. 따라서 자연의 섭리와 진리에 근간을 둔 올바른 인생관, 사회관, 세계관에 기초를 두고 경영을 해 나가는 것이 중요하다.

▎경영이념의 광의와 협의

경영이념을 광의로 파악하면 상위개념과 실천원리로서 하위개념까지 3단계 수준으로 나누어 볼 수 있다. 상위개념은 농업경영의 사명과 존재의식에 대한 경영이념이다. 중간개념은 상위개념을 구체화하여 성과를 거둔 경영방침으로 일반적인 농업경영 방침, 경영목표 등이다. 하위개념은 종업원의 행동을 지시하는 것으로 일반적인 행동지침 등으로 표현할 수 있다. 여기서는 경영이념을 협의로 파악하고 이상으로서의 상위개념, 즉 농업경영의 사명과 존재의의에 한정해서 설명하고자 한다.

농업경영의 사명과 존재의식은 「인간의 생존을 위해 필요한 식량생산」, 「지구환경의 보호」, 「지역사회의 계승」이 핵심이며, 이는 농업을 생명산업이라는 관점에서 발현되는 것이다. 첫 번째는 인간이 살아가는 데 없어서는 안 될 식량을 생산하는 것이다. 두 번째는 햇빛, 물, 공기 등의 자연조건하에서 유기생산을 하는 것이며, 마지막으로 농업, 임업, 수산업이 국토의 자연과 지역 그 자체이고, 농업은 광활한 토지를 이용, 임업은 산, 어업은 하천, 호수, 바다를 이용하는 것이다.

이 세 가지 요인은 앞에서 언급한 농업경영의 사명과 존재의식이 연관되어 있다. 더불어 말하면 농업의 특징을 공업의 특징(화석 에너지를 이용해 무기생산, 값싼 원재료와 노동력을 요구하는 공장 입지 등)과 비교하면, 농업의 중요성은 명확하게 정의할 수 있다.

▌인간생존을 위한 식량생산

대부분의 일반 국민은 배고프거나 굶주린 생활에서 벗어나 있기 때문에 원하는 음식을 충분하게 소비할 수 있는 생활을 당연하게 생각하고 있다. 하지만, 세계적으로 이러한 당연한 상식이 전혀 당연하지 않거나 비상식적인 현상임을 알 수 있다. 인간이 살기 위해 식량을 손에 넣는 일이 얼마나 힘들고, 어려운 일인지를 일반 국민들은 의식하지 않고 살아가고 있다. 우리나라는 단기간에 세계 국가들이 놀란 만큼이나 급속한 경제발전을 이룩해 왔으며, 이로 인해 풍부한 식품소비를 누리고 있지만, 해외로부터 식재료를 대량으로 수입해 국민이 필요로 하는 식량을 공급하고 있다. 역사적으로 돌이켜 볼 때 수입에 의존하는 식량공급 체계로는 경제성장과 발전이 오래가지 못할 것이며, 언젠가는 식량이 부족해 곤란해질 상황이 도래할 것이다. 경기가 호황일 때는 아무런 문제가 없으나 경기가 불황일 때는 해외로부터 식량공급은 어려울 것이다. 이러한 식량부족 사태를 대비하기 위해서는 지속적인 식량확보 정책을 추진할 필요가 있으며, 농경지 보전, 농업기술 개발, 농업후계자의 확보 및 육성, 지속 가능한 농촌유지 등이 중요하다.

이와 같이 농업은 인간이 살아가기 위해서 필요한 식량을 생산하는 산업이고, 인간의 생존에 관한 가장 근본적이고 본원적인 것이므로 가장 우선시 해야 할 과제이다. 이러한 근거에 비추어 볼 때 농업경영의 사명은 산업경영과 상업경영 등 타산업의 사명보다 중요시 되어야 한다. 공업경영과 상업경영이 없어도 인간은 최소한의 생명을 유지할 수 있지만, 농업경영이 없다면 인간은 살아갈 수 없을 것이다. 농업경영은 인간존중의 입장에 서 있고, 인간이 살아가기 위해서 필요한 식량생산을 사명으로 한다. 이 점에서 공업경영의 이념(물질적 풍요로움을 존중하는 시점, 생활수준 향상을 위한 제품생산)과는 크게 다르다.

▌지구환경 보호

농업의 본질은 유기적 생산이고, 유기물의 자원순환적 사이클과 연결되어 있는 산업이기 때문에 농업의 존재가 지구환경 보호에 도움이 된다. 구체적으로는 홍수방지, 토양침식 방지와 국토의 보전, 토사유출과 붕괴위험 방지 등 재해예방, 홍수와 가뭄완화, 수질정화, 대기정화, 기후완화 등 자연환경 보전, 산림의 광합성에 의한 이산화탄소 흡수, 다양한 생물의 서식 등 생태계의 보전에 큰 기여를 하고 있다. 인간의 생존을 위해 밀림개발활동이 활발하게 진행되고 있는 현 시점에서 농업이 가진 환경보전 기능을 재확인하고, 농업경시와 공업중시의 편향적인 시대흐름을 조정하고, 농업과 공업의 제휴 및 공생으로 전환하는 시대가 시작되어야 한다.

▌지역사회 계승

농촌, 산촌, 어촌은 오래전부터 국가 경제활동의 기초가 되어 정치와 경제를 지탱하고, 지역사회의 전통문화를 양성해 왔다. 앞으로 한 국가의 정치경제를 유지하고, 전통문화를 계승해 나가기 위해서는 농림수산업의 존속이 필수불가결한 요소이다. 농촌에서 농업을 영위하는 것은 대지에 생명이 자라는 모습과 농촌의 풍경, 주변 물가와 낮은 산이 어우러져 좋은 경관을 만들어 내고, 역사적 명승지와 하나가 되어 역사적 가치와 자연경관 풍취를 조화시키는 것이다.

또한 지역에서 농업생산 활동을 영위함에 따라 자연스럽게 생겨나고 계승된 예능과 축제, 다양한 기술, 농기구, 시설, 지역의 독자적인 축제, 경관 등 많은 전통문화가 전승될 수 있다. 게다가, 농업생산 속에서 동식물이 양육되고, 농·산촌 특유의 자연환경, 사회문화, 인간관계를 체험하고 생명의 존귀함, 자연에 대한 공경과 감사의 마음, 자연환경에 대한 이해를 심화시킨다. 어린아이와 청소년, 아울러 성인도 포함하는 농사체험은 농촌의 풍요로운 자연과 상호간 접촉과 더불어 농작물을 매개로 다양한 생명의 삶과 농업의 삶 속에서 옛날부터 전해져 내려오는 독특한 전통문화와 접촉할 수 있다. 또한, 생명과 자연에 대한 두려움과 공경의 마음, 선인에게 감사하는 마음을 가지는 것을 통해 인간의 감성과 정서를 보다 풍부하게 함양시킬 수 있다. 이처럼 전통적인 지역사회를 유지해 나가기 위해서는 농업을 주체로 한 생산 활동이 지속적으로 이루어져야 가능하다.

04 농업경영이념의 확립

경영이념은 「농업경영의 사명과 존재 의의」이고 농업의 생존을 위해 중요한 경영요인이다. 이 경영이념을 확립하고 스스로 신념을 가지는 것이 농업경영자의 역할이다. 농업경영자에게 신념과 사명감은 그 존재를 구분짓는 중요한 요소이다. 성공하는 농업경영자와 실패하는 농업경영자, 존경받는 자와 그렇지 않은 자를 분류하는 것은 굳은 사명감과 신념이다.

경영이념은 농업경영자의 마음 깊은 곳에 감추어져 있는 것이 아니다. 농업경영자는 그것을 계발하여 국민들에게 전파함과 동시에 구체적인 경영방침을 실천함으로써 경영목표를 달성하고, 경영성과를 실현해 가는 것이 중요한 임무이다.

농업경영자의 업무는 농업의 경영이념 즉, 농업경영의 사명과 존재의식을 깨닫는 것부터 시작한다. 경영이념을 이해하고, 보다 깊이 깨닫고 경영이념을 확립하는 것이 농업경영자의 임무이다. 일반적으로 농업경영은 합리적인 경제활동이고 이익확대가 목적이라고 생각하고 있지만, 이는 그 본질을 무시한 것이다. 농업경영은 농업이 과연 무엇인가, 농업경영은 대체 어떤 것인가 하는 근본적이고 본질적인 물음으로부터 시작한다.

경영이념의 확립과 더불어 농업경영의 사명과 존재의의를 국민에게 전파하기 위해서는 일반적으로 국민은 자신의 일상적인 목적에 관심을 가지는 경향이 있기 때문에 농업경영자는 국민에게 농업경영의 사명과 존재의의가 무엇인가를 항상 깨우치게 하고, 국내 농림업의 실태에 입각하여 국민 식생활 문제를 인지하도록 이해시키는 것이다.

SECTION 02 농업경영자 능력의 개념과 발현과정

01 농업경영자 능력의 중요성

농업경영 형태는 가족경영과 법인경영, 전업경영과 겸업경영, 단일경영과 복합경영 등 다양한 형태가 있다. 어떠한 경영형태이든 간에 경영자의 경영이념과 사고, 의사결정 능력에 따라 경영성과가 좌우되고, 성공과 실패가 결정된다는 것이다. 이는 농업경영의 성공요인이 자원과 자본, 환경 등에 의해 영향을 받지만 그 가운데 사람이 가장 결정적인 역할을 한다는 것이다. 농업기술을 생산현장에 적용하여 농산물을 생산하고, 농산물 가공과 상품개발, 농산물 유통과 판매, 농업수익 및 비용관리, 투자와 자산관리 등 모든 경영관리는 사람이 담당하기 때문이다. 농업생산을 담당하는 사람은 농업생산성 향상을 위해 농법이나 기술, 생산관리 관련 능력을 향상시키고, 농산물가공이나 상품개발을 담당하는 사람은 이와 관련된 능력을 키우는 것이 개인과 사회를 성장시키는 원동력이 된다.

더욱이 현대사회는 기술혁신과 정보화의 진전에 따라 농업을 둘러싼 생산과 유통, 시장 등의 환경도 급속하게 변화되고 있다. 시장변화에서는 국민건강이나 환경에 대한 관심증대를 바탕으로 식품이나 농산물에 대해서도 안전하고 신선한 것을 추구하는 경향이 강해졌고, 낮은 가격의 식품이나 농산물에 대한 수요뿐만 아니라, 식품첨가물이나 농약 등 화학 합성제를 사용하지 않는 식품이나 농산물에 대한 수요증가도 동시에 진행되고 있다.

또한 소비자의 라이프스타일이 개성화와 다양화되면서 식품이나 농산물 수요에서도 다양화되고 있다. 예를 들면, 기존 식생활이 가정 내 음식조리 중심에서 외식과 조리식품 구입형태로 변화되고 있으며, 식품이 단순히 공복을 해결하기 위한 수단이 아니라 즐기고, 심리치료를 위한 수단으로까지 활용되고 있다. 다른 한편으로 수입농산물과의 경쟁심화나 대형할인점의 시장교섭력 증대 등으로 인해 기존 생산기술이나 유통경로에도 큰 변화가 일어나고 있으며, 유통단계 축소에 대한 사회적 요구에 따라 직거래 규모와 영역을 확대하려고 하는 농업의 움직임도 점차 증가하고 있다.

이러한 식품이나 농산물에 대한 소비자의 수요변화는 농업경영자에게도 농산물을 단순 출하형태에서 소비자와의 교류활동으로 직거래 확대나 가공을 통한 부가가치 창출, 관광농업을 통한 새로운 서비스를 제공하거나 식품 관련 사업이나 식자재 공급, 농촌어메니티 분야까지 참여하도록 유도하고 있으며, 이러한 사업영역의 확대는 새로운 비즈니스 기회를 제공하고 있다.

그러나 농업의 내부환경은 고령화와 여성화로 인한 노동력의 질적·양적 저하에 따른 생산여건의 악화가 진행되고 있는 상황하에서 지역간 경쟁과 조직화 요구, 지역사회 참여 확대와 자본집약적 경영으로의 이행 등 조직화와 사회참여, 자본력을 요구하고 있다. 특히, 시설원예와 축산부문의 경우에는 타 분야에 비해 규모화와 조직화, 자본집약화를 더욱 강하게 요구하고 있다. 하지만 이들 경영은 친환경 생산구조로 전환되고 있으나 관행적 또는 경험적 경영, 상속경영이 존속하고 있는 상황이며, 이러한 경영방식으로는 급변하는 사회경제 환경 속에서 지속 가능한 농업경영 모델을 유지하는 데 한계가 있다.

따라서 급속한 사회경제 환경변화 속에서 지속가능한 경영모델을 유지하기 위해서는 농업경영인 스스로 사회적 역할과 책임, 경영목표와 경영방침을 세우는 것이며, 이러한 모든 경영활동 영역을 통제하는 것은 경영관리 능력에서 출발하는 것이다.

02 농업경영자 능력의 개념

국내의 경우 농업경영자 능력에 대한 개념은 학자마다 다양한 형태로 규정하고 있으며, 농업경영자 능력에 관한 분야는 아직까지 미개척분야라고 할 수 있고, 이론적인 검토에 머물러 있거나 실증적으로 많은 문제점을 갖고 있다. 이론적인 면에서는 첫째, 농업경영자 능력과 기업경영자가 어떠한 차이를 보이는가, 둘째, 경영자 능력 요인간에 우선순위는 무엇이며 경영자 능력의 우열이 어떠한 경영성과로 나타나는가, 셋째, 농업경영자 능력과 관련하여 경영성과를 파악하기 위한 지표는 어떻게 설정할 수 있으며 종합적인 경영성과는 무엇인가, 넷째, 경영자 능력의 메커니즘은 어떻게 발현되는가 등을 구체적으로 명확히 규정할 필요가 있다.

이에 대해 국외의 경우는 비교적 많다. H.C. Taylor는 농업경영자 기능을 경영관리와 노동으로 나누어 경영자 성공농가의 특성을 6개로 규명하였다(天間 征·北倉公彦, 1969). L. A. Bradford와 G. L. Johnson(1953)은 Taylor와 같이 농업경영자 기능을 노동자 기능과 경영자 기능으로 구분하고 경영자 기능을 6개의 능력요인으로 규명하고 있으며, L. R. Martin(1960)은 소규모농가의 소득에 대해 경영과 자본이 어떻게 영향을 미치는가를 분석하고 있다.

일본에서는 原田 仁(1968)가 기업자 기능을 중시하여 농업경영자 능력을 8가지 요인으로 규정하였다. 佐々木利安(1967)은 앙케이트 조사를 통해 성공하는 농업조건으로서 11개 요인을 실증적으로 밝혔으며 天間 征(1969)은 낙농 20호를 대상으로 성공농가의 요인을 조사하여 5가지 요인을 지적하고 있다. 보다 본격적인 연구는 出村克彦, 大村伸男, 土田志郎 등에 의해 이루어졌다.

出村克彦(1991)은 자기진단평가에 의한 앙케이트 조사를 근거로 도작, 전작, 낙농, 육축 등 4가지 부문에서 경영계층별로 경영자 능력을 비교검토하고 그 결과가 경영성과와는 어떠한 관계에 있는가를 계량적으로 분석하고 있다.

木村伸男(1994)은 경영자 능력과 농업경영전략 목표설정률 관계를 중시하여 경영자 능력이 많은 농가가 농업경영이 성장했다고 증명하였다. 그는 농업경영자 능력을 기술적 능력과 농기업자적 능력의 두 가지 측면에서 강조하고, 농업경영자 능력은 경영자로서 장래구상의 구축과 전략적 의사결정, 집행관리 기능을 수행하기 위한 경영자 능력이라고 규정하고 있다. 구체적으로 그가 말한 농업경영자 능력은 야심, 이념, 사명감, 신념, 직시력, 상상력, 통찰력, 판단력, 포용력, 인내, 대응력, 기업가정신, 계수감각, 정보수집력, 인간존중 태도, 윤리감, 설득력, 건강 등이다.

土田志郎(1996)은 경영조사를 통해 경영발전과 경영자 능력과의 관계, 즉 각 경영자의 경영행동패턴(경영체의 관리운영)이 경영규모의 확대와 경영성과에 어떠한 영향을 미치는가를 분석하였다.

이상의 농업경영자 능력을 정리하면 〈표 4-2〉와 같다.

이상 국외 동향을 보면 첫째, 선진사례의 규모 확대 과정에 초점을 맞추어 경영발전에 공헌한 경영자 능력을 구체적으로 추출한 연구, 둘째, 경영자 능력의 향상 메커니즘을 해명하는 연구, 셋째, 경영자 능력과 경영성과와의 관계를 계량적으로 파악하고자 하는 연구로 비교적 폭넓게 진행되어 왔음을 볼 수 있다.

농업경영자의 능력이란 농업경영자가 경영목적을 달성하기 위한 경영활동을 수행할 때 필요한 힘이다. 이러한 능력은 기능별로 경영활동별로 다르게 나타난다. 또한 개인적 요소에도 영향을 받으며, 작업을 하려는 의욕에 따라서도 다르게 나타난다. 단기간에 형성되는 것이 아니고 학습이나 외부적인 자극에 도 영향을 받기 때문에 농업경영자 능력을 파악한다는 것은 어려운 일이다.

〈표 4-3〉은 농업경영자 능력의 요인을 정리한 것이다. 개념적으로 공통되는 것을 통합하면, 개인적 요인(적극성, 건강과 역량, 체력, 근성, 성격요인, 육체적 능력)과 경영활동에 관련된 요소(연구심, 분석력,

비교력, 실행력, 책임감, 집중력, 핵심적 요인, 기본적 요인, 창조성, 추진력, 지적 요인, 실천적 요인 등), 그리고 경영활동을 지속시키는 동기적 요인 (흥미, 동기적 요인, 기본적 요인)의 세 가지로 크게 구분할 수 있다.

표 4-2 농업경영자 능력의 제요인 비교

구분	제요인	비고
유제창	① 정신적 능력(20%), ② 육체적 능력(20%), ③ 이론적 능력(10%), ④ 기술적 능력(10%), ⑤ 경영적 능력(10%), ⑥ 관리적 능력(10%), ⑦ 경제적 능력(10%), ⑧ 사회적 능력(10%)	축산경영자 능력을 나타낸 것으로, 제요인에 대한 점수배분에 관하여 언급 없음
소순열 차동욱	1) 실천적 요인: ① 선견성·결단성, ② 실행력·대응력, ③ 창의력·응용력, ④ 분석력·계수감각 2) 기본적 요인: ① 목적성, ② 인간성, ③ 주체성, ④ 협조성, ⑤ 합리성, ⑥ 건강, ⑦ 정보수집능력 3) 사고적요인: ① 신념을 갖는 태도, ② 농업경영자정신, ③ 인간존중의 태도, ④ 과학적 태도, ⑤ 관리자정신과 리더십	농업경영자 능력을 농업경영활동에 직접적으로 영향을 미치는 실천적 요인, 실천적 요인이 발현되도록 밑바탕이 되며 개인의 성향을 나타내는 기본적 요인, 상기 두 요인이 발현될 수 있도록 하는 리더십을 중심으로 한 사고적 요인으로 구분
H.C. Taylor	① 건강과 역량, ② 작업의 숙련도, ③ 통찰력, ④ 판단력, ⑤ 지식, ⑥ 지시나 명령을 받아들이거나 거절할 수 있는 능력, ⑦ 자제심, ⑧ 집중력, ⑨ 시간에 대한 계획성, ⑩ 지도력·협조성, ⑪ 성실성, ⑫ 일에 대한 흥미, ⑬ 정직성, ⑭ 용기, ⑮ 인내	관리적 기능과 노동자 기능으로 구분하고, 성공농가의 제조건을 자체적, 정신적, 도전적 분야로 구성
L.A Bradford, G.L Johnson	① 연구심, ② 적극성, ③ 분석력, ④ 비교력, ⑤ 실행력, ⑥ 위험부담의 책임능력	노동자기능과 경영자기능으로 구분
原田 仁	① 창조성, ② 추진력, ③ 판단력(통찰력), ④ 지식, ⑤ 기술, ⑥ 연구심, ⑦ 체력, ⑧ 통솔력	농민을 기업가로서 연구
佐々本利安	① 계획성, ② 노력, ③ 근성, ④ 실행력, ⑤ 연구능력, ⑥ 기억능력, ⑦ 경영의 합리화, ⑧ 근로의욕, ⑨ 농업에 대한 흥미, ⑩ 가정화목, ⑪ 건강	농업의 성공조건을 요인화
天間 征	1) 지적요인: ① 계획성, ② 통찰력, ③ 협조성, ④ 조직성, ⑤ 친밀성, ⑥ 분석 능력, ⑦ 계산능력, ⑧ 집중력, ⑨ 주체성 2) 성격요인: ① 적극성, ② 끈기 3) 환경요인: ① 자금, ② 노동력, ③ 가정화목, ④ 토지, ⑤ 후계자	성공농가의 조건으로 지적요인, 성격에 관한 요인, 학습에 관한 요인, 건강에 관한 요인, 환경 요인 등 다섯 가지로 구분
出村克彦	1) 핵심적요인: ① 선견성·결단성, ② 대응력·창조성, 2) 기본적요인: ③ 실행력·대응력, ④ 수감각·합리성, 3) 동기적요인: ⑤ 목적성·꿈, ⑥ 주체성·협조성	농업경영자 능력을 태어날 때부터 선천적으로 점유하는 핵심적 요인, 후천적으로 학습·실행·훈련 등을 통해 향상할 수 있는 기본적 요인, 기본적 요인과 핵심적 요인의 발현·양성에 영향을 주는 동기적요인으로 구분
全國農業改良普及協會	·경영비전, 경영이념, 경영목적 책정 ·경영전략·목적, 실시계획의 책정 ·경영활동·생산활동의 일상관리 ·자원조달·제품판매활동 관리 ·결과분석 및 진단	각 항목에 대해 복수응답한 점수의 평균으로 점수화

개인적 요인은 개인의 성격 등 개인의 특성들은 경영자의 능력에 가장 기본적인 요인이다. 개인적인 특성은 한 개인이 경영자로 되기 전에 형성되어 변화해 가며 경영자로 된 후에 경영능력이 형성되는 데 큰 영향을 주는 요인이다.

표 4-3 농업경영자 능력의 요인

개인적 요인		성격요소: 외향, 내향 신체적 요소: 건강과 역량				
농업경영자		계획	의사결정	실천	집행관리	평가
	경영자적 기능	상황판단력, 문제해결력, 정보수집, 지각성, 계획력(기획력), 관찰력, 구성력, 예측력	정보활용력, 계수능력, 변화대응력, 위험관리, 직감력,	결단력, 주체성, 자주성, 상황판단력, 협조성, 강한의사, 지속성	활동력, 책임감, 기록,	비교력 판단력 분석력
	기술자적 기능	연구력, 전문지식, 높은 기술력, 선택력	합리성, 판단력, 이해력, 주의력, 의욕	정보수집, 기술습득력, 창의, 지식력	분쟁의 처리능력, 토양관리, 친밀성	비교력 판단력 분석력
	노동자적 기능	합리성	이해력, 전체를 보는 능력, 주의력, 안정성의 확립, 팀워크	근면(성실), 노동의욕, 시간엄수, 창의, 여유, 여가	건강, 주의력, 근성, 의지력	비교력 판단력 분석력
	동기부여요인	전망, 목적성, 흥미, 신념, 자신감, 투철한 직업관				

경영관리·기능적 요인은 농업경영자의 능력은 경영관리 활동에서 나타나며 기능별로 구분된다.

경영자적 기능이란 경영활동에 관하여 의사결정을 내리는 사람으로 무엇을, 어떻게 할 것인지 등에 대한 경제적 문제를 결정하며 전반적인 경영상태를 관리하는 기능을 가진다.

기술자적 기능이란 어느 분야에서 전문적인 지식과 기술을 갖는 사람으로 농업경영 활동에서 전문적인 지식과 기술을 습득해야 하는 기능이다.

노동자적 기능이란 노동력을 제공하고 이에 대한 보상을 받는 사람으로 노동력을 제공하는 기능이다.

동기부여 요인은 동기란 사람이 어떤 일을 하게 된 이유 또는 어떤 자극이나 영향을 받아 어떤 일을 하고 싶어지게 하는 마음의 작용이다. 따라서 동기부여는 작업을 하려는 의욕을 지속시키는 힘이라 할 수 있다. 동기부여가 계속되지 않으면 경영을 지속시킬 수 없고 경영포기라는 상태를 야기시키게 되기 때문에 농업경영자는 스스로 동기를 부여해야 한다.

03 농업경영자 능력과 경영성장과의 관계

농업경영자 능력에 관한 연구는 농업경영자 능력이란 무엇이며, 어떻게 평가할 것인가, 경영자 능력과 경영성과와는 어떠한 관계가 있으며, 그 결과는 무엇으로 나타나는가, 농업경영자 능력은 일반 기업의 경영자 능력과는 차이가 있는가, 경영자 능력은 특수한 것이며, 우수 경영체만이 가질 수 있는 요인인가, 경영자 능력을 향상시킬 수 있는 방법은 무엇인가라는 관점에서 시도되어 왔다.

먼저 농업경영자 능력이 농업경영활동을 통해 어떻게 경영성과에 반영되는가를 메커니즘으로 구명한 것은 出村克彦(1991)이다. 그는 出村克彦은 〈그림 4-1〉에서 보는 바와 같이 경영자 능력이 경영활동 과정에서 발휘되고, 그 결과는 경영성과로 나타나며, 경영성과와 경영자 능력을 관련시켜 경영자 능력을 평가함으로써 경영자 능력을 양성할 수 있다는 순환과정을 제시하고 있다.

이와 더불어 三本博史(1990)은 경영자 능력을 경영상황에 적합하게 효과적으로 경영자로서 기능(장래구상의 구축, 의지결정, 집행관리)을 수행하는 능력이라 정의한다. 경영자 능력은 그 자체가 직접적으로 경영성과에 공헌하는 것은 아니고 매개변수를 통해 간접적으로 공헌하는 것이며, 그 매개변수로서 의사결정 과정은 2단계로 제1단계는 경영외부환경, 경영내부조건, 경영이념을 경영자의 개성에 따라 인식평가하고 그 결과 장래 구상을 구축하는 과정이고 해결책을 모색해 가는 과정이다. 그리고 경영자 능력을 경영회부환경, 경영내부조건, 경영자 속성과 이로 인해 발생하게 되는 장래 구상의 구축, 전략적 의사결정, 집행관리 기능을 수행하기 위한 경영자요인으로서 경영성과에 대한 공헌을 하고 있다고 분석하고 있다.

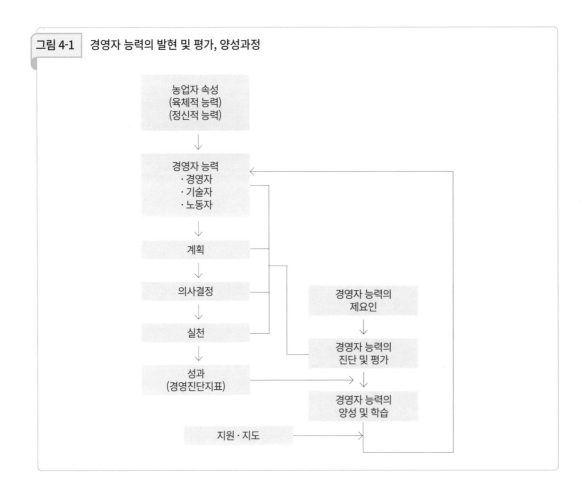

그림 4-1 경영자 능력의 발현 및 평가, 양성과정

木村伸男(1994)는 농업경영성장은 농업의 환경변화에 대응하여 경영내부의 제약된 경영자원을 적절히 배분하고, 장기적으로 경영규모의 확대를 실현해 가는 것이라 정의하고, 이 과정에서 경영자는 경영성장의 결정적인 요인임을 밝히고 있다. 일반적으로 농업경영성장의 내적 요인은 가족노동력 수, 경지면적의 크기, 자금, 생산 및 재배기술, 경영자 능력이라 할 수 있는데 이 가운데 가족노동력 수와 경지면적의 크기가 경영성장의 가장 중요한 요인으로 받아들이고 있으며, 경영자 능력보다는 생산 및 재배기술이 보다 중요하다는 것이 일반적인 견해이다.

이외에도 重富眞一(1985)는 낙농농가 중 청년농업자를 대상으로 5점척도 방식에 의한 설문항목을 만들어 경영관리 득점을 산출한 후 청년농업자의 의식구조와 실제 농업경영관리능력 및 경영성과와의 관계를 종합적으로 분석하고 있다. 이 결과에 따르면 경영관리 득점과 의식구조는 비교적 강한 상관관계로 나타났으며, 경영관리 득점이 높은 청년농업자는 1두당 유량, 가족노동보수 등 경영성과는 높게 나타났다. 즉 청년농업자의 의식구조는 실제 경영관리능력과 정의 상관관계를 가지고 있으며, 경영성과와도 밀접한 관련을 가지고 있음을 입증하고 있다.

全國農業改良普及協會(1998)에서도 법인체와 채소 농가를 대상으로 경영자 능력을 조사한 결과, 판매액이 7천만 엔 이상인 법인체는 목표 및 전략의 기획력과 정보수집 능력이 높게 나타났고, 그 이하인 법인체는 경영자가 필요로 하는 능력이 없는 것으로 나타났으며, 경영이 성장하고 기업화될수록 업무적인 관리능력에서 전략적인 능력이 중요하게 작용한 것으로 분석되었다.

이와 같이 농업경영자 능력은 경영성과와 밀접한 관계를 가지고 있으며, 경영성장의 중요한 요인으로 작용하고 있다. 과거에는 농업경영성장의 내적요인으로 가족노동력이나 경영면적이 얼마나 큰가에 크게 의존하고 하고 있던 시대에서 근년 생산재배 기술이나 자금을 강조해 왔으나 현재에는 경영자 능력을 강조하는 시대에 도래한 것이다.

SECTION 03 농업경영자 능력의 평가와 활용

01 진단지표의 설정기준

농업경영자 능력을 평가하기 위해서는 객관적인 진단지표와 진단항목의 설정이 전제되어야 한다. 따라서 이를 위해서는 우선적으로 진단지표와 진단항목을 보다 객관적인 방법으로 설정하고, 진단지표 및 진단항목간의 가중치 부여를 통해 현실성 있는 경영자 능력의 평가가 이루어지도록 해야 한다.

농업경영자 능력의 진단지표는 경영자의 잠재적인 요인을 파악할 수 있는 객관적인 항목선정이 매우 중요하다. 진단지표의 설정은 몇 가지 진단지표와 이에 적합한 진단항목을 설정한다. 이의 기준으로는 첫째, 지표의 객관성이다. 지표의 양적 측면과 질적 측면을 모두 감안하여 지표를 설정한다. 농업경영자 능력의 정성적인 요인을 정량적으로 분석하기 위하여 동일 평가지표 내에서 양적 규모의 질문뿐만 아니라 질적 질문도 함께 고려하여 진단항목의 설정을 조화시킨다. 둘째, 진단지표의 대표성이다. 농업경영자 능력의 평가에서 경영자 진단항목을 대표할 수 있는 항목을 선정한다. 셋째, 진단지표의 현실성이다. 우리나라 실정에 맞는 현실성 있는 진단항목을 선택하여 현장적용이 가능하도록 배열한다. 마지막으로 진단지표의 수월성이다. 아무리 좋은 지표라도 농업인이 자가진단 수준의 이상의 것이 되어서는 무의미하다. 농업인의 수준을 고려하여 비교적 단순하고 평이한 항목을 설정한다.

표 4-4 진단지표 및 항목의 구성

구분	세부 항목
정보력	세미나 및 영농교육 참가여부, 상담 상대자 유무, 컴퓨터를 이용한 농업정보 활용여부, 친구 또는 시장상인으로부터 정보 활용, 선진농가나 이웃으로부터 정보 활용, 방송매체를 통한 정보 활용, 농자재 구입 시 자료수집 여부, 컴퓨터를 이용한 정보교환, 농업관련기관으로부터 정보 활용, 조직 활동을 통한 정보 활용
계획력	향후 생산품목 전환계획, 생산규모 조정계획, 비용절감 방안유무, 시장가격에 따른 생산량 조절, 장기적인 경영 목표, 소비패턴에 따른 생산방법 변경유무, 목표 생산량 달성여부, 영농계획서 작성유무, 필요시 생산자재 구입, 차입금의 정상적인 상환여부
실천력	결정사항의 실천유무, 영농현장의 문제점 파악노력, 각종 교육내용의 현장적용유무, 생산물의 판매시기와 장소 고려, 실천능력 고저정도, 수량보다 고품질의 선택유무, 안정농산물 생산여부, 소득작목의 도입여부, 작업 후 정리정돈여부, 생산물의 품질과 등급의 수준여부
대응력	재해보험 가입여부, 정부정책에 대한 대응, 새로운 생산방법의 개발시도, 농자재 A/S받는 방법의 인식, 일처리 방법강구, 판매과정 및 생산과정에서의 문제발생 원인분석, 신기술 도입에 따른 생산조절 여부, 자금 필요시 적극적 차입, 고품질 농산물 생산에 노력
수치력	판매액 증가에 대한 생각, 비용과 판매액과의 차이를 생각, 생산비 절감방법, 비중이 큰 비용항목 절감방법, 작업일지나 거래일지 기록여부, 가계와 경영의 구분기록, 농작업이나 거래관련 인지여부, 차입금의 상환인식 정도, 설비의 공동이용을 통한 비용절감 방법의 인지여부, 컴퓨터 이용 및 수지계산 실시여부
협조력	주위사람들로부터 신뢰정도, 농장경영과 관련된 사람들과의 유대관계, 의사결정에 가족의견 반영여부, 품목관련 조직에 참여여부, 각종 행사에 참여여부, 약속시간의 이행여부, 지역내 사람들과의 교류정도, 신기술 개발의 타 농가 이전여부, 가족끼리의 행사여부, 공동이익을 위한 희생여부

이러한 설정기준을 토대로 농업경영자 능력 진단지표를 설정하면 정보력, 계획력, 실천력, 대응력, 수치력, 협조력 등이다. 먼저, 정보력은 어떠한 사물과 현상에 대해 관찰이나 측정을 하거나 기존 주어진 자료를 수집하여 집계 및 분류과정을 거쳐 의사결정에 도움이 될 수 있도록 해석하고 정리한 지식을 가지고 있는 능력이다. 정보는 곧 경영성과를 좌우하는 결정적 요인이며, 목표를 설정하거나 계획수립, 의사결정을 할 때 경영 내외부의 정보가 없다면 성공할 수 없다. 현대사회를 고도 정보화 사회라 일컫는 만큼 정보력은 정보화 시대에서 정보의 양과 질에 따라 성패를 좌우하는 요소이다. 둘째,

계획력은 목적을 수행하기 위하여 앞으로 할 일에 대한 방법이나 절차 등을 미리 생각하여 내용을 정하는 능력이다. 계획을 수립한다는 것은 현실과 미래의 균형을 유지함으로써 비용을 최소화하고, 경영활동의 사후평가 기준이 되기 때문에 경영활동에 대한 계획을 작성하는 것이 필요하다. 셋째, 실천력은 농업경영자가 평소에 생각하고 있는 것들을 행동으로 옮기는 능력이다. 무엇인가를 계획하고 시도하기는 어렵지 않으나 가장 어려운 것은 그것을 계속 해나가는 노력이다. 한순간에 시도되는 것이 아닌 변화가 없어 보여도 계속해서 행해가는 노력이 필요하다. 특히, 농업경영에서는 자연적 조건에 크게 영향을 받기 때문에 자연적 변화에 적기적시에 행동해야 하는데 경영활동에 대한 사항에 결단을 내리고 이를 행등으로 옮기지 못하면 시기를 놓쳐 피해를 입는 경우도 있다. 넷째, 대응력은 어떤 사물이나 상황이 변하여 이에 대한 태도나 행동을 취하는 능력이다. 경제와 사회는 끊임없이 변화하는데, 이러한 외부환경 변화는 경영 내외환경에도 영향을 미치며, 자연과 경제, 사회 환경의 변화를 관찰하고 이에 대한 대책마련과 실천이 필요하다. 다섯째, 수치력은 셈이나 계산, 측정하는 능력이다. 수치력은 숫자나 문자 형태의 기록에서부터 출발하기 때문에 기록이 가장 중요한 요소가 된다. 특히, 수치화된 자료는 경영분석과 진단에 중요한 자료가 되기 때문에 경영장부나 영농일지를 작성하는 데 필요한 능력이라 할 수 있다. 여섯째, 협조력은 상대방과 서로 힘을 합치거나 도움을 주고받으면서 목적하는 결과를 도출하는 능력이다. 우리나라와 같이 경영규모가 영세한 농업구조하에서는 규모화를 통한 규모이익을 실현하기 어렵기 때문에 생산요소의 구입, 이용은 물론, 생산물 판매과정에서 다른 사람과 협조함으로써 유통과정에서 시장교섭력을 강화할 수 있으며, 생산요소 비용을 절감할 수 있다.

02 진단지표 및 항목의 가중치 산출

▌ 가중치 산출방법

농업경영자 능력을 평가하기 위해서는 객관적인 진단지표와 진단항목의 설정과 항목별 가중치 부여가 전제되어야 한다. 즉 농업경영자 능력 평가는 개인적인 능력의 비교평가에 한정되기보다는 경영자 능력을 향상시킴으로써 경영성과와 연계시켜 지속적인 경영성장을 도모하는 데 그 목적이 있다. 따라서 농업경영자 능력이 재대로 평가되기 위해서는 평가가 올바르게 이루어져서 진단결과가 실제 경영성과를 제대로 반영해야 한다는 점이다.

진단결과의 순위가 실제 경영성과의 순위를 제대로 반영하지 못한다면 이는 진단의 타당성이 결여된 것이며, 진단결과에서 낮은 점수를 받은 농업경영자에 대한 불신을 야기할 우려가 있다. 즉, 농업경영자 능력을 구성하고 있는 진단지표와 진단항목들을 선정하여 평가체계를 구성한 후에 지표값들을 측정하고, 이 값들을 가중 합산하여 농업경영자 능력에 대한 종합점수를 산출하게 된다. 따라서 타당성 있는 경영능력평가를 도출하기 위해서는 진단결과 산출에 이르는 일련의 단계들이 각각 올바르게 수행되어야 하며, 이러한 일련의 과정 중에서 가중치 부여가 중요한 요인으로 작용하게 된다.

가중치 부여방법은 크게 두 종류로 구분할 수 있는데 전문가 집단이 각 진단지표 또는 진단항목의 중요도를 판단하여 임의로 부여하는 방법(주관적 방법)과 회귀분석이나 요인분석, 상관분석과 같은 통계적 기법을 이용하여 수리적으로 도출하는 방법(객관적 방법)으로 구분할 수 있다.

주관적 방법은 전문가 집단의 판단을 이끌어 내는 방법에 따라 분석적 계층화 과정법(Analytical Hierarchical Process : AHP)이나 델파이(Delphi)기법 등이 있으나 본질적으로 응답자들의 주관적인 판단에 따라 가중치 값이 결정된다는 점에서는 동일하다.

표 4-5 진단지표별 진단항목의 가중치 및 배점

번호	정보력			계획력			실천력		
	인자부하량	가중치	배점	인자부하량	가중치	배점	인자부하량	가중치	배점
1	0.719	0.16	1.68	0.438	0.14	1.42	0.477	0.15	1.53
2	0.575	0.13	1.34	0.589	0.19	1.91	0.800	0.25	2.56
3	0.662	0.15	1.55	0.760	0.24	2.46	0.532	0.17	1.70
4	0.526	0.12	1.23	0.600	0.19	1.94	0.733	0.23	2.35
5	0.697	0.16	1.63	0.715	0.22	2.32	0.698	0.22	2.23
6	0.740	0.17	1.73	0.530	0.17	1.72	0.672	0.21	2.15
7	0.730	0.16	1.70	0.524	0.16	1.70	0.403	0.13	1.29
8	0.423	0.10	0.99	0.674	0.21	2.18	0.560	0.17	1.79
9	0.759	0.17	1.77	0.490	0.15	1.59	0.593	0.18	1.90
10	0.639	0.14	1.49	0.574	0.18	1.86	0.749	0.23	2.40
계	-	1.46	15.1	-	1.85	19.1	-	1.93	19.9
번호	대응력			수치력			협조력		
	인자부하령	가중치	배점	인자부하량	가중치	배점	인자부하량	가중치	배점
1	0.408	0.12	1.19	0.728	0.18	1.78	0.719	0.15	1.52
2	0.609	0.17	1.78	0.747	0.18	1.83	0.788	0.16	1.66
3	0.704	0.20	2.05	0.771	0.19	1.88	0.038	0.01	0.08
4	0.572	0.16	1.67	0.727	0.18	1.78	0.770	0.16	1.63
5	0.569	0.16	1.66	0.245	0.06	0.60	0.726	0.15	1.53
6	0.695	0.20	2.03	0.363	0.09	0.89	0.725	0.15	1.53
7	0.746	0.21	2.18	0.705	0.17	1.72	0.699	0.14	1.48
8	0.523	0.15	1.53	0.681	0.17	1.66	0.663	0.14	1.40
9	0.599	0.17	1.75	0.667	0.16	1.63	0.370	0.08	0.78
10	0.743	0.21	2.17	0.420	0.10	1.03	0.750	0.15	1.58
계	-	1.74	18.0	-	1.49	14.8	-	1.28	13.2

또한 객관적인 방법에서 회귀분석은 진단지표와 진단항목 간 고유한 공변량의 크기에 의하여 가중치가 결정되기 때문에 서로 독립된 지표나 항목들 사이의 가중치 설정에는 적합하지만 개념적으로

중첩되거나 상관관계가 높은 지표나 항목들 사이의 가중치 설정에는 문제가 될 수 있다. 특히 앞서 살펴본 바와 같이 농업경영자 능력의 진단지표 간 상관관계가 높은 경우에는 이를 적용하는 데 문제가 발생할 수 있다.

요인분석은 진단항목 간 공변량의 크기에 의하여 가중치를 설정하는 방법으로 이 방법을 이용하여 가중치를 산출할 수 있다.

▌ 가중치 산출

일반적으로 요인분석에 의한 가중치를 도출하는 과정에서 진단지표 간 상관관계가 높아 가중치의 설정이 왜곡될 수 있고, 두 결과 값이 상이하게 나타날 수 있다. 이러한 문제를 해결하기 위해 가중치 산출은 전문가 의견(주관적 결과)과 통계적 방법(객관적 결과)에 의한 결과를 각각 결과치의 실제값에서 최댓값을 2, 최솟값을 1로 하여 1차 선형변환한 후 도출된 값의 평균값을 최종 가중치 값으로 산출한 것이다.

종합점수 산출은 Likert 5점척도에 의해 진단항목을 구성하였기 때문에 각 진단항목당 5점을 최고점수로 하여 각각의 진단지표를 50점 만점으로 계산하였으며, 계산된 각각의 진단지표 점수에 가중치를 곱하여 최종점수를 산출한 것이다. 그리고 다시 100점 만점으로 환산하여 최종 종합점수를 산출한 것이다.

| 표 4-6 | 가중치 산출결과 |

	전문가 결과에 의한 가중치		요인분석 결과에 의한 가중치		최종 가중치
	실제 결과값[1]	선형변환값	실제 결과값[2]	선형변환값	
정보력	2.543	1.91	0.795	1.0	1.46
계획력	2.289	2.0	0.863	1.70	1.85
실천력	2.428	1.95	0.882	1.90	1.93
대응력	3.842	1.47	0.892	2.0	1.74
수치력	4.707	1.18	0.861	1.68	1.43
협조력	5.221	1.0	0.849	1.56	1.28

주: 1) 중요도 순위의 평균값임(1순위는 1점 부여). 2) R2=0.7357, 고유값=4.414
　　2) 선형변환값은 Y=a+bX에 의해 산출하였음.

진단지표에서 진단항목에 대한 각각의 점수는 먼저 요인분석을 이용하여 각각의 진단항목에 대한 요인 부하량을 산출하고, 이를 진단지표의 가중치로 나누어 진단항목의 가중치를 구한 다음 진단항목 점수에 맞게 환산한 것이다.

표 4-7	가중치 산출에 의한 진단지표의 환산점수(100점)			
	가중치(A)	지표점수(B)	합계점수값(A×B)	환산값(100)
정보력	1.46	50	73.0	15.1
계획력	1.85	50	92.5	19.1
실천력	1.93	50	96.5	19.9
대응력	1.74	50	87.0	18.0
수치력	1.43	50	71.5	14.8
협조력	1.28	50	64.0	13.2
총계		300	484.5	100.0

주 : 지표점수는 10개 항목×5점

03 농업경영자 능력평가와 향상방안

표준치 설정

농업경영자 능력평가는 농업경영자 능력 대상이 되는 경영내용을 계측 가능한 지표로 집계·분석하여 어떠한 기준이 되는 수치와 비교·분석하는 것이다. 일반적으로 사용하고 있는 방법은 경영간 비교, 시계열 비교, 표준치 비교이며, 최근에는 지수법을 이용하는 경우도 있다.

먼저 경영간 비교는 동일 기간 동안 자기의 농업경영자 능력 지표치와 타인의 지표치를 직접적으로 비교하는 것이다. 이는 경영규모별 및 경영형태별, 지역별 등의 경영조건을 동일한 기준으로 구분하고, 구분별로 농업경영자 능력 지표를 비교한다. 평균치와 비교하면 경영 간 상대적인 평가의 특징이 없어져 경영간 차이가 없게 나타나는 경우도 있다. 따라서 최근에는 농업경영의 단위당 소득 및 생산비의 경영간 격차가 큰 것부터 단위당 소득 및 생산비별로 농가를 구분하고 소득 및 비용의 차이가 어떠한 요인에 따라 나타나는 것인가라는 결과에서 원인을 구하는 평가방법을 채택하는 경우도 나타나고 있다. 둘째는 시계열비교인데 이는 과거 농업경영자 능력평가를 연차별로 비교하고 농업경영자 능력의 향상방향을 제시하는 비교방법이다. 셋째는 표준치비교인데 이는 표준적인 농업경영자 능력 모델을 설정하고, 이 모델과 자기경영의 경영능력를 비교하는 방법이다. 이 방법의 가장 중요한 요소는 표준적인 경영자 능력 모델의 선정기준과 산출방법 등에 관한 선택이다. 즉 표준치의 모델을 자가 경영목표로 할 것인가, 우수 경영체로 할 것인가, 특정 지역의 평균치로 할 것인가 등 다양한 방법이 가능하다. 그러나 일반적으로 표준치는 보통 다수의 동종 경영체의 개별비율을 평균함으로써 얻어지는 것이며 이것은 각각 동종 경영의 각종 비율의 평균치라는 특성을 갖는다.

▌ 농업경영자 능력의 평가

이러한 진단지표 및 진단항목에 의거하여 농업경영자 능력의 진단결과를 살펴보면 표준치 점수는 74.3점인 데 비해 농업인의 점수는 50.57점으로 큰 차이를 보이고 있다. 진단지표별로는 정보력의 경우 농업인 점수는 7.79점으로 표준치와 2.76점, 계획력의 경우 농업인 점수는 9.86점, 표준치와의 처이는 3.94점, 실천력은 각각 9.86점과 5.24점, 대응력은 9.0점과 3.42점, 수치력은 7.73점과 3.42점, 협조력은 6.32점과 3.88점으로 실천력과 대응력에서 가장 큰 격차가 발생하고 있다. 농업인 중에서 A씨의 사례를 통해 개별 경영자 능력의 진단결과를 보면 49세의 과채농가로 영농경력은 약 30년 정도 된 농업인이다. A씨의 경우 농업경영자 능력 점수는 농업인 평균점수 수준의 농가이며, 실천력과 대응력, 협조력에서 표준치와 큰 차이가 있다. 이러한 결과를 토대로 개별적인 프로파일을 작성하여 경영자 능력을 향상시킬 수 있는 프로그램을 개발할 수 있다.

다음으로 상위 20% 농업인과 하위 20% 농업인과의 경영자 능력 진단도 분석할 수 있다. 분석결과에서 살펴보면 상위 점수는 62.28점, 하위 점수는 41.42점으로 그 차이는 20.86점으로 농업인 간 경영자 능력 차이도 크다고 볼 수 있다. 이러한 결과는 진단지표별로 살펴보면 보다 명확하게 알 수 있는데, 대응력과 수치력에서 차이가 크게 발생하고 있다.

표 4-8 농업경영자 능력의 진단

구분	정보력	계획력	실천력	대응력	수치력	협조력	합계
표준치(A)	10.55	13.80	15.10	13.45	11.15	10.20	74.30
평균치(B)	7.79	9.86	9.86	9.00	7.73	6.32	50.57
A-B	2.76	3.94	5.24	4.45	3.42	3.88	23.73

주: 표준치는 전국 우수 농업경영자의 수치임.

표 4-9 상위 20%, 하위 20%별 농업경영자 능력

구 분	정보력	계획력	실천력	대응력	수치력	협조력	합계
상위 20%(A)	9.64	11.39	12.24	11.82	9.85	7.35	62.28
하위 20%(B)	6.71	8.30	7.64	7.22	5.98	5.57	41.42
A-B	2.93	3.09	4.60	4.60	3.87	1.78	20.86

구분	정보력	계획력	실천력	대응력	수치력	협조력	합계
표 4-10 경영형태별 농업경영자 능력							
수도작	7.70	9.59	9.76	8.66	7.67	6.09	49.49
과수	7.64	10.15	9.53	9.54	8.29	6.51	51.66
채소	8.52	9.49	10.02	9.03	7.63	7.25	51.94
특작	7.90	10.00	9.00	8.91	7.02	6.18	49.02
축산	7.60	10.02	10.60	8.87	7.54	5.95	50.58

마지막으로 경영형태별로 농업경영자 능력 진단결과에서는 과수농가와 채소농가의 점수가 각각 51.66점, 51.94점으로 평균점수보다 높게 나타났으며, 축산농가의 능력점수는 50.58점, 수도작 농가는 49.49점, 특작농가는 49.02점의 순으로 나타났다. 이러한 결과는 과수농가의 경우 계획력과 대응력, 수치력에서 타 작목 생산농가보다 높게 나타났으며, 채소농가의 경우 정보력과 협조력, 축산농가의 경우 실천력에서 각각 높게 나타났다.

▌농업경영자 능력의 향상방안

이상에서 살펴본 바와 같이 농업경영자 능력을 평가하기 위해 농업인을 대상으로 경영자 능력을 진단하였다. 이러한 진단결과를 토대로 경영자 능력을 향상시킬 수 있는 방법을 지역단위에서 각 기관별 역할분담을 통해 실행 가능한 프로그램을 작성할 수 있다. 농업경영자 능력 향상을 위한 단계적 설정내용을 살펴보면 먼저 경영자 능력의 진단결과에 입각하여 개별 프로파일을 작성하고, 이를 향상시킬 수 있는 교육지원·학습 프로그램을 설계한다. 프로그램은 생산기술 관리교육과 정보획득 교육, 연수 및 체험, 생활개선 프로그램 등으로 대별해 볼 수 있다. 다음으로 지속적인 능력향상을 위한 지도·지원시스템을 구축하는 것이 필요하다. 즉 진단결과에 의한 맞춤식 교육 또는 각 교육주체별로 진행되고 있는 교육 중에서 개인 프로파일에 근거한 교육참여가 가능할 것이다. 또한 기존 교육방법에 대한 개선과 수요자 중심의 신규 교육프로그램 개발도 가능할 것이다. 특히, 수요자 중심의 신규 교육프로그램 개발시 정보공급시스템과 역할분담, 농촌노동력의 고령화·여성화에 따른 여성 농업인의 교육참여 프로그램 등도 감안한 프로그램 개발이 필요할 것이다. 이외에 농가 스스로 혁신적인 노력이 요구되므로 자주적인 그룹 활동을 활성화함으로써 능력향상 기회를 제공하는 것도 동시에 고려되어야 한다.

그림 4-2 농업경영자 능력향상 체계

경영자 능력진단　→　지도·학습 프로그램　←　지도·지원시스템

· 경영자 능력 평가
· 경영자 능력과 경영성과

· 기술교육 관리
· 경영자금 활용
· 정보획득
· 연수 및 체험
  - 지원 정보
· 생활개선

· 자기진단 프로그램 개발
· 교육방법 개선
· 정보공급시스템 정비
· 역할분담과 혁신
· 여성농업인 지원
· 그룹 등 자주적 활동 지원

표 4-11 경영건강진단 개인별 프로파일

구분	정보력	계획력	실천력	대응력	수치력	협조력	합계
평가 내용	다방면에 많은 정보를 수집하고 이를 이용하여 지식을 높이는 능력	농사를 지을 때 또는 새로운 사업을 할 때 새로운 상품개발 및 기술 도입을 계획하는 능력	현재의 문제를 파악하여 실제 행동으로 옮기는 능력	장래의 변화를 내다 보고 새로운 변화에 대응하는 능력	경영계획, 분석에서 숫자 감각을 가지고 합리적 판단을 하는 능력	집안, 이웃, 조직에서 성원들과 조화롭게 협조하는 능력	
T 점수	7.70	9.59	9.76	8.66	7.67	6.09	49.49
백분위(%)	41.8	36.4	63.6	50.9	38.2	58.2	50.9
평가	아주 못함 못함 보통** 잘함 아주 잘함	아주 못함 못함** 보통 잘함 아주 잘함	아주 못함 못함 보통** 잘함 아주 잘함	아주 못함 못함 보통** 잘함 아주 잘함	아주 못함 못함** 보통 잘함 아주 잘함	아주 못함 못함 보통** 잘함 아주 잘함	아주 못함 못함 보통** 잘함 아주 잘함

주: (A씨의 경우, 여수, 49세, 과채, 영농경력 30년)

　실제로 A씨의 경우를 통해 예시적으로 살펴보면 A씨의 경우 진단결과를 개인 프로파일로 작성하여 이 결과에 따라 교육 프로그램에 참여한다든지 교육 공급기관에서 교육방법 개선이나 신규 교육 프로그램을 개발할 수 있다. 즉, A씨의 개인 프로파일에는 경영자 능력 총점과 각 진단지표별 점수가 제시되어 있으며, 표준치와의 격차를 백분율로 표시하여 각 지표별 수준을 5단계(아주 못함, 못함, 보통, 잘함, 아주 잘함)로 평가하여 제시하고 있다. 제시된 결과에 따르면 계획력과 수치력이 낮게 평가되어 있다. 계획력과 수치력은 밀접한 관련이 있는 지표이며, 이 두 능력을 향상시키기 위해서는 경영 내 정보기술의 도입을 통해 향상시킬 수 있다. 따라서 이러한 교육프로그램은 지역 내 농업관련 교육을 담당하고 있는 기관과 연계하여 향상 프로그램을 운영할 수 있는데, 이 정보기술 도입은 지역 내 농

업기술센터나 도농업기술원에서 기본교육을 받거나 신규 교육 프로그램을 개설하여 운영할 수 있다. 이러한 과정을 거쳐 가장 낮은 수준의 능력부문을 향상시킴으로써 전체적인 능력향상을 도모할 수 있다는 것이다.

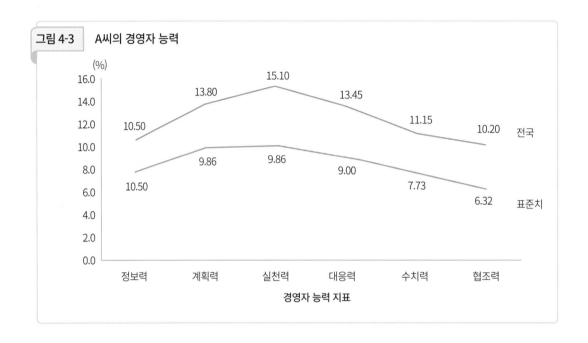

그림 4-3 A씨의 경영자 능력

표 4-12 지역에서 농업경영자 능력 향상을 위한 지도·지원체제

구 분	정보력·협조력	수치력·계획력	대응력·실천력
해당 시군	다른 업종과 교류 농민대학	자금보조·융자	국내외연수 농업발전계획
시·군 농업기술센터 도 농업기술원	농업정보제공	경영설계지도 부기기장/경영진단 토양진단/생활진단설계 자금융자의 사전·사후지도	신기술 제공 보급정보시스템 영농지도 시설·기계 투자
지역농협	각종 시장정보	생산자재공급 자금융자	시장개척
지역대학	친목 및 정보교환	유통 및 경영학습	신기술제공
연구회 등	친목 및 정보교환	기술 및 경영습득	교류사례견학 시장조사

1 | 일반 기업가와 농업경영자 간 경영이념의 공통점과 상이점을 정리하시오.

핵심포인트 공통점은 의사결정자, 대표자, 정보수집/보급자 등 관리적 기능과 기술적 기능을 가져야 함. 차이점은 농업경영자는 생산자적 기능을 포함하고 있음

2 | 농업경영자의 경영이념이 경영성과나 농업발전과 관련이 있는지, 있다면 경영이념을 향상시킬 수 있는 방법은 무엇인지 제시하시오.

핵심포인트 경영이념은 경영성과에 영향을 미치며, 경영이념의 향상방법은 교육과 자기개발 프로그램에 의해 달성이 가능함

3 | 농업경영자 능력의 평가지표를 설정하고, 설정된 지표로 경영자 능력을 평가하시오.

핵심포인트 본문 정보력, 계획력, 실천력, 대응력, 수치력, 협조력의 영역과 항목을 토대로 설문지를 작성하고, 농업형태별로 농가조사 후에 신뢰성 및 인자분석을 통해 항목을 검증하고 농업형태별로 능력차이가 있는지 분석함

연습 문제

1 | 농업경영의 목적이 무엇인지 가장 옳게 설명한 것은?
① 농업소득의 향상을 위하여 고품질의 농산물을 생산하는 것
② 가계에 필요한 소득을 확보하기 위해 최대 생산을 추구하는 것
③ 한정된 자원을 가지고 최대의 수익을 올리는 것
④ 농업생산의 최대화와 비용절감을 도모하는 것

2 | 슘페터의 경영자 역할에 대해 잘못 설명한 것은?
① 새로운 생산방식의 도입
② 산업계에서 새로운 조직설립
③ 판매시장 및 구매시장의 개척
④ 미래지향적 신사업에 대한 구상

3 | 경영이념의 적절한 표현이 아닌 것은?
① 경영자 정신과 철학
② 경영자 지식과 기술
③ 경영자 신념과 사명
④ 경영자 사명과 지도원리

4 | 농업경영자가 갖추어야 할 경영이념으로 옳은 것은?

　　① 경제성장과 발전을 위한 농업자원 개발
　　② 수출농산물을 위한 최대생산과 비용절감
　　③ 농업생산을 위한 농지보전과 농업기술 새발
　　④ 물리적 풍요로움과 생활수준 향상

5 | 농업경영자 능력에 대해 잘못 설명한 것은?

　　① 농업경영자 능력의 형성은 후천적인 것보다는 선천적인 요인이 강하다.
　　② 농업경영자 능력은 경영목적을 달성하기 위한 경영활동을 수행하는 힘이다.
　　③ 농업경영자 능력은 경영자적 기능, 기술자적 기능, 노동자적 기능을 포함한다.
　　④ 농업경영자 능력은 경영활동에서 발휘되고, 경영성과로 나타난다.

6 | 농업경영자 능력을 평가하는 방법으로 옳지 않은 것은?

　　① 농업경영자 능력의 진단지표 기준은 객관성, 대표성, 현실성, 수월성 등을 고려하여
　　　야 한다.
　　② 농업경영자 능력 진단지표의 가중치는 회귀분석에 의한 설정이 가장 적합하다.
　　③ 수치력은 경영장부나 영농일지의 작성을 통한 경영분석과 진단 능력이라 할
　　　수 있다.
　　④ 농엽경영자 능력의 진단평가 비교 기준은 시계열 비교, 표준치 비교, 타농가 간 비
　　　교 등이 있다.

- 임성준·정형철, 2001, "산업특성과 CEO 특성간의 관계 및 이들간의 적합성이 경영성과에 미치는 영향에 관한 연구", 『전략경영연구』, 제4권, 한국전략경영학회지.
- 이호철·박재홍, 2001, "여성농업인의 경영능력과 리더쉽 개발전략," 『한국협동조합연구』, 제19권, 한국협동조합학회.
- 소순열·이기웅·유찬주외, 2005, 벤치마킹을 위한 경영자 능력 평가기법 연구, 농촌진흥청.
- 유찬주, 2011, "한우농가의 경영자 능력 평가와 과제," 「농업경영·정책연구」, 제28권 4호, 한국농업정책학회·한국축산경영학회.
- 木村伸男, 1994, 『成長農業の經營管理』, 日本經濟評論社.
- 出村克彦, 1991, "經營者能力と意思決定における諸要因", 『北海道大學 農業論叢』, 第47集.
- 土田志郎, 1996, "太鼓薄農業經營と經營者能力", 『農業經濟硏究』, 日本農業經濟學會.
- C.W. Rougoor et. al, 1998, How to define and study farmer's management capacity : theory and use in agricultural economics, Agricultural Economics 18.

농업경영의 관리기법

CHAPTER 05   농업경영관리와 경영개선

CHAPTER 06   생산경제 원리와 생산관리

CHAPTER 07   농업경영 조직의 변화와 인적 자원관리

CHAPTER 08   농업의 재무관리 이해와 활용

CHAPTER 09   농업투자분석과 적용

CHAPTER 10   농장경영의 리스크 관리

CHAPTER 11   농업경영정보와 의사결정

농업 전문 경영인은 경영진단과 경영성과 분석을 통해 농장의 문제점을 개선하고 꾸준한 성장을 도모해야 한다. 농장 경영주 스스로가 기장 → 집계/결산 → 분석/진단 → 경영개선 과정의 능력을 갖추어야 한다. 본장에서는 경영진단과 경영성과 분석 방법, 농업경영설계에는 어떠한 것들이 있는지 기초적 이론을 다루었다.

농업경영관리와 경영개선

SECTION 01 농업경영과 농업경영학

01 농업경영관리의 의의

농업경영자는 순수익(또는 소득)을 최대화시키기 위해 농장을 합리적이고 효율적으로 운영하는 농업경영관리 이론을 습득해야 한다. 농업경영관리의 기본원리는 매니지먼트·사이클(Management cycle)이라 불리는 "Plan → Do → See"에 의한 농업경영체의 운영과 관리이다. 매니지먼트·사이클은 농업경영체의 활동 '목표'를 사전에 설정한 이후에, 설정된 목표를 달성하기 위해 노력한 '실행'성과와 목표를 비교하고 그 결과를 '분석·평가'하여 다음 연도의 목표와 계획에 반영하는 경영활동의 순환과정을 의미한다.

매니지먼트·사이클의 첫 번째 단계는 경영계획 및 목표를 설정하는 단계이다. 경영계획 및 목표는 농장의 실천 가능한 도달수준을 설정한 이후에 활용 가능한 토지, 노동, 자본을 구체적이고 명확하게 수치화시켜 제시해야 한다. 두 번째 단계는 노동력, 농자재, 자금, 경영활동을 조직화하는 실행단계이다. 농장운영에는 계획과 현실에서 차이가 발생할 수 있다. 따라서 생산관리와 목표관리의 연계가 중요하며 실행단계에서는 노동력, 자금, 시설에 따라 경영조직이 형성되고 본격적인 경영활동이 이루어진다. 세 번째 단계는 일정기간의 경영활동 성과를 요약하여 분석·평가하는 단계이며, 분석과 평가를 통하여 경영개선의 구체적 대안이 제시된다. 네 번째 단계는 통제기능의 단계로 계획과 실적 사이에서 발생하는 차이를 개선하기 위한 지도 및 조정기능을 거치는 단계이다.

농업경영자는 매니지먼트·사이클 과정을 우선적으로 검토함으로써 농장의 경영계획에 따른 작물 선정이나 경영규모, 농자재 조달, 판로 등의 선택 결과를 시뮬레이션으로 예측할 수 있다.

그림 5-1 매니지먼트 · 사이클에 의한 농업경영관리

계획(PLAN)

경영통제
(차이, 요인분석)
계획조정

경영계획
경영목표
경영전략

분석(SEE)

실행(DO)

경영분석
경영평가

경영조직화
(사람, 물재, 자금)
경영활동

자료: 농촌진흥청, 「축산경영 성과분석 이론과 기본통계」

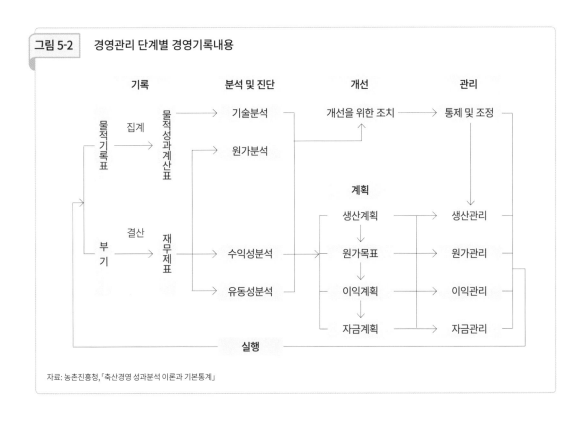

그림 5-2 경영관리 단계별 경영기록내용

기록　　　　　　분석 및 진단　　　　　개선　　　　　　관리

기술분석　　　　개선을 위한 조치　　　통제 및 조정

물적기록표　　집계　　물적성과계산표　　원가분석

부기　　결산　　재무제표　　수익성분석　　유동성분석

계획

생산계획　→　생산관리
↓
원가목표　→　원가관리
↓
이익계획　→　이익관리
↓
자금계획　→　자금관리

실행

자료: 농촌진흥청, 「축산경영 성과분석 이론과 기본통계」

매니지먼트·사이클 과정에서의 경영기록 내용을 구체적으로 살펴보면 〈그림 5-2〉와 같다. 농업경영자는 먼저 물적기록부를 이용하여 농장의 기술성적과 물량적인 생산성을 검토하고, 부기장을 이용하여 재무제표(손익계산서, 대차대조표)를 파악한다. 이러한 경영성과를 바탕으로 경영분석과 진단이 이루어지며 그 결과를 통해 다음 연도의 농장 경영계획, 다시 말하면 생산계획과 원가목표, 이익계획, 자금계획을 세우고 목표치를 설정한다.

02 농업경영관리 기초자료

농업경영이란 농가에서 사용하는 생산요소와 영농기술을 결합하여 경제적 가치를 창출하는 과정이며, 영농활동 과정에서 산출되는 계수는 생산요소 투입량과 영농기술 그리고 경제적 가치의 변화자료이다.

농업경영자가 농장경영을 합리적으로 관리하기 위해서는 농장 경영성과의 분석, 경영진단과 경영설계, 경영개선의 노력이 있어야 한다. 농장을 경영하는 데 체계적인 정보관리와 정보기술을 활용해야만 경영자가 당면한 경영과제를 효과적으로 수행할 수 있다.

농업경영자가 농업경영체를 효율적으로 관리하기 위해서는 우선적으로 농장의 실태조사에 따른 농가자산이 파악되어야 하며, 이를 바탕으로 경영일지가 기록되어야 한다. 경영일지는 농장경영과 관련한 수치와 계수를 수집하는 작업으로 농장설계와 경영진단의 기초적인 내용을 파악하기 위한 전제조건이 된다.

▌ 농가자산 조사하기

농가자산을 조사하는 것은 농가의 경영실태를 파악하는 가장 기본적인 과정이며, 경영성과를 분석하는 기초적 자료로 활용된다. 농가자산은 농장에서 보유하는 재화의 종류와 그 평가액을 조사하여 기록한다.

기록 사항은 다음과 같이 토지, 건물, 대농기구, 현금 등으로 구분하여 작성한다.

표 5-1　토지자산

유형	내용(지번 등)	면적(㎡)	평가액	구입연도	비고
예) 농지	***리 **-*	10,000	10,500만 원	20**년	
⋮	⋮	⋮	⋮	⋮	
합계					

표 5-2	건물자산					

종류	내용(구조 등)	규모(㎡)	평가액	설치년도	비고
예) 비닐하우스	난방, 환기, 관수, 지주, 철사 등	8,000	7,200만 원	20**년	
⋮	⋮	⋮	⋮	⋮	
합계					

표 5-3	대농기계, 장비 등의 자산					

종류	형식, 규격 등	대수	구입가격	구입연도	내용연수
예) 관리기	000	1대	200만 원	20**년	5년
⋮	⋮	⋮	⋮	⋮	
합계					

표 5-4	현금, 준현금 등의 자산			

종류	내용(예금명칭 등)	평가액	비고
예) 준현금	적금	2,000만 원	20**년 만기
⋮	⋮	⋮	⋮
합계			

표 5-5	부채					

종류	용도	자금종류	융자금액	융자연도	상환조건 등
예) 유동부채	시설투자	차입금	1,000만 원	20**년	원리금상환
⋮	⋮	⋮	⋮	⋮	
합계					

표 5-6   재고생산자재

종류	품명, 규격 등	수량	단가	금액	비고
예) 비료	배합사료 20Kg	20포	40,000원	800,000원	
⋮	⋮	⋮	⋮	⋮	
합계					

주: 원재료 및 저장품 재고 표기

표 5-7   재고농산물

종류	내용(품종 등)	수량	단가	평가액	생산연도
예) 곡류	메주콩	100Kg	4,000원	400,000원	20**년
⋮	⋮	⋮	⋮	⋮	
합계					

주: 생산물 및 생물자산으로 판매되는 소비용 생물자산(축산물, 채소, 곡류, 과일 등)

▌경영일지 기록사항

경영일지는 영농활동과 관련한 계수내용을 체계적으로 정리한 기록으로 농장의 물적기록부와 부기장으로 구분한다.

표 5-8   경영일지 구분

구분	특징	내용	결과
물적기록부	· 물량적인 내용 · 영농기술	토지, 노동력, 농기계, 생산자재 등의 생산요소 투입량과 농산물 생산량	생산성과 파악
부기장	· 경제적 가치의 증감 · 금전적인 내용	물량자료를 화폐단위로 환산한 재무, 생산물 판매액, 농자재 구입액 등	경영성과 파악

먼저 물적기록부에는 토지, 노동력, 농기계, 생산자재 등의 생산요소 투입량과 농산물 생산량에 대한 물량적인 내용을 기록하고, 부기장에는 물량적인 자료를 화폐단위로 환산한 재무, 생산물판매액, 농자재구입액 등의 금전적인 내용을 기록한다. 생산의 물량적인 기록내용은 생산량 및 재고량 그리

고 생산요소 투입량으로 종합하여 생산성과를 파악하는 데 이용한다. 금전적인 기록내용은 자산, 부채 및 자본을 종합한 대차대조표를 만들어 재무상태를 파악하고, 수입 및 비용을 종합한 손익계산서를 만들어 경영성과를 파악한다.

경영일지의 목적은 농업경영체의 재산 증감·변화 상태를 기록하고 그 결과를 정리하여 일정한 시점에서의 재무상태와 일정한 회계기간의 경영성과 및 생산성과를 분석하는 것이다. 그리고 이를 기초로 경영의 개선점을 찾아낼 수 있음은 물론 차기 경영설계의 기초자료로 활용할 수 있다.

▌경영일지 기록내용 및 방법

경영일지에는 작목생산의 경영전반에 관한 기록사항을 기록하며, 먼저 날짜와 기상상태를 기록하고 생산요소의 투입량과 가격 등도 모두 표기한다. 경영일지에는 크게 작업내용 및 노동, 고정자본재, 유동자본재, 농업수익 항목으로 나누어 기록한다.

① 날짜와 날씨

날짜와 기상 상태를 기록하고 일정한 시간을 기준으로 외부 온도와 시설별 내부 온도를 정확히 측정하여 기록한다. 날짜와 날씨를 기록함으로써 농장이 위치한 지역의 기온 및 강수량, 일조시간 등 작물생육에 적합한 날씨조건을 파악할 수 있으며, 특히 기상에 민감한 작물들의 경우 적정작물을 선택하는 데 도움을 준다.

② 작업내용 및 노동

농장경영의 모든 관리와 작업명을 기록하고 작업진도와 문제점 등을 기입한다. 작업단계별 영농에 필요한 노동력은 생산기반의 조성상태, 작목의 재배방법, 농기계나 시설의 성능 등에 따라 달라진다. 따라서 작업내용을 파악하여 농기계를 보유하거나 임차하는 경우에는 농기계 성능에 따른 노동력수요량을 추정하고 농기계를 보유하지 않거나 성능이 충분하지 않을 경우에도 위탁작업 면적과 위탁수수료를 계산하는 데 도움을 준다. 노동력 소요량에 대한 가장 정확한 자료는 현지 농장에서 실제 영농으로 얻은 자료이다. 품종과 재배방법 등에 따라 작업내용과 시기에 차이가 있기 때문에 농장별로 상황에 맞게 작성한다.

표 5-9 일별 작업내용

월일	작업내용	작업장소	자가(시간)		고용(시간)		비고
			남	여	남	여	
5월 8일	거름주기	**리 ***번지	8	8			

노동 인원에는 당일 투입된 노동의 종류를 자가노동과 고용노동으로 구분하여 기입한다. 자가노동과 고용노동의 작업시간은 남녀로 구분하여 1인 1일 노동시간을 8시간의 성인노동으로 환산하여 기입한다. 고용노력비는 실제 지불한 현금이나 현물평가액 이외에도 식비나 교통비 등을 합산한 전체금액을 기입한다. 자가노력비도 고용노력비를 계산하는 방법으로 산출하여 기입하되 자가노력비는 고용노력비의 약 1.5배로 계산한다.

③ 고정자본재

농업자본재 가운데 고정자본재는 창고, 하우스, 대농기계, 대동물, 대식물 등과 같이 여러 번 계속해서 사용할 수 있는 자본재를 말한다.

고정자본재는 농지기반 투자시설 자본재와 건물 자본재, 그리고 대농기계 자본재, 사과나무나 배나무와 같은 대식물 자본재, 젖소와 번식우 등과 같은 대동물 자본재로 구분한다. 고정자본에 대한 투자는 생산비의 일부로 기록되었다가 생산물을 처분한 수익으로 회수하고 재생산에 투자한다. 고정자본재의 투자비용은 감가상각비, 유지수선비, 자본이자로 구분한다.

가. 감가상각비

감가상각비는 농축산물의 재배나 사육으로 인해 고정자본의 가치가 감소하는 비용을 적립하는 비용 항목이며, 정액법 또는 정률법을 이용하여 계산한다. 건물, 농기계, 기타 시설 등의 고정자본재는 기간이 경과함에 따라 그 본질적 가치가 저하되는데 이를 감가라고 하며 이러한 감가된 액수만큼을 경비로 계산하여 고정자산의 평가액을 줄이는 절차를 감가상각이라 한다.

정액법 : (신조가 − 잔존가) ÷ 내용연수 × 해당작목 부담비율

※ 해당작목 부담비율은 연간 총 사용시간 중에서 해당작목 생산에 사용한 시간비율을 말하며, 잔존가는 5%를 적용하나, 농기계의 경우 내용연수가 지난 경우 잔존가치가 없기 때문에 잔존가액을 공제하지 않고 감가상각비를 구하는 방법도 많이 이용되고 있다.

나. 유지수선비

각종 시설물이나 장비의 성능을 최상으로 유지하기 위해서는 수선비와 유지관리비용이 필요하다. 예를 들면 농기계를 운영하다 고장이 났을 때에는 수리비가 지출되며, 기계를 오래 사용하기 위해서는 유지관리비용이 소요된다.

수선비 = 신조가 × 해당작목 부담비율 × 수선비계수(6%)

※ 1회의 수선비가 신조가의 10% 미만 수선비의 경우에만 적용하고 신조가의 10% 이상인 수선비는 내용연수를 연장시킬 목적으로 간주하여 고정자본용역비에 반영한다.

다. 고정자본 용역비

고정자본은 직·간접적으로 투자에 의해서 확보하고 유지 관리하는 자산이므로 투자에 대한 이자를 계산하여 생산비에 포함한다.

$$부분현재가 \times 해당작목 부담비율 \times 연이자율$$

※ 부분현재가 = 신조가 − (연간 감가상각비 × 사용연수), 연이자율은 시장이자율을 적용한다. 또는 신조가 ÷ 2 × 해당작목부담비율 × 연이자율 공식을 활용한다.

④ 유동자본재

유동자본재는 생산자재, 재고 농산물, 소동물, 소식물 등과 같이 한번 사용하면 원형이 없어져서 다시 사용할 수 없는 자본재이다. 장기간 사용할 수 있는 농기계나 시설장비와 구분되며 작물의 종자, 비료, 농약, 가축 사료 등과 같이 경영에 이용되어 원형이 상실되지만 구성 물질은 최종 생산물의 구성성분이 되어 그 가치나 효용이 높아지는 특징을 지닌다. 영농설계 시 생산자재의 구입 및 관리계획에 반드시 포함시켜야 할 사항은 농작물의 생육단계별 농작업에 필요한 자재의 종류, 구입시기, 구입량 및 구입방법이다. 작물 생장단계별 필요한 농작업과 이에 필요한 자재의 종류 및 그 소요량은 토지이용계획을 작성할 때 결정된 작부체계와 재배면적, 지역 여건과 작목재배 기술 등에 따라 달라진다.

구입자재 항목에는 종묘비, 농약비, 비료비, 기타 자재비 등을 기입한다. 그리고 자가생산한 자재는 구입가격으로 환산하여 기록한다.

표 5-10 구입자재 기록하기

월 일	비목	수량	총량	단가	금액	비고
5/1	비료(복합비료)	50포/20kg	1,000kg	2만 원	100만 원	

표 5-11 기타비용

월 일	비목	수량	총량	단가	금액	비고

또한 수도광열비, 각종임차료, 위탁비용 등과 같이 구입자재비를 제외한 기타비용도 기입한다. 물물교환이나 증여받은 생산재화도 농가구입가격으로 환산하여 기록한다.

⑤ 농업수익

농업수익 항목에는 농가가 획득하는 수입으로 농업 및 겸업 생산물의 판매대금 등이 이에 해당한다. 일자별 품목, 중량, 수량, 금액 등을 발생당시에 기록하고 연도 말에 경영성과를 집계 분석한다. 생산물 판매는 품목별로 구분하여 출하시기와 출하수량, 출하가격을 기록한다.

표 5-12 판매일지 기록

월일	품목	중량	수량 및 금액						출하처
			구분	1번 ( )	2번 ( )	3번 ( )	총계	누계	
			수량						
			금액						
			수량						
			금액						

SECTION 02 농업경영성과 분석과 진단

01 농업경영성과 분석

┃ 경영성과 분석목적

농업경영의 목적이 농업순수익(또는 소득)을 최대로 달성하는 데 있으므로 좋은 경영성과를 얻기 위해서는 먼저 농업경영의 실태를 정확하게 파악하는 것이 중요하다.

경영성과 분석이란 먼저 경영요소와 경영성과를 계산하고, 이를 경영목표와 비교 · 평가 분석하여 농업경영의 실태를 파악하는 분석방법이다.

경영성과 분석을 통해 얻어진 자료를 바탕으로 비교 대상 우수농업경영체의 경영실적과 동일한 시점에서 비교하거나 과거의 경영실적과 비교함으로써 경영 실태를 파악하고 경영상의 문제점을 찾아 개선할 수 있다. 경영의 성과가 농업경영체마다 다르게 나타나는 원인은 경영자의 능력과 기술 차이가 큰 비중을 차지한다. 따라서 이를 충분히 고려하여 경영에 효율적으로 이용하게 되므로 경영분석이 더 중요한 의미를 지닌다.

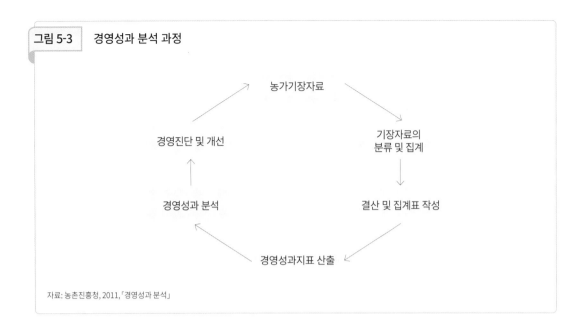

그림 5-3 경영성과 분석 과정

농가기장자료

기장자료의
분류 및 집계

결산 및 집계표 작성

경영성과지표 산출

경영성과 분석

경영진단 및 개선

자료: 농촌진흥청, 2011, 「경영성과 분석」

경영성과 분석은 정확한 경영실태 파악과 경영성과 분석으로 경영실패의 요인을 찾고 경영개선을 위해서 무엇을 어떻게 해야 하는가에 대한 기초자료를 얻고자 하는 것이다.

따라서 농장 경영주는 농업부기와 경영진단의 기본적인 개념과 원리를 이해하고 사례를 익힘으로써, 경영자 스스로가 기장 → 집계·결산 → 성과분석·진단 → 경영개선의 순환과정을 수행할 수 있는 능력을 갖추어야 한다.

▌ 경영 성과분석 지표

농업경영의 성과분석 지표란 농업경영의 목표인 경영성과를 산술적으로 분석하는 지표로서 농업소득 또는 농업순수익이 중요한 성과분석 지표가 된다. 농업소득과 농업순수익과의 차이는 가족 노동력에 대한 보수와 자가토지에 대한 용역비, 자기자본에 대한 이자와 같은 기회비용의 포함여부이다.

① 농업소득 분석

농업소득이란 각 농가가 농장을 경영하여 얻은 소득이므로 농업의 경영성과를 나타내는 가장 중요한 척도이다.

농업소득은 농업수익에서 농업경영비를 뺀 금액으로 가족노동력에 대한 보수, 자가토지에 대한 용역비 및 자기자본에 대한 이자, 농업순수익이 포함된다. 농업소득은 현금과 현물의 일기장으로부터 각각의 수지관계를 항목별로 집계하고, 자산대장에서는 연도 초와 연도 말의 증감액인 농가 순자산의 증감액을 합산하여 계산한다.

$$농업소득 = 농업수익 - 농업경영비$$

가. 농업수익

농업수익의 구성내용은 농업부기에 기장된 1년간의 농업수입을 과목별로 집계하면 쉽게 계산할 수 있으며, 농업수익의 크기는 농업의 경영성과를 파악하는 데 중요한 지표이다.

$$농업수익 = 주산물평가액(당해 연도 생산량 \times 당해연도 농가평균수취가격)$$
$$+ 부산물 평가액$$

나. 농업경영비

농업경영비란, 농업경영활동에 투입된 비용으로 비료비와 농약비, 제재료비, 수도광열비, 수리비, 수선비, 고용노력비, 고정자본에 대한 용역비 또는 감가상각비 등을 포함한다. 그러나 가족노동력에 대한 보수와 자기 토지에 대한 용역비 및 자기자본에 대한 이자는 농업경영비에 포함시키지 않으며 농업순수익을 구할 때 필요한 농업생산비에 포함한다.

$$농업소득 = 농업수익 - 농업경영비$$
$$농업순수익 = 농업수익 - 농업생산비$$

농업경영에 가족노동력과 자기토지 및 자기자본 이용비율이 높을수록 농업수익에 대한 농업경영비의 상대적인 비중이 낮아진다.

다. 농업경영비 구성항목

이러한 농업경영비 구성의 세부항목들을 살펴보면 종묘비, 조성비, 비료비, 농약비, 광열동력비, 수리(水利)비, 제재료비, 소농구비, 대농기구상각비, 영농시설상각비, 수리(修理)비, 기타요금, 임차료, 위탁료, 고용노력비 등이다.

② 농업순수익 분석

농업순수익은 농업경영에 따른 최종적 성과를 의미한다. 농업순수익은 농업수익에서 농업생산비를 뺀 값으로 농업소득에서 가족노동력 평가액, 자기토지용역비 및 자기자본이자를 공제하여 계산할 수도 있다.

농업생산비는 농업경영비에 가족노동력 평가액과 자기토지용역비 및 자기자본이자가 포함된 것이다. 이 세 가지의 평가액 추정은 대체로 시장에서 거래되지 않는 자가 생산요소에 대한 보수이므로 결정 기준은 그 생산 요소의 기회비용을 계산하여 대체한다.

가. 가족노동 평가액

최근에는 농업경영의 이윤 또는 순수익을 높이는 것이 주된 목적이므로 가족노동력에 대한 평가액을 고용노력비와 같이 지출된 것으로 계산하여, 순수익 즉 농업경영의 이윤을 따로 산출하는 방법이 일반적으로 적용되고 있다.

나. 자기토지용역비

실제 지불된 임차료와 달리 자기 토지에 대한 용역비 또는 임차료는 그 토지의 가격을 평가하여 이에 대한 자본이자로 계산한다. 또는 주변의 같은 등급의 토지에 지불된 임차료와 동일 값으로 계산하기도 한다.

다. 자기자본이자

자기자본이자는 현재 자신이 보유하고 있는 농업 자본의 총액에 현재 이자율을 곱하여 구한다. 하지만 현재 자신이 보유하고 있는 농업 자본의 총액을 계산하기가 어렵고, 건물과 농기계 등의 자기소유 농업자본에 대한 엄밀한 이자계산은 매우 복잡하다. 따라서 일반적으로 농가의 자산 대장에서 연도 초와 연도 말의 농업자산을 합산하고 이를 둘로 나누어 연간 평균자본액을 구한 다음, 여기에 현 이자율을 곱하여 자기자본이자를 계산하는 방법이 있다.

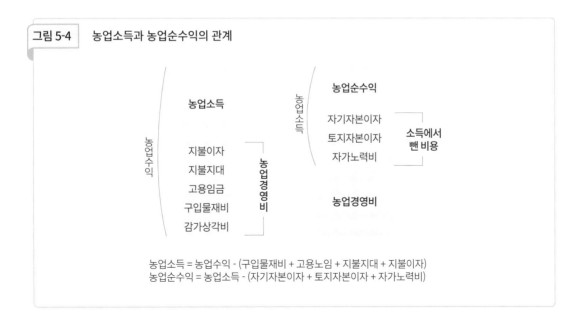

그림 5-4 농업소득과 농업순수익의 관계

농업소득 = 농업수익 - (구입물재비 + 고용노임 + 지불지대 + 지불이자)
농업순수익 = 농업소득 - (자기자본이자 + 토지자본이자 + 자가노력비)

표 5-13 농업경영성과 분석의 지표

구분				정의 요약
농업수익		주산물 평가액		경영결과로서 얻은 주산물 평가액(생산량×농가 평균수취가격)
		부산물 평가액		생산과정에서 부차적으로 생산되는 부산물 평가액
	농업수익계(A)			주산물과 부산물 평가액의 합
생산비	경영비	중간재비	종묘비	파종한 종자나 옮겨 심은 묘 등의 비용
			조성비	과수원 등의 개원비에 육성비(손익분기점 이전까지)를 합산하고 내용연수로 나누어 분할한 비용
			무기질비료비	투입된 무기질 비료의 비용
			유기질비료비	투입된 유기질 비료의 비용
			농약비	병충해 예방, 구제 및 생장조절을 위해 투입된 농업용 약제비용
			광열·동력비	기계동력재료, 가온재료, 광열재료, 전기료 등
			수리(水利)비	수리구축물 비용과 수자원 이용에 따른 모든 비용
			제재료비	종자, 비료, 약제 및 광열재료 이외의 비닐, 포장박스, 육묘상자 등 모든 재료비
			소농구비	농구 중 감가상각을 하지 않아도 될 농구 비용
			대농구상각비	이용한 대농구별 부담률을 적용한 감가상각비의 합
			영농시설상각비	이용한 시설물별 부담률을 적용한 감가상각비의 합
			수선비	대농구, 영농시설의 수리, 유지를 위한 비용
			기타 요금	어느 비목에도 계상되지 않는 비용(회비, 전화요금)
			소계(B)	
		임차료		대농구, 영농시설, 토지 등 임차 시 지불된 금액
		위탁영농비		생산을 위해 고용노력과 농기계를 함께 빌려 농작업 위탁시 소요비용
		고용노력비		생산을 위하여 투입된 고용노력의 비용
		소계(C)		
	자가노력비			생산을 위하여 투입된 자가노력의 기회비용
	유동자본용역비			생산기간 중 투입된 유동자본재액(경영비-감가상각비)에 대한 이자비용
	고정자본용역비			생산기간 중 투입된 고정자본재액에 대한 이자비용
	토지자본용역비			자기토지의 사용에 대한 기회비용으로 인근 유사 토지의 임차료를 적용
	계(D)			
부가가치(A-B)				농업수익에서 중간재비를 차감한 잔액
소득(A-C)				농업수익에서 경영비를 차감한 잔액
순수익(A-D)				농업수익에서 생산비를 차감한 잔액

자료: 농촌진흥청, 2011, 「농업경영진단과 처방」

02 농업경영진단

과제와 방법

① 농업경영진단의 과제

경영진단이란 경영주가 자신의 경영체(농장)를 장기적으로 발전시키기 위해 경영활동을 파악하고, 그 성과를 분석하여 경영상의 장점과 결함이 무엇인지를 찾아내는 일련의 과정을 말한다.

경영체는 유기적인 관계로 이루어져 있어 어느 한부분에서 결함이 발생하면 경영상 복합적인 문제점을 가져오게 되므로 전문가의 정확한 진단과 처방이 필요하다. 경영체는 "경영계획 → 경영활동 → 경영진단 → 경영개선계획"의 순환과정을 통해 유지, 성장 및 발전하게 되며, 경영진단은 경영체의 경영실태를 판단하여 문제점을 파악하고 그 문제점을 해결하기 위한 처방으로서 경영개선 계획을 수립하여 나아가는 과정이다.

경영진단에 있어서 몇 가지 주의사항을 살펴보면, 경영진단의 경우 진단농가가 위치한 지역의 경제적·사회적·자연적 조건 등이 농장경영에 큰 영향을 미치기 때문에 경영진단 농가의 수치 비교시 먼저 살펴보아야 한다. 또한 진단작목의 경영목표가 단기목표인지 장기목표인지도 비교 검토해야 한다. 경영진단을 목표수익 수준에 도달하지 않았을 경우에만 하는 것이 아니라 목표수익을 상회하더라도 항상 진단하는 자세가 필요하며 발전 방향을 모색해야 한다. 경영진단에 있어서 농가전체의 경영수지 진단이 먼저 이루어져야 하며, 이후 작목의 경영수지 진단과 기술수준 진단 순으로 이루어져야 한다. 그리고 진단지표를 합리적으로 선택하고 체계화하는 것은 매우 중요하다. 마지막으로 진단지표를 비교하기 위해서는 경영규모의 크기가 비슷한 농가이거나, 규모가 다를 경우 지표 작성 시에 같게 수정하여 실시한다.

② 농업경영진단의 방법

가. 농업경영진단 순서

경영진단은 다음의 4단계로 나누어 수행된다.

ⓐ **경영실태 파악**

현재의 경영실태를 알아보기 위해 필요한 항목을 조사하는 과정으로 경영의 내용을 수치화하여 정리한다. 즉 조사된 내용을 기준치와 비교하기 위해서는 숫자로 잘 정리하여야 하는데 이러한 자료를 진단지표라고 한다. 진단지표는 수량, 금액 등 실제 숫자나 비율을 이용한다. 예를 들면, 10a당 생산량, 10a당 요소투입량, 10a당 소득, 10a당 경영비 등이 진단지표가 된다.

그림 5-5   경영진단 순서

경영실태 파악 ⟶ 문제점 발견 ⟶ 문제점 분석 ⟶ 대책과 처방

ⓑ 문제점 발견

경영실태를 분석하여 얻어진 성과를 비교값(표준값, 평균값, 목표값 등)과 비교하여 경영상의 문제점을 도출해낸다. 이때 기준지표인 성과 비교값은 지역농가들의 경영성과 평균값이나, 시험장 성적 등을 이용한 표준 값이 되거나, 진단농가의 경영설계시 세웠던 목표값 등을 이용한다. 즉 종합경영성과, 작목(분야)별 경영성과를 나타내는 경영진단지표를 비교한다.

경영진단농가의 경영성과와 기준치를 비교하는 방법으로는 수치나 비율과 같은 숫자로 비교하거나, 원형이나 온도계 형태인 그림으로 비교하는 방법이 있다.

ⓒ 문제점 분석

발견된 문제점의 주요 원인이 무엇인지를 분석하는 단계로 이때 인과관계를 통하여 정밀하게 분석한다. 발견된 문제와 관련된 재배기술, 비용구조, 판매방법 등을 분석한다.

ⓓ 대책과 처방

문제에 대한 원인을 찾아 그 요인별 개선방안과 총체적인 종합경영개선방안을 수립하는 단계이다. 예를 들면, 소득이 낮은 문제가 발생하고 이러한 문제점의 원인이 어디에서 기인한 것인지가 판단되면 이 요인을 고려하여 새로운 경영형태로의 전환이나 이에 따른 구체적인 목표들을 설정해야 한다.

나. 농업경영진단 방법

경영분석을 통하여 계수로 표시된 경영성과를 분석하고 구체적인 개선방안을 제시하는 것이 진단인 만큼 어떤 기준과 실적을 비교하여 우열의 정도를 계수로 나타낼 것인가가 중요하다.

경영진단의 비교방법은 기준에 따라 기준비교, 경영간비교, 시계열비교, 목표비교로 구성되며, 비교대상에 따라 내부비교법과 외부비교법으로 구분된다.

ⓐ 기준(표준)비교법

기준비교법은 자신의 경영을 모델이 되는 기준치(경영지표)와 비교하는 방법으로 표준이 되는 기준치(표준치)와의 비교에 의하여 실적을 판단하는 것이다. 여기서 기준치란 지도단체가 설정한 "경영지표", 축산물생산비(통계청), 선진농가의 평균치 등을 말한다.

ⓑ 경영 간 비교법

경영 간 비교법은 자신의 경영체와 다른(타인) 경영체의 동일 기간 성적을 비교하는 방법이다. 동일연도, 동일항목을 비교하기 위하여 각 지표를 동일한 방법으로 산정할 필요가 있으며, 기술체계, 경영규모 등의 경영조건이 서로 다른 경우에는 비교 자체가 무의미하다. 동일지대 동일조건에 있는 브랜드회원농가나 축협, 생산자 단체의 진단과 같은 경우에는 이 방법을 이용하는 것이 일반적이다.

ⓒ 시계열 비교법

시계열 비교법은 경영의 금년도 성적을 과거의 성적과 비교하여 항상 과거보다 발전하는 것을 목적으로 개선방안을 검토하는 방법이다. 자신의 경영이기 때문에 경영성과와 경영활동의 인과관계를 잘 알고 있어 개선점을 찾기가 용이하다.

ⓓ 목표비교법

목표비교법은 연초에 세운 목표치와 실적을 비교하여 달성도를 보는 것으로 반드시 경영계획을 세우는 대규모 경영에서 가장 중요시 되는 방법이다.

ⓔ 내부비교법

경영내부에서 얻어진 분석 결과값(수량, 경영비, 소득 등)만으로 비교하는 방법으로 진단하려는 농가의 과거 실적 혹은 그해의 설계목표와 비교하거나 경영내부에서의 경영 제부문 간의 경영지표를 비교하는 방법이다. 시계열 비교법, 계획대비 실적 비교법, 부문 간 비교법 등이 있다.

ⓕ 외부비교법

경영진단 농가를 농업연구기관 또는 모형농가의 성적과 비교하는 표준비교법으로 지역의 우수농가 평균치와 비교하는 직접비교법과 구분된다. 표준비교법은 농업연구기관 또는 조사지역에서 가장 합리적인 경영모형(표준치)을 설정하고, 진단농가의 경영실적과 비교함으로써 경영상의 문제점을 찾는 진단 방법이다. 직접비교법은 진단농가와 비슷한 경영형태를 가진 그 지역 우수농가의 평균치와 직접 비교하는 실용적인 방법으로서, 비슷한 경영형태의 농가들 중 우수농가의 평균치와 비교하는 방법과 그 지역의 경영조사결과 평균치와 비교하는 방법이 있다.

▎ 수익성 분석[1]*

수익성은 일정한 기간 동안에 토지, 노동, 자본 등의 생산요소를 얼만큼 투여하여, 어느 정도의 이익을 얻었는가를 보여주는 하나의 효율성 지표이다.

수익성을 평가하는 지표에는 자본수익성, 토지수익성, 노동수익성 지표 등이 있다.

1 　본 서의 '제8장 농업의 재무관리 이해와 활용'에서의 손익계산서 활용.

* 　수익성, 안전성, 생산성 분석 부분은 농촌진흥청, 2011, 「경영성과분석」을 참조하여 작성하였음.

① 자본수익성 지표

자본수익성 지표에는 자본순수익, 자본이익률, 자본회전율, 자본순수익률의 4가지 지표가 있다.

가. 자본순수익

자본순수익은 농업경영에 투여된 자본으로부터 얻어진 수익의 크기를 의미한다.

$$자본순수익 = 농업수익 - (경영비+가족노동평가액+자기토지지대)$$
$$= 농업 소득 - (가족노동평가액+자기토지지대)$$
$$= 농업 순수익 + 자기자본이자$$

나. 자본이익률

자본순수익을 투하자본액으로 나눈 자본의 효율성 지표를 의미한다. 어떤 자본을 투여하고자 할 때 농업경영내부요소나 농업경영 이외의 요소들 중 어느 부문에 투여할지를 판단하는 중요한 지표이다. 또한 이들 각 부문간 투하자본의 수익성을 비교할 때에도 유용한 지표로 사용된다. 농업경영에 자본투하를 가능하게 하는 최소한의 조건은 자본이익률이 시장이자율(현재 은행이자율)보다 높아야 한다. 〈표 5-14〉의 예시에서 보는 것과 같이 시장이자율이 7%일 경우 C와 D 농가의 자본이익률은 은행 이자율보다 높지만, A와 B 농가는 은행 이자율보다 낮다. 따라서 A와 B농가의 경우는 자본을 은행에 예금할 경우에 농업경영에 자본을 투여하는 것보다 더 많은 수익을 올릴 수 있다는 것을 의미한다.

$$자본이익률 = (자본순수익 \div 투하자본액) \times 100$$

다. 자본회전율

투하된 자본이 1년에 몇번 회전하는가를 나타내는 지표이며 12개월을 자본회전율로 나누면 개월수로 표시된 자본회전기간이 산출된다. 자본회전율이 빠를수록 자본수익성이 향상된다.

표 5-14 지수에 의한 경영성과 분석 예시

농가	농업수익 (A)	자본순수익 (B)	투하자본액 (C)	자본이익률 (D=B/C×100)	자본순수익률 (E=B/A×100)	자본회전율 (F=A/C)	자본회전기간 (G=12개월/F)	은행 이자율
A	1,455	118	3,500	3.36	8.11	0.42	28.6	7.0
B	1,756	188	3,980	4.74	10.71	0.44	27.3	7.0
C	2,099	354	4,486	7.89	16.86	0.47	25.5	7.0
D	2,312	569	5,108	11.15	24.61	0.45	26.7	7.0

자료: 농촌진흥청, 2011, 「경영성과 분석」

$$\text{자본회전율} = \text{농업수익} \div \text{투하자본액}$$
$$\text{자본회전기간} = 12\text{개월} \div \text{자본회전율}$$

라. 자본순수익률

자본순수익률은 기업경영의 마진율과 비슷한 개념으로 총매출액이 차지하는 마진폭의 비율이다.

$$\text{자본수익률} = \text{자본이익률} \div \text{자본회전율}$$
$$= \text{자본이익률} \times \text{자본회전기간} \div 12\text{개월}$$

② 토지수익성 지표

토지수익성 지표에는 토지순수익, 단위면적당 토지순수익, 토지수익가 지표가 있다.

가. 토지순수익

토지소유에 대한 수익성지표로써 농업경영에 투입된 토지에서 발생한 수익의 크기를 의미한다.

$$\text{토지순수익} = \text{소득} - (\text{가족노동력평가액} + \text{자기자본이자})$$
$$= \text{순수익} + \text{자기토지지대}$$

나. 단위면적당 토지 순수익

토지의 효율성 지표로 토지를 얼마나 효율적으로 이용했는가를 나타내며, 일반적으로 10a당 토지순수익을 많이 사용한다.

$$10a \text{ 당 토지순수익} = \text{토지순수익} \div \text{토지면적}$$

다. 토지수익가

토지의 비농업부문에 대한 이용 증대로 지가상승시기에 토지 지가에 맞추어 수익성을 올리는지 여부를 평가하는 지표이다.

$$\text{토지수익가} = \text{단위면적당 토지순수익} \div \text{일반 시장이자율}$$

③ 노동수익성 지표

노동수익성 지표에는 가족노동보수, 1인당 가족노동보수, 1일당 가족노동보수 지표가 있다.

가. 가족노동보수

가족노동력에 의해 농업경영이 운영될 때, 가족노동력 전체에 대한 수익의 크기를 의미한다. 이 지표는 가족노동일수, 종사자수, 경영형태가 비슷한 농업경영체 간의 비교에 사용된다.

$$가족노동보수 = 소득 - (자기토지지대 + 자기자본이자)$$
$$= 순수익 + 가족노동평가액$$

나. 1인당 가족노동보수

농업경영 종사자 한 사람에게 귀속되는 가족노동보수의 크기를 의미하며, 농업경영체간 비교나 농업경영 이외의 고용부문과도 비교가 가능하다.

$$1인당 가족노동보수 = 가족노동보수 ÷ 가족노동력 단위수$$

다. 1일당 가족노동보수

농업경영에 투하된 가족노동의 1일에 대한 보수의 크기를 의미하며 노동의 효율성 지표로 많이 사용한다.

$$1일당 가족노동보수 = (가족노동보수 ÷ 가족노동시간) × 8(시간)$$

▎안전성 분석[2]

안전성 분석은 유동성분석이라고도 하며, 어떤 농업경영체가 단기적인 채무지불능력을 갖추고 있는지 또는 장기적으로 경기변동이나 시장여건변화 등 경영외적인 변화에 대응할 수 있는 능력을 지니고 있는가를 측정하는 분석방법이다.

안전성이란 경영의 재무구조, 구체적으로 자본구성, 자산구성, 재무 유동성에 있어서의 안전상태를 파악하는 것이다. 자본구성의 경우 경영자본을 자기자본과 타인자본으로 나누어 부채에 대한 지불능력을 파악하는 것이고, 자산구성은 자본의 운영에 있어서 조달자금의 성격에 맞게 자금운용이 이루어지고 있는지의 여부를 의미한다. 마지막으로 재무 유동성은 고정자산의 과대투자나 신용판매, 재고증대, 부채에 의한 시설투자 등으로 지급능력의 부족현상이 없는지를 파악하는 것이다.

안전성 분석 지표는 복식부기의 결산제표 가운데 대차대조표를 기초로 분석하며 다음과 같다.

① 자본구성 안전성 분석지표

자본구성에 있어서의 안전성 분석지표로는 자기자본비율, 부채자본비율, 유동부채비율, 고정부채

---

2 본 서의 '제8장 농업의 재무관리 이해와 활용'에서의 대차대조표 활용.

비율 지표가 있다.

가. 자기자본비율

경영에 투하된 총자본 중 자기자본이 어느 정도인지를 나타내는 지표로 자기자본비율이 높을수록 안전성이 좋은 것이다. 일반적 농업경영인 경우는 자기자본비율 50% 이상을 목표로 하며 대규모 자금을 필요로 하는 기업적 농업경영이라도 30% 이상의 수준을 유지하는 것이 좋다.

$$자기자본비율 = 자기자본 \div 총자본 \times 100$$

나. 부채자본비율

자기자본은 타인자본에 대한 최종 담보력과 같으므로 자기자본 수준에서 부채를 얻어야 하기 때문에, 부채자본비율은 100% 이하가 좋다.

$$부채자본비율 = 타인자본 \div 자기자본 \times 100$$

다. 유동부채비율

유동부채는 일반적으로 이자율이 높고 상환기간이 단기인 부채이므로 유동부채비율이 높을수록 상환부담이 크다는 것을 의미한다. 따라서 유동부채비율이 낮을수록 좋다.

$$유동부채비율 = 유동부채 \div 자기자본(또는 총자본) \times 100$$

라. 고정부채비율

고정부채비율은 자기자본의 몇 %에 해당하는 고정부채가 있는가를 나타내는 지표이며, 고정부채비율이 높을수록 상환부담은 적으나 총부채가 자기자본을 넘지 않아야 한다.

$$고정부채비율 = 고정부채 \div 자기자본(또는 총자본) \times 100$$

② 자산구성 안전성 분석지표

자산구성에서의 안전성 분석지표로는 고정비율, 고정자산 대 장기자본비율 지표가 있다.

가. 고정비율

고정자산은 경영활동에 지속적으로 이용되는 자산으로 설비투자를 일컫는다. 따라서 장기간 경영 내에 이용되는 설비투자는 상환부담이 없거나 작은 자본으로 충당하는 것이 이상적이며, 고정비율은 100% 이하가 바람직하다.

$$\text{고정비율} = \text{고정자산} \div \text{자기자본} \times 100$$

나. 고정자산 대 장기자본비율

설비투자가 자기자본만으로 부족할 경우에 장기상환이 가능한 고정부채를 이용하는데, 그 비율이 100%를 넘지 않아야 한다.

$$\text{고정자산 대 장기자본비율} = \text{고정자산} \div \text{장기자본} \times 100$$

(여기서 장기자본 = 자기자본 + 고정부채)

③ 재무유동성의 안전성 분석지표

재무유동성의 안전성 분석지표로는 유동비율, 당좌비율 두 가지가 있다.

가. 유동비율

단기채무의 상환능력을 평가하는 분석지표로 유동비율이 높을수록 신용도가 높음을 의미한다. 유동비율은 200% 이상을 목표로 하며, 유동성이 높은 경영에서는 그 비율이 150% 이상의 수준을 유지하는 것이 좋다.

$$\text{유동비율} = \text{유동자산} \div \text{유동부채} \times 100$$

나. 당좌비율

농업경영체의 단기상환능력을 평가하는 지표로는 당좌비율이 있다.

$$\text{당좌비율} = \text{당좌자산} \div \text{유동부채} \times 100$$

┃ 생산성 분석

생산성(productivity)이라는 개념은 자원이 한정된 상황에서 지속가능한 생산활동을 이어가기 위한 것으로 단순히 최대생산 개념이 아닌 투입과 산출을 동시에 고려하자는 의도에서 탄생된 개념이다. 경제학에서의 생산성은 생산요소(토지, 자본, 노동 등)가 생산활동에 기여하는 정도를 의미한다. 일반적으로 생산성은 생산요소의 투입량(액)과 생산물의 산출량(액) 사이의 비율을 의미하며 효율성 또는 능률성과 유사한 개념이다. 생산성은 물량이나 화폐가치로 평가하여 나타낼 수 있다.

$$\text{생산성} = \text{생산량(액)} \div \text{생산요소 투입량(액)}$$

생산성 향상은 일정량의 생산요소 투입으로 생산량을 증대시키거나 일정량의 생산량을 산출하기 위해 생산요소 투입을 감소시킴으로써 가능하다. 생산요소인 토지, 노동, 자본에 대한 생산성은 다음과 같다

$$토지생산성 = 생산량(액) \div 경지면적$$
$$노동생산성 = 생산량(액) \div 노동투입량(액)$$
$$자본생산성 = 생산량(액) \div 자본투하량(액)$$

① 노동생산성

투입된 노동량과 그 결과로서 얻은 생산량의 비율을 말하는데 농가경제 조사에서는 생산량을 영농시간으로 나누어 계산한다. 노동생산성 지표는 자본생산성 지표와 함께 농업과 타산업 간의 경제적 능률을 비교하는 데 주요 지표로 사용된다.

$$노동생산성 = \frac{생산량}{투입노동량(영농시간)}$$

② 자본생산성

투입된 자본에 대한 생산량 비율로 자본계수와는 역수의 관계에 있으며, 일반적으로 생산량을 농업자본액으로 나누어 계산한다.

$$자본생산성 = \frac{생산량}{농업자본액}$$

③ 토지생산성

토지면적 단위당의 생산량을 말하는데 일반적으로 10a당 생산량을 경지면적 10a으로 나누어 산출하고 있으며, 토지생산성은 그 토지의 경제성을 다른 토지와 비교하는 데 사용된다.

$$토지생산성 = \frac{10a당 \ 생산량}{10a당 \ 경지면적}$$

④ 자본구성도(자본장비율)

자본구성도는 자본장비율로도 불리며, 자본장비율은 1인당 노동 자본액을 말하는데, 농업의 경우는 가족노동이 많고 계절성 때문에 제조업의 경우와 같이 1인당 자본장비율로 표기하기는 어렵다. 따라서 농업자본액을 영농시간으로 나누어 산출한다.

$$자본구성도(자본장비율) = \frac{농업자본액}{영농시간}$$

⑤ 자본집약도

자본집약도는 일정 경지면적에 대하여 투하된 농업자본액으로 농업자본액을 경지면적으로 나누어 계산한다. 경영규모를 확대시키는 방법에는 경지면적 자체를 확대하는 방법과 노동과 자본을 추가로 투입하여 내연적인 경영규모를 확대하는 방법이 있다. 자본집약도는 경영규모의 내연적 확대를 표시하는 지표이다.

$$자본집약도 = \frac{농업자본액}{경지면적}$$

⑥ 노동집약도

노동집약도는 단위생산물에 대한 투하노동량의 비율을 말하며, 일반적으로 일정 경지면적에 대해 투입한 노동량을 의미한다. 노동집약도는 영농시간을 경지면적으로 나누어 계산한다.

$$노동집약도 = \frac{영농시간}{경지면적}$$

SECTION 03 농업경영설계

01 농업경영설계의 중요성과 의미

농업경영의 목표인 농업순수익(또는 소득)의 최대화를 위해서는 경영 전체가 합리적으로 조직·운영되어야 하는데 이를 위해서는 일정한 순서와 방법에 따라 경영계획을 수립하여야 한다.

경영설계는 어느 정도로 경영을 확대·축소할 것인가, 생산방법을 어떻게 변경할 것인가를 수치화, 계량화한 것이다. 즉 진단의 결과를 근거로 하여 경영을 개선하기 위한 계획을 세우거나, 새로운 작목을 도입하기 위해 경영계획을 세우는 방법이다. 경영설계는 농가에 주어진 자원을 최대한 이용하고 경영 전체를 합리적으로 조직화함으로써 농업순수익(또는 소득)을 최대로 달성할 수 있도록 계획하여야 한다.

경영설계는 경영을 구성하는 부문별로 계획을 수량화하여야 하나, 이러한 계획이 과연 현실 경영보다 유리한가에 대해서는 종합적인 견지에서 판단하여야 한다. 따라서 경영설계는 경영분석에 의해서 얻어지는 자료 또는 농가에서 수집한 분석 자료를 이용하여 농업경영주가 추구하는 목표를 달성하기 위해 농업자원을 최대한 이용하도록 농장을 설계하고 이를 실행하려는 경영관리의 과정을 의미한다.

영농설계는 건물건축의 경우 설계도와도 같은 것이며 철저한 계획 아래 정확하게 운영되었을 때 경영자가 바라던 바를 이룰 가능성이 커지는 것이다. 이러한 경영설계가 지닌 중요성을 설명하면 다음과 같다. 첫째, 농가가 가지고 있는 토지, 영농 장비, 기계, 노동력, 자본 등은 일정량으로 한정되어 있다. 한정된 생산요소들을 최대한으로 이용하여 생산의 효율을 올리려면, 생산요소들을 조직화하여 짜여진 계획에 따라 이용하여야 한다. 둘째, 농업은 계절과 특정한 시기에 따라 작업해야 할 일들이 정해져 있는 경우가 대부분이다. 이러한 작업시기를 놓치는 경우 생산에 막대한 지장을 가져오게 되므로, 시기별로 잘 세운 작업 계획에 의하여 경영이 이루어져야 한다. 셋째, 생산에 필요한 생산요소의 구입과 수확물의 판매에서 가격변동의 위험을 줄이고 시장변화에 적절히 대응하려면 연초에 미리 구입과 판매계획을 세워야 한다.

경영설계의 종류에는 설계대상과 설계시간에 따라 분류할 수 있다. 설계대상에 따라서는 기본설계, 부문별설계, 이용설계로 나뉘며, 설계시간에 따라서는 장기설계, 경영기간설계, 생산기간설계, 단기설계로 분류된다.

❚ 설계대상에 따른 분류
① 기본설계: 경영형태, 작목구성(전업, 겸업), 경영규모 등을 설계
② 부문별 설계: 각 생상부문별 생산규모와 생산방법, 처분방법 등을 설계
③ 이용설계: 기본설계와 부문별 설계에 따라, 필요한 경영요소와 생산수단의 동원 및 조달 방법 등을 설계

❚ 설계시간에 따른 분류
① 장기설계: 2년 이상의 시간을 단위로 한 경영계획
② 경영기간설계: 1년의 경영기간을 대상으로 설계
③ 생산기간설계: 어떤 작목의 생산기간 단위로 하는 작업 및 자재투입 설계
④ 단기설계: 1일, 1주일, 1개월 등 짧은 기간 단위로 작업 및 자재투입 설계

02 경영설계의 순서

경영을 설계하기 위해서는 설계 → 조직 → 운영 → 평가 → 통제 → 조사 → 설계 단계인 경영순서 과정을 따른다. 이들 과정 중 경영설계는 경영주의 경영이념 및 경영철학을 바탕으로 가장 합리적이

고, 과학적인 설계가 필요한 과정이라고 할 수 있다. 이러한 경영설계의 순서는 경영진단결과를 기초로 하여 설계하여야 하며, 그 순서과정은 〈그림 5-6〉과 같다.

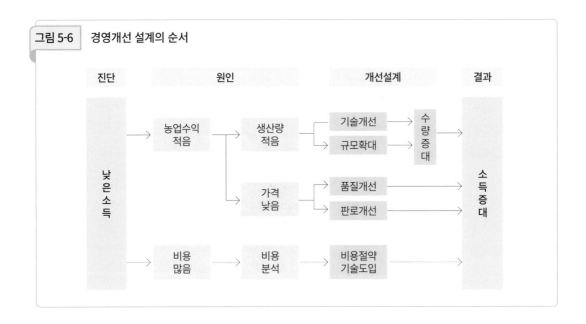

그림 5-6   경영개선 설계의 순서

경영진단의 결과 소득이 적을 때 소득이 낮은 이유는 비용이 많이 들었거나 농업수익이 적기 때문이다. 따라서 소득을 높이기 위해서는 먼저 비용분석을 통하여 경영비 비목별 비용을 산출하여 절감 가능한 비목을 찾아 비용 절감방법을 모색한다. 예로 도입 가능한 새로운 기술이 있는지, 경영상 기술 낙후로 과다한 비용이 투입되고 있는지 등을 면밀히 검토하여 경영비 절감방안을 제시하고 실행해야 할 것이다. 다음으로 농업수익이 낮을 때에는 그 원인이 생산물의 농가수치 가격이 낮기 때문이라면 그 생산물의 품질을 향상시키는 방법과 판매방법에 있어서의 문제점을 검토해야 한다. 한편 생산량이 적기 때문이라면 규모의 확대나 새로운 기술을 도입함으로써 생산량을 증대시키고, 보충부문을 도입하여 소득을 확대시키는 방법을 검토할 필요가 있다. 또한 다른 작목으로의 전환도 고려해 보아야 한다. 따라서 어떻게 경영을 개선할 것인가는 진단결과와 농업경영에 주어진 여러 가지 구체적인 조건에 따라서 달라진다.

03 농업경영설계 유의사항

농업경영을 설계하는 데에는 많은 유의사항이 있다. 경영규모, 영농자금, 영농자재조달, 농지기반 정비, 사양기술, 경영형태, 출하방법, 노동력 조달방법 등을 명확하게 설정하여야 한다.

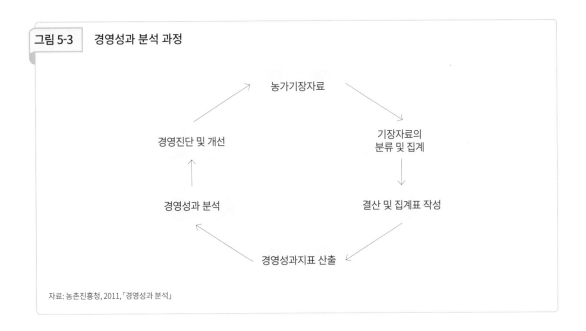

| 그림 5-3 | 경영성과 분석 과정 |

자료: 농촌진흥청, 2011, 「경영성과 분석」

　　경영성과 분석은 정확한 경영실태 파악과 경영성과 분석으로 경영실패의 요인을 찾고 경영개선을 위해서 무엇을 어떻게 해야 하는가에 대한 기초자료를 얻고자 하는 것이다.

　　따라서 농장 경영주는 농업부기와 경영진단의 기본적인 개념과 원리를 이해하고 사례를 익힘으로써, 경영자 스스로가 기장 → 집계 · 결산 → 성과분석 · 진단 → 경영개선의 순환과정을 수행할 수 있는 능력을 갖추어야 한다.

▎**경영 성과분석 지표**

　　농업경영의 성과분석 지표란 농업경영의 목표인 경영성과를 산술적으로 분석하는 지표로서 농업소득 또는 농업순수익이 중요한 성과분석 지표가 된다. 농업소득과 농업순수익과의 차이는 가족노동력에 대한 보수와 자가토지에 대한 용역비, 자기자본에 대한 이자와 같은 기회비용의 포함여부이다.

　　① 농업소득 분석

　　농업소득이란 각 농가가 농장을 경영하여 얻은 소득이므로 농업의 경영성과를 나타내는 가장 중요한 척도이다.

　　농업소득은 농업수익에서 농업경영비를 뺀 금액으로 가족노동력에 대한 보수, 자가토지에 대한 용역비 및 자기자본에 대한 이자, 농업순수익이 포함된다. 농업소득은 현금과 현물의 일기장으로부터 각각의 수지관계를 항목별로 집계하고, 자산대장에서는 연도 초와 연도 말의 증감액인 농가 순자산의 증감액을 합산하여 계산한다.

$$농업소득 = 농업수익 - 농업경영비$$

가. 농업수익

농업수익의 구성내용은 농업부기에 기장된 1년간의 농업수입을 과목별로 집계하면 쉽게 계산할 수 있으며, 농업수익의 크기는 농업의 경영성과를 파악하는 데 중요한 지표이다.

$$농업수익 = 주산물평가액(당해 연도 생산량×당해연도 농가평균수취가격)$$
$$+ 부산물 평가액$$

나. 농업경영비

농업경영비란, 농업경영활동에 투입된 비용으로 비료비와 농약비, 제재료비, 수도광열비, 수리비, 수선비, 고용노력비, 고정자본에 대한 용역비 또는 감가상각비 등을 포함한다. 그러나 가족노동력에 대한 보수와 자기 토지에 대한 용역비 및 자기자본에 대한 이자는 농업경영비에 포함시키지 않으며 농업순수익을 구할 때 필요한 농업생산비에 포함한다.

$$농업소득 = 농업수익 - 농업경영비$$
$$농업순수익 = 농업수익 - 농업생산비$$

농업경영에 가족노동력과 자기토지 및 자기자본 이용비율이 높을수록 농업수익에 대한 농업경영비의 상대적인 비중이 낮아진다.

다. 농업경영비 구성항목

이러한 농업경영비 구성의 세부항목들을 살펴보면 종묘비, 조성비, 비료비, 농약비, 광열동력비, 수리(水利)비, 제재료비, 소농구비, 대농기구상각비, 영농시설상각비, 수리(修理)비, 기타요금, 임차료, 위탁료, 고용노력비 등이다.

② 농업순수익 분석

농업순수익은 농업경영에 따른 최종적 성과를 의미한다. 농업순수익은 농업수익에서 농업생산비를 뺀 값으로 농업소득에서 가족노동력 평가액, 자기토지용역비 및 자기자본이자를 공제하여 계산할 수도 있다.

농업생산비는 농업경영비에 가족노동력 평가액과 자기토지용역비 및 자기자본이자가 포함된 것이다. 이 세 가지의 평가액 추정은 대체로 시장에서 거래되지 않는 자가 생산요소에 대한 보수이므로 결정 기준은 그 생산 요소의 기회비용을 계산하여 대체한다.

가. 가족노동 평가액

최근에는 농업경영의 이윤 또는 순수익을 높이는 것이 주된 목적이므로 가족노동력에 대한 평가액을 고용노력비와 같이 지출된 것으로 계산하여, 순수익 즉 농업경영의 이윤을 따로 산출하는 방법이 일반적으로 적용되고 있다.

나. 자기토지용역비

실제 지불된 임차료와 달리 자기 토지에 대한 용역비 또는 임차료는 그 토지의 가격을 평가하여 이에 대한 자본이자로 계산한다. 또는 주변의 같은 등급의 토지에 지불된 임차료와 동일 값으로 계산하기도 한다.

다. 자기자본이자

자기자본이자는 현재 자신이 보유하고 있는 농업 자본의 총액에 현재 이자율을 곱하여 구한다. 하지만 현재 자신이 보유하고 있는 농업 자본의 총액을 계산하기가 어렵고, 건물과 농기계 등의 자기소유 농업자본에 대한 엄밀한 이자계산은 매우 복잡하다. 따라서 일반적으로 농가의 자산 대장에서 연도 초와 연도 말의 농업자산을 합산하고 이를 둘로 나누어 연간 평균자본액을 구한 다음, 여기에 현 이자율을 곱하여 자기자본이자를 계산하는 방법이 있다.

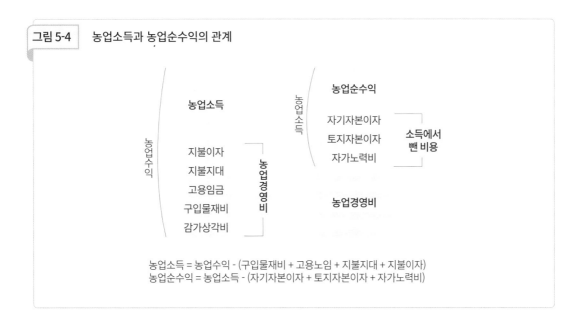

그림 5-4 **농업소득과 농업순수익의 관계**

농업소득 = 농업수익 - (구입물재비 + 고용노임 + 지불지대 + 지불이자)
농업순수익 = 농업소득 - (자기자본이자 + 토지자본이자 + 자가노력비)

표 5-13 농업경영성과 분석의 지표

구분		정의 요약
농업수익	주산물 평가액	경영결과로서 얻은 주산물 평가액(생산량×농가 평균수취가격)
	부산물 평가액	생산과정에서 부차적으로 생산되는 부산물 평가액
농업수익계(A)		주산물과 부산물 평가액의 합
생산비 / 경영비 / 중간재비	종묘비	파종한 종자나 옮겨 심은 묘 등의 비용
	조성비	과수원 등의 개원비에 육성비(손익분기점 이전까지)를 합산하고 내용연수로 나누어 분할한 비용
	무기질비료비	투입된 무기질 비료의 비용
	유기질비료비	투입된 유기질 비료의 비용
	농약비	병충해 예방, 구제 및 생장조절을 위해 투입된 농업용 약제비용
	광열·동력비	기계동력재료, 가온재료, 광열재료, 전기료 등
	수리(水利)비	수리구축물 비용과 수자원 이용에 따른 모든 비용
	제재료비	종자, 비료, 약제 및 광열재료 이외의 비닐, 포장박스, 육묘상자 등 모든 재료비
	소농구비	농구 중 감가상각을 하지 않아도 될 농구 비용
	대농구상각비	이용한 대농구별 부담률을 적용한 감가상각비의 합
	영농시설상각비	이용한 시설물별 부담률을 적용한 감가상각비의 합
	수선비	대농구, 영농시설의 수리, 유지를 위한 비용
	기타 요금	어느 비목에도 계상되지 않는 비용(회비, 전화요금)
	소계(B)	
	임차료	대농구, 영농시설, 토지 등 임차 시 지불된 금액
	위탁영농비	생산을 위해 고용노력과 농기계를 함께 빌려 농작업 위탁시 소요비용
	고용노력비	생산을 위하여 투입된 고용노력의 비용
	소계(C)	
자가노력비		생산을 위하여 투입된 자가노력의 기회비용
유동자본용역비		생산기간 중 투입된 유동자본재액(경영비-감가상각비)에 대한 이자비용
고정자본용역비		생산기간 중 투입된 고정자본재액에 대한 이자비용
토지자본용역비		자기토지의 사용에 대한 기회비용으로 인근 유사 토지의 임차료를 적용
계(D)		
부가가치(A-B)		농업수익에서 중간재비를 차감한 잔액
소득(A-C)		농업수익에서 경영비를 차감한 잔액
순수익(A-D)		농업수익에서 생산비를 차감한 잔액

자료: 농촌진흥청, 2011, 「농업경영진단과 처방」

02 농업경영진단

| 과제와 방법

① 농업경영진단의 과제

경영진단이란 경영주가 자신의 경영체(농장)를 장기적으로 발전시키기 위해 경영활동을 파악하고, 그 성과를 분석하여 경영상의 장점과 결함이 무엇인지를 찾아내는 일련의 과정을 말한다.

경영체는 유기적인 관계로 이루어져 있어 어느 한부분에서 결함이 발생하면 경영상 복합적인 문제점을 가져오게 되므로 전문가의 정확한 진단과 처방이 필요하다. 경영체는 "경영계획 → 경영활동 → 경영진단 → 경영개선계획"의 순환과정을 통해 유지, 성장 및 발전하게 되며, 경영진단은 경영체의 경영실태를 판단하여 문제점을 파악하고 그 문제점을 해결하기 위한 처방으로서 경영개선 계획을 수립하여 나아가는 과정이다.

경영진단에 있어서 몇 가지 주의사항을 살펴보면, 경영진단의 경우 진단농가가 위치한 지역의 경제적·사회적·자연적 조건 등이 농장경영에 큰 영향을 미치기 때문에 경영진단 농가의 수치 비교시 먼저 살펴보아야 한다. 또한 진단작목의 경영목표가 단기목표인지 장기목표인지도 비교 검토해야 한다. 경영진단을 목표수익 수준에 도달하지 않았을 경우에만 하는 것이 아니라 목표수익을 상회하더라도 항상 진단하는 자세가 필요하며 발전 방향을 모색해야 한다. 경영진단에 있어서 농가전체의 경영수지 진단이 먼저 이루어져야 하며, 이후 작목의 경영수지 진단과 기술수준 진단 순으로 이루어져야 한다. 그리고 진단지표를 합리적으로 선택하고 체계화하는 것은 매우 중요하다. 마지막으로 진단지표를 비교하기 위해서는 경영규모의 크기가 비슷한 농가이거나, 규모가 다를 경우 지표 작성 시에 같게 수정하여 실시한다.

② 농업경영진단의 방법

가. 농업경영진단 순서

경영진단은 다음의 4단계로 나누어 수행된다.

ⓐ **경영실태 파악**

현재의 경영실태를 알아보기 위해 필요한 항목을 조사하는 과정으로 경영의 내용을 수치화하여 정리한다. 즉 조사된 내용을 기준치와 비교하기 위해서는 숫자로 잘 정리하여야 하는데 이러한 자료를 진단지표라고 한다. 진단지표는 수량, 금액 등 실제 숫자나 비율을 이용한다. 예를 들면, 10a당 생산량, 10a당 요소투입량, 10a당 소득, 10a당 경영비 등이 진단지표가 된다.

그림 5-5 경영진단 순서

경영실태 파악 ⟶ 문제점 발견 ⟶ 문제점 분석 ⟶ 대책과 처방

ⓑ 문제점 발견

경영실태를 분석하여 얻어진 성과를 비교값(표준값, 평균값, 목표값 등)과 비교하여 경영상의 문제점을 도출해낸다. 이때 기준지표인 성과 비교값은 지역농가들의 경영성과 평균값이나, 시험장 성적 등을 이용한 표준 값이 되거나, 진단농가의 경영설계시 세웠던 목표값 등을 이용한다. 즉 종합경영성과, 작목(분야)별 경영성과를 나타내는 경영진단지표를 비교한다.

경영진단농가의 경영성과와 기준치를 비교하는 방법으로는 수치나 비율과 같은 숫자로 비교하거나, 원형이나 온도계 형태인 그림으로 비교하는 방법이 있다.

ⓒ 문제점 분석

발견된 문제점의 주요 원인이 무엇인지를 분석하는 단계로 이때 인과관계를 통하여 정밀하게 분석한다. 발견된 문제와 관련된 재배기술, 비용구조, 판매방법 등을 분석한다.

ⓓ 대책과 처방

문제에 대한 원인을 찾아 그 요인별 개선방안과 총체적인 종합경영개선방안을 수립하는 단계이다. 예를 들면, 소득이 낮은 문제가 발생하고 이러한 문제점의 원인이 어디에서 기인한 것인지가 판단되면 이 요인을 고려하여 새로운 경영형태로의 전환이나 이에 따른 구체적인 목표들을 설정해야 한다.

나. 농업경영진단 방법

경영분석을 통하여 계수로 표시된 경영성과를 분석하고 구체적인 개선방안을 제시하는 것이 진단인 만큼 어떤 기준과 실적을 비교하여 우열의 정도를 계수로 나타낼 것인가가 중요하다.

경영진단의 비교방법은 기준에 따라 기준비교, 경영간비교, 시계열비교, 목표비교로 구성되며, 비교대상에 따라 내부비교법과 외부비교법으로 구분된다.

ⓐ 기준(표준)비교법

기준비교법은 자신의 경영을 모델이 되는 기준치(경영지표)와 비교하는 방법으로 표준이 되는 기준치(표준치)와의 비교에 의하여 실적을 판단하는 것이다. 여기서 기준치란 지도단체가 설정한 "경영지표", 축산물생산비(통계청), 선진농가의 평균치 등을 말한다.

ⓑ 경영 간 비교법

경영 간 비교법은 자신의 경영체와 다른(타인) 경영체의 동일 기간 성적을 비교하는 방법이다. 동일연도, 동일항목을 비교하기 위하여 각 지표를 동일한 방법으로 산정할 필요가 있으며, 기술체계, 경영규모 등의 경영조건이 서로 다른 경우에는 비교 자체가 무의미하다. 동일지대 동일조건에 있는 브랜드회원농가나 축협, 생산자 단체의 진단과 같은 경우에는 이 방법을 이용하는 것이 일반적이다.

ⓒ 시계열 비교법

시계열 비교법은 경영의 금년도 성적을 과거의 성적과 비교하여 항상 과거보다 발전하는 것을 목적으로 개선방안을 검토하는 방법이다. 자신의 경영이기 때문에 경영성과와 경영활동의 인과관계를 잘 알고 있어 개선점을 찾기가 용이하다.

ⓓ 목표비교법

목표비교법은 연초에 세운 목표치와 실적을 비교하여 달성도를 보는 것으로 반드시 경영계획을 세우는 대규모 경영에서 가장 중요시 되는 방법이다.

ⓔ 내부비교법

경영내부에서 얻어진 분석 결과값(수량, 경영비, 소득 등)만으로 비교하는 방법으로 진단하려는 농가의 과거 실적 혹은 그해의 설계목표와 비교하거나 경영내부에서의 경영 제부문 간의 경영지표를 비교하는 방법이다. 시계열 비교법, 계획대비 실적 비교법, 부문 간 비교법 등이 있다.

ⓕ 외부비교법

경영진단 농가를 농업연구기관 또는 모형농가의 성적과 비교하는 표준비교법으로 지역의 우수농가 평균치와 비교하는 직접비교법과 구분된다. 표준비교법은 농업연구기관 또는 조사지역에서 가장 합리적인 경영모형(표준치)을 설정하고, 진단농가의 경영실적과 비교함으로써 경영상의 문제점을 찾는 진단 방법이다. 직접비교법은 진단농가와 비슷한 경영형태를 가진 그 지역 우수농가의 평균치와 직접 비교하는 실용적인 방법으로서, 비슷한 경영형태의 농가들 중 우수농가의 평균치와 비교하는 방법과 그 지역의 경영조사결과 평균치와 비교하는 방법이 있다.

▍ 수익성 분석[1][*]

수익성은 일정한 기간 동안에 토지, 노동, 자본 등의 생산요소를 얼만큼 투여하여, 어느 정도의 이익을 얻었는가를 보여주는 하나의 효율성 지표이다.

수익성을 평가하는 지표에는 자본수익성, 토지수익성, 노동수익성 지표 등이 있다.

---

1 본 서의 '제8장 농업의 재무관리 이해와 활용'에서의 손익계산서 활용.
* 수익성, 안전성, 생산성 분석 부분은 농촌진흥청, 2011, 「경영성과분석」을 참조하여 작성하였음.

① 자본수익성 지표

자본수익성 지표에는 자본순수익, 자본이익률, 자본회전율, 자본순수익률의 4가지 지표가 있다.

가. 자본순수익

자본순수익은 농업경영에 투여된 자본으로부터 얻어진 수익의 크기를 의미한다.

$$\text{자본순수익} = \text{농업수익} - (\text{경영비+가족노동평가액+자기토지지대})$$
$$= \text{농업 소득} - (\text{가족노동평가액+자기토지지대})$$
$$= \text{농업 순수익} + \text{자기자본이자}$$

나. 자본이익률

자본순수익을 투하자본액으로 나눈 자본의 효율성 지표를 의미한다. 어떤 자본을 투여하고자 할 때 농업경영내부요소나 농업경영 이외의 요소들 중 어느 부문에 투여할지를 판단하는 중요한 지표이다. 또한 이들 각 부문간 투하자본의 수익성을 비교할 때에도 유용한 지표로 사용된다. 농업경영에 자본투하를 가능하게 하는 최소한의 조건은 자본이익률이 시장이자율(현재 은행이자율)보다 높아야 한다. 〈표 5-14〉의 예시에서 보는 것과 같이 시장이자율이 7%일 경우 C와 D 농가의 자본이익률은 은행 이자율보다 높지만, A와 B 농가는 은행 이자율보다 낮다. 따라서 A와 B농가의 경우는 자본을 은행에 예금할 경우에 농업경영에 자본을 투여하는 것보다 더 많은 수익을 올릴 수 있다는 것을 의미한다.

$$\text{자본이익률} = (\text{자본순수익} \div \text{투하자본액}) \times 100$$

다. 자본회전율

투하된 자본이 1년에 몇번 회전하는가를 나타내는 지표이며 12개월을 자본회전율로 나누면 개월수로 표시된 자본회전기간이 산출된다. 자본회전율이 빠를수록 자본수익성이 향상된다.

표 5-14 지수에 의한 경영성과 분석 예시

농가	농업수익 (A)	자본순수익 (B)	투하자본액 (C)	자본이익률 (D=B/C×100)	자본순수익률 (E=B/A×100)	자본회전율 (F=A/C)	자본회전기간 (G=12개월/F)	은행 이자율
A	1,455	118	3,500	3.36	8.11	0.42	28.6	7.0
B	1,756	188	3,980	4.74	10.71	0.44	27.3	7.0
C	2,099	354	4,486	7.89	16.86	0.47	25.5	7.0
D	2,312	569	5,108	11.15	24.61	0.45	26.7	7.0

자료: 농촌진흥청, 2011, 「경영성과 분석」

$$자본회전율 = 농업수익 \div 투하자본액$$
$$자본회전기간 = 12개월 \div 자본회전율$$

라. 자본순수익률

자본순수익률은 기업경영의 마진율과 비슷한 개념으로 총매출액이 차지하는 마진폭의 비율이다.

$$자본수익률 = 자본이익률 \div 자본회전율$$
$$= 자본이익률 \times 자본회전기간 \div 12개월$$

② 토지수익성 지표

토지수익성 지표에는 토지순수익, 단위면적당 토지순수익, 토지수익가 지표가 있다.

가. 토지순수익

토지소유에 대한 수익성지표로써 농업경영에 투입된 토지에서 발생한 수익의 크기를 의미한다.

$$토지순수익 = 소득 - (가족노동력평가액 + 자기자본이자)$$
$$= 순수익 + 자기토지지대$$

나. 단위면적당 토지 순수익

토지의 효율성 지표로 토지를 얼마나 효율적으로 이용했는가를 나타내며, 일반적으로 10a당 토지순수익을 많이 사용한다.

$$10a \text{ 당 토지순수익} = 토지순수익 \div 토지면적$$

다. 토지수익가

토지의 비농업부문에 대한 이용 증대로 지가상승시기에 토지 지가에 맞추어 수익성을 올리는지 여부를 평가하는 지표이다.

$$토지수익가 = 단위면적당 토지순수익 \div 일반 시장이자율$$

③ 노동수익성 지표

노동수익성 지표에는 가족노동보수, 1인당 가족노동보수, 1일당 가족노동보수 지표가 있다.

가. 가족노동보수

가족노동력에 의해 농업경영이 운영될 때, 가족노동력 전체에 대한 수익의 크기를 의미한다. 이 지표는 가족노동일수, 종사자수, 경영형태가 비슷한 농업경영체 간의 비교에 사용된다.

$$가족노동보수 = 소득 - (자기토지지대 + 자기자본이자)$$
$$= 순수익 + 가족노동평가액$$

나. 1인당 가족노동보수

농업경영 종사자 한 사람에게 귀속되는 가족노동보수의 크기를 의미하며, 농업경영체간 비교나 농업경영 이외의 고용부문과도 비교가 가능하다.

$$1인당 가족노동보수 = 가족노동보수 ÷ 가족노동력 단위수$$

다. 1일당 가족노동보수

농업경영에 투하된 가족노동의 1일에 대한 보수의 크기를 의미하며 노동의 효율성 지표로 많이 사용한다.

$$1일당 가족노동보수 = (가족노동보수 ÷ 가족노동시간) × 8(시간)$$

▎안전성 분석[2]

안전성 분석은 유동성분석이라고도 하며, 어떤 농업경영체가 단기적인 채무지불능력을 갖추고 있는지 또는 장기적으로 경기변동이나 시장여건변화 등 경영외적인 변화에 대응할 수 있는 능력을 지니고 있는가를 측정하는 분석방법이다.

안전성이란 경영의 재무구조, 구체적으로 자본구성, 자산구성, 재무 유동성에 있어서의 안전상태를 파악하는 것이다. 자본구성의 경우 경영자본을 자기자본과 타인자본으로 나누어 부채에 대한 지불능력을 파악하는 것이고, 자산구성은 자본의 운영에 있어서 조달자금의 성격에 맞게 자금운용이 이루어지고 있는지의 여부를 의미한다. 마지막으로 재무 유동성은 고정자산의 과대투자나 신용판매, 재고증대, 부채에 의한 시설투자 등으로 지급능력의 부족현상이 없는지를 파악하는 것이다.

안전성 분석 지표는 복식부기의 결산제표 가운데 대차대조표를 기초로 분석하며 다음과 같다.

① 자본구성 안전성 분석지표

자본구성에 있어서의 안전성 분석지표로는 자기자본비율, 부채자본비율, 유동부채비율, 고정부채

---

2 본 서의 '제8장 농업의 재무관리 이해와 활용'에서의 대차대조표 활용.

비율 지표가 있다.

가. 자기자본비율

경영에 투하된 총자본 중 자기자본이 어느 정도인지를 나타내는 지표로 자기자본비율이 높을수록 안전성이 좋은 것이다. 일반적 농업경영인 경우는 자기자본비율 50% 이상을 목표로 하며 대규모 자금을 필요로 하는 기업적 농업경영이라도 30% 이상의 수준을 유지하는 것이 좋다.

$$자기자본비율 = 자기자본 \div 총자본 \times 100$$

나. 부채자본비율

자기자본은 타인자본에 대한 최종 담보력과 같으므로 자기자본 수준에서 부채를 얻어야 하기 때문에, 부채자본비율은 100% 이하가 좋다.

$$부채자본비율 = 타인자본 \div 자기자본 \times 100$$

다. 유동부채비율

유동부채는 일반적으로 이자율이 높고 상환기간이 단기인 부채이므로 유동부채비율이 높을수록 상환부담이 크다는 것을 의미한다. 따라서 유동부채비율이 낮을수록 좋다.

$$유동부채비율 = 유동부채 \div 자기자본(또는 총자본) \times 100$$

라. 고정부채비율

고정부채비율은 자기자본의 몇 %에 해당하는 고정부채가 있는가를 나타내는 지표이며, 고정부채비율이 높을수록 상환부담은 적으나 총부채가 자기자본을 넘지 않아야 한다.

$$고정부채비율 = 고정부채 \div 자기자본(또는 총자본) \times 100$$

② 자산구성 안전성 분석지표
자산구성에서의 안전성 분석지표로는 고정비율, 고정자산 대 장기자본비율 지표가 있다.

가. 고정비율

고정자산은 경영활동에 지속적으로 이용되는 자산으로 설비투자를 일컫는다. 따라서 장기간 경영 내에 이용되는 설비투자는 상환부담이 없거나 작은 자본으로 충당하는 것이 이상적이며, 고정비율은 100% 이하가 바람직하다.

$$고정비율 = 고정자산 \div 자기자본 \times 100$$

나. 고정자산 대 장기자본비율

설비투자가 자기자본만으로 부족할 경우에 장기상환이 가능한 고정부채를 이용하는데, 그 비율이 100%를 넘지 않아야 한다.

$$고정자산 대 장기자본비율 = 고정자산 \div 장기자본 \times 100$$

(여기서 장기자본 = 자기자본 + 고정부채)

③ 재무유동성의 안전성 분석지표

재무유동성의 안전성 분석지표로는 유동비율, 당좌비율 두 가지가 있다.

가. 유동비율

단기채무의 상환능력을 평가하는 분석지표로 유동비율이 높을수록 신용도가 높음을 의미한다. 유동비율은 200% 이상을 목표로 하며, 유동성이 높은 경영에서는 그 비율이 150% 이상의 수준을 유지하는 것이 좋다.

$$유동비율 = 유동자산 \div 유동부채 \times 100$$

나. 당좌비율

농업경영체의 단기상환능력을 평가하는 지표로는 당좌비율이 있다.

$$당좌비율 = 당좌자산 \div 유동부채 \times 100$$

▎ 생산성 분석

생산성(productivity)이라는 개념은 자원이 한정된 상황에서 지속가능한 생산활동을 이어가기 위한 것으로 단순히 최대생산 개념이 아닌 투입과 산출을 동시에 고려하자는 의도에서 탄생된 개념이다. 경제학에서의 생산성은 생산요소(토지, 자본, 노동 등)가 생산활동에 기여하는 정도를 의미한다. 일반적으로 생산성은 생산요소의 투입량(액)과 생산물의 산출량(액) 사이의 비율을 의미하며 효율성 또는 능률성과 유사한 개념이다. 생산성은 물량이나 화폐가치로 평가하여 나타낼 수 있다.

$$생산성 = 생산량(액) \div 생산요소 투입량(액)$$

생산성 향상은 일정량의 생산요소 투입으로 생산량을 증대시키거나 일정량의 생산량을 산출하기 위해 생산요소 투입을 감소시킴으로써 가능하다. 생산요소인 토지, 노동, 자본에 대한 생산성은 다음과 같다

$$토지생산성 = 생산량(액) ÷ 경지면적$$
$$노동생산성 = 생산량(액) ÷ 노동투입량(액)$$
$$자본생산성 = 생산량(액) ÷ 자본투하량(액)$$

① 노동생산성

투입된 노동량과 그 결과로서 얻은 생산량의 비율을 말하는데 농가경제 조사에서는 생산량을 영농시간으로 나누어 계산한다. 노동생산성 지표는 자본생산성 지표와 함께 농업과 타산업 간의 경제적 능률을 비교하는 데 주요 지표로 사용된다.

$$노동생산성 = \frac{생산량}{투입노동량(영농시간)}$$

② 자본생산성

투입된 자본에 대한 생산량 비율로 자본계수와는 역수의 관계에 있으며, 일반적으로 생산량을 농업자본액으로 나누어 계산한다.

$$자본생산성 = \frac{생산량}{농업자본액}$$

③ 토지생산성

토지면적 단위당의 생산량을 말하는데 일반적으로 10a당 생산량을 경지면적 10a으로 나누어 산출하고 있으며, 토지생산성은 그 토지의 경제성을 다른 토지와 비교하는 데 사용된다.

$$토지생산성 = \frac{10a당 \ 생산량}{10a당 \ 경지면적}$$

④ 자본구성도(자본장비율)

자본구성도는 자본장비율로도 불리며, 자본장비율은 1인당 노동 자본액을 말하는데, 농업의 경우는 가족노동이 많고 계절성 때문에 제조업의 경우와 같이 1인당 자본장비율로 표기하기는 어렵다. 따라서 농업자본액을 영농시간으로 나누어 산출한다.

$$자본구성도(자본장비율) = \frac{농업자본액}{영농시간}$$

⑤ 자본집약도

자본집약도는 일정 경지면적에 대하여 투하된 농업자본액으로 농업자본액을 경지면적으로 나누어 계산한다. 경영규모를 확대시키는 방법에는 경지면적 자체를 확대하는 방법과 노동과 자본을 추가로 투입하여 내연적인 경영규모를 확대하는 방법이 있다. 자본집약도는 경영규모의 내연적 확대를 표시하는 지표이다.

$$자본집약도 = \frac{농업자본액}{경지면적}$$

⑥ 노동집약도

노동집약도는 단위생산물에 대한 투하노동량의 비율을 말하며, 일반적으로 일정 경지면적에 대해 투입한 노동량을 의미한다. 노동집약도는 영농시간을 경지면적으로 나누어 계산한다.

$$노동집약도 = \frac{영농시간}{경지면적}$$

SECTION 03 농업경영설계

01 농업경영설계의 중요성과 의미

농업경영의 목표인 농업순수익(또는 소득)의 최대화를 위해서는 경영 전체가 합리적으로 조직·운영되어야 하는데 이를 위해서는 일정한 순서와 방법에 따라 경영계획을 수립하여야 한다.

경영설계는 어느 정도로 경영을 확대·축소할 것인가, 생산방법을 어떻게 변경할 것인가를 수치화, 계량화한 것이다. 즉 진단의 결과를 근거로 하여 경영을 개선하기 위한 계획을 세우거나, 새로운 작목을 도입하기 위해 경영계획을 세우는 방법이다. 경영설계는 농가에 주어진 자원을 최대한 이용하고 경영 전체를 합리적으로 조직화함으로써 농업순수익(또는 소득)을 최대로 달성할 수 있도록 계획하여야 한다.

경영설계는 경영을 구성하는 부문별로 계획을 수량화하여야 하나, 이러한 계획이 과연 현실 경영보다 유리한가에 대해서는 종합적인 견지에서 판단하여야 한다. 따라서 경영설계는 경영분석에 의해서 얻어지는 자료 또는 농가에서 수집한 분석 자료를 이용하여 농업경영주가 추구하는 목표를 달성하기 위해 농업자원을 최대한 이용하도록 농장을 설계하고 이를 실행하려는 경영관리의 과정을 의미한다.

영농설계는 건물건축의 경우 설계도와도 같은 것이며 철저한 계획 아래 정확하게 운영되었을 때 경영자가 바라던 바를 이룰 가능성이 커지는 것이다. 이러한 경영설계가 지닌 중요성을 설명하면 다음과 같다. 첫째, 농가가 가지고 있는 토지, 영농 장비, 기계, 노동력, 자본 등은 일정량으로 한정되어 있다. 한정된 생산요소들을 최대한으로 이용하여 생산의 효율을 올리려면, 생산요소들을 조직화하여 짜여진 계획에 따라 이용하여야 한다. 둘째, 농업은 계절과 특정한 시기에 따라 작업해야 할 일들이 정해져 있는 경우가 대부분이다. 이러한 작업시기를 놓치는 경우 생산에 막대한 지장을 가져오게 되므로, 시기별로 잘 세운 작업 계획에 의하여 경영이 이루어져야 한다. 셋째, 생산에 필요한 생산요소의 구입과 수확물의 판매에서 가격변동의 위험을 줄이고 시장변화에 적절히 대응하려면 연초에 미리 구입과 판매계획을 세워야 한다.

경영설계의 종류에는 설계대상과 설계시간에 따라 분류할 수 있다. 설계대상에 따라서는 기본설계, 부문별설계, 이용설계로 나뉘며, 설계시간에 따라서는 장기설계, 경영기간설계, 생산기간설계, 단기설계로 분류된다.

▌ 설계대상에 따른 분류
① 기본설계: 경영형태, 작목구성(전업, 겸업), 경영규모 등을 설계
② 부문별 설계: 각 생상부문별 생산규모와 생산방법, 처분방법 등을 설계
③ 이용설계: 기본설계와 부문별 설계에 따라, 필요한 경영요소와 생산수단의 동원 및 조달 방법 등을 설계

▌ 설계시간에 따른 분류
① 장기설계: 2년 이상의 시간을 단위로 한 경영계획
② 경영기간설계: 1년의 경영기간을 대상으로 설계
③ 생산기간설계: 어떤 작목의 생산기간 단위로 하는 작업 및 자재투입 설계
④ 단기설계: 1일, 1주일, 1개월 등 짧은 기간 단위로 작업 및 자재투입 설계

02 경영설계의 순서

경영을 설계하기 위해서는 설계 → 조직 → 운영 → 평가 → 통제 → 조사 → 설계 단계인 경영순서 과정을 따른다. 이들 과정 중 경영설계는 경영주의 경영이념 및 경영철학을 바탕으로 가장 합리적이

고, 과학적인 설계가 필요한 과정이라고 할 수 있다. 이러한 경영설계의 순서는 경영진단결과를 기초로 하여 설계하여야 하며, 그 순서과정은 〈그림 5-6〉과 같다.

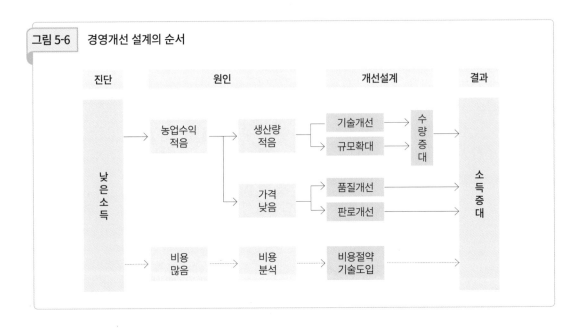

그림 5-6 경영개선 설계의 순서

경영진단의 결과 소득이 적을 때 소득이 낮은 이유는 비용이 많이 들었거나 농업수익이 적기 때문이다. 따라서 소득을 높이기 위해서는 먼저 비용분석을 통하여 경영비 비목별 비용을 산출하여 절감 가능한 비목을 찾아 비용 절감방법을 모색한다. 예로 도입 가능한 새로운 기술이 있는지, 경영상 기술 낙후로 과다한 비용이 투입되고 있는지 등을 면밀히 검토하여 경영비 절감방안을 제시하고 실행해야 할 것이다. 다음으로 농업수익이 낮을 때에는 그 원인이 생산물의 농가수치 가격이 낮기 때문이라면 그 생산물의 품질을 향상시키는 방법과 판매방법에 있어서의 문제점을 검토해야 한다. 한편 생산량이 적기 때문이라면 규모의 확대나 새로운 기술을 도입함으로써 생산량을 증대시키고, 보충부문을 도입하여 소득을 확대시키는 방법을 검토할 필요가 있다. 또한 다른 작목으로의 전환도 고려해 보아야 한다. 따라서 어떻게 경영을 개선할 것인가는 진단결과와 농업경영에 주어진 여러 가지 구체적인 조건에 따라서 달라진다.

03 농업경영설계 유의사항

농업경영을 설계하는 데에는 많은 유의사항이 있다. 경영규모, 영농자금, 영농자재조달, 농지기반정비, 사양기술, 경영형태, 출하방법, 노동력 조달방법 등을 명확하게 설정하여야 한다.

림으로 나타내면 해당 점에서의 접선과 원점과 총비용곡선상의 한 점을 연결한 직선이 동일하게 되는 점에서 그러한 직선의 기울기(=평균비용)는 최소가 되므로 〈그림 6-4〉에서와 같이 한계비용은 항상 평균총비용과 평균가변비용의 최저점을 통과한다. 즉, 평균비용이 최소가 되는 점에서는 항상 평균비용과 한계비용은 동일하다.

$$ATC = TC/y = AVC/y + AFC/y \quad \text{(7)}$$
$$MC = dTC/dy = dTVC/dy \quad \text{(8)}$$

SECTION 03 최적 생산 및 투입 수준의 선택

01 최적 투입수준의 결정

생산활동에서 경영자의 의사결정은 최적 투입수준의 선택으로 이해될 수 있다. 시장에서 생산물의 가격 p와 투입물 가격 w가 주어지면 투입물 x를 이용한 생산활동에서 발생하는 이윤을 정의할 수 있고, 이윤을 극대화하는 경영자의 의사결정 기준과 과정을 설명할 수 있다. 즉, 생산물 가격 p와 투입물 가격 w가 시장에서 주어진 상황을 고려하면 생산자의 이윤 ϖ는 생산물의 총가치 또는 총가치생산(TVP: Total Value Product)과 총비용의 차이로 나타낼 수 있다.

$$\pi = TVP - TC = p \times TPP - w \times x = p \times f(x) - w \times x \quad \text{(9)}$$

이 경우 투입물 한 단위당 생산물의 가치인 평균가치생산(AVP: Average Value Product)과 투입물 한 단위 증가가 총가치생산에 기여하는 정도인 한계가치생산(MVP: Marginal Value Product)을 정의할 수 있다. 평균가치생산은 생산물 가격 p와 평균생산물 APP의 곱으로, 그리고 한계가치생산은 생산물의 가격 p와 한계생산물 MPP의 곱으로 정의된다. 여기서 한계가치생산은 추가 투입된 생산요소 한 단위가 가치 생산에 얼마나 기여하는가를 나타낸다. 한편, 이러한 생산요소의 추가 투입에 따른 추가 비용인 한계투입비용(MIC: Marginal Input Cost)은 완전경쟁시장을 가정할 경우 생산요소의 시장가격 w와 동일하다.

$$AVP = TVP/x = p \times APP \quad \text{(10)}$$

$$MVP = dTVP/dx = p \times df(x)/dx = p \times MPP \cdots\cdots\cdots\cdots\cdots\cdots\cdots\cdots\cdots(11)$$
$$MIC = dTC/dx = w \times dx/dx = w \cdots\cdots\cdots\cdots\cdots\cdots\cdots\cdots\cdots\cdots(12)$$

따라서 최적 투입수준은 생산요소의 한 단위 추가 투입에 따른 비용과 추가되는 가치생산이 같아지는 점에서 결정된다. 이는 산출량이 주어진 상태에서 다음과 같은 이윤극대화 문제의 해와 동일하다. 즉, 한계가치생산 MVP와 한계투입비용 MIC가 동일하다는 조건은 아래와 같은 이윤극대화 문제 (13)의 1계조건(14)이라고 볼 수 있다.

$$Max\ \pi = p \times f(x) - w \cdots\cdots\cdots\cdots\cdots\cdots\cdots\cdots\cdots\cdots\cdots\cdots(13)$$
$$s.t.\ y = f(x)$$

$$p \times MPP = w\ \text{또는}\ p \times [df(x)/dx] = w \cdots\cdots\cdots\cdots\cdots\cdots(14)$$

여기서 한계생산을 나타내는 MPP는 생산요소의 투입수준 x의 함수이므로 이윤극대화문제의 1계조건을 활용하면 이윤을 극대화하는 생산자는 시장에서 주어진 생산물과 투입물의 가격 p와 w의 수준에 따라 어떻게 생산요소의 최적투입수준을 결정하는지를 나타낼 수 있다. 즉, 다음 식 (15)에 따라 주어진 생산물과 투입물의 가격 하에서 생산요소의 투입수준을 결정하게 되면 항상 이윤을 극대화할 수 있다. 이러한 최적투입수준 x^*를 나타내는 식 (15)를 생산자의 요소수요함수라고 한다. 이러한 요소수요함수는 생산물 가격 p에 대해서는 증가함수, 투입물 가격 w에 대해서는 감소함수이며, 두 가격이 동일한 비율로 변할 경우 최적투입수준에는 아무런 변화가 없다.

$$x^* = x(p, w) \cdots\cdots\cdots\cdots\cdots\cdots\cdots\cdots\cdots\cdots\cdots\cdots\cdots\cdots\cdots(15)$$

02 최적 산출수준의 결정

최적 산출수준의 선택은 주어진 시장가격 하에서 이윤을 극대화하는 산출량 수준을 결정하는 과정을 통해 이해될 수 있다. 최적 산출수준에 의한 이윤은 산출량 수준에 따른 총수입(TR: Total Revenue)과 총비용(TC: Total Cost)의 차이에 의해 정의될 수 있다. 생산함수 $y = f(x)$를 역함수 $x = f-1(y)$로 나타낼 수 있다면 산출량에 따른 이윤은 다음과 같이 정의될 수 있다.

$$\pi = TR - TC = p \times y - w \times x = p \times y - w \times f^{-1}(y) \cdots\cdots\cdots\cdots(16)$$
(여기서 $f^{-1}(y)$는 생산함수의 역함수임)

산출물 한 단위 추가 생산에 따른 수입의 증가는 한계수입(MR: Marginal Revenue)이며, 완전경쟁 시장에서 한계수입은 산출물의 시장가격과 같다. 산출물 한 단위 추가 생산을 위해 필요한 비용의 증가는 한계비용(MC: Marginal Cost)이며, 이윤을 극대화하기 위해서는 산출물 한 단위 추가 생산에 따른 수입 증가가 비용 증가와 같도록 해주는 산출량을 선택하는 것이 최적이다.

$$MR = dTR/dy = p \quad\text{(17)}$$
$$MC = dTC/dy = w \times df^{-1}(y)/dy \quad\text{(18)}$$

따라서 한계수입과 한계비용이 같아지는 산출량은 투입량이 주어진 상태에서 다음과 같은 이윤극대화 문제의 해와 동일하다. 즉, 한계수입 MR과 한계비용 MC가 동일하다는 조건은 아래와 같은 이윤극대화 문제(19)의 1계조건(20)이라고 볼 수 있다.

$$Max\ \varpi = p \times y - w \times f^{-1}(y) \quad\text{(19)}$$
$$s.t.\ x = f^{-1}(y)$$
$$p = MC \quad\text{(20)}$$

여기서 한계비용을 나타내는 MC는 산출 수준 y의 함수이므로 이윤극대화문제의 1계조건을 활용하면 주어진 시장 가격 하에서 이윤을 극대화하는 생산자의 최적산출수준을 나타낼 수 있다. 즉, 다음 식 (21)과 같이 주어진 생산물과 투입물의 가격에 따라 생산량을 결정하게 되면 항상 이윤을 극대화할 수 있으며, 이러한 최적 산출수준 y^* 를 나타내는 다음 식 (21)을 생산물공급함수라고 한다. 이러한 생산물공급함수는 생산물 가격 p에 대해서는 증가함수, 투입물 가격 w에 대해서는 감소함수이며, 두 가격이 동일한 비율로 변할 경우 최적산출수준에는 아무런 변화가 없다.

$$y^* = y(p, w) \quad\text{(21)}$$

SECTION 04 최적 생산 및 투입 수준의 선택

01 생산요소의 최적결합

대부분의 생산에서는 두 가지 이상의 생산요소가 투입되며 많은 경우 생산요소 간에는 상호 대체관계가 존재한다. 즉, 한 생산요소의 투입 증가는 다른 생산요소의 투입 감소를 가져올 수 있다. 예를 들면 제초제와 같은 화학투입재의 투입으로 제초작업을 위한 노동력 투입량을 줄일 수 있다면, 제초제는 노동력을 대체할 수 있는 것이다. 이와 같이 생산요소 간 대체관계가 있을 경우 원하는 수준의 산출물을 얻기 위해 어떤 생산요소가 얼마나 이용되어야 하는가의 문제는 생산요소의 최적 결합 선택의 문제로 귀결된다. 농업생산에서는 이와 같은 생산요소가 대체관계가 매우 빈번하게 관찰되며, 생산자는 비용을 최소화할 수 있는 생산요소의 결합을 선택하고자 할 것이다. 왜냐하면 비용을 최소화하는 생산요소의 결합 선택은 주어진 산출량을 통해 얻을 수 있는 이윤을 최대화해주기 때문이다. 이러한 최소비용 투입요소 결합 또는 이윤극대화 투입요소 결합은 생산요소의 가격에 따라 변화하며, 생산요소의 가격 변화에 따라 어떤 생산요소를 다른 생산요소로 대체함으로써 비용을 줄이거나 이윤을 증가시킬 수 있게 된다.

두 가지의 생산요소 x_1과 x_2를 이용하여 산출물 y를 생산하는 경우를 상정하면 생산함수는 다음 식과 같이 나타낼 수 있으며, 이를 그림으로 나타내면 다음 〈그림 6-5〉와 같다.

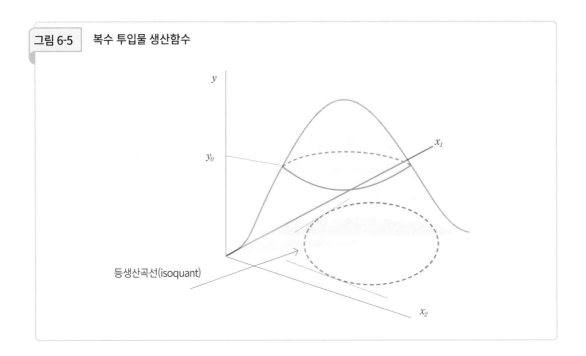

그림 6-5   복수 투입물 생산함수

$$y = f(x) = Max\{y : x는\ y\ 생산\ 가능\} \quad\cdots\cdots\cdots\cdots\cdots\cdots\cdots\cdots\cdots\cdots\cdots \quad (22)$$

〈그림 6-5〉에서 동일한 산출량을 의미하는 동일한 높이에 있는 점들을 x_1, x_2 평면에 투사하여 나타내고 경제적으로 합리적인 점들만을 표시한 것을 등생산곡선(또는 등량곡선, isoquant curve)이라고 한다(그림 6-6). 등생산곡선은 주어진 생산량을 달성하게 해주는 두 투입물 x_1과 x_2의 모든 가능한 결

합을 나타낸 것이며 등생산곡선상에서의 변화는 두 투입물 간의 대체를 의미한다. 한계수확체감(한계생산체감)의 법칙에 의해 등량곡선은 원점에 대해서 볼록한 모양을 가지며, 두 투입물 간의 대체 정도는 등량곡선의 기울기로 나타난다. 등량곡선의 기울기, 즉 두 투입물 간의 대체 정도는 한계(기술)대체율(MRTS: Marginal Rate of Technical Substitution)이라고 하며, 이는 대체되는 생산요소의 투입량 변화를 추가되는 생산요소의 투입량 변화로 나눈 것으로 정의된다(한계대체율 = 대체되는 생산요소 투입량 변화 / 추가되는 생산요소 투입량 변화). 이러한 한계대체율은 동일한 산출량을 유지하면서 두 생산요소의 대체 정도를 측정한 것으로서 두 생산요소의 한계생산의 비율과 같다.

$$dy = [\partial f(y)/\partial x_1]dx_1 + [\partial f(y)/\partial x2]dx_2 = MPP_1 \times dx_1 + MPP_2 \times dx_2 \cdots\cdots \quad (23)$$

$$MRTS_{12} = -dx_2/dx_1 = MPP_1/MPP_2 \ (dy = 0에서 \ 정의) \cdots\cdots\cdots\cdots\cdots\cdots\cdots\cdots\cdots \quad (24)$$

그림 6-6	등량곡선과 대체관계

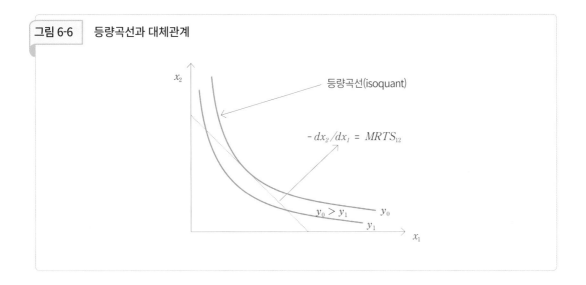

생산요소간 대체관계는 다음과 같은 세 가지 경우로 나누어진다. 첫째, 생산요소 간의 대체가 완전한 경우이다. 즉, 한 생산요소가 다른 생산요소를 완전대체할 수 있는 경우로서, 한 생산요소의 투입이 전혀 없이 동일한 생산이 가능한 경우이며, 한계대체율인 등량곡선의 기울기는 항상 일정하다〈그림 6-7(a)〉. 예를 들어 축산에서 곡물 사료로서 옥수수나 보리가 다른 하나를 완전대체 가능하다면 〈그림 6-7(a)〉와 같은 관계가 있다고 볼 수 있다. 둘째, 한 생산요소의 투입량을 증가시켜 나갈 때 이 생산요소가 다른 생산요소를 대체할 수 있는 정도가 점점 감소하는 경우이다. 즉, 한 생산요소의 투입량을 증가시켜 나가면 한계대체율이 점점 작아지는 경우이며, 한계대체율 체감의 법칙이 적용된다〈그림 6-7(b)〉. 예를 들어 축산에서 곡물 사료인 옥수수가 조사료인 건초를 일정 정도 대체가 능하지만 완전히 대체할 수는 없다면 〈그림 6-7(b)〉와 같은 관계로 나타낼 수 있다. 마지막으로 두

생산요소 간에 대체가 불가능한 경우이며, 이는 두 생산요소가 항상 동일한 비율로만 결합되어 이용될 수 있는 경우를 말한다. 이 경우 한계대체율은 항상 0이며, 대표적인 예로 Leontief 생산기술이 있다〈그림 6-7(c)〉. 예를 들면 〈그림 6-7(c)〉에서와 같이 트렉터와 운전자는 항상 1:1의 결합비율로 투입된다.

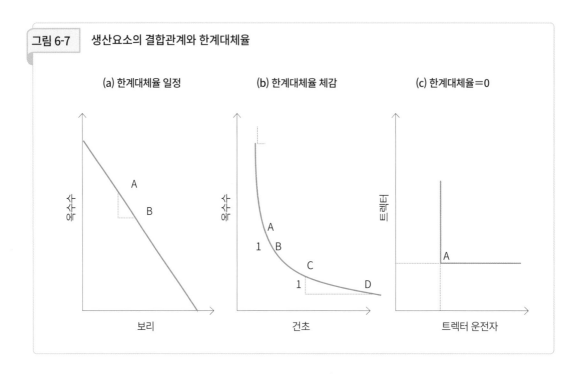

그림 6-7 생산요소의 결합관계와 한계대체율

(a) 한계대체율 일정   (b) 한계대체율 체감   (c) 한계대체율＝0

한편, 한계대체율은 투입요소의 측정 단위에 따라 그 크기가 달라지므로 생산요소 간에 그리고 동일한 생산요소라고 하더라도 서로 다른 생산기술 간에 대체정도의 비교가 어렵다. 측정단위에 영향을 받지 않는 대체성의 정도를 측정할 수 있는 지표로는 대체탄력성(elasticity of substitution)이 있다. 대체탄력성은 한계대체율이 1% 변화할 때 요소결합비율의 변화율을 나타낸다.

$$\sigma_{12} = \% \text{ change in } (x_2/x_1) \, / \, \% \text{ change in } (MRTS_{12}) \quad \cdots\cdots\cdots\cdots\cdots\cdots(25)$$
$$= dln(x_2/x_1)/dlnMRTS1_{12}$$
$$= d(x_2/x_1)/(x_2/x_1)]/[dMRTS1_{12}/MRTS_{12}]$$

이와 같이 한계대체율은 생산기술에 의한 생산요소 간의 대체성의 정도를 나타내는 반면, 두 생산요소의 시장에서의 대체성의 정도는 가격비로서 나타난다(가격비 ＝ 추가되는 생산요소 가격 / 대체되는 생산요소 가격). 즉, 생산요소를 구입할 수 있는 비용(또는 예산)이 주어져 있다면, 생산요소의 시장가격이 주어졌을 때 주어진 예산으로 조달 가능한 생산요소의 결합은 〈그림 6-8〉과 같은 예산선으로 나타낼 수 있다. 여기서 주어진 예산으로 선택 가능한 두 투입물의 결합은 예산선 아래의 점들이며, 예산선의 기울기는 두 생산요소의 가격비로서 시장에서 평가하는 두 생산요소 간 대체성의 정도를 나타낸다.

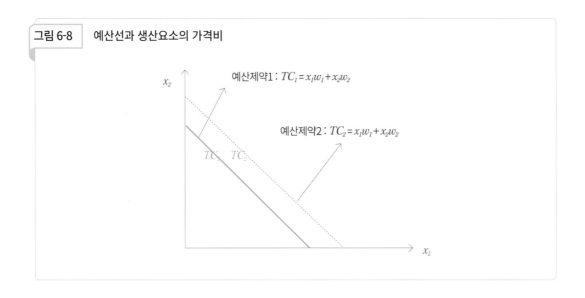

그림 6-8   예산선과 생산요소의 가격비

예산제약1 : $TC_1 = x_1 w_1 + x_2 w_2$

예산제약2 : $TC_2 = x_1 w_1 + x_2 w_2$

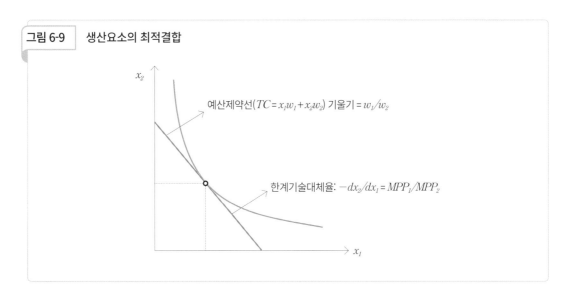

그림 6-9   생산요소의 최적결합

예산제약선($TC = x_1 w_1 + x_2 w_2$) 기울기 $= w_1/w_2$

한계기술대체율: $-dx_2/dx_1 = MPP_1/MPP_2$

따라서 최적의 생산요소의 결합은 생산기술에서 평가하는 두 생산요소의 대체성의 정도(한계기술대체율 = MPP_1/MPP_2)와 시장에서 평가하는 두 생산요소의 대체성의 정도(가격비 = w_1/w_2)가 동일한 조합이다(그림 6-9). 따라서 최소비용을 가져다주는 생산요소의 최적 결합 조건은 한계대체율과 가격비가 같아지는 것($w_1/w_2 = MPP_1/MPP_2$)이며, 그래프에서 예산제약선이 등량곡선에 접하는 점에서 최적결합이 이루어진다. 이러한 최적점의 의미는 추가 투입되는 생산요소(x_1)의 시장가격(w_1) 한 단위당 한계생산물(MPP_1/w_1)과 그에 의해 대체되는 다른 생산요소(x_2)의 시장가격(w_2) 한 단위당 한계생산물 (MPP_2/w_2)이 동일하도록 하는 생산요소 결합이다.

02 생산물의 최적결합

농업에서 하나의 투입물은 서로 다른 산출물의 생산에 투입되는 것이 일반적이다. 이 경우 주어진 투입물을 이용하여 어떠한 산출물 조합을 선택할 것인가의 의사결정에 직면하게 된다. 이러한 산출물의 최적 결합 선택 원리는 산출물의 결합 관계에 따라 달라진다.

편의상 x를 제외한 나머지 생산요소의 투입량은 고정되어 있다고 하고 y_1과 y_2의 두 가지 산출물을 생산한다고 하자. 이 경우 주어진 생산요소의 투입량, 즉 자원 제약하에서 하나의 생산물 생산 증가는 다른 생산물 생산에 영향을 주며, 가능한 두 생산물의 결합관계는 생산가능곡선(production possibility curve)을 통해 나타낼 수 있다. 이러한 생산물 간의 대체관계의 정도는 생산가능곡선의 기울기로 정의되는 한계변환율(marginal rate of product transformation)로 측정될 수 있다.

$$MRPT_{12} = dy_2/dy_1 \quad\cdots\cdots\cdots\cdots\cdots\cdots\cdots\cdots\cdots\cdots\cdots\cdots\cdots\cdots\cdots\cdots\cdots\cdots\cdots\cdots(26)$$

생산물 간의 결합관계는 대체관계에 따라 4가지의 유형이 있다. 첫 번째, 결합 유형은 보완생산물(complementary product)로서 생산요소의 추가투입 없이 한 생산물이 생산량을 증가시킬 때 다른 생산물의 생산량이 함께 증가하는 관계이다(그림 6-10). 예를 들면 농업생산에서 콩과 작물 재배가 토양 개선을 통해 다른 작물의 생산을 증대시키는 효과를 보이는 경우이다. 보완생산물의 한계변환율은 양의 기울기를 가지며, 보완관계가 존재할 때 의사결정의 기준은 이러한 보완관계가 계속되는 한 생산을 증가시켜 나가는 것이다. 일반적으로 현실에서는 이러한 보완관계는 일정 범위에 국한되어 나타나며, 따라서 보완관계가 없어질 때까지 생산을 확대하는 것이 최적의 선택이 된다.

다음으로 보합관계(supplementary product)는 다른 생산물의 생산에 영향을 주지 않고 한 생산물의 생산 확대가 가능한 경우이다. 이 경우 한계변환율은 0이며 농업의 경우 주로 농업생산의 계절성에 의해 나타난다(그림 6-11). 즉, 농업생산의 계절성으로 인해 생산요소의 유휴화가 발생하며, 유휴화된 생산요소의 이용은 다른 생산에 영향을 주지 않고 해당 산출물의 생산량을 증가시킬 수 있다. 이와 같이 보합관계가 나타나는 경우 최적의 선택은 이러한 보합관계가 없어질 때까지 생산을 확대해 나가는 것이다. 농업경영에서 농한기 노동력 이용을 촉진하고 경영의 다각화를 통해 생산요소의 활용도를 높이기 위해 노력하는 것은 이러한 최적 생산물 결합 선택 행위로 설명될 수 있다.

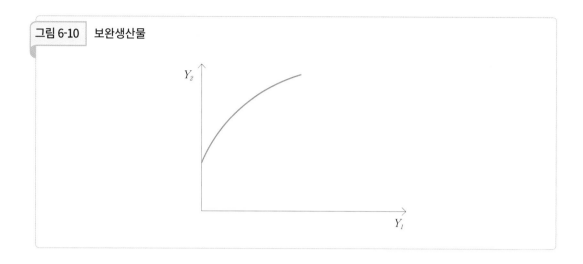

그림 6-10 보완생산물

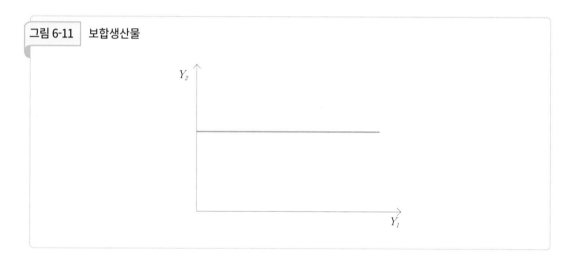

그림 6-11 보합생산물

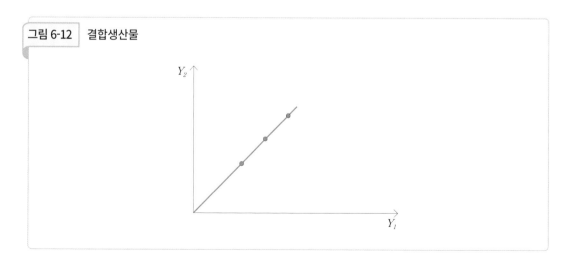

그림 6-12 결합생산물

세 번째 유형은 결합관계(joint product)로서 두 생산물이 일정한 비율로 생산되는 경우이며, 벼와 볏짚, 양고기와 양가죽 등 농업생산에서 주로 나타나는 주산물과 부산물의 관계가 대표적인 예이다 (그림 6-12). 이러한 결합생산물의 경우 한 생산물의 가격이 상승한다고 해서 해당 생산물의 생산만 증가시키는 것이 불가능하다.

마지막 유형은 가장 일반적인 생산물 결합 유형으로 경합관계(competitive product)이다(그림 6-13). 경합관계인 경우 두 생산물은 투입량이 주어진 생산요소의 이용에 있어서 경쟁관계에 있으며, 따라서 한 생산물의 생산량 증대는 다른 생산물의 생산량 감소에 의해서만 가능하다. 이러한 경합관계의 경우 한계변환율이 일정한 경우와 한계변환율이 체증하는 경우로 나누어 볼 수 있다. 이와 같이 생산요소의 이용에 있어서 서로 경쟁관계에 있는 경우의 생산물의 최적 결합은 시장에서 두 생산물이 대체되는 정도(= 증가되는 생산물의 시장가격 / 감소되는 생산물의 시장가격)와 생산에서 대체되는 정도(= 감소되는 생산물의 양 / 증가되는 생산물의 양)가 동일하도록 하는 것이다(식 27). 생산물의 시장가격비는 동일한 수입을 가져다주는 등수입선의 기울기를 의미하며, 따라서 〈그림 6-13〉에서와 같이 등비용선과 생산가능곡선이 접하는 점에서 최적 결합이 이루어진다. 이는 생산물의 대체를 통해 생산이 늘어나는 생산물의 가치(dy1×p1)와 감소하는 생산물의 가치(dy2×p2)가 동일하도록 하는 것이 최적임을 의미한다(식 28).

$$MRPT_{12} \ (= dy_2/dy_1) = p_1/p_2 \ \text{..(27)}$$

$$dy_2 \times p_2 = dy_1 \times p_1 \ \text{..(28)}$$

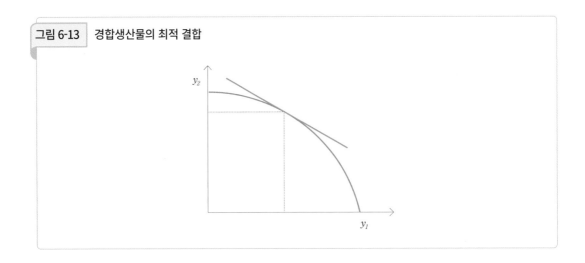

그림 6-13	경합생산물의 최적 결합

과제

1 ㅣ 농산물생산비 조사 자료를 이용하여 생산기술을 나타내 보시오.

2 ㅣ 농업생산에서 생산물의 결합관계를 이용하여 농업경영 다각화의 의미를 논하시오.

3 ㅣ 농업생산의 계절성이 생산물 결합 최적 의사결정에 주는 시사점에 대해 논하시오.

4 ㅣ 우리나라의 대표적인 농산물을 선정하여 시간에 따른 생산기술 변화의 특징에 대해 논하시오.

연습문제

1 ㅣ 생산의 3단계를 설명하고, 각 단계별로 합리적인 의사결정에 대해 설명하시오.

2 ㅣ 한계생산과 평균생산의 관계를 설명하시오.

3 ㅣ 한계비용과 평균비용의 관계를 설명하시오.

4 ㅣ 한계비용의 증가는 생산기술의 어떤 특징 때문인지 설명하시오.

5 ㅣ 기회비용을 설명하고 다음에 대한 기회비용을 어떻게 측정할지 설명하시오.
  (벼 생산에 투입된 토지, 영농에 투입된 가족노동력, 1ha 경운작업을 위한 트랙터 이용)

6 ㅣ 생산함수를 이용하여 이윤극대화 문제를 구성하고 최적화 조건을 이용하여 요소수요함수
  와 생산물공급함수를 도출하시오.

참고문헌

• 김영식, 2001, 생산경제학, 박영사.
• Kay, R.D., W.M. Edwards, P.A. Duffy, 2016, Farm Management, McGraw-Hill Education: Singapore.

CHAPTER 07

농업경영 조직의 변화와 인적 자원관리

학습목표

1 I 농업경영조직의 개념을 정의한다.
2 I 농업경영조직의 유형들을 구분한다.
3 I 가족경영의 개념 및 특징을 기술한다.
4 I 법인경영의 개념 및 특징을 기술한다.
5 I 마을공동경영의 개념 및 특징을 기술한다.
6 I 농업법인에 적합한 네 가지 조직의 차이점을 설명한다.
7 I 리더십에 관한 세 가지 이론을 설명한다.
8 I 동기부여에 관한 네 가지 이론을 설명한다.
9 I 인적 자원관리 방안을 제시한다.

SECTION 01 농업경영 조직의 개념과 변화

01 농업경영 조직의 개념

▌ 이론적 배경

농업경영 조직의 개념과 변화과정을 이해하기 위해서는 먼저 농업이라는 산업적 특수성과 농업경영의 중요성을 살펴볼 필요가 있다. 농업은 자연환경 속에서 인간에게 유익한 식물(곡물, 채소, 과일, 화훼 등)을 재배하고 가축들을 생산하는 1차 산업이다. 최근에는 생산성을 개선하고 품질을 높이기 위하여 ICT(Information Communication Technology), BT(Bio Technology) 등과 결합한 융복합 산업으로 발전하고 있으며, 농산물가공 등 2차 산업과 농산물 판매 및 유통, 교육 및 관광 등 3차 서비스산업까지 포괄하는 종합산업으로 확대되고 있다. 그럼에도 불구하고 농업의 근원은 자연환경에 기초한 생산에서 비롯되므로 이에 따른 여타 산업들과 구별되는 몇 가지 특징을 보인다.

첫째, 농업은 자연환경의 지배를 크게 받을 수밖에 없는 산업이다. 최근에는 온실 등을 통한 환경조절 기술이 발달하고 환경에 영향을 덜 받는 종자가 개발되고 있으나 기후의 영향에서 완전히 벗어날 수는 없다. 이와 같이 농업이 자연환경에 기초하므로 생산방식도 여타 산업과 차이가 있다. 즉, 생산기간이 길고 생산에 계절성과 지역성이 연관될 수밖에 없어 생산이 제한적이다.

둘째, 농업노동의 특수성이다. 계절적으로, 생육단계에 따라 투입되는 노동의 양과 기능이 상이하므로 농업노동은 비연속적이고 비능률적이라는 단점이 있다. 즉, 이질적인 다양한 노동의 필요를 충족시키기 위한 기능적인 숙련이 쉽지 않고 기계화에도 한계가 있어 생산성의 개선이 쉽지 않다. 이러한 농업노동의 비연속성을 해소하기 위하여 공동작업과 복합영농이 나타났다. 농작업의 한정된 노동력과 기계장비의 활용도를 높이기 위하여 마을단위의 공동작업과 협업조직을 결성하였다. 또한, 계절에 따라 요구되는 노동수요가 상이한 다양한 농작물들을 경작함으로써 연중 노동력을 분산할 수 있는 복합영농을 도입하게 되었다.

셋째, 위에서 언급한 농업의 자연 의존성과 노동의 특수성으로 인하여 농업경영이 일반경영과 차이가 난다. 농업은 자연을 대상으로 하는 생산이므로 영농규모를 확대하는 데 한계가 있으며, 경영형태나 생산품목을 선택하는 데도 제약이 많다. 또한, 농업생산의 불확실성과 위험상존으로 인하여 생산목표를 수립하거나 영농계획 수립 및 관리에 어려움이 따르고, 제조업이나 서비스업에 비해 덜 과학적일 수밖에 없다.

지금까지 살펴본 농산업의 특수성과 함께 추가적인 이해가 필요한 것은 농업경영의 중요성이 점차 증가하고 있다는 것이다. 우리의 농업환경은 빠르게 변화하고 있다. 농업경영규모의 확대와 함께 농업경영은 보다 전문화되고 생산기술 수준이 높아지고 있다. 노동은 점차 기계장비 등 자본재로 대체되고 있으며, 더 많은 자본투자를 위한 자금차입이 요구된다. 농산물의 가격상승을 초과하는 생산비 증가로 인하여 교역조건은 악화되고, 농산물 시장의 극심한 경쟁으로 마진폭은 축소되고 있다. 이와 함께 FTA, WTO 등 시장개방의 확대로 저렴한 외국농산물의 수입이 증가하며 농업경영의 방식과 조직구성 및 관리에 대한 중요성은 그 어느 때보다도 강조되고 있다.

▮ 개념과 유형

농업경영 조직이란 농업경영 목적을 달성하기 위하여 일과 사람을 합리적으로 결합시켜 이를 편성하고 운영해가는 것을 뜻한다. 즉, 농업경영 조직이란 농업이라는 일을 매개로 한 인간의 조직이며, 조직의 구성, 조직관리, 그리고 경영관리에 따라 다양한 조직체(또는 농업경영체) 유형으로 구분할 수 있다. 오늘날 농업경영 조직의 유형은 가족경영을 중심으로 임의의 협업경영과 법인경영 등 다양한 형태로 구성되어 있다.

본 절에서는 농업경영 조직의 유형을 〈그림 7-1〉과 같이 몇 가지로 구분해 보고자 한다. 먼저 농업경영의 소유자(또는 경영자)가 단일인지 또는 복수인지에 따라 개인경영과 집단경영으로 크게 나눌 수 있다. 일반적으로는 소유자와 경영자가 구분되는 것이 원칙이지만 농업의 경우 소유자와 경영자가 동일한 경우가 많으므로 논의의 편의를 위하여 동일하다고 가정한다.

개인경영과 집단경영은 각각 장단점이 있다. 개인경영의 경우 소유자(또는 경영자)가 1명이므로 설립이 용이하고 경영 및 의사결정 구조가 비교적 단순하고 신속하다는 장점이 있다. 반면 대규모 경영에는 한계가 있으며 경영관리의 분업을 통한 이익을 누리기 어려운 점은 단점이다. 또한, 1인 소유자 또는 경영자에 경영이 집중되어 경영위험에 직면할 수 있으며 사업이 단기에 정리될 가능성도 높다는 단점이 있다.

이에 비해 집단경영은 보다 큰 자금으로 대규모 사업을 운영할 수 있다는 장점이 있다. 소유 또는 경영권이 다수에 분산되어 있으므로 개인경영에 비해 사업의 지속 가능성이 훨씬 높다. 또한, 경영관리의 분업을 통한 이익가능성이 높으므로 보다 효율적인 경영관리가 가능하다는 장점도 있다. 반면, 의사결정의 신속성이 결여되고 비효율적이 되기 쉬운 것은 단점이다. 또한, 공동 경영자 간 이익배분 등 이해관계 상충에 대한 우려는 극복해야 할 중요한 경영과제이다.

개인경영은 다시 가족경영과 기업경영으로, 집단경영은 임의집단경영과 법인집단경영으로 구분할 수 있다. 가족경영은 가족노동에 의존하는 경영이며, 경영규모가 자급자족 수준 또는 소규모 경영을 벗어나기 어려운 한계가 있다. 이에 비해 기업경영은 주로 고용노동력에 의존하며 더 나아가 노동력보다는 자본 중심의 경영이므로 규모가 상대적으로 크다. 여기에 더하여 기업경영과 가족경영을 구분하는 기준으로 가계와 경영의 분리, 경영목표와 경영행동, 경영관리 기구와 영역 등을 이용하기도 한다. 우리나라 개인경영은 가족경영을 중심으로 이루어지고 있으며 기업경영의 경우 일부 작목에 한정하여 극소수의 형태만이 존재하는 실정이다. 예컨대 축산의 기업농 정도가 그 소수에 해당된다. 이러한 점에서 현실적으로 개인경영에서 기업경영을 따로 분류하기보다는 농업에 기업경영적인 성격을 많이 반영하는 '기업적 경영'이라는 중간 형태를 포함시킬 수도 있다.

그림 7-1 농업경영 조직의 유형구분

자료: 김정호, 가족농 연구(2012)

집단경영은 임의집단경영(또는 임의협업경영)과 법인집단경영(또는 법인협업경영)으로 구분된다. 이 구분은 집단경영이 법인격을 가지는지 여부에서 비롯된다. 임의집단경영은 개인농가들 또는 개인법인들이 임의로 집단을 구성하여 단순히 협업을 하는 형태인 반면, 법인집단경영은 집단 자체가 법인격을 가지고 채권·채무의 주체가 되며 각종 정책사업의 추진주체가 될 수 있다. 법인집단경영은 다시 회사법인(합자회사, 합명회사, 유한회사, 주식회사)과 조합법인으로 구분할 수 있다. 이 구분은 농업법인의 법률 및 제도적 형태에 따른 구분이다. 회사법인의 경우 개인경영에 가까운 무한책임의 합자회사에서부터 유한책임의 주식회사에 이르기까지 다양한 형태가 존재하며, 조합법인은 협동조합과 같이 경제적 약자들이 상부상조 정신에 입각하여 설립한 조직체이다. 법인경영 조직에 대해서는 다음 절에서 보다 자세히 설명할 것이다.

02 농업경영 조직의 변화

▎ 제도적 변화

우리나라 농업경영 조직이 어떻게 변화되어 왔는지를 살펴보기 위하여 먼저 제도 및 정책의 변천사를 살펴보는 것이 도움이 될 것이다. 1949년 시행된 농지개혁을 통하여 우리나라는 자작농 체제를 수립하게 되었고 지금까지 건실한 농가 육성이 우리 농정의 근간이 되고 있다. 우리나라에서 전통적인 가족농에 대해 경영이라는 용어를 처음 사용한 것은 농림부가 1962년에 설치한 '농업구조개선심의위원회'였다. 그 해 12월에 발표한 '농업구조개선책'에서 가족경영의 자립을 제안하였고, 1967년에는 「농업기본법」이 제정되어 경쟁력을 가진 전업농 육성 정책을 추진하게 된다.

농가의 조직화 내지 협업화도 1960년대 이후 거론되기 시작하였다. 1962년 12월 농림부의 '농업구조개선심의위원회'는 자립경영의 일환으로 협업농 개념도 제시하였다. 이에 따라 농림부는 1963년 3월에 경기도 광주군, 전북 진안군, 전남 광양군, 경북 월성군, 경남 양산군 등 5개 지역에서 협업농장 시범사업을 착수하였다. 그러나 모두 협업농의 이상을 추구했을 뿐 사업을 실질적으로 착수하기도 전에 경영실패로 종료하고 만다. 당시의 협업경영이 개별농가의 자발적 동기라기보다는 외부적인 발의 내지 운동적인 요소가 많았기에 구성원 간 협력부족이 실패의 원인으로 지적되고 있다.

농업현장에서 협업을 위한 다양한 형태의 농가 조직이 나타나기 시작하기 시작한 것은 1970년대 들어서면서부터였다. 그 중 주목되는 것은 농업생산 공동조직인 작목반이 본격적으로 가동되기 시작한 것이다. 대표적으로 농협중앙회 주도로 397개 단위조합에 1,484개의 작목반이 조직되었다. 농협 주도의 작목반은 행정기관이 주도하여 1983년 결성한 협동출하반과 여러 면에서 중복적인 성격을 보였다. 이 때문에 1991년부터 기존의 작목반이 협동출하반과 통합되며 약 1만 5천여 개의 작목반 조직이 형성되게 된다.

1989년 4월 정부는 농업구조 개선을 위한 「농어촌발전종합계획」을 발표하며 전업농 육성과 병행하여 영농조합법인 및 위탁영농회사의 육성을 제시하였다. 이를 법적으로 제도화한 「농어촌발전특별

조치법」이 1990년 4월에 제정되어 농업법인 설립을 위한 제도적 기반을 갖추게 되었다. 우리나라 농업정책에서 처음으로 농가 이외에 농업법인이 법률적으로 농업경영주체로서 인정받게 된 것이다. 이후 농업법인 관련 규정은 몇 차례 개정되었는데, 특히 주목할 만한 법으로 1999년 2월에 제정된 「농업·농촌기본법」을 들 수 있다. 이는 1967년에 제정된 「농업기본법」과 1990년 제정된 「농어촌발전특별조치법」을 통합하여 제정한 법이다. 「농업·농촌기본법」에 농업법인 관련 규정은 제15조(영농조합법인의 육성)와 제16조(농업회사법인의 육성)에 명시되었다. 「농업·농촌기본법」은 2008년에 식품산업을 포함하는 「농업·농촌 및 식품산업 기본법」으로 개정된다. 이와 함께 2009년 4월에 제정된 「농어업경영체 육성 및 지원에 관한 법률」에서도 제16조(영농조합법인의 육성)과 제19조(농업회사법인의 육성)를 통해 농업법인을 규정하고 있다.

▎조직적 변화

우리나라는 전통적으로 가족경영이 근간이었으며, 오늘날에 이르기까지 가족경영 체제를 유지해 나가고 있다. 우리 정부는 1949년에 실시한 농지개혁을 통하여 자작농 창설을 통한 자립경영 육성을 위하여 많은 노력을 기울여 왔다. 그러나 1960~1970년대에 걸쳐 산업화를 이루어 가는 과정에서 농가에도 양적·질적으로 많은 변화가 일어났다. 농가 수가 지속적으로 감소하고 경영주가 고령화되며 임대농이나 위탁영농 형태가 나타나 가족경영의 자립화가 쉽지 않게 되었다.

1990년대 이후 불어 닥친 농업환경 변화는 가족경영에 큰 변화를 가져왔다. 농가 간 또는 산지 간 경쟁이 치열해 지고 농산물 시장개방이 확대되며 농가경제는 더욱 핍박해 진다. 그동안 농촌사회를 지탱해 온 중농층이 붕괴되면서 계층분화가 빠르게 진행되었다. 정부는 농업의 경쟁력 제고라는 목표 하에 영농규모 확대를 적극 지원하여 대농층이 형성되기에 이르렀다. 반면, 수많은 영세 고령농가들이 농업경영이라고 할 수도 없는 소규모 생계형 농업을 유지하며 양극화가 가속되고 있다.

최근 농업경영의 조직적 변화에서 주목되는 것은 농가의 조직화이다. 독자적인 자립경영 체계를 갖추기 어려운 농가들이 함께 모여 영농조직을 형성하고 이들이 농업경영체의 형태를 갖추는 데까지 발전하였다. 정부는 이러한 추이를 반영하여 1990년에 농업법인 제도를 마련하게 된다. 이 제도는 농가 협업경영 형태인 영농조합법인과 기업적 농업경영을 위한 농업회사법인을 육성하기 위하여 설립되었다. 따라서 현재 우리의 농업경영체를 농가와 농업법인의 두 가지로 구분할 수 있으며, 농업경영도 개인경영과 집단경영으로 나눌 수 있는 것이다.

향후 농산물 시장개방의 진전에 따라 농업경영의 규모화와 전문화가 더욱 빠르게 진행될 것이며, 농업경영 조직의 형태도 다양하게 나타날 것으로 예상된다. 품목과 지역에 따라 강소농 중심의 가족경영도 유지되겠지만 급변하는 국내외 시장에 대응하기 위한 농업경영 조직의 규모화와 법인화는 피할 수 없을 것이다. 따라서 농업경영의 조직 및 인적관리가 농업경영의 새로운 이슈로 등장할 것이다.

01 가족경영

개념 및 특징

가족경영은 한마디로 가족노작경영(family worked farm)이라 할 수 있으며, 가족을 단위로 농업경영을 영위하는 동시에 필요한 노동력의 대부분을 가족노동을 통하여 공급하는 경영이라는 의미이다. 세계적으로 가족농이 나타난 것은 제2차 세계대전이 끝나면서 소련과 동유럽에 사회주의 국가들이 세워지면서부터였다. 1940년대 후반부터 유럽의 국가들은 정치적으로는 민주주의와 사회주의, 경제적으로는 자본주의와 공산주의, 그리고 농업경영 형태로는 가족경영과 협업경영으로 나누어졌다.

당시 서유럽 국가들은 부족한 식량 문제와 일자리 창출을 위하여 소규모 가족농장의 창설과 노동집약적 영농방식을 장려하였다. 이러한 배경에서 가족경영은 유럽과 미국과 같은 농장 중심의 국가는 물론 아시아의 소규모 농업 국가에서도 농업경영에 자본주의 시장경제가 도입된 이상적인 형태로 발전하여 왔다. 물론 나라마다 가족농과 가족경영의 형태와 발전과정은 조금씩 다르다.

가족농(family farming)이란 용어가 처음 등장한 것은 헨리 테일러(H. Taylor)가 1919년에 저술한 농업경제학(Agricultural Economics, 1919)이라고 알려져 있다. 미국에서 가족농이 보편화된 것은 18세기 후반 독립전쟁이 끝난 이후이며, 가족농이란 용어는 자본적 경영 또는 기업가적 경영과 대응되는 의미로 사용되었다. 가족농을 가족적 농업경영에서 축약하여 부르는 것도 자본적 농업경영과 대치되는 개념에서 나온다.

마티 스트레인지(M. Strange)는 그의 저서 가족농(Family Farming: A New Economic Vision, 1988)에서 전통적인 가족경영을 대략 네 가지 면에서 법인경영 또는 자본적 경영과 구분한다. 첫째, 가족경영은 가족 단위의 농업경영이다. 농업경영의 다양한 의사결정은 특정한 가족원 1인, 예컨대 가구주, 혹은 복수의 가구원의 협의를 바탕으로 이루어지게 된다. 따라서 의사결정이 신속하고 신축적이다.

둘째, 가족경영은 가족 구성원의 노동력 공급에 의하여 영위된다. 즉, 경영주를 포함하여 가족 구성원들이 농업경영에 필요한 노동력을 대부분 제공한다. 전업 및 부분적 종사자를 포함한 가족 구성원들이 절반 이상의 노동력을 공급하는 것이 가족경영의 일반적 특성이다.

셋째, 가족경영은 부부관계를 기초로 하여 자식과 형제 등 소수의 직계가족을 구성원으로 운영된다. 여기서 직계가족이란 한 명의 아들 가족과 동거하는 가족을 의미한다. 이러한 가족경영은 세대 단위의 승계를 통하여 경영이 존속된다. 즉, 상속을 통하여 경영자산을 포함한 자산이 부모 세대에서 자녀 세대로 계승된다는 것이다.

여기에 우리나라와 같은 아시아 소농 국가의 가족경영은 두 가지 특성을 추가할 수 있다. 넷째, 농업경영 규모 면에서 자급자족을 기본으로 하는 소규모 경영이 대부분이다. 자본이 가족 내에서 공급되므로 법인 경영에 비해 소규모 경영에 머무를 수밖에 없는 것은 당연하다.

마지막으로, 경영과 가계를 분리하기 어려우므로 생산과 소비가 혼재되어 있고, 소득의 경우도 경영소득과 임금소득을 구분하기 쉽지 않다.

▮ 운영실태

우리나라 농가인구가 지속적으로 감소하고 있고 농가의 고령화가 가속화되고 있어 가족농의 수도 지속적으로 감소하고 있다. 우리나라의 농가 수는 1995년 1.50백만 호에서 2000년 1.38백만 호, 2005년 1.27백만 호, 2010년 1.18백만 호, 2015년 1.09백만 호로 지속적으로 감소하고 있다. 농가의 가구원 수도 1980년 5.00명에서 1990년 3.77명, 2000년 2.91명, 2010년 2.60명, 2015년 2.40명으로 크게 감소하고 있다. 이와 더불어 가구원 수별 분포를 살펴보면 2인 가구가 상대적으로 많이 분포함에 따라 가족경영이 현실적으로 열악한 상황임을 알 수가 있다. 이러한 추세는 농업경영의 승계가 쉽지 않을 것이라는 점을 나타내며, 우리나라 농업의 후계인력 부족을 시사한다.

이러한 상황에서 농업·농촌의 새로운 인력으로 부상하고 있는 결혼이민자를 통한 다문화가정은 현재 우리나라가 가지고 있는 가족경영의 어려움을 해소하는 방법 중 하나가 될 수 있다. 농촌이 가지고 있는 내부적인 문제인 농촌 남성의 결혼문제에 대해서 국제결혼이 탈출구로 떠오르며 앞으로 결혼이민자들이 농촌사회의 구성원으로 성장하여 새로운 농업 인력으로 부각될 수 있다는 것이다. 최근 다문화 농가의 전국적 추세를 살펴보면 2011년 14,384가구에서 2012년 14,794가구, 2013년 14,952가구로 증가세를 보이다가 2014년 14,697가구로 다소 감소하였다. 비록 다문화 농가 수가 증가추세를 보이고 있으나 아직까지는 전체 농가대비 1%대에 불과한 극히 미미한 수준이므로 우리나라 농업의 새로운 인력을 공급하는 데는 무리가 있다. 이와 같이 우리나라에서 가족경영은 열악한 상황이며 농업경영의 승계도 쉽지 않을 것으로 보인다. 따라서 농업인들은 조직화를 통한 새로운 경영체로의 변화를 모색하는 것이 불가피해 보인다.

02 법인경영

▮ 개념 및 특징

법인경영이란 다수의 자연인 또는 농가들이 조직을 구성하여 공동으로 농업경영을 유지해 나가되 임의집단이 아닌 하나의 법인격으로 움직이는 경영형태를 말한다. 가족경영의 경우에도 법인 가족경영이 존재할 수는 있으나 매우 드물고, 집단 혹은 협업경영에서 법인이 구성되는 것이 일반적이다. 대표적 농업법인인 영농조합법인과 농업회사법인의 성격에 대해서는 「농어업경영체 육성 및 지원에 관한 법률」의 제16조와 제19조에 각각 명확히 규정되어 있다. 근본적인 차이를 보면 영농조합법인은 협업적 농업경영의 성격을 가진 반면 농업회사법인은 기업적 농업경영체라는 것이다. 이 두 법인경영체 간 특성을 비교한 것이 〈표 7-1〉이다.

표 7-1   영농조합법인과 농업회사법인의 특성 비교

구분	영농조합법인	농업회사법인
성격	협업적 농업경영	기업적 농업경영
법적근거	농어업경영체육성법 제16조	농어업경영체육성법 제19조
목적	농업경영, 농산물 출하·유통·가공·수출 등을 공동으로 수행	농업경영, 농산물 유통·가공·판매, 농업인의 농작업 대행
설립자격	농업인, 농업생산자단체	농업인, 농업생산자단체 등
발기인수	농업인 5인 이상	합명(2인 이상), 합자(유무한 각 1인) 유한(50인 이하), 주식(1인 이상)
출자제한	조합원 1인의 출자액은 제한 없음 비농업인은 준조합원 자격	비농업인은 총 출자액의 90% 범위 이내에서 출자 가능
의결권	1인1표	출자지분에 의함
농지소유	소유가능	소유가능(농업인 주도의 경영)
타법준용	민법의 조합에 관한 규정	상법의 회사에 관한 규정
설립운영	농업인 자율적으로 설립·운영	좌동

자료: 김정호, 가족농 연구(2012)

농업회사법인은 다시 합명회사, 합자회사, 유한회사, 주식회사의 네 가지 형태로 구분된다. 합명회사는 무한책임사원만으로 구성된 회사이다. 책임이 큰 만큼 권한도 크다. 합명회사는 일반적으로 사원 개개인이 회사를 대표하여 업무를 집행한다. 따라서 주주총회나 사원총회와 같은 별도의 의결기관이 없으며 감사기관도 없다. 합명회사는 회사임에도 불구하고 가족적·인적 결합의 특징이 있고 소수의 인원으로 구성되는 공동기업에 적합한 회사라고 할 수 있다.

합명회사가 무한책임사원만으로 구성되는 일원적 조직체인 반면, 합자회사는 무한 및 유한책임사원을 모두 포함하는 이원적인 조직체이다. 무한책임사원인 경영주의 사업에 유한책임사원이 자본을 출자하는 형식이라고 볼 수 있다. 무한책임사원은 재산·노무·신용 중 어느 것이든 출자할 수 있으나, 유한책임사원은 재산만을 출자할 수 있다. 합명회사와 마찬가지로 합자회사는 주주총회 또는 사원총회와 같은 별도의 의결기관이 없다. 무한책임사원은 회사의 업무를 집행하고 대표하는 반면, 유한책임사원은 업무집행은 못하고 제한적인 감시권만 있다. 합명회사와 마찬가지로 인적 신뢰관계를

바탕으로 하므로 소수의 공동기업에 적합한 형태이다.

　주식회사는 회사에 대하여 출자는 하되 회사채권에 대한 책임이 없는 간접유한책임을 지는 주주로 구성된 회사이다. 주식회사와 여타 회사의 가장 큰 차이점은 회사의 지분을 증권화하고 시장에서 자유롭게 양도할 수 있다는 것이다. 주식회사는 주주의 수가 많으므로 모두 경영에 참여할 수 없고 주주총회에서 업무를 수행할 이사들과 대표이사를 선임하고 이사회를 통해 업무를 집행한다. 주식회사는 전형적인 자본단체로서 대규모 회사에 적합한 형태이고 이해관계인이 많아 정부의 까다로운 규제를 받는다.

표 7-2　회사법인의 형태별 차이점 비교

구분	합명회사	합자회사	유한회사	주식회사
구성	무한책임사원	무한책임사원 유한책임사원	유한책임사원	유한책임사원 (주주)
회사대표	무한책임사원	무한책임사원	대표이사	대표이사
의사결정	무한책임사원	무한책임사원	사원총회	주주총회
업무집행	무한책임사원	무한책임사원	사원총회	이사회
감사기관	없음	없음 유한책임사원-감사권	감사(임의기관)	감사 또는 감사위원회
출자	재무, 노무, 신용	재무, 노무, 신용 (유한책임사원-재산)	금전 및 재산	금전 및 재산
지분양도	사원전원 승인	무한책임사원－사원 전원 유한책임사원－무한 책임사원 전원	자유	자유
회사규모	소규모기업	소규모기업	중소기업	대기업

자료: 최준선, 회사법(2006)

　유한회사는 이름처럼 유한책임사원만으로 구성된 회사이다. 주식회사와 달리 유한회사는 지분을 증권화 할 수는 없으나 양도는 가능하다. 이에 따라 주식회사보다 이해관계자가 적어 규제의 엄격성은 상대적으로 덜하다. 의사결정은 주식회사의 주주총회와 유사한 형태의 사원총회에서 이루어지며 사원총회에서 업무집행을 포함한 모든 의사결정을 할 수 있다는 것이 주주총회와 다른 점이다. 주식회사와 유사하게 업무집행기관으로 이사와 감사도 둘 수 있다. 유한회사는 자본의 증권화가 불가능하므로 주식회사보다는 소규모 폐쇄적인 회사라고 할 수 있다. 이상 네 가지 형태의 회사법인 간 차이는 〈표 7-2〉에서 정리하였다.

운영실태

농업법인에 대한 운영실태는 통계청이 2001년 이후 매년 발표하는 농어업법인조사보고서에 잘 나타나 있다. 농어업법인조사보고서는 농어업법인사업체의 생산 및 운영형태와 경영실태 등을 파악하여 정책수립의 기초자료로 제공하는 데 목적을 두고 있다. 조사대상은 농업부문 작물재배업, 축산업, 작물과 축산의 복합영농, 농업용 기계장비 운영업 등과 어업부문의 어로어업, 양식어업 분야의 법인들이다.

표 7-3　최근 농업법인의 설립·운영 동향

항목	단위	1990	1995	2005	2009	2010	2015
농업법인 수	개	7	1,533	5,260	6,537	9,740	18,757
영농조합법인	개	1	1,207	4,293	5,597	8,107	12,979
농업회사법인	개	6	326	967	940	1,633	5,778
종사자 수	명			29,901	37,681	60,118	115,704
연간 총매출액	억 원			39,715	72,796	128,721	246,194
영농조합법인	억 원			31,118	52,160	86,795	111,106
농업회사법인	억 원			8,606	20,635	41,926	135,089
법인당 매출액	억 원			17.1	20.4	17.3	16.5
매출 10억 이상 법인 수	개			734	1,208	2,126	3,647
법인당 경영경지면적	ha			11.2	11.2	11.4	9.5

자료: 통계청(농어업법인조사보고서), 농림부(농업법인경영체 관리카드)

표 7-4　운영주체별 농업법인 현황(2015년)

구분	합계	출자자 공동운영	대표자 단독운영	출자자 개별운영
합계	18,757(100.0)	10,666(56.9)	6,818(36.3)	1,273(6.8)
영농조합법인	12,979(100.0)	8,317(64.1)	3,475(26.8)	1,187(9.1)
농업회사법인	5,778(100.0)	2,349(40.7)	3,343(57.8)	86(1.5)

주: '출자자 개별운영' 법인은 농가에 해당함

농업법인 수는 농업법인 제도가 1990년에 처음으로 마련된 이후 1995년 1,533개(영농조합법인 1,207개, 농업회사법인 326개), 2005년 5,260개(영농조합법인 4,293개, 농업회사법인 967개), 2010년

9,740개(영농조합법인 8,107개, 농업회사법인 1,633개), 2015년 18,757개(영농조합법인 12,979개, 농업회사법인 5,778개)로 가파르게 증가하고 있다. 특히 〈표 7-3〉에서 보는 바와 같이 2010년에 농업법인이 급격히 증가했는데 이는 2011년 이후 면세유를 지원받기 위해서는 농업경영체에 등록해야 하므로 기존 농업법인들이 한꺼번에 등록한 데서 기인한다. 매출 10억 원 이상 법인 수가 2005년에 734개에서 불과 10년 만인 2015년에 3,647개로 다섯 배 가까이 증가한 것이 주목할 만하다.

표 7-5   **농업법인 종사자 현황(2015년)**

단위: 개, 명, %

구분	사업체	종사자 합계	상근종사자			임시 및 일일종사자	법인당 종사자수
			계	출자자	고용		
합계	17,484	115,704 (100.0)	93,083 (80.4)	47,542 (41.1)	45,541 (39.4)	22,621 (19.6)	6.6
영농조합	11,792	69,947	54,595	37,218	17,377	15,352	5.9
농업회사	5,692	45,757	38,488	10,324	28,164	7,269	8.0

통계청의 2015년 농어업법인조사보고서에 나타난 농업법인의 몇 가지 중요한 운영 실태를 살펴보면 다음과 같다. 운영주체별 현황을 보면 출자자 공동운영은 10,666개로 전체의 56.9%이고, 대표자 단독운영은 6,818개(36.3%), 출자자 개별운영은 1,273개(6.8%)로 구분된다. 출자자 개별운영 사업체는 사실상 농가에 해당한다고 볼 수 있으며, 개별 농가도 법인설립이 가능함을 알 수 있다.

〈표 7-5〉는 출자자 개별운영 사업체를 제외한 농업법인들을 대상으로 종사자 현황을 조사한 표이다. 2015년 말 현재 농업법인 종사자 수는 115,704명이고, 이 중 상근 고용종사자는 45,541명으로 전체 종사자의 39.4%를 차지한다. 농업법인당 종사자 수는 6.6명이며, 영농조합법인은 법인당 5.9명, 농업회사법인은 법인당 8.0명으로서, 평균으로만 보면 대부분 영세한 법인인 것으로 나타났다.

농업법인을 사업유형별로 분류하면 농업생산이 6,017개(전체의 34.4%)로 가장 많게 나타났고, 다음으로 유통판매(25.8%), 가공판매(18.6%), 농업서비스(5.3%)의 순으로 조사되었다(표 7-6). 〈표 7-7〉은 농업법인의 2015년 경영수지를 보고한다. 2015년도 결산법인 수는 총 13,858개이며, 이 중 영농조합법인이 8,700개, 농업회사법인이 5,158개로 나타났다. 농업법인의 연간 매출액은 평균 16억 5천만 원이며 영농조합법인의 11억 원에 비해 농업회사법인의 매출액이 25억 7천만 원으로 훨씬 높게 나타났다. 농업법인의 연간 영업이익, 경상이익, 당기순이익은 각각 46백만 원, 55백만 원, 48백만 원으로 나타났다.

표 7-6	농업법인 사업유형별 분포(2015년)					
						단위: 개, %
구분	계	농업생산	가공판매	유통판매	농업 서비스	기 타 사업수입
합계	17,484 (100.0)	6,017 (34.4)	3,256 (18.6)	4,512 (25.8)	931 (5.3)	2,768 (15.9)
영농조합	11,792	4,230	1,916	2,885	809	1,952
농업회사	5,692	1,787	1,340	1,627	122	816

주: 농업생산은 작물재배 및 축산 포함. 농업서비스는 영농대행 포함

표 7-7	농업법인의 경영수지(2015년)								
									단위: 개, 백만 원, %
구분	결산 법인수	결손	매출액	매출 원가	매 출 총이익	영업 이익	경상 이익	당 기 순이익	결손 제외
합계	13,858 (100.0)	5,065 (36.5)	1,651	1,404	246	46	55	48	106
영농조합	8,700	3,207	1,106	934	172	28	40	36	74
농업회사	5,158	1,858	2,569	2,197	371	77	81	68	160

주: 경상이익=법인세 차감 전 순이익

03 마을공동경영(집락영농, 들녘경영체)

▌ 개념 및 특징

마을공동경영이란 개별 농가들이 마을자원을 공동으로 경영함으로써 효율적인 농업경영을 이루고 장기적으로 광의의 삶의 질을 개선시키는 데 의미가 있다. 마을공동경영은 공유와 협업을 통해 단순히 생산의 효율화만을 이루려는 것이 아니라 농업생산력을 유지하고 농업소득을 증진함으로써 농촌사회를 유지하는 복합적인 목적을 가진다. 따라서 마을 주민들이 스스로 책임감과 신념을 가지고 공동자원을 활용하여 마을의 발전을 이루고자 하는 의식의 전환이 중요하다. 마을단위 공동경영의 형태로 마을영농회, 작목반, 들녘경영체 등을 들 수 있다.[1]

---

1 농촌진흥청, 마을단위 농업경영체 실태와 특성, 농업경영자료 2012.8.

▎운영실태

마을공동경영의 대표적인 사례로는 일본의 집락영농을 들 수 있다. 집락영농이란 마을 단위로 농업 생산 과정의 전부 또는 일부를 공동화하기로 합의를 하고 이에 따라 시행되는 영농이라고 정의된다. 마을단위로 다수의 소규모 농가 및 겸업농가가 참여하는 형태의 공동경영체이다.

현재 일본은 농촌지역으로 집락영농의 사례가 확산해 있으며 농업생산의 주요한 정책대상으로 육성시키고 있다. 일본에서의 집락영농은 1960년대 이후로 농촌마을의 농업 노동력 유출을 배경으로 한 공동 농업 작업에서 시작되어 현재에 이르고 있다. 일본 농림수산성 통계에 의하면, 2011년 2월 1일 기준으로 일본의 집락영농 마을 개수는 1만 4,736개에 이르고 있다. 이 중 법인화가 되어 있는 집락영농 마을의 수는 2,581개소로 전체 집락영농의 17.5%를 차지하고 있다. 통계조사 결과에 의하면 집락영농의 구체적 활동으로 '기계의 공동 소유, 공동 이용을 하는' 집락영농 수의 비율이 77.6%로 가장 높았고, '농산물 등의 생산 및 판매'가 72.6%, '재배 지역의 단지화 등 마을의 토지 이용 조정'이 59.9%이다.[2] 현재는 농지의 공동경작, 농기계 공동이용을 통한 노동력 절감효과를 누리고 있다고 한다. 다음은 일본 집락영농의 한 사례를 소개해본다.

집락농가 전원참여형 사례: 농사조합법인 팜 오다

지역 및 농업개요

농사조합법인 팜 오다는 일본 서남부의 히로시마현 동히로시마시 오다지구에 위치하고 있다. 분지 형태로 이루어진 마을의 중앙에는 강이 흐르고 있으며 13개 집락으로 구성되어 있다. 오다지구는 고속도로, 철도, 히로시마공항이 인접해 있는 교통의 요충지로서 인근에 공업단지가 들어서 있다. 따라서 농업 외에도 취업을 통하여 농업외 소득을 거둘 수 있는 전형적인 겸업농업지역에 해당한다.

〈표 7-8〉은 오다지구의 지역 및 농업현황 개요를 보여준다. 오다지구는 13개의 집락에 걸쳐 213호의 가구로 구성되어 있으며 인구는 약 600명이고 고령화 비율이 76%에 이르는 지역이다. 전체 가구 중 농가 호수는 159호이며, 지구 내 경지면적은 110ha로서 농가당 평균 70a에 불과한 소농구조를 유지하고 있다. 주요작목은 쌀이고 전작작목으로 기계화가 가능한 콩을 재배하고 있다. 주변에 도시가 근접하여 채소재배와 판매가 활발하며 된장과 떡 등 가공식품도 제조하여 판매하는 도시근교농업의 특성을 나타내고 있다.

---

2 일본 농림수산성 웹 사이트 http://www.maff.go.jp/j/kobetu_ninaite/index.html#ninaite

표 7-8	오다지구의 지역 및 농업현황 개요

구분	개요
집락 수	13집락
전체가구 수	213호 - 인구 600명: 기간적 농업종사자 수 - 고령화율: 76% - 여성화율: 53%
농가호수	159호
경영면적	110ha 1농가 평균 70ha
지역특산품	쌀, 콩, 메밀, 채소, 감, 된장, 떡
지역특성	도시근교 겸업농업 지대

자료: 전국영농주체육성종합지원협의회(2014), 우수경영체사례집

경영 성과

팜 오다의 대표적인 경영성과는 재배작물의 다각화를 통한 농업소득증대를 들 수 있다. 100ha 이상의 논을 집적하여 재배 품목 간 단지화를 추진하고 콩과 밀 등 이모작 작물을 결합하는 방식으로 수전농업의 고도화 이용을 도모하였다. 또한 메밀, 노지채소, 수경재배채소 등 재배작물의 다각화를 추진하였다. 이를 통하여 기존 소규모 개인 농업경영에 비하여 노동시간과 생산비용은 절감되고 수확량은 증가함으로써 농업소득이 큰 폭으로 증가하였다. 2013년 기준으로 법인조합원 1농가당 법인으로부터 수취한 평균 수입(토지임차료+종사분 배당+농지·수로 관리비)은 연간 38만 6,000엔에 달하는 것으로 나타났다.

자료: 박문호·황의식·허주녕(2015), 논농업 효율화를 위한 들녘경영체 육성방안, 한국농촌경제연구원

우리나라의 대표적인 마을공동경영형태는 작목반이다. 작목반은 거주지역 또는 경지집단 단위로 동일 작목을 생산하는 농가들이 모여 사업의 공동화를 통해 생산성 증대를 추구하는 산지유통의 기초조직이라고 할 수 있다. 작목반의 주요활동으로는 공동으로 선진영농기술 도입 및 보급, 공동작업, 자재의 공동구매, 공동출하, 공동이용시설의 설치 및 운영 등 공동노력을 통해 영농의 선진화와 경영비 절감 및 유통개선을 추진하여 농가소득을 높이려는 활동들이 해당된다.

경영규모가 영세한 농가가 대다수인 우리나라 농업현실에서 작목반과 같은 생산자조직은 오래 전부터 절실히 요구되었다. 이러한 생산자조직 육성의 필요성이 대두되며 농협은 1970년도부터 작목반 육성을 시작하여 1976년까지 12,028개로 급증하였다. 이후 정부차원의 작목반 내실화가 추진되

며 1982년 6,647개까지 감소하게 된다. 1983년부터 1991년 6월까지는 작목반과 정부 주도의 협동출하반이 공존하며 혼선을 초래하다가 이후 통합 작목반으로 일원화되며 오늘에 이르렀다. 작목반은 그동안 조직 수의 확대는 물론 영농의 과학화, 생산기반 조성, 경영비용 절감, 산지유통 개선 등을 통한 농가소득 제고 및 농산물 유통개선에 크게 기여해 왔다.[3] 다음은 우리나라 작목반의 우수사례를 소개한다.

작목반 우수사례: 변산양파 생산자 연합회

지역 및 조직개요

변산양파 생산자 연합회는 전북 부안군에 위치하고 있으며 2006년에 설립되었다. 참여농가 수는 총 165농가로서 관내 양파재배 농가의 92%가 참여하고 있다. 작목반 조직화 동기로는 농업인의 고령화 가속, 기름값과 농약값 및 자재값 등 생산비용 증가, 계약재배 위축, 대형 산지조직에 비해 규모와 APC 능력에서 경쟁력 취약, 자연재해증가에 대비 등을 들 수 있다.

표 7-9 변산양파 생산자 연합회 조직개요

구분	개요
지역	전북 부안군
설립연도	2006년
참여농가 수	165농가(소규모 115, 중규모 43, 대규모 7)
시설규모	- 경영규모: 60ha(0.3ha 미만 69.7%, 0.7ha 미만 26.1%, 0.7ha 이상 4.2%) - 유통시설: 저온창고 2,310m^2, 선별기(중량식) 2조, 이동식 비가림시설 등
경영규모 (2014년)	- 출하량: 3,000톤 - 매출액: 12억 원, 비용 7억 원(보관료, 선별, 수송, 인건비), 의무적립금 1억 6천만 원

자료: 환경변화 대응 농업경영관리 체계화 기법개발 및 사례연구(2017), 농촌진흥청

경영 성과

주요 경영성과로는 농가에게 소비자중심의 가격결정, 관행농사 금지와 재배매뉴얼 준수, 계약조건 강화 등의 교육을 실시하고, 생산관리계획과 기반조성을 통하여 품질 균일화와 상품율 향상을 실현하였다. 그리고 주요 생산자재를 무상지원하여 균일한 품질의 양파생산을 유도하고, 일기예보 단기 및 장기 관측을 통하여 재배시기를 통일시켰다. 또한, 수확시 규격별 저장

---

3 이상영(1996), 작목반 육성과 농협의 과제, 한국농촌지도학회지 제3권 제2호.

및 규격포장 출하로 수작업 대비 생산성이 향상되고 비용이 60% 절감되었으며, 새로운 저온 저장 기술 이용 및 시설 설치로 부패율이 기존의 30%에서 1~2%로 감소하여 6억 원의 이익을 실현하였다.

우리나라의 경우 또 다른 마을공동경영체의 한 형태인 들녘별경영체는 50ha 이상 집단화된 들녘을 공동 관리함으로써 영농비 절감과 고품질 식량작물 생산기반을 구축하고자 하는 조직경영체를 의미한다. 들녘경영체는 주도적으로 농기계작업을 수행하는 전업농가와 농지를 소유하나 농작업을 위탁하던 영세소농이 통합하여 하나의 조직체로서 농작업을 수행하는 경영체이다. 농림축산식품부는 2009년부터 개별 영농의 한계를 극복하고 조직화 및 규모화를 기반으로 농작업의 효율성 제고 및 농가소득 증대를 위하여 들녘경영체를 육성·추진하고 있다.

2015년 3월 기준 운영실태를 보면 농림축산식품부가 지원하는 들녘경영체는 총 214개인데 이 중 컨설팅 지원 경영체가 과반수에 해당하는 128개이고 나머지는 시설 및 장비 지원 경영체(86개)이다. 지원대상 유형별로 보면 농가조직체가 127개(59.3%)로 가장 많고, 농협 및 RPC 68개, 민간 RPC 19개의 순으로 구성된다.

표 7-10 시·군별 들녘경영체 현황(2015.3 기준)

시·도	시·군	지원 유형		사업체 유형			전체 사업체 수
		컨설팅	시설장비	농가조직체	농협, RPC	민간 RPC	
전국	67	128	86	127	68	19	214
경기	8	13	5	2	11	5	18
강원	4	5	5	4	5	1	10
충북	5	7	4	5	6	-	11
충남	7	6	15	15	5	1	21
전북	9	29	24	26	19	8	53
광주	1	1	-	-	1	-	1
전남	18	48	22	63	7	0	70
경북	8	14	8	8	11	3	22
경남	7	5	3	4	3	1	8

자료: 박문호·황의식·허주녕(2015), 논농업 효율화를 위한 들녘경영체 육성방안, 한국농촌경제연구원

전국 지역별 위치를 보면 들녘경영체는 총 67개 시·군에 걸쳐 분포하고 있으며, 전남이 18개 (26.9%)로 가장 많고, 이어서 전북 9개, 경기와 경북 각각 8개, 충남과 경남 각각 7개 순으로 분포된다. 지역별 지원대상 경영체는 평야지역에 상대적으로 많이 분포하고 있다. 특히, 시설 및 장비 지원 경영체는 전북에 24개로 가장 많고, 다음으로 전남 22개, 충남 15개 순으로 위치한다. 향후 들녘경영체 지원은 평야지역은 물론 중산간지대와 복합영농지역에 대해서도 다양한 소득원을 창출할 수 있는 방향으로 지원함으로써 생산의 다양성과 지역농업의 발전을 도모할 수 있도록 추진하는 것이 요구된다.[4]

SECTION 03 농업경영 조직관리

농업경영의 조직관리에 대해서는 크게 조직 자체의 관리와 조직의 가장 중요한 요소인 인적 자원에 대한 관리로 구분하여 살펴보고자 한다. 조직관리에 대해서는 어떻게 조직을 구성하고 리더십을 세우고 구성원들의 동기부여를 제고할지 이론적 틀 안에서 검토한다. 인적 자원 관리에 대해서는 실무적인 관점에서 어떻게 채용하고 교육 및 훈련기회를 제공하고 보상체계를 유지할지에 대해 제시하고자 한다. 개인경영의 경우 조직이 단순하므로 본 절은 집단경영 특히, 법인집단경영을 가정하고 조직관리를 설명한다.

01 조직관리

│ 조직구성

조직구성이란 농업경영을 위하여 어떻게 작업, 인력, 여타 자원들을 구성하여 조직화하는가를 의미한다. 적절한 조직구성이 이루어지지 않으면 아무리 좋은 사업계획을 수립하여도 이행이 쉽지 않기 때문이다. 조직구성을 위하여 경영자는 먼저 수행할 사업들을 분류하고 각각의 사업들에 대하여 필요 인력과 자원 등을 결정하여야 한다. 보다 구체적으로는 다음과 같은 사항들을 조직구성을 위하여 점검하여야 한다.

먼저 사업별로 요구되는 인력과 담당업무, 그리고 필요한 관리자와 역할을 구분해야 한다. 이 분류작업에 따라 부서나 조직을 관리 가능하도록 효과적으로 구성한다. 다양한 시나리오와 환경변화를

---

4 박문호·황의식·허주녕(2015), 논농업 효율화를 위한 들녘경영체 육성방안, 한국농촌경제연구원.

감안하여 조직구성을 조정하고 재분류한다. 조직구성을 해 나가는 동안 구성원들은 물론 내·외부 관련자들과 원활한 소통이 필수적이다. 이 단계에서 필요자원에 대한 구입과 함께 필요인력에 대한 채용계획도 수립할 필요가 있다.

기업조직에서 볼 수 있는 조직구조의 유형은 초기의 소규모 또는 창업기업에서 나타나는 단순조직부터 사업이 확장되며 다양한 규모와 형태의 조직으로 발전될 수 있다. 본 장에서는 농업법인에 적합한 네 가지 조직 즉, 기능별 조직, 사업부제 조직, 프로젝트 조직, 매트릭스 조직에 대하여 간략히 살펴본다.

먼저, 기능별 조직구조는 조직의 형태 중 가장 기본적인 것으로서 업무내용이 유사하거나 상호 관련성이 있는 업무들을 기능별로 분류하여 결합시킨 조직구조이다. 〈그림 7-2〉는 기능별 조직구조의 예이다. 예컨대, 토마토를 생산·가공하는 농업회사법인을 가정할 경우 회사 내에 기능별로 생산부, 가공부, 포장부, 마케팅부, 연구개발부, 총무부 등을 두고 각 부서의 관리자는 업무활동에 관한 제반사항을 경영주에게 보고하도록 조직된 경영구조이다. 기능별 조직구조의 장점은 유사업무끼리 묶어 기능별로 전문화시킴으로써 업무의 효율성을 증대시킬 수 있고, 구성원들이 부서 내에서 쉽게 업무습득이 가능하다는 학습효과의 효율성을 들 수 있다. 반면, 부서 간 조정이 어렵고 갈등의 소지도 있으며, 회사 전체적인 사업결과에 대한 책임소재가 불분명하여 조직 전체의 유효성은 떨어질 수 있다는 단점이 있다.

그림 7-2 기능별 조직

다음은 사업부제 조직이다. 1930년대부터 미국과 유럽에서 기업의 대규모와 기술혁신의 급속화, 제품과 시장범위의 확장 등 급격한 환경변화에 대응하기 위하여 제품별 또는 지역별 다각화를 추구하게 되었다. 〈그림 7-3〉은 부문별로 사업부를 구분하여 각 사업부 아래 별도의 조직을 두고 있는 사업부제 조직을 보여 준다. 농업법인의 경우 비교적 소규모로 운영되기는 하지만 성격이 다른 몇 가지 품목군을 생산하는 기업의 경우 고려할 수 있는 조직구조이다. 경종과 과수의 경우 생산, 가공, 포장, 연구개발 방식이 상이하고 유통구조도 다르므로 각 사업부가 자율적으로 운영되는 것이 효과적일 수 있다. 장점으로는 각 사업부 책임자가 최종 책임을 지므로 경영성과의 향상이 기대될 수 있고, 환경변화에 보다 신속하게 대응할 수 있다는 점, 그리고 관리자와 종업원들의 동기부여에 도움이 된다는 점을 들 수 있다. 반면, 사업부 간 활동과 자원의 중복으로 공동관리비가 증가하고, 사업부 간 과당쟁쟁으로 역기능의 우려가 있으며, 본부와 각 사업부 간 계획과 활동의 조정이 쉽지 않을 수 있다는 단점이 있을 수 있다.

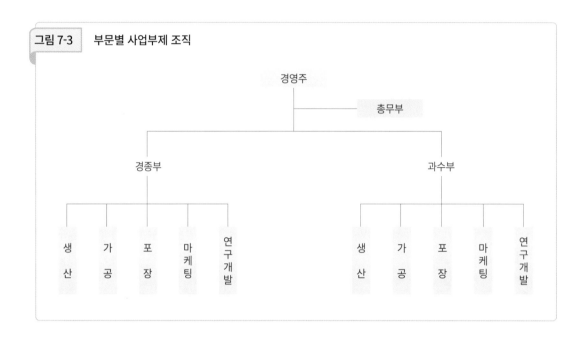

그림 7-3   **부문별 사업부제 조직**

세 번째는 프로젝트 조직인데, 종래의 전통적이고 경직적인 조직 형태로는 급변하는 환경변화에 대응하기 어렵다는 요청에서 등장한 조직구조이다. 1950년대에 등장한 프로젝트 조직은 특정 과제나 혁신적 목표달성을 위하여 여러 기능부서에서 전문적 지식과 능력을 갖춘 사람을 선발하여 편성한 임시적 조직이다. 이러한 특정 목적이 달성되면 조직은 해산되고 각 구성원은 소속 부서로 복귀한다. 장점은 기존 조직과 달리 수직적 명령계통이나 경직성이 덜하고 탄력적으로 움직일 수 있다는 점인 반면, 조직 자체가 각 부문의 전문가들로 구성된 혼성조직이어서 통합이 쉽지 않고 소속 부서와 프로젝트 조직 간 관계조정이 프로젝트 조직원에게 쉽지 않다는 단점이 있다. 프로젝트 조직은 전통적인 농업법인 보다는 농업벤처 등 최근 등장한 농업기술실용화 기업이나 ICT 융복합 농기업에 적합한 조직으로서 향후 농업법인에 적용 가능성이 높을 것으로 기대된다.

마지막으로 소개하는 매트릭스 조직은 프로젝트 조직에서 발전된 조직 형태로서, 기능별 조직과 프로젝트 조직을 결합하여 양 조직의 단점을 보완하고 장점을 살리기 위하여 설계된 조직구조이다.

즉, 기능별 조직의 기능별 전문화를 통한 효율성 증대와 프로젝트 조직의 환경변화에 대한 유연성 증대를 동시에 추구하고자 한다. 〈그림 7-4〉에서 보는 바와 같이 횡적으로는 기능별 조직의 구성원이지만 종적으로는 프로젝트 조직의 일원으로서 양 조직에 중복으로 소속된다. 따라서 두 명의 상사를 둔다는 점에서 전통적인 명령일원화의 원칙을 파기한 조직이다.

그림 7-4   매트릭스 조직

▎리더십

리더십은 리더가 발휘하는 바람직한 행동을 의미한다. 따라서 리더십을 이해하려면 리더에 대한 명확한 이해가 우선되어야 한다. 리더와 관리자는 유사한 개념이라고 생각할 수 있으나 차이가 크다. 관리자는 조직에서 일정한 지위를 가지고 조직이 부여한 목표를 효율적으로 달성하기 위하여 구성원들에게 업무를 부여하고 통제, 명령, 지도하는 사람이다. 반면, 리더는 관리자와 같이 방향을 제시하되 보다 장기적인 목표와 비전을 가지고 구성원들이 스스로 알아서 잘 할 수 있도록 길을 제시하는 역할을 한다. 리더가 관리자보다 한발 앞서가는 사람이라고 볼 수 있다.

좋은 리더는 단순히 업무지향적으로 구성원들을 대하거나 문제해결을 위한 관리자가 되어서는 안된다. 리더는 조직 내에서 원활한 의사소통을 통하여 구성원 개개인의 잠재력을 발굴하고 발휘될 수 있는 장을 마련해 주어야 한다. 구성원들에게 동기부여, 적절한 지도, 보상 등을 제공하고 자신의 비전을 구성원들과 공유할 수 있는 열린 자세가 필요하다. 농업경영자에게는 이러한 리더십이 더욱 요구된다. 다른 산업과 달리 농업은 상대적으로 낙후되어 있고 비전이 밝지 않다는 인식이 구성원들에게 내재되어 있을 가능성이 높기 때문이다. 따라서 보다 강력하고도 효과적인 리더십을 통하여 구성원들에게 선명한 비전을 제시하고 동기부여를 일으키는 것이 무엇보다 중요한 경영역량이라고 할 수 있다.

리더십에 관한 이론으로 특성이론, 행동이론, 상황이론이 있다. 특성이론에 의하면 리더는 타고난다는 전제에서 출발한 이론이다. 이 이론에 의거하여 아타라시 마사미(2005)는 리더의 자질을 '5S', 즉 전문성(skill), 강인함(strength), 감수성(sensitivity), 웃음(smile), 자기희생(sacrifice)의 5가지로 정리한 바 있다.

특성이론과 달리 행동이론은 효과적인 리더가 나타내는 행동유형은 어떤 것인가를 규명하는데 초점을 두고 있다. 레윈 등(1939)은 행동이론의 초기 연구에서 전제형, 민주형, 방임형의 세 가지 리더십 스타일을 제시하였다. 오하이오 주립대학(1957)의 리더 행동연구에서는 리더의 구조주도(initiating structure)와 고려(consideration)의 두 가지를 제시하였다. 구조주도는 작업관계와 역할을 정의하고 조직화하는 리더행동이며, 고려는 친절하고 따뜻한 관계를 형성하는 리더행동이다. 행동이론에 대한 또 하나의 연구로 칸과 카츠(1960)는 리더십 행동을 생산지향(production oriented)과 구성원지향(employee oriented)으로 구분하였다. 생산지향은 업무의 과업적·기술적 측면을 강조하는 반면, 구성원지향은 구성원의 욕구에 대한 관심과 개인적 차이를 인정하는 등 관계적 측면에 초점을 둔다.

특성이론과 행동이론이 리더가 어떤 천부적인 특성과 행동 스타일을 갖추고 있을 때 리더십이 효과적으로 발휘된다는 데 초점을 두고 있는 반면, 상황이론은 효과적인 리더십이 발휘되기 위해서는 상황조건을 고려해야 한다는 데서 출발한다. 즉, 리더의 어떤 행동 스타일은 특정상황에 적합할 때만 효과적인 결과를 도출할 수 있다는 것이다.

▌동기부여

농업경영조직이 목적을 달성하기 위한 또 하나의 중요한 요인은 구성원의 자발적인 행동 즉, 동기유발이 있어야 한다. 사람들은 누구나 자신과 자신의 일이 인정받는 것을 좋아한다. 또한 자신이 원하는 일에만 동기부여가 이루어질 수 있다. 미국 속담에 "말을 물가로 데려 갈 수는 있어도 물을 먹게 할 수는 없다"는 말이 있다. 그러나 말이 물을 먹도록 하는 방법은 있다. 말이 먹는 사료에 소금을 가득 넣으면 물을 먹게 마련이다. 동기부여이론은 조직 구성원에게 소금을 먹여 물을 마시도록 하는 것이라고 할 수 있다. 본 절에서는 동기부여이론으로 욕구단계이론, ERG이론, X-Y이론, 2요인이론을 소개한다.

욕구단계이론은 매슬로우(1954)에 의해 제시된 것으로서, 인간에게는 생리적 욕구와 심리적 욕구가 있으며 생리적 욕구가 채워져야 심리적 욕구로 이동한다는 데서 출발한다. 생리적 욕구는 의식주에 대한 욕구이고, 심리적 욕구는 안전욕구, 사회적 욕구(애정, 소속감, 우정 등), 존경욕구(자긍심 등), 그리고 자기실현욕구 순으로 나타난다. 〈그림 7-5〉는 개인의 5가지 욕구를 하위수준에서 상위수준으로 단계를 만든 그림으로 하위수준의 욕구가 충족되어야 상위수준으로 이동해 갈 수 있음을 보여준다.

그림 7-5	매슬로우의 욕구단계이론

자기실현욕구

존경욕구

사회적 욕구

안전욕구

생리적 욕구

자료: 김영재 등, 조직행동론(2014)

매슬로우의 욕구단계를 농업경영조직에 연계하기 위하여 "매달린 당근(dangling the carrot)"이론을 들 수 있다. 만약 토끼에게 당근을 바로 주거나 시도조차 하기 어려운 높은 곳에 놓는다면 토끼에게 동기부여가 안 될 것이다. 조금만 노력하면 닿을 수 있는 곳에 매달아 놓으면 토끼에게 동기부여가 된다. 이와 마찬가지로 조직의 구성원에게도 실현가능한 목표를 단계적으로 설정하고 자신의 잠재력을 발휘하도록 격려하고 도전하도록 동기부여를 해야 한다는 것이다.

ERG이론은 알더퍼(1969)에 의해 제시된 것으로서, 매슬로우의 욕구단계이론이 관찰과 직관에 의해 형성된 것이라면 ERG이론은 욕구단계이론을 실증적으로 연구한 모형라고 할 수 있다. ERG이론은 인간의 욕구를 세 가지 범주, 즉 존재욕구(existence needs: E), 관계욕구(relatedness needs: R), 성장욕구(growth needs: G)로 구분한다. 매슬로우와 같이 하위욕구가 충족되면 상위욕구에 대한 욕망이 커진다는 점은 유사하나 추가적으로 두 가지를 강조한다. 첫째, 세 가지 욕구가 동시에 나타날 수 있다는 것이다. 둘째, 욕구에서의 '거절-퇴행'가설을 제시한다. 즉, 상위수준의 욕구인 성장욕구가 방해받는 상황에서는 하위욕구인 관계욕구가 더 강하게 나타날 수 있다는 것이다.

X-Y이론은 맥그리거(1960)에 의해 제시된 이론으로 인간본성에 대한 기본가정과 관련된다. X이론은 인간본성에 대한 부정적인 가정 즉, 인간은 기본적으로 게을러서 일을 싫어하고 책임을 회피한다고 가정한다. 반면, Y이론은 인간본성에 대한 긍정적인 가정 즉, 인간은 여건만 주어지면 책임을 수용하고, 주도적·자율적·창조적으로 일을 한다고 가정한다. 따라서 인간본성에 대한 기본가정에 따라 동기부여 방법이 달라야 한다는 것이다. 예컨대, X이론에 근거하면 강압적인 방법을 동원할 수밖에 없는 반면, Y이론은 구성원이 자율적으로 일할 수 있는 여건을 마련해 주어야 한다. 맥그리거는 X이론보다는 Y이론이 보다 유효하다고 주장한다.

마지막으로 허쯔버그(1982)의 2요인이론이 있는데 이는 동기-위생이론(motivation-hygiene theory)이라고도 불린다. 허쯔버그는 조직 구성원들로 하여금 직무와 관련된 14개의 요인들을 대상으로 동기부여나 열정 또는 잠재력을 이끌어내는 요인 순으로 서열을 정하도록 하였다. 14개의 요인들은 크게 두 개의 범주인 동기요인(motivation factors)과 위생요인(hygiene factors)으로 분류될 수 있었다. 동기요인은 성취감, 인정, 직무 자체에 대한 관심, 성장, 승진, 책임감, 동료관계 등 7가지이고, 위생요인은 임금, 감독자의 공정성, 회사정책, 지위, 직업의 안정성, 감독자와의 관계, 작업조건 등 7가지이다. 구성원들의 동기부여를 위해서는 구성원들이 작업에 흥미를 갖도록 하고, 목표설정, 책임감 부여, 성과인식 등을 통하여 만족감을 느끼도록 하는 것이다. 반면, 위생요인은 근무환경과 관련되는 요인들로서 이 요인들이 결여될 경우 불만을 유발한다는 것이다. 따라서 이 요인들을 개선한다 하더라도 불만이 없어질 뿐 동기부여가 일어나지는 않는다. 임금이 동기요인이 아닌 위생요인에 포함된 것은 흥미로운 결과이다. 실지로 회사에 입사하고 나면 임금보상은 더 이상 중요한 동기부여의 순위에 포함되지 않는 것은 많은 연구결과에서 나타났다.

02 인적 자원관리

채용

농업에 대한 인식이 차츰 개선되고 있기는 하지만 아직도 농업법인들이 직무에 적합한 인력을 찾아 채용하기는 쉽지 않다. 농업인력은 직무의 성격과 난이도에 따라 다양하게 구분할 수 있다. 단순노무에 해당하는 인력이 필요한가 하면 시설작목이나 축산의 경우 전문인력이 요구된다. 계절적 수요가 큰 품목에는 파트타임 인력이 선호되고 시설작목이나 축산의 경우 풀타임 정규직이 필요하다. 이울러 내국인부터 외국인에 이르기까지 선호하는 인력이 다양할 수 있다. 따라서 인력을 효과적으로 채용할 수 있는 다양한 경로를 모색하여야 한다.

전문성이 크게 요구되지 않는 분야라면 가장 손쉬운 방법으로 현 근무자의 친지, 파트타임 인력, 봉사인력, 사회 소외계층(장애우, 사회봉사명령 대상자 등)을 활용하는 것을 고려할 수 있다. 최근에는 온라인 구직사이트(AgriEdu 등)나 해당지역의 농산업인력지원센터 또는 농촌인력중개센터(농협중앙회 주도)를 이용한 채용도 늘어나고 있다. 아울러 전문성이 요구되는 분야는 농업마이스터대학이나 농업관련 고등학교 및 대학과의 인턴십 프로그램 개설로 채용하는 방법도 유용하다. 점차 증가하고 있는 귀농귀촌인력을 연수를 통해 교육 후 채용하는 방법도 향후 중요하게 고려될 수 있는 방안이 될 것이다.

▎교육훈련

인력이 채용되면 직무에 따라 관련 교육이 필요하다. 대부분의 농업법인은 현장교육을 통하여 교육을 실시하고 성과에 따른 피드백을 통하여 역량을 키워 나간다. 규모가 큰 회사의 경우 관련 직무 수행자가 많으므로 다양한 교육훈련 프로그램이 사내에서 제공된다. 그러나 농업법인의 규모가 작거나 신기술이 필요할 경우는 외부 위탁교육을 실시하기도 한다. 특히 최근에는 교육의 범위가 넓어지고 전문성이 요구되는 분야도 늘어나 농업마이스터대학이나 농촌진흥청 등 전문교육기관에 위탁교육을 실시하기도 한다.

▎보상

구성원에 대한 공정한 평가시스템이 구축되어 적절한 보상이 이루어질 때 구성원의 만족도가 증가하고 회사 전체의 수익에도 긍정적인 영향을 가져올 것이다.

1 | 자기가 살고 있는 지역이나 인근 지역에 위치한 영농조합법인과 농업회사법인을 각각 하나씩 선정하여 설립경위, 사업범위, 법인 구성원 등을 살펴보고 두 법인 간에 어떤 차이가 있는지 비교하시오.

2 | 우리나라의 마을공동경영 사례 또는 대표적인 들녘경영체를 조사하여 소개하시오.

3 | 관심 있는 농작물 품목 또는 농산업 분야에 대한 사업을 위하여 법인을 설립하였다고 가정하라. 성공적인 농업법인 경영을 위하여 조직관리와 인적 자원관리를 어떻게 수행할지 구체적인 계획을 수립하시오.

1 | 농업경영조직의 개념을 정의하시오.

2 | 농업경영조직 중 개인경영과 집단경영의 차이를 설명하시오.

3 | 가족경영과 법인경영의 차이를 설명하시오.

4 | 영농조합법인과 농업회사법인의 특성을 비교하시오.

5 | 네 가지 형태의 회사법인의 차이점을 비교하시오.

6 | 마을공동경영의 개념 및 특징을 설명하시오.

7 | 들녘경영체가 무엇이며 대표적인 사례를 제시하시오.

8 | 농업법인경영을 위한 네 가지 조직형태가 무엇이며, 각각에 대한 장단점을 제시하시오.

9 | 리더십에 관한 세 가지 이론을 제시하고 설명하시오.

10 | 동기부여에 관한 네 가지 이론을 제시하고 설명하시오.

11 | 인적 자원관리의 세 가지 분야인 채용, 교육훈련, 보상에 대한 효과적 관리방안을 각각 설명하시오.

참고
문헌

• 김영재 · 김재구 · 이동명, 2014, 『조직행동론』, 무역경영사.

• 김정호, 2012, 『가족농연구』, 한국농촌경제연구원.

• 농촌진흥청, 2012, 『마을단위 농업경영체 실태와 특성』, 농업경영자료 2012-08.

• 농촌진흥청, 2017, 「환경변화 대응 농업경영관리 체계화 기법개발 및 사례연구」, 연구용보고서.

• 박문호 · 황의식 · 허주녕, 2015, 『논농업 효율화를 위한 들녘경영체 육성방안』, 한국농촌경제연구원.

• 최준선, 2006, 『회사법』, 삼영사.

• Ricketts. C., and K., Ricketts, 2009, Agribusiness (Second Edition), Delmar Cengage Learning.

• 이상영(1996), 작목반 육성과 농협의 과제, 한국농촌지도학회지 제3권 제2호.

CHAPTER 08

농업의 재무관리 이해와 활용

1 | 회계의 개념과 목적을 이해한다.
2 | 회계의 성립조건과 회계처리 원칙에 대해 이해한다.
3 | 거래의 8요소와 거래발생에 따라 분개방법을 이해한다.

4 | 농업경영관리 관점에서 농업회계의 위치와 중요성에 대해 이해한다.
5 | 대차대조표와 손익계산서의 개념에 대해 이해한다.
6 | 원가의 개념과 생산원가에 대해 이해한다.

SECTION 01 회계의 기초원리와 농업회계

01 회계의 개념과 목적

▌회계의 개념

우리는 일상생활을 하면서 돈과 떨어져서는 경제생활을 할 수는 없다. 주고받는 돈을 셈하고, 계산하고, 기록하여 남기게 된다. 회계(accounting)란 바로 이와 같은 '셈'이라는 의미로 '회계하다'라고 하면 '셈하다'라고 표현할 수 있다. 회계는 회계의 대상으로 삼고 있는 것이 경제주체의 경제활동이라는 점이다. 경제주체(economic subject)는 개인과 같은 자연인일 수도 있고, 기업과 같은 법인일 수도 있으며, 또한 기업과 같이 영리조직일 수도 있고, 정부나 자선단체처럼 비영리 조직일 수도 있다. 이 같은 활동과 관련하여 회계는 경제주체의 경제활동을 대상으로 한 계산기구 또는 측정기구라는 점이다.

또한, 회계가 경제현상을 계산·측정하는 기구로서 의미를 갖는다는 것은 우리의 의식으로부터 독립된 객관적 존재로서 인식할 필요가 있다. 회계가 경제현상을 객관적으로 인식하고, 관찰대상으로 하고 있다는 것은 회계가 정형적·관습적·규범적 규칙을 가지고 있기 때문에 기업의 개별적 차원을 넘어 사회적 존재로서 인식할 필요가 있다는 의미이다.

이와 같이 회계에 필요한 자료와 정보는 경제활동에서 발생하는 재무상태 변동을 기록하고 집계·분류하여 도출되고, 도출된 회계정보는 회계정보 이용자의 의사결정에 활용되는 것이다.

| 그림 8-1 | 회계정보의 산출 과정 |

| 경제활동에서 비롯된 재무 상태의 변동 | → | **인식과 측정** 회계자료의 기록 | → | **저장과 처리** 회계자료의 분류와 요약 | → | **보고** 회계보고서의 작성 | → | 회계정보 이용자가 의사결정에 활용 |

▎회계의 목적

자본주의 사회에서 기업은 영리를 목적으로 물적·인적·기술적인 생산요소를 결합하여 재화와 용역을 생산·공급하는 조직체로서, 경제활동을 성공적으로 수행하기 위하여 경영자는 합리적인 관리활동을 하여야 하며, 기업과 이해관계를 가지고 있는 여러 집단의 상호 협력체계를 구축하여야 한다. 이럴 경우 회계는 기업의 이해관계자(interested parties)들에게 필요한 정보를 제공함으로써 그들의 의사결정이 합리적으로 이루어질 수 있도록 유용한 정보를 제공하는 것이다. 이러한 회계는 기업의 경제활동에 대해 신뢰할 수 있고 도움이 되는 정보를 주변의 이해관계자들에게 제공함으로써 기업의 영리를 지속적으로 창출하려는 것이다. 또한, 자원의 효율적 운용을 위한 정보를 제공하는데, 이는 경영을 지휘·통제하는 데 있어서 회계정보가 계획의 입안과 실행을 용이하게 하기 위해서 이용된다는 것이다.

02 회계의 분류

회계는 그 목적에 따라 재무회계(financial accounting)와 관리회계(management accounting)로 구분할 수 있다. 재무회계는 기업외부에 있는 각종 이해관계자들에게 경제적인 의사결정을 하는 데 공통적으로 필요로 하는 재무제표 정보를 제공하는 데 있다. 외부의 이해관계자라 함은 주주 또는 주주가 되려고 하는 자, 채권자, 재무분석가, 종업원, 정부기관 등 여러 집단이 있다. 관리회계는 특정 이해관계자가 기업에 관한 회계정보를 필요로 할 때 재무적 정보를 제공하는 것이다. 특정 이해관계자는 경영자 및 주주가 될 수 있으며, 경영자의 경우 경영활동 과정에서 여러 가지 경영계획의 수립과 통제활동을 하게 되는데, 이에 필요한 정보를 제공하는 것이다. 경영계획과 통제를 위한 정보는 주로 의사결정 정보와 원가정보가 보다 유용하다.

이 외에도 경영주체에 따라 영리회계(profit making accounting)와 비영리회계(non-profit making accounting)로 구분할 수 있는데, 영리회계는 기업회계라고도 하며, 영리기업에서 사용하는 회계로서 재산계산과 손익계산을 중심으로 하며, 기업의 성격에 따라 상업회계, 공업회계, 금융회계, 보험회계,

농업회계 등 여러 가지로 분류한다. 비영리회계는 영리를 목적으로 하지 않은 가정이나 학교, 국가기관 등과 같이 소비경제 단위에서 이용되는 회계이며, 재산계산을 위주로 하고, 손익계산은 하지 않은 회계이다.

03 회계의 성립조건

∥ 회계 공준

회계공준(accounting postulates)이란 기업회계가 하나의 체계로서 성립하기 위한 기본적인 전제조건 또는 가정을 말한다. 회계공준은 어디까지나 전제 또는 가정이므로 결코 절대 불변한 것은 아니기 때문에, 그 시대의 사회적 · 경제적 · 법률적 조건에 따라 변동할 수 있으며, 일반적으로 다음과 같이 3가지가 있다.

첫째, 기업 실체의 공준(postulate of business entity)이다. 기업은 인적요소인 소유주로부터 독립된 별개의 실체(법인 또는 개인기업)이고, 기업회계는 기업실체의 입장에서 처리해야 되며, 기업은 가계와 경영의 분리된 경제단위이며, 독립된 회계단위라고 보는 것이다. 둘째, 화폐평가의 공준(postulate of monetary valuation)이다. 기업경영의 객관적인 척도는 화폐적 평가를 그 기초로 하고 있다. 만약 화폐평가가 불안정하면 경제적 계산은 자의적인 평가가 되어 객관성이나 일반성을 상실한다. 이 공준의 설정 이유는 계산의 확실성과 연도별 비교가능성에 있는 것이다. 셋째, 계속기업의 공준(postulate of going concern)이다. 기업의 경우 반증이 없는 한 경영활동을 영속적으로 수행한다고 하는 전제하에 운영되고 있으며, 기업의 이해관계자들은 그 기업의 경영상황을 측정 · 보고할 것을 회계에 기대하고 요청하는 것이다.

∥ 회계원칙

회계원칙(accounting principles)은 한 국가의 회계이론을 종합적으로 집약하여 체계화한 것으로 기업의 회계실무를 지도하는 원리 및 지침이 된다. 즉, 기업이 회계행위를 수행할 때 준수해야 하는 행위의 지침(working rule)이 된다. 여기에는 크게 7가지가 있다.

첫째, 원가주의 원칙(cost principle)이다. 역사적인 원가주의라고도 하며, 시가주의와는 반대되는 개념으로서 모든 회계사상을 인식 · 측정할 때 최초의 거래가 나타난 시점에서의 교환가격에 의하는 것을 말한다. 둘째, 수익의 원칙(revenue principle)이다. 수익은 실현이 되었을 때 인식해야 하는데, 수익의 인식기준은 판매기준이다. 판매기준은 재회가 판매자로부터 구매자에게 법률적 소유권이 이전된 시기를 말한다. 다만, 판매기준이 아닌 생산기준이 있는데 이는 장기공사계약이나 원사보상계약, 광업이나 농업과 같은 추출산업이 이에 해당된다. 셋째, 대응의 원칙(matching principle)이다. 이는 일정기간에 실현된 수익과 이 수익을 획득하기 위해 발생한 비용을 결정하여 당기순손익으로 보고하여야 한다는 것이다. 넷째, 객관성의 원칙(objectivity principle)이다. 이는 회계상의 측정이 검증 가능한 증거에 따라 이루어져야 한다는 것이다. 다섯째, 계속성의 원칙(consistency principle)이다. 이는 회계처리 기준이나 방법이 회계기간에 따라 함부로 변경이 되어서는 안 된다는 것이다. 여섯째, 완전공개의 원칙(full-disclosure principle)이다. 이는 회계실체의 경제적 문제와 관련이 있는 중요한 모든 정보를 재무제표상에 완전히 이해할 수 있도록 보고하여야 한다는 것이다. 일곱째, 예외의 원칙 (exception principle)이다. 이는 회계원칙은 다양한 사건과 조건에도 적용되기 때문에 경우에 따라서는 예외를 불가피하게 인정할 수밖에 없다. 예외성은 중요성, 보수주의, 산업별 특수성 등에 따라 예외적으로 적용할 수 있다.

04 거래의 종류와 부기절차

▎ 부기와 회계의 차이점

부기(book-keeping)란 장부기입이라는 의미로 장부를 사용하여 개인이나 기업과 같은 경영주체가 갖고 있는 재산의 증감·변화를 기록·계산·정리하여 그 원인과 결과를 명백히 하는 회계기술이다. 기업부기는 복식부기(double entry book-keeping)를 채택하는 것이 보통이며, 이는 기업의 재산과 자본의 증감변화뿐만 아니라 손익에 대해서도 그 증감변화를 이중으로 기록하는 것이다. 이에 반해 단식부기(single entry book-keeping)는 현금·상품 등 자산에 관해서만 기록하기 때문에 가계수준에서 사용한다. 회계는 기업의 재무상태와 경영성과를 명확히 하여 기업의 이해관계자들에게 필요한 정보를 제공하는 것을 목적으로 하고 있다. 필요한 정보는 부기의 기록·계산을 기초로 하여 작성된다. 그러므로 부기는 회계처리의 기술적 방법으로서 기능을 담당한다. 일반적으로 복식부기 절차는 다음과 같다.

복식부기의 체계는 프로우차트(Flow-Chart)로 보는 바와 같이 거래발생 → 전표작성 → 원장 전기 → 시산표작성 → 결산수정 → 재무제표작성의 일련의 과정을 거치는 체계로 파악될 수 있다. 이러한 일련의 기장체계를 유지하는 데 필요한 장부는 최소한 주요 장부(분개장, 총계정원장)와 보조장부(보조기입장, 보조원장)를 포함하여 최소한 10여 개가 필요하다. 각각의 장부는 개별경영자가 매일 기장을 통해 수작업으로 관리된다. 그러나 수작업에 의한 복식부기 기장의 문제점은 분개장에서 손익계산서에 이르는 4단계의 작업과정 전부를 기장자가 수행해야 하기 때문에 기장자의 업무량이 많으며, 장부기입 및 계산과정에서 오류가 발생할 가능성이 높아 손익계산의 정확성을 기하기 어렵다는 데 있다. 이에 대한 대안으로 전산시스템을 활용한 회계처리가 유용한 방법이다.

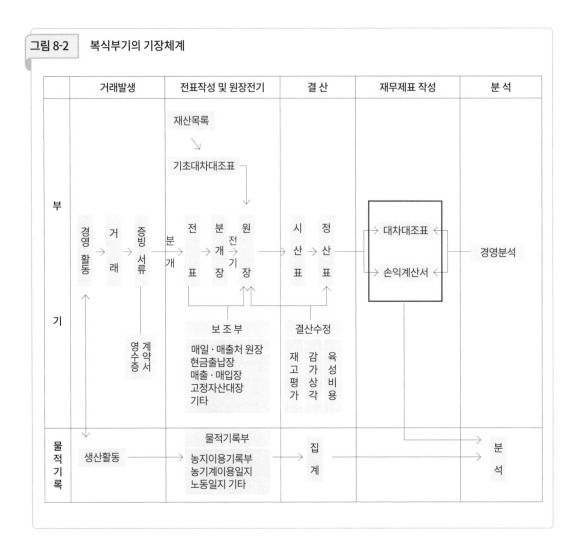

그림 8-2 복식부기의 기장체계

거래발생	전표작성 및 원장전기	결산	재무제표 작성	분석

부
기

경영활동 → 거래 → 증빙서류 → 분개 → 전표 → 분개장 → 원장전기 → 시산표 → 정산표 → 대차대조표 / 손익계산서 → 경영분석

재산목록 → 기초대차대조표

영수증 / 계약서

보조부
매일·매출처 원장
현금출납장
매출·매입장
고정자산대장
기타

결산수정
재고평가 / 감가상각 / 육성비용

물적기록

생산활동 → 물적기록부
농지이용기록부
농기계이용일지
노동일지 기타 → 집계 → 분석

거래의 의미와 종류

기업을 경영하면서 회계정보를 제공하기 위해 기업이 우선적으로 해야 할 일은 기업과 관련된 여러 경영 활동 중에 장부에 기록할 대상을 식별하는 일이다. 즉 어떤 거래를 장부에 기록하고 어떤 거래를 기록하지 않아야 할 것인가에 대해서 의사결정을 해야 한다.

① 거래

기업은 경영활동을 하면서 여러 가지 거래를 하게 되는데, 이 과정에서 일어나는 거래(transaction)는 회계상의 거래와 일반적인 거래로 구분된다. 회계상의 거래란 기업의 자산, 부채, 자본, 수익, 비용의 변동에 영향을 미치는 것을 말하는 것으로 반드시 화폐 금액으로 측정할 수 있어야 한다. 즉, 회계상의 거래란 기업의 자산, 부채, 자본, 수익, 비용에 영향을 미치면서 그 영향을 화폐금액으로 측정할 수 있는 것만을 말한다.

반면에 일반적인 거래는 주문, 계약체결, 담보제공, 예약 등 일상생활에서 쓰이는 사회통념상 거래로 회계상의 거래와 차이가 있다. 회계상의 거래와 일반적인 거래의 구분이 중요한 이유는 기업이 회계장부를 작성할 때에 장부에 기록하는 거래는 바로 회계상의 거래만 해당되기 때문이다.

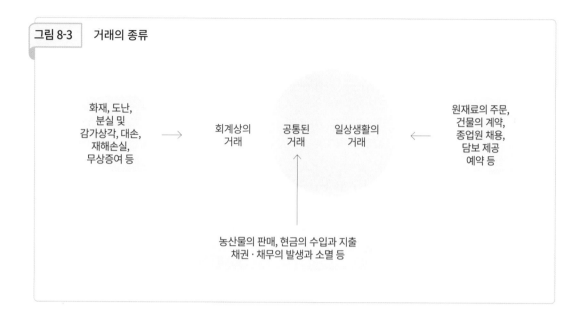

그림 8-3 거래의 종류

② 거래의 8요소

회계상의 거래가 발생하면 장부에 기록해야 한다. 회계상의 거래는 자산, 부채, 자본, 수익, 비용의 경제적인 증감변화라 하였다. 즉, 기록하는 것은 자산의 증가와 감소, 부채의 증가와 감소, 자본의 증가와 감소, 비용과 수익의 발생 등 8가지를 거래의 8요소라 한다.

그림 8-4 거래의 8요소

회계상의 거래는 반드시 두 가지 이상의 요소가 서로의 원인과 결과로서 결합되어 있는데 이를 거래의 결합관계라고 한다. 즉, 기업에서 발생하는 모든 거래는 한 가지 이상의 차변요소와 한 가지 이상의 대변요소의 결합으로 생기는 것이다. 차변에 기입하는 요소는 자산증가, 부채감소, 자본감소, 비용발생이며 대변에 기입하는 요소는 자산감소, 부채증가, 자본증가, 수익발생이다.

이러한 거래의 유형에 따라 농업부문에서 거래발생에 따른 분개를 예시적으로 나타내면 다음과 같다. 일반적으로 들어오는 것은 차변(debtor), 나가는 것은 대변(creditor)에 기입한다.

구분	구분	사례	차변	대변
자산증가	자산감소	농지를 현금으로 매입하다	토지	현금
		창고를 신축하고 현금으로 지급하다	건물	현금
	부채증가	트럭을 외상으로 구입하다	차량운반구	미지급금
		현금을 단기간 차입하다	현금	단기차입금
	자본증가	현금을 출자하여 농장을 개업하다	현금	자본금
		예금을 자본금으로 전환하다	보통예금	자본금
	수익발생	농산물을 외상으로 마트에 판매하다	외상매출금	판매수익
		정기예금 이자를 현금으로 받다	현금	이자수익
부채감소	자산감소	미지급금을 현금으로 상환하다	미지급금	현금
		단기차입금을 보통예금으로 상환하다	단기차입금	보통예금
	부채증가	약속어음을 발행하여 외상매입금을 지급하다	외상매입금	지급어음
		은행에서 대출을 받아 외상매입금을 지급하다	외상매입금	차입금
	자본증가	차입금을 자본금으로 전환하다	차입금	자본금
		농협에서 대출받아 자본금으로 전환하다	차입금	자본금
	수익발생	차입금을 지급면제 받다	차입금	채무면제이익
		외상매입금을 지급면제 받다	외상매입금	채무면제이익
자본감소	자산감소	경영주가 개인적으로 자본금에서 현금을 인출하다	자본금	현금
		적립금에서 개인적으로 현금을 인출하다	자본금	현금
	부채증가	농장주 차입금을 농업경영 차입금으로 대체하다	자본금	차입금
		조합원 탈퇴 자금을 차입금으로 대체하다	자본금	차입금
	자본증가	당기순이익을 자본금으로 대체하다	손익	자본금
		적립금을 자본금으로 전환하다	자본금	자본금
비용발생	자산감소	농약을 체크카드로 구입하다	농약비	보통예금
		수확물의 보관료를 현금으로 지급하다	보관료	현금
		수재민 돕기 성금을 현금으로 지급하다	기부금	현금
	부채증가	종자를 외상으로 구입하다	종묘비	외상매입금
		농장의 책상과 의자를 외상으로 구입하다	비품	미지급금
		비료를 신용카드로 구입하다	비료비	외상매입금

③ 거래의 종류

회계상의 거래는 여러 가지 기준에 따라 다양하게 분류된다. 자산, 부채, 자본의 증감, 수익과 비용이 발생한 거래가 기업의 당기 순이익에 영향을 미치는지에 따라 다음과 같이 분류한다.

첫째, 교환거래(exchange transaction) 재무상태인 자산과 부채 및 자본의 증가나 감소만 발생하는 거래이다. 즉, 수익이나 비용이 발생하지 않기 때문에 기업의 손익에 영향을 미치지 않는 거래를 말한다. 둘째, 손익거래(profit and loss transaction)는 총액에 수익이 생기거나 비용이 드는 거래를 말하며, 차변에 비용만 발생하거나 대변에 수익만 발생하는 거래로 기업의 손익에 영향을 미치는 거래이다. 셋째, 혼합거래(mixed transaction)는 거래의 총액 속에 수익이나 비용의 발생액과 함께 자산이나 부채 및 자본의 증감액이 혼합되어 이루어지는 거래이다. 즉, 교환거래와 손익거래가 혼합된 거래이다.

▌ 부기절차

① 분개

분개란 회계상의 거래가 발생하면 복식회계에 따라서 차변항목과 대변항목으로 나누어 장부에 기입하는 방법을 말한다. 여기서 분개는 주주와 채권자가 아닌 항상 기업(농장)의 입장에서 파악해야 하며 이 기업의 거래를 분개하여 대차대조표 및 손익계산서 등의 재무제표가 완성되는 것이다. 분개의 수행절차는 먼저 회계상의 거래인지를 파악하고, 회계상의 거래이면 계정이 자산, 부채 등 어떤 계정인지 계정과목을 결정하고, 차변과 대변 중 어디에 기입할 것인지 판단하고 각 계정과목의 금액을 기입하는 것이다.

② 전표

전표는 거래를 분개하여 기입할 수 있도록 준비된 종이쪽지로 분개장을 대신하며 이를 집계하여 직접 전기함으로써 기장 업무의 능률화, 기계화, 전산화 등이 가능하다. 컴퓨터 프로그램을 이용할 때 전표는 자동적으로 작성된다.

③ 총계정원장

자산, 부채, 자본, 수익, 비용에 속하는 모든 계정을 모아 놓은 장부를 원장 또는 총계정원장이라고 한다. 총계정원장은 분개장에서 분개한 사항을 전기하여 자산, 부채, 자본의 증감, 수익과 비용의 발생과 소멸을 계산하는 곳으로 복식회계에서 가장 중요한 장부 중의 하나이며 분개장과 함께 주요 장부라 한다. 총계정원장은 전표에 기입된 분개를 각 계정 과목별로 집계하기 위한 장부로 대차대조표와 손익계산서 등의 재무제표 작성에 기초가 된다. 총계정원장의 형식은 표준식과 잔액식이 있으나 실무에서는 표준식을 널리 이용하고 있다. 그러나 학습할 때에는 표준식과 약식계정인 T자형 계정을 많이 사용한다.

④ 시산표

분개장(전표)에 기입된 거래가 총계정원장에 정확하게 전기되었는가를 파악하기 위하여 원장 각 계정의 금액을 한데 모아서 작성하는 일람표를 시산표라 한다. 시산표는 총계정원장의 각 계정에 기입된 금액으로 작성하며 대차평균의 원리에 따라 모든 계정의 대차 합계액은 반드시 일치해야 한다. 또 대부분의 기업들은 컴퓨터 회계프로그램을 이용하여 회계처리를 하기 때문에 시산표는 회계프로그램에 따라서 자동적으로 작성된다. 결국 발생된 거래를 분개하여 컴퓨터에 입력하기만 하면 자동적으로 전기되며 시산표도 자동적으로 작성된다. 시산표는 거래의 종류나 규모 등을 고려하여 보고 기간 말뿐만 아니라 매일, 매주 또는 매월 말에 작성할 수도 있으며 작성 방법에 따라 합계시산표, 잔액시산표, 합계잔액시산표로 구분한다.

⑤ 결산

기업은 일정기간 모든 거래를 기록한 장부를 마감하여 대차대조표와 손익계산서를 작성하여 기업의 재무상태와 경영성과를 정확히 파악해야 하는데 이러한 일련의 절차를 결산이라고 한다.

결산의 절차는 각종 장부를 마감하기 전에 회계 기간 중에 작성한 각종 장부와 재고조사표를 작성하여 수정분개를 행하는 결산 예비 절차, 각종 장부를 마감하는 결산 본 절차, 손익계산서 및 대차대조표 등과 같이 재무제표를 작성하는 결산보고서 작성 절차로 이루어진다.

⑥ 결산정리

기말결산 시점에 이르면 정확한 재무상태와 경영성과를 측정하기 위하여 자산·부채·자본·수익·비용 등 각 계정의 재고량, 현재의 가치액 등을 확인하여야 한다. 즉, 현금의 실제액과 장부잔액이 일치하는지, 생산물의 장부잔액과 창고에 있는 실제 재고액이 일치하는지, 단기매매증권(유가증권) 장부금액과 증권시장의 시가(공정가치)의 차이는 얼마인지, 건물·대농기구의 감가액과 매출채권의 대손추정액 등을 조사·작성하여 결산 시점의 재무상태에 반영하려는 것이다.

자산, 부채, 자본의 결산정리 사항은 재공품과 반제품(미성숙 생물자산), 재고자산의 정리와 평가, 대손충당금의 설정, 감가상각비의 계산, 퇴직급여충당부채의 설정, 저장품의 정리 등이다. 수익과 비용의 결산정리는 수익의 경우 당기에 발생한 수익 중 차기에 속하는 금액은 당기수익에서 차감하여 선수수익으로 처리해서 차기로 이월하는 것을 수익의 이연이라 한다. 그리고 당기에 속하는 수익이나 아직 수입되지 않은 것은 미수수익으로 처리해서 당기수익에 가산하는 것을 수익의 예상이라 한다. 비용의 경우 당기에 발생한 비용 중 차기에 속하는 금액은 당기비용에서 차감하여 선급비용으로 처리하여 차기로 이월하는 것을 비용의 이연이라 한다. 그리고 선급비용은 차기의 첫 날짜로 다시 비용계정에 대체해야 하는데 이것을 재대체라 한다. 당기에 속하는 비용이나 아직 지급되지 않은 것을 미지급비용으로 처리해서 당기비용에 가산하는 것을 비용의 예상이라 한다.

05 농업회계의 개념과 중요성

▌ 농업경영관리와 재무관리

경영관리의 개념은 다수의 노동자를 고용하고 있는 일반 기업에서 어떻게 노동자를 관리, 통제하여 작업의 표준화 및 효율화를 통해 생산성 증대를 도모할 것인가라는 과제를 해결하기 위한 방안으로 제기되었다. 따라서 가족노동력을 중심으로 영위하는 소규모 가족경영에서 경영관리는 별 의미가 없다. 그러나 국제화·개방화에 따라 농업분야에서도 경영규모가 점차 확대되고, 관리업무가 증가하고 있으며, 경영체의 유지 및 발전을 위해서는 재정적 지원 및 제도·정책과 더불어 생산자 스스로의 비용절감과 품질향상 등이 주요 관점으로 제기되고 있다. 이러한 차원에서 농업에서는 체계적인 경영관리에 대한 중요성이 증대되고 있다.

농업경영관리의 개념은 보는 관점에 따라 다양하게 정의되고 있다. 일반적으로는 농업경영관리를 「계획-실행-분석·평가」라는 일련의 연속과정으로 보고, ① 사회·경제환경의 변화와 당해 경영의 현상에 따라 경영계획을 작성하고, ② 이에 따라 충실하게 재작업을 실행함과 동시에, ③ 경영성과에서 얻어진 자료를 토대로 계획목표와 실적치와의 격차 요인을 해명하는 과정으로 규정하고 있다.

이와 같이 경영관리 개념은 계획-실시-통제라는 기본원칙을 바탕으로 하고 있다. 따라서 이러한 기본원칙을 토대로 경영관리 체계도는 ① 경영목표 설정단계 ② 생산활동 및 물적·화폐적 기록단계 ③ 경영분석 및 진단단계 ④ 경영계획단계의 연속적인 순환과정이라 할 수 있다.

이러한 농업경영관리는 외부조건과 내부조건을 종합하여 경영목표를 세우고, 이 목표를 달성하기 위해 각종 생산자재의 조달과 생산요소의 결합을 통해 생산활동을 수행한다. 이 과정에서 나오는 각종 자료는 물적·기술적 장부와 회계장부로 구분하여 기록하게 된다. 회계장부 기록은 정해진 기장체계에 따라 자료정보를 집계하고, 여기에서 나온 결과를 기초로 재무제표를 작성하고, 물적·기술적 기록은 기술성과 집계표에 따라 정리한다. 여기에서 화폐적 성과를 다루는 것이 재무관리이다. 재무관리는 농가가 필요로 하는 자금을 합리적으로 조달하고, 조달된 자금을 합리적으로 운용하는 것을 말하며, 그 궁극적인 목표는 법인체의 가치를 극대화하는 것이다. 따라서 재무관리는 회계와 밀접한 관계를 가지고 있다.

이 두 자료를 종합하여 경영진단을 수행하게 되는데 재무제표중 대차대조표에서는 안전성진단, 손익계산서에서는 수익성진단과 생산원가진단, 손익분기점진단을 수행한다. 그리고 기술성과의 집계자료를 통해 성과분석인 기술진단을 수행하게 된다. 진단과정에서 비교기준치를 설정하여 상호비교함으로써 문제발견과 경영개선 과제를 제시하고, 차기 경영계획을 수립하게 된다.

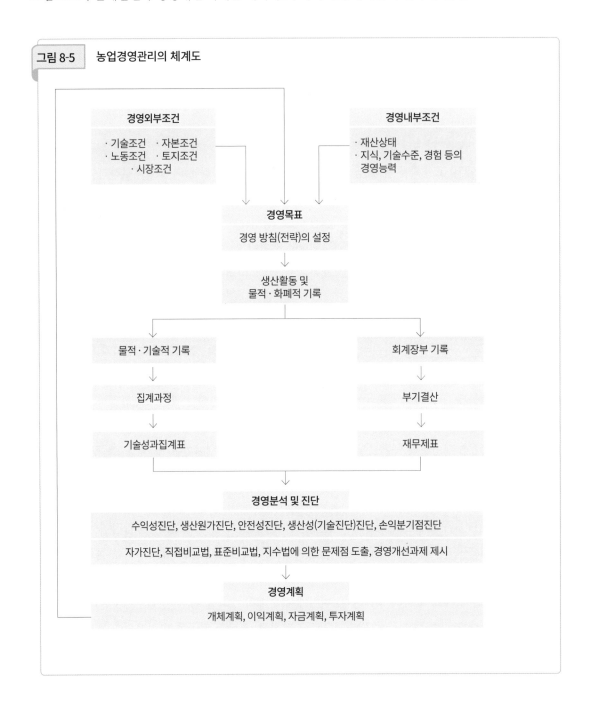

그림 8-5 농업경영관리의 체계도

이와 같이 경영관리는 경영자 또는 관리자에 의한 능동적인 경영활동의 통제를 의미하며, 원래 농장경영의 관리자가 경영목표를 향하여 농장을 합리적이고 효율적으로 관리하는 것이다.

이에 반해 경영진단은 경영관리의 목표를 달성하기 위해 경영활동의 전반에 걸친 순환과정을 체계적으로 분석하는 것이다. 즉 경영활동의 결과를 분석하고 경영합리화를 위한 제문제를 도출하여 개선방안을 나타내는 것이다.

경영관리는 이러한 경영분석 및 진단을 통해 장래 경영계획의 달성을 위해 선택과 방향성을 결정하는 기법이며, 경영계획 → 실행 → 분석·평가의 단순한 순환과정이 아닌 경영발전 과정으로서 활동을 전개하는 것이다.

▌ 농업회계의 개념

우리가 농사를 지으면서 수지타산이 맞는지 또는 왜 손해를 보았는지 정확하게 파악할 수 있는 자료가 있어야 경영개선에 도움이 될 것이다. 따라서 농업경영자가 농업을 영위하여 수지를 맞추고 계속 발전시켜 나가기 위해서는 경영성과 분석, 경영진단과 설계, 경영개선 방안의 도출과 개선노력이 있어야 한다.

이를 위해 기본적으로 필요한 것이 농작업 내용과 화폐와 관련된 거래내역을 기록하는 것이다. 농작업은 언제 어떤 작업을 했는지에 관한 내용과 자재투입, 수확 등과 관련된 기록이고, 축산에서는 가축대장, 작업일지, 자재구입과 투입, 가축이동기록 등을 포함한다.

그리고 화폐와 관련된 거래내역을 기록하고 이를 항목별로 계산하여 정리하는 방법에는 여러 가지가 있을 수 있지만 일반적으로 단식부기와 복식부기를 많이 사용하고 있다. 복식부기는 손익과 재산에 대해 발생과 증감에 관한 모든 내용을 기록하고, 일정한 기장순서에 따라 결산하는 방법이다. 또한, 복식부기는 사회적으로 널리 통용되고 있는 부기이며, 경영규모가 큰 자본집약적 농업경영에 적합한 계산구조를 가지고 있지만 기장방법에 관한 지식과 학습능력을 필요로 한다. 특히, 자본집약적 농업경영은 비용과 수익의 발생에 대한 손익계산서 작성과 자산, 부채, 자본의 증감에 대한 대차대조표를 작성하여 경영계획을 세우는 것이 바람직하다.

이와 같이 영농활동을 하면서 화폐거래와 관련된 주요 활동인 구매활동, 생산활동, 판매활동과 보조활동인 재무활동, 금융활동, 투자활동 등을 장부에 기록하고 계산하는 행위를 농업회계라 한다. 즉, 농업경영에서 발생하는 자산, 부채, 자본 등의 변화와 수익, 비용 등의 발생을 장부에 기록, 분류, 요약하고 그 결과를 의사결정에 활용하는 것이다.

이러한 농업회계는 농업회계기준에 의거하여 회계처리가 이루어져야 하나 국내에는 농업회계기준이 확립되어 있지 않다. 그 요인은 앞서 살펴본 바와 같이 회계가 성립하기 위해서는 회계공준의 조건이 충족되어야 하며, 회계원칙에 따라 회계처리가 이루어져야 한다. 그러나 농업의 특성상 소유와 경영이 분리가 되어 있지 않고, 경영주와 노동자, 자본가의 삼위일체적 성격(내부거래 발생)을 가지고 있기 때문에 회계공준 중에서 기업실체의 공준과 화폐평가의 공준에 위배가 되는 게 현실이다. 따라서, 농업회계의 성립조건을 위해서는 소유와 경영의 분리가 되어야 하며, 모든 거래는 객관적인 자료에 근거하여 화폐액으로 평가되어야 한다.

▎ 농업회계의 중요성

과거 농업의 역할은 비농업부문으로의 인력공급과 값싼 농산물 공급원으로서 역할을 담당해 왔으나 농업노동력의 질적·양적 감소와 도농간 소득격차로 인해 과거와 같은 기능과 역할을 담당하기에는 한계에 도달하고 있다. 또한, 식량 자급률 저하와 농가인구의 급속한 감소, 농촌지역의 초고령화 사회로의 이행 등이 지속된다면 농업은 소멸될 것이라는 위기의식을 반영하여 사회적 공감대를 형성해 나가야 하며, 미래농업은 녹색성장의 중심적 역할과 식량의 안정적 확보, 안전한 농산물 공급원으로서 역할을 담당해야 한다.

이러한 농업의 역할변화에 따라 농업인의 역할도 변화되어야 한다. 과거 의존적·의타적 농업경영 방식에서 탈피하여 비즈니스 감각을 갖춘 경영자, 시장메커니즘하에서 합리적인 경제행위를 하는 경영자, 농업경영관리 기능을 갖춘 경영자 등 경영역량을 가지고 국제화 시대에 대응할 수 있는 경영혁신이 요구된다.

농업경영의 최종 목표는 수익을 최대화시키는 데 있다. 농업경영진단은 이러한 경영목표를 달성하기 위한 수단이다. 따라서 농업경영진단의 범위와 그 절차를 결정하고 농업경영진단의 목표인 수익의 최대화를 달성할 수 있도록 해야 한다.

농업경영진단의 순서는 먼저 경영의 수익성 파악이고 그 다음으로 생산성 수준을 명확하게 하는 것이며, 경영의 안전성을 측정하는 것이다. 경영의 수익성 진단은 경영평가의 성과측정의 최종단계이다. 이 수익성은 가족경영에서는 가족노동보수이며 법인경영에서는 자본이익률이다. 수익성의 경우 이익의 절대액의 크기뿐만 아니라 투하된 노동력 및 자본과 비교하여 수익률의 크기를 평가하는 것이 중요하다. 수익성을 나타내는 이익액은 농업수익 분석과 비용분석이 필요하며, 농업수익 분석은 특히 생산물의 매출액 분석이 중요하다.

수익성의 크기를 결정하는 요인은 생산비, 특히 생산원가이다. 경영의 노동생산성 및 물적 생산성인 생산과정의 효율은 최종적으로 생산원가로서 경제적으로 파악하고 이 생산원가 절감이 경영합리화의 목표가 된다. 경영간 격차가 크게 나타나는 것은 생산원가이다. 수익성, 즉 판매액의 경영간 격차도 수익성의 크기를 결정하는 요인이지만 경영간 격차가 그 이상으로 크고 수익성의 크기를 결정하는 요인이 되는 것이 생산원가이므로 비용절감 및 생산원가 관리가 중요시되고 있는 것이다.

또한 수익성 및 생산원가가 경영활동의 종합적 성과로서 나타나지만 이러한 성과에 영향을 미치는 것이 생산성이다. 이는 〈그림 8-6〉을 통해 확인할 수 있다. 그림에서 수익성향상에 영향을 미치는 요인은 생산원가 절감과 판매가격의 상승, 생산성 향상이다. 생산원가 절감의 방법은 구입 생산자재의 가격을 낮추거나 이를 효율적으로 이용하는 것이다. 생산자재의 효율적 이용은 생산체계의 양부에 따라 결정되므로 이의 효율적인 관리가 필요하며, 생산성 향상은 경영관리 능력과 작업관리에 의해 결정되므로 생산성(기술) 진단은 수익성의 요인을 파악하는 주요 수단이라 할 수 있다.

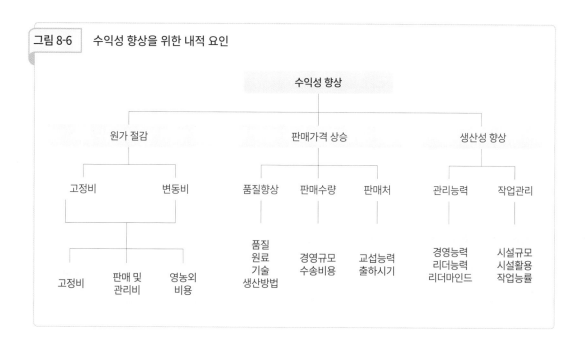

그림 8-6 수익성 향상을 위한 내적 요인

따라서 이러한 수익성 및 비용을 결정하는 요인분석으로서 생산성(기술) 진단은 경영성과의 원인이 되며, 경영개선책을 제시하는 중요한 역할을 가지고 있다. 최근에는 과거 일정기간의 기술적 성과분석과 함께 일상적인 작업관리 및 작물별 성적관리를 철저하게 하는 등 경영관리적 측면에서 중시되고 있다.

SECTION 02 재무회계의 이해와 활용

01 재무제표의 개념과 영역

▎대차대조표 구성요소

대차대조표(balance sheet, B/S)는 일정시점의 재무상태인 자산, 부채, 자본을 나타내는 표이다.

「일정시점」은 보통 회계기간 마지막 날인 결산일(보고기간 종료일)을 의미한다. 회계기간이 1월 1일부터 12월 31일까지라면 보고기간 종료일은 12월 31일이 된다. 그러나 사업개시일 · 매 월말 · 매 분기말 · 매 반기말 등 어떤 특정 시점도 대차대조표를 작성하는 기준일이 될 수 있다. 왜냐하면 재무상태는 거래가 발생할 때마다 변화하기 때문에 외부 이해관계자가 요구하는 시점이 달라지면 대차대조표는 그 시점에 맞추어 작성할 수 있는 것이다. 농업경영자는 대차대조표를 이용해 농장의 재산상태 뿐만 아니라, 부채의 정도나 자본의 정도를 확인해 볼 수 있다. 여기서 타인자본은 갚아야 할 의무가 있으며, 자기자본은 갚아야 할 의무가 존재하지 않는다는 것을 의미한다.

대 차 대 조 표

한국농장 · 2016년 12월 31일 현재 · (단위 : 원)

자산	금액	부채 · 자본	금액
자 산	1,000,000	부 채(타인자본)	400,000
		자 본(자기자본)	600,000
	1,000,000		1,000,000

대차대조표란 일정 시점에 농장의 자산, 부채, 자본의 관계를 나타냄으로써 해당 농장의 재무상태를 나타내주는 재무보고서이며, 자금의 조달과 운용에 관한 정보를 알 수 있다. 대차대조표의 구성 요소는 자산, 부채, 자본이다.

① 자산(assets)

자산이란 과거의 사건이나 결과로 현재 농장이 소유하고 있으며 미래의 경제적 효익의 유입이 예상되는 것을 말한다. 즉, 농장이 보유하고 있는 여러 가지 재화와 채권을 의미한다. 재화는 농장이 소유하고 있는 현금, 저장품, 수확물, 토지, 건물 등을 말하며, 채권은 돈 받을 권리로서 각종 예금, 외상매출금, 대여금 등을 말한다. 자산은 종류에 따라 유동자산(current assets)과 고정자산(fixed assets)으로 나누는데, 유동자산은 1년 이내에 현금으로 전환되거나 소비될 것으로 예상되는 자산을 말하며, 고정자산은 1년 이후에 현금으로 전환되거나 소비될 것으로 예상되는 자산을 말한다.

유동자산은 당좌자산과 재고자산으로 분류한다. 당좌자산은 현금화하기 쉬운 현금 · 예금 · 채권으로 구성된다. 그리고 재고자산은 판매라는 과정을 거쳐 현금화되는 자산으로 수확물 · 생장물 · 저장품(농자재) 및 소모품 등이 있다. 재고자산 중에서 수확물과 소비용 생물자산은 재고자산으로 분류한다. 내용연수가 비교적 짧은 생산용 생물자산은 재고자산으로 분류할 수 있다. 대차대조표에 재고자산으로 분류되는 소비용 생물자산이 성장 중인 경우에는 생장물로 분류하고, 수확 시점 이후에는 수확물로 분류한다. 다만, 축산농가의 경우 수확물을 생산물로 표시한다.

표 8-1	자산의 분류		

중분류	소분류	계정과목	계정과목에 속한 세부항목
유동 자산	당좌 자산	현금 및 예금	현금, 수표, 보통예금, 정기예금, 정기적금, 어음, 연금신탁
		외상매출금	농산물 판매, 부산물 판매
		미수금	토지판매미수금, 중고농기계판매미수금, 토지·농기계임차료미수금
		적립금	작목반부금, 조합부금, 후계자모임, 유친계, 동리계, 관혼상제계, 동갑계, 관광계, 친목계, 기타
		보험·공제적 립금	자동차보험, 농어민연금보험, 의료보험, 생명보험, 농가목돈적금, 화재공제, 농작업상해공제, 작물재해공제
		단기대여금	대여금
	재고 자산	미성숙 생물	미성숙 농산물
		미판매 생물	미판매 농산물
		재고생산자재	연료, 비료, 농약, 기타 농자재
고정 자산	유형 자산	토지	논, 밭, 과수원, 초지
		건축시설물	농산물 창고, 농기계 창고, 시설하우스, 사무실,
		대농기구	트랙터, 경운기, 예취기, 스프링쿨러, 양수기, 포크레인, 관리기
		기계기구비품	컴퓨터, 전화기, 소독기, 리어커, 보온상자, 책상, 냉장고
		농업용차량	트럭, 오토바이
		대동식물	나무, 소, 돼지, 닭
		무형고정자산	특허권, 상표권, 저작권
	투자 자산	장기성예금 및 대여금	정기예금, 정기적금, 기타 장기성예금, 장기대여금
		투자유가증권	주식, 국채, 지방채
		출자금	농협출자금, 축협출자금, 수협출자금, 세마을금고출자금, 기타, 신협출자, 영농법인(회사, 조합)출자금, 작목반출자금

　　고정자산은 투자자산, 유형자산, 무형자산으로 분류되며, 투자자산에는 투자를 목적으로 취득한 투자부동산, 만기보유증권, 장기대여금 등이 있고, 유형자산에는 형태가 보이는 토지, 건물, 차량운반구, 대농기구, 기계장치, 비품, 성숙–생물자산(가축·식물) 등이 있다. 유형자산 중 생산용 생물자산이 그 원래의 목적에 사용할 수 있는 상태가 되면 대차대조표의 유형자산 중에 성숙–생물자산으로 분류하고, 원래의 목적에 사용하기 위하여 사육하거나 재배하는 과정에 있는 경우에는 미성숙–생물자산으로 분류한다. 그리고 무형자산에는 특허권, 상표권, 컴퓨터소프트웨어, 저작권 등이 있다.

　　무형자산은 재화의 생산이나 용역의 제공, 다른 사람에게 임대 또는 관리에 사용할 목적으로 농장이 보유하고 있으며, 물리적 형체가 없지만 식별가능하고, 농장이 통제하고 있으며, 미래에 경제적 효익이 있는 자산을 말한다. 즉 브랜드명, 특허권, 영업권 등이 있다.

구분	중·소분류	계정과목	계정과목에 속한 세부항목
부채	고정부채	장기차입금	농지구입자금, 농기계구입자금, 시설지원자금, 농·축·수협상호금융, 은행대출금, 주택개량자금, 시설지원자금, 농어민후계자자금
		충당금	퇴직급여충당금
	유동부채	외상매입금	농기계, 비료, 농약, 기타 자재
		미지급	노임미지급금, 농기계임차료미지급금
		충당금	상여충당금, 납세충당금
		선수금	선수금
		단기차입금	일반영농자금, 사채, 농·축·수협대출금, 은행신용대출자금, 기타 단기차입금
자본	자본금		자본금(출자금), 보통주, 우선주
	잉여금		자본잉여금, 감자차익

표 8-2 부채와 자본 분류

② 부채(liability)

부채란 미래에 갚아야 할 채무 또는 의무로서 미래의 경제적 효익의 유출을 말한다. 경영활동 과정에서 다른 사람에게서 금전을 빌리거나 외상으로 상품을 매입한 경우에 발생하는 갚아야 할 빚을 의미한다. 부채의 상환기간 장단에 따라 유동부채(current liabilities)와 고정부채(fixed liabilities)로 나누는데, 유동부채는 대차대조표일로부터 1년 이내에 만기가 도래하는 부채이며, 고정부채는 이와 반대로 1년 이후에 만기가 도래하는 부채이다.

③ 자본(capital)

자본이란 농업경영자 자신이 투자한 출자금으로서 소유주 지분을 말한다. 또 농장의 자산에서 부채를 차감한 잔여지분이라고도 한다. 즉, 농장의 재산인 자산을 팔았을 때 부채를 갚아야 하므로 부채부분을 채권자 지분이라 하고, 그 나머지에 대하여는 소유주 자신의 것이므로 자본은 소유주 지분이라 한다. 또 농장의 자산 중 부채를 우선적으로 갚아야 하므로 자본을 잔여 지분 또는 순자산이라 한다. 자본은 법정 자본금과 자본거래에서 발생한 자본잉여금, 영업거래에서 발생한 이익잉여금으로 분류한다.

▎손익계산서 구성요소

손익계산서(income statement, profit and loss statement, P/L)는 일정기간의 경영성과에 대한 정보를 제공하는 재무보고이다. 손익계산서는 해당 회계기간의 경영성과를 나타낼 뿐만 아니라 농장의 미래 현금의 흐름과 수익 창출능력 등의 예측에 유용한 정보를 제공한다. 여기서「일정기간」이란 회계기간을 말하며, 보통 1년을 단위로 하지만 경우에 따라서는 6개월(반기)·3개월(분기) 또는 1개월 단위로 할 수도 있다. 즉, 일정기간에 농장이 벌어들인 수익과 비용의 차액인 당기순이익(당기순손실)을 표시하는 결산보고서가 손익계산서이며, 자산변동의 원인정보를 제공한다.

손 익 계 산 서

한국농장 　　　　　　　2016년 1월 1일부터 2016년 12월 31일까지 　　　　　　　(단위 : 원)

비용	금액	수익	금액
비 용	700,000	수 익	1,000,000
당기순이익	300,000		
	1,000,000		1,000,000

손익계산서는 일정기간(보고기간) 농장의 경영성과에 대한 정보를 제공하는 결산보고서이다. 수익과 비용은 농장의 경영성과 측정에 관련된 구성 요소이다.

① 수익(revenue)

표 8-3	수익의 분류		

대분류	중소분류	계정과목	계정과목에 속한 세부항목
수익	농업수익	주산물수익	농산물 판매
		이월 농산물	이월 농산물
		부산물수익	볏짚, 쌀겨, 왕겨, 폐비닐
		고정자산처분익	과일 나무, 번식우
	농업외수익	임대료	농지임대료, 건물임대료, 대농기구임대료
		노임	노임
		이자수입	예적금이자, 대부금이자
		보조장려금	선도농가자금, 시설지원자금, 전업농자금, 농어민후계자자금, 수출장려금
		배당금	농협출자배당금, 축협출자배당금, 주식배당금, 영농법인(회사, 조합)출자배당금
		제보험차익	공제차익, 보험차익
	특별이익		정부 보조금, 재해보상금

수익이란 일정기간 농장의 주된 경영활동인 재화의 판매나 용역의 제공 등의 대가로 발생한 경제적 효익의 증가분을 말한다. 수익은 자산의 증가나 부채의 감소를 수반하게 되고, 궁극적으로는 자본을 증가시킨다. 수익의 분류는 농업수익과 농업외수익, 특별이익으로 구분할 수 있다.

농장의 경영활동 결과, 자본의 증가를 가져오는 것으로 회계에서는 수익이 발생하면, 자본의 출자나 증자에 따르지 아니하고 자본이 증가된다. 또 수익은 경영활동의 과정에서 고객에게 제공한 재화나 용역의 가치를 화폐가치로 표시한 것이다. 수익 중 농업수익은 농업주산물 수익과 농업부산물 수익으로 농가의 농산물, 축산물 등의 주된 영농활동으로 얻는 수익이며, 농업외수익은 주된 농업경영 이외의 활동에서 얻은 수익을 말한다. 특별이익은 비반복적이고, 임시적이고, 일시적인 이익을 말한다.

② 비용(expense)

비용이란 수익을 얻기 위하여 소비한 재화나 용역으로 소멸된 원가를 말한다. 이는 경제적 효익의 유출이라고 할 수 있다. 소멸된 원가가 당기의 영농활동과 관련되어 수익에 공헌하지 못한 것을 손실이라고 하는 것과는 구분된다. 비용은 현금 지출 유·무와 관계없이 발생주의 원칙에 따라 비용으로 인식된다. 특히 농업에서는 농산물 원가를 계산하는 경우에는 비용 중에서 농산물생산 관련 비용(원가)을 구분하여 회계처리한다.

비용은 자산의 감소 또는 부채의 증가를 수반하여 궁극적으로는 자본이 줄어든다. 수익과 비용, 수입과 지출은 반드시 일치하지는 않는다. 수입과 지출은 현금의 유입과 유출을 의미하지만 수익과 비용은 반드시 현금의 유입과 유출을 당장 수반하는 것은 아니기 때문이다. 비용은 크게 생산원가, 판매 및 관리비, 농업외비용, 특별손실로 구분할 수 있다. 생산원가는 농산물 생산과정에 투입된 모든 제반비용을 의미하며, 가공을 포함하고 있는 경우에는 매출원가 또는 제조원가로 표현한다. 농업의 경우 생산원가 산출시 조직의 미분화로 자급분이 포함되는 경우가 있으나 이는 가족농의 경우에 해당이 되며, 법인의 경우에는 경영주 노임, 자기자본, 자기토지에 대한 자급분인 기회비용은 비용에 포함되지 않는다. 즉, 생산원가는 농산물 생산비와 대비되는데, 농산물 생산비는 농산물 생산에 사용하는 종묘비, 비료비, 사료비, 농약비, 진료위생비(축산), 소농기구비, 인건비, 연료비 등 농업 생산과 관련된 비용이다. 이러한 계정은 농산물 생산원가명세서를 작성할 때는 원가항목으로 재료비, 노무비, 경비 계정으로 분류하여 회계처리한다. 그러나 소규모의 농장에서는 원가계산을 도입하지 않는 경우가 대부분이다. 이러한 경우는 생산원가가 아닌 농업생산비로 회계처리하면 된다. 특히, 대규모의 농업법인 또는 축산의 경우는 원가계산을 도입하는 것이 바람직한 방법이다.

판매비와 관리비는 농업 생산물 등의 판매활동과 농장의 관리 및 유지활동에서 발생하는 비용으로서 생산원가에 속하지 않는 모든 영업비용을 포함한다. 특별손실은 특별이익과 마찬가지로 비반복적이고, 임시적이고, 일시적인 손실을 의미하며, 재해손실 등이 이에 속한다.

표 8-4		비용의 분류	

대분류	중소분류	계정과목	계정과목에 속한 세부항목
비 용	생산 원가	종묘비	종자, 송아지, 병아리
		농자재비	비료, 농약, 사료
		제재료비	비닐, 청소용구, 장갑, 보온덮개, 장화
		노력비	고용노력비, 자가노력비
		수도광열비	난방연료, 연료, 전기 및 수도료
		소농구비	삽, 낫, 괭이, 리어커
		감가상각비	건물감가상각비, 농기계감가상각비, 대동식물 감가상각비
		조세공과금	종합토지세, 축산용자동차세, 축산용건물재산세, 소득세, 주민세, 교육세, 농특세, 이웃돕기성금, 적십자회비, 조합비, 기타
		수선비	건물수선비, 대농기구수선비, 차량수선비, 기계기구수선비
		임차료	토지임차료, 건물임차료, 대농기계임차료
	판매 및 관리비	판매비	판매운임, 판매수수료, 포장재료비, 검사료
		급료	사무원 급료
		보험 · 공제금	건물공제료, 가축공제료, 농작업상해공제료, 자동차보험료, 재해보험료
		조세공과금	사업세, 인지세, 수수료
		사무비	교제 · 접대비, 도서 · 신문비, 우편료, 전화료, 컴퓨터통신비, 여비, 회의비, 교육비
		복리후생비	사무원 보너스
		감가상각비	사무용 책상, 책장, 컴퓨터
	농업외 비용	지불이자	은행대출이자, 사채이자
		평가손실	유동자산평가손실, 투자자산평가손실, 재고자산평가손실
		고정자산처분 손실	과일 나무 처분손실, 번식우 처분손실
		제보험손실	공제손실, 보험손실
	특별손실		재해손실

▍ 원가의 이해

① 원가의 개념

원가(cost)란 만들어진 제품의 본래의 가치이며, 재화나 용역을 생산하는 과정에서 소비되는 모든 경제적 가치, 생산품의 제조에 소요되는 비용이라 한다. 원가(cost)는 최종 생산을 위해 희생된 가치소비를 의미하고, 비용(expense)은 수익획득을 위해 소비한 가치이다.

② 가공비, 영업비, 총원가

원가와 유사한 개념으로 가공비와 영업비, 총원가가 있는데, 가공비는 직접재료비 이외의 제조원가(직접노무비, 직접경비, 제조간접비)이며, 원재료(직접재료)를 가공하여 제품으로 만드는 데 들어가는 비용이다. 여기에서 제조직접비와 제조간접비는 차이가 있는데, 직접비(direct cost)는 제품에 직접 부담·부과되는 것이며, 간접비(indirect cost)는 여러 제품의 제조에 공통적으로 소비된 것으로 배부기준을 사용해서 배분한다.

영업비는 판매비와 관리비, 총원가는 제조원가에 판매비와 관리비를 가산한 원가이며, 총원가란 제품의 생산 판매에 관해서 소비된 모든 경제가치이다. 다만, 농업의 경우 농산물 생산이 1차적인 경제활동이기 때문에 생산원가를 사용하고, 제조·가공의 경우에는 제조원가 또는 매출원가의 개념을 사용한다.

그림 8-7 원가의 구성도

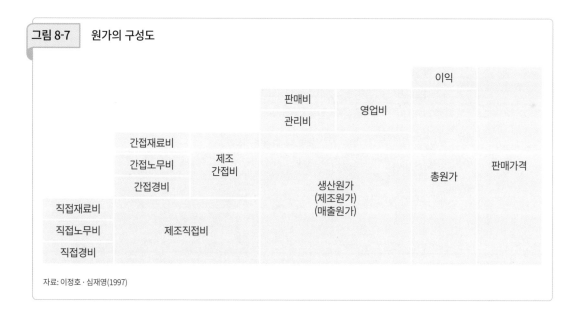

자료: 이정호·심재영(1997)

③ 생산원가명세서

생물자산의 매출에 대응되는 생물자산의 원가를 산정하기 위하여 생물자산의 생산원가명세서를 손익계산서의 부속명세서로 작성하여야 한다. 생산원가는 그 구성요소를 재료비, 노무비, 생산경비로 구분하여 집계한 당기 총생산원가에 기초 생장물 재고금액을 가산하고 다른 계정으로 대체한 금액과 기말 생장물 재고금액을 차감한 금액을 당기 수확물(생산물)생산원가로 구분하여 표시한다. 축산업과 같이 사료비의 비중이 큰 경우에는 사료비를 재료비로 구분하나 작물재배업과 같이 재료비의 비중이 낮은 경우에는 생산성비란에 별도의 계정으로 구분하여 표시할 수 있다. 원가계산 시 두 종류 이상의 작물, 식물, 가축이 있는 경우에는 간접비를 각 생장물계정에 배부(시간법, 수량법 등)한다. 다만, 농업에서는 생산원가에 자가분인 기회비용을 포함하여 계산한다.

02 자산의 인식과 평가

▌자산의 인식과 측정[1]

생물자산(biological asset)이나 수확물은 아래의 조건을 모두 충족할 때 자산으로 인식한다. 첫째, 과거 거래나 사건의 결과로 생물자산이나 수확물을 농업경영체가 통제한다. 둘째, 생물자산이나 수확물에서 미래 경제적 효익의 유입 가능성이 매우 높다. 셋째, 생물자산이나 수확물의 원가를 신뢰성 있게 측정할 수 있다.

생물자산은 최초 인식시점에서 원가를 측정한다. 생물자산 원가는 취득과정에서 정상적으로 발생한 운반비, 수수료 등의 부대비용을 포함한 구입금액으로 측정하고 최초 인식시점까지 성장과 관련하여 정상적으로 발생한 직접원가와 간접원가를 가산한 금액이다. 첫째, 유형자산(tangible assets)에 속하는 미성숙-생물자산의 원가는 생물자산을 최초로 인식한 후 매 보고기간 말에 성장과 관련하여 정상적으로 발생한 직접원가와 간접원가를 가산한 금액으로 측정한다. 둘째, 유형자산에 속하는 성숙-생물자산의 원가는 생물자산을 최초로 인식한 후 수확할 수 있는 상태에 이르기까지 성장과 관련하여 정상적으로 발생한 직접원가와 간접원가를 가산한 금액으로 측정한다. 성장과정에서 수익이 발생했을 경우 원가에서 차감한다. 성숙-생물자산으로 인식한 후에는 원가에서 감가상각누계액과 손상차손 누계액을 차감한 금액으로 측정한다. 셋째, 유형자산에 속하는 성숙-생물자산의 감가상각은 해당 생물의 성숙시점을 기준으로 한다. 성숙시점은 젖소의 경우 첫 출산 시, 번식용 가축의 경우 첫 출산을 위한 교배시, 다년생 식물의 경우 수확물의 수익과 비용이 거의 같아지는 연도로 한다. 넷째, 재고자산(inventories)에 속하는 생장물의 원가는 생물자산의 최초로 인식한 후 매 보고기간 말에 성장과 관련하여 정상적으로 발생한 직접원가와 간접원가를 가산한 금액으로 측정한다.

생물자산에서 수확한 수확물의 원가는 생물자산을 최초로 인식한 후 수확이 완료될때까지 성장 및 수확과 관련하여 정상적으로 발생한 직접원가와 간접원가를 가산한 금액으로 측정한다.

---

1 농촌진흥청, 2014, 『농업회계 표준실무서』.

① 성숙-생물자산(가축·식물)

생물자산이란 살아있는 동물이나 식물을 말한다. 농업 생산물을 생산하거나 자체적으로 사용할 목적으로 보유하고 있는 자산으로 1년을 초과하여 사용할 것이 예상되는 생산용 생물자산은 유형자산으로 분류한다. 우유나 송아지 생산을 위해 사육하고 있는 젖소, 새끼돼지(자돈)를 생산하기 위한 어미 돼지(모돈, 웅돈) 등 출산과 번식을 위하여 보유하고 있는 가축과 과일 수확을 위해 재배하거나 보유하고 있는 과일나무 등은 성숙-생물자산 계정으로 회계처리한다. 이러한 성숙-생물자산인 가축이나 식물은 가축이나 식물의 이름을 사용하여 회계처리 한 후 기말 대차대조표에 유형자산인 성숙-생물자산 계정으로 표시한다.

생물자산은 용도에 따라 생산물을 생산하는 '생산용 생물자산'과 생물자산 그 자체로서 최종생산물이 되거나 판매되는 '소비용 생물자산'으로 구분한다. 소비용 생물자산은 유동자산, 생산용 생물자산은 고정자산으로 분류하다. 생산용 생물자산은 내용연수에 따라 '성숙-생물자산'과 '미성숙-생물자산'으로 분류한다. 생물자산은 최초 인식시점과 매 보고기간 말에 취득원가로 측정한다.

생물자산에서 수확된 수확물은 수확시점에서 취득원가로 측정한다. 생물자산을 신뢰성 있게 측정할 수 없는 경우 최초 인식시점에 한정해서 원가에서 감가상각누계액과 손상차손 누계액을 차감한 금액으로 측정한다. 다만, 손상차손에 환입하는 경우에는 당초 손상차손을 인식한 범위에서 손상차손의 환입을 인식할 수 있다. '손상차손'이란 예기하지 않은 사태로 생장물 또는 수확물에 커다란 손해가 발생하는 경우를 말한다.

② 미성숙 생물자산

미성숙가축이나 식물은 시간이 경과하면서 가치는 높아져 간다. 따라서 미성숙 가축, 미성숙 식물 계정을 설정하고, 육성시부터 성숙기까지 지출한 비용을 자산으로 차변에 기입한다. 그러나 성숙기에 이르면 수확물이기 때문에, 성숙-생물자산인 가축 계정이나 식물 계정으로 대체한다. 성숙기의 기준은 젖소는 첫 출산 시, 번식용 가축은 첫 출산을 위한 교배시, 다년생 식물은 수확물의 수익과 비용이 거의 같아지는 연도이다.

③ 미성숙-생물자산(성장중인 가축·식물)

생물자산 중 묘목을 심은 후 현재 자라고 있는 과일나무나 송아지와 같이 성장하고 있는 가축과 식물의 경우는 미성숙-생물자산 계정으로 구분한다. 그 후 가축이나 식물이 성장해서 정상적으로 우유나 과일이 생산 가능한 시점에 이르면, 당초 분류되었던 미성숙-생물자산 계정을 성숙-생물자산 계정으로 대체한다.

▮ 고정자산 평가

고정자산은 1년 이내에 현금화되지 않는 자산으로서 구입시점에는 '원가 = 시가'였으나 시간이 경과하면서 시가와 원가의 차이가 발생한다. 유동자산 경우에는 원가와 시가의 차이가 커지기 전에 현금화되어 버리지만 고정자산은 그 차이가 상당히 커진 상태로 계속 대차대조표에 보고되어야 한다. 일반적으로 고정자산 중 유형자산과 무형자산은 원가주의를, 투자자산은 시가주의를 따른다. 투자자산 중 금융자산(장기매출채권, 매도가능증권 등)은 중고자산도 되지 않고 시가계산의 객관성(주가, 이자, 환율 등)이 존재하므로 시가평가, 현물자산(부동산 등)은 중고자산에 대한 시가산정의 객관성을 확보하기 어려워서 시가평가를 하지 못한다.

감가상각(depreciation)이란 유형자산의 취득원가에서 잔존가치를 차감한 금액을 그 자산의 내용연수에 걸쳐 조직적·체계적 방법에 따라서 비용으로 배분하는 과정이다. 한 가지 주의할 점은 고정자산에 대한 비용 발생 시 당해 연도 비용으로 처리할 것인가, 아니면 취득원가를 조정할 것인가의 문제이다. 여기에서 자본적 지출(capital expenditure)은 자산을 사용하던 중에 발생한 지출로서 자산의 성능이나 사용연한을 증가시킴으로써 수익창출에 공헌하는 효과가 여러 해 지속되는 지출이기에 감가상각을 통해 천천히 비용화시킨다. 수익적 지출(revenue expenditure)은 지출의 효과가 자산의 성능을 현 상태로 유지시키는 정도이거나, 빈도가 경상적이거나, 금액이 소액인 지출이므로 당기에 전액 비용화시킨다. 재무회계 목적으로는 자본적 지출이 선호되고, 세무회계 목적으로는 수익적 지출이 선호되는 것이 일반적이다.

① 감가상각액의 계산

토지와 건설 중인 자산을 제외한 유형자산의 대부분 사용에 따라 가치가 감소한다. 따라서 결산 시에는 그 연도의 가치 감소액을 계산하여 감가상각비(비용)로 회계처리한다. 즉, 비용으로 회계처리함과 동시에 유형자산의 장부금액도 감소한다. 이러한 회계처리과정을 감가상각이라 하며 농장의 중요한 결산정리 사항의 하나이다. 취득원가(acquisition cost)와 장부가액(book value)은 동일한 개념으로 구입가격에 부대비용까지 포함하여 계상한다.

농업경영으로 일반적으로 이용하는 방법으로는 정액법(Straight-line depreciation)과 정률법(Declining balance)의 두 가지가 있다. 각각 1년치의 감가상각액(감가액)은 다음과 같이 산출한다. 다만, 정액법은 계산절차가 간단하여 각 연도의 상각액이 균등하게 계산된다는 데 있어 건물이나 구축물 등 기능적 감가가 비교적 적게 나타나는 유형자산의 상각계산에 적합하다. 정률법은 유형자산의 능률이 높고, 수선을 거의 필요로 하지 않아 초기에 상각액이 많은 편이며, 이 방법은 기계장치와 같이 기능적 감가가 발생할 가능성이 높은 유형자산의 상각액을 결정하는 데 적합하다.

가. 정액법

정액법은 유형자산의 감가액을 내용연수에 균등하게 상각하는 방법이다. 정액법을 직선법·균등상각법이라고도 한다.

> [정액법 공식]
> 감가상각비 = (취득원가−잔존가치)×(1/내용연수)
> − 취득원가 : 유형자산 취득시 가액
> − 잔존가치 : 내용연수 경과 후 처분가치
> − 내용연수 : 경제적 내용연수

나. 정률법

유형자산의 장부금액인 미상각잔액(취득원가−감가상각누계액)에 상각률을 곱하여 얻은 금액을 각 연도의 상각액으로 하는 방법이다. 이 방법에 따르면 내용연수가 경과할수록 상각액이 점차로 감소하기 때문에 가속상각법, 체감상각법이라고도 한다.

> [정률법 공식]
> 감가상각비 = 취득원가×상각률
> − 취득원가 : 유형자산 취득시 가액
> − 상각률 : $1 - \sqrt[n]{\dfrac{\text{잔존가치}}{\text{취득원가}}}$ 단, n은 내용연수

다. 내용연수와 기준

① 대농기구: 4~6년

② 유리, PET, PC 시설: 5~10년

③ 파이프, 비닐 시설: 5~10년

03 손익회계의 인식과 평가

▌수익의 인식

생물자산이나 수확물을 판매하고 이에 대한 대가를 받을 권리를 갖게 되었을 때 수익을 인식한다. 다만, 회수기간이 1년을 초과한 할부매출은 할부금 회수 기일에 수익을 인식할 수 있다.

생물자산이나 수확물을 위탁판매하는 경우에는 수탁자가 위탁품을 판매한 날 수익을 인식한다. 다만, 농협 등을 통한 공동출하의 경우 정산금을 받은 날 수익을 인식한다.

농작업위탁 등 도급계약의 경우 용역 전부를 완료한 날 수익을 인식한다.

정부보조금의 경우 지불 통지를 받은 날 수익을 인식한다.

▌ 비용의 인식
특성에 따라 수익에 대응시켜 발생한 기간에 비용으로 인식한다.

04 결산정리

▌ 미수확작물
기말 결산 시 재고조사표 실사 결과 미수확된 작물이 있는 경우 당기 손익에 이를 반영하여야 한다.

▌ 저장품
기말 결산 시 재고조사표 실사 결과 미사용된 사료, 비료, 기타재료비가 있는 경우 이를 당기 비용에서 차감하여 당기손익에 이를 반영하여야 한다.

▌ 감가상각비
기말 결산 시 농장의 대농기구, 건물, 차량운반구, 비품, 성숙–생물자산 등 가치감소분을 당기손익에 반영하여야 한다. 유형자산에 대한 감가상각비의 회계처리는 간접법이 바람직하나 소규모의 경우 직접법으로 처리할 수 있다.

▌ 대손상각비
기말 결산 시 매출채권(외상매출금과 받을어음)에 대하여 대손예상액을 설정하여 당기손익에 이를 반영하여야 한다.

▌ 현금 과부족
기말 결산 시 현금장부 잔액과 실제 금액을 비교하여 부족하거나 초과 금액이 있는 경우 잡이익으로, 부족할 경우에는 잡손실로 회계처리하여 단기손익에 반영하여야 한다.

▎선급비용·선수수익

기말 결산 시 차기연도의 비용을 미리 지급한 경우 또는 차기연도의 수익을 미리 받은 경우 이를 회계처리하여 당기손익에 반영하여야 한다.

▎미지급비용·미수수익

기말 결산 시 당기 연도의 비용에 해당하나 대금 지급이 되지 않은 경우 또는 당기 연도의 수익에 해당하나 대금 결제가 되지 않은 경우 이를 회계처리 하여 당기손익에 반영하여야 한다.

▎퇴직급여충당부채

판매와 일반관리에 종사하는 종업원에게 지급하는 퇴직금 지급액과 퇴직급여충당부채 당기 설정액을 기말에 회계처리한다. 다만, 생산 활동에 종사하는 종업원에게 지급할 퇴직급여는 생산원가에 포함된다.

1 | 일반 기업회계처리기준은 마련되어 있으나 상대적으로 농업회계처리기준의 체계화가 어려운 요인이 무엇인지 논하시오.

> 핵심포인트 일반농가의 경우 소유와 경영이 분리되어 있지 않고, 자급분이 존재하기 때문에 회계공준에 의거하여 볼 때 기업실체의 공준과 화폐평가의 공준에 위배가 됨. 따라서 농업회계기준의 설정이 어려움. 다만 법인의 경우에는 일반 기업회계 기준에 따라 회계처리가 가능함

2 | 농업경영관리의 영역과 경영관리 절차에 대해 체계도를 그리고 설명하시오.

> 핵심포인트 본문에 농업경영관리의 체계도를 참고하여 설명함

3 | 농업경영의 목적은 이윤의 최대화에 있는데, 이윤의 최대화를 수익의 최대화와 비용의 최소화로 실현가능하다. 수익의 최대화 방법에는 어떤 것들이 있는지 도표를 그려 설명하시오.

> 핵심포인트 본문에 수익성 향상 도표를 참고하여 설명함

4 | 농산물 품목 1개를 선정하여 통계자료를 활용하여 최근 10년간 생산원가와 순이익의 변동을 살펴보고, 그 변동원인이 무엇인지 분석하시오.

> 핵심포인트 농촌진흥청의 표준소득 자료를 참고로 하여 1개 품목을 선정한 후에 10년간의 변화를 비교분석하여 작성함

연습 문제

1 | 농업회계에 대한 설명으로 옳지 않은 것은?

① 농업회계는 일반 기업과 같이 주요 활동과 보조 활동이 시행되는 경우에 적용이 가능하다.

② 농업경영분석과 진단, 경영개선을 위한 자료로 활용이 가능하다.

③ 농업회계를 위해서는 농작업 내용과 화폐와 관련된 거래내역을 기록하여야 한다.

④ 농업회계의 성립조건은 소유와 경영이 분리되어야 하고, 모든 거래는 화폐액으로 평가되어야 한다.

2 | 다음을 분개하시오.

① 현금 1,600,000원을 지급하고 경운기를 구입하다.

② 배합사료를 1,000,000원 구입하고 대금의 반은 현금, 나머지는 외상으로 하다.

③ 대여금에 대한 이자 30,000원과 원금 1,000,000원을 외상매입금 500,000원과 상계하고, 나머지는 현금으로 받다.

④ 농협에서 1,000,000원의 자금을 차입하여 종업원 12월분 노임 600,000원을 지급하고 나머지는 당좌예금하다.

⑤ 차입금 2,000,000원과 이자 200,000원을 현금으로 갚다.

⑥ 콤바인 작업을 위해 기름 50,000원을 주유하고, 신용카드로 결재하다.

⑦ 연말에 불우이웃돕기 성금 100,000원을 현금으로 지급하다.

⑧ 사과농사에 대한 결산정리 후에 당기순이익 20,000,000원을 자본금으로 대체하다.

⑨ 사무실 복사용지를 박스당 20,000원에 5박스를 구입하고, 체크카드로 결재하다.

⑩ 농협에서 10,000,000원을 대출받아 콤바인 구입대금 미납분을 갚다.

3 | 다음 A농장의 현황자료를 토대로 하여 기초대차대조표, 기말 대차대조표, 손익계산서를 작성하시오.

- 10월 31일까지 재정상태

현금	300,000	외상매입금	400,000
농자재	50,000	산란계	200,000
콤바인	500,000	한우	600,000
토지	1,000,000	농협 대출금	500,000

- 11월 중 거래내역

① 계란 : 현금판매 50,000원, 가계소비 : 10,000원

② 배추 : 현금판매 100,000원, 가계소비 : 15,000원

③ 인건비 : 현금으로 50,000원 지급

④ 외상매입금 중에서 50,000원 현금으로 지급

⑤ 사료 : 50,000원을 현금으로 구입

- 결산 수정사항

① 사료 재고액은 11월말 현재 20,000원

② 콤바인 1개월 감가상각비는 20,000원

③ 한우 1개월 증가액은 30,000원

4 | 다음 조건하에서 감가상각을 정액법과 정률법에 따라 계산하시오

- 조건 : 장부가액(cost) = 16,000원, 잔존가치(salvage value) = 1,000원, 내용연수 (useful life) = 3년, 상각률 = 0.6031

참고
문헌

- 권오옥 외 3인, 1998, 『농업회계』, 선진문화사.
- 권택진 · 이준배 · 김태균, 1999, 『농업회계와 경영계획』, 한국농어민신문.
- 농촌진흥청, 2014, 『농업회계 표준실무서』.
- 오순열 · 유찬주 · 장동헌 · 황영모, 2007, 『농업경영 기록 및 진단능력 향상에 관한 연구』, 농촌진흥청.
- 유찬주 · 정안성 · 최영찬, 2000, "농축산경영관리 소프트웨어의 개발현황과 개선과제," 『한국지역정보화학회지』, 제3권 2호, 한국지역정보화학회.
- 유찬주, 2001, 『농업경영진단에 관한 연구』, 전북대학교 박사학위논문.
- 이정호 · 심재영, 1997, 『재무회계』, 한국방송대학교출판부.
- 工藤賢資 · 新井 肇, 1995, 『農業會計』, 農文協.
- 常秋美作, 1992, 『農家經營と會計』, 農林統計協會.
- 化井欣二外 2人, 1994, 『實踐 農家の複式簿記』, 農文協.

CHAPTER 09

농업투자분석과 적용

학습목표

1 | 농업경영에서 투자의 개념을 정의한다.
2 | 투자분석의 필요성을 설명한다.
3 | 화폐의 시간적 가치의 개념을 정의한다.

4 | 투자분석 지표들을 기술한다.
5 | 투자분석 절차를 기술한다.
6 | 실제자료를 이용하여 투자분석을 수행한다.

SECTION 01 투자분석의 의의

투자(investment)란 미래에 얻을 수 있는 수익을 위해 자금을 투하하는 행위를 말한다. 농업경영에서 투자는 토지나 생산시설 등에 자본을 투하하는 행위이며, 이는 고정자본재의 증가로 나타난다. 예를 들어 농지 매입, 트랙터 등의 대형농기계 구입, 건물의 매입 또는 신축, 유리온실의 신축, 과수원 조성, 스마트 팜의 조성, 식품가공설비의 매입 등은 투자이며, 이 경우 고정자본재가 증가한다.

고정자본재는 일반적으로 규모가 크고, 그 효과가 장기간에 걸쳐 나타난다. 유동자본재는 적합하지 않다고 판단되면 짧은 기간에 변경이 가능하지만, 고정자본재는 적합하지 않다고 판단되더라도 짧은 기간에 변경이 불가능하거나 매우 어렵다. 예를 들어 농지의 구입은 자금의 투입규모가 크며, 경영성과에 장기적으로 영향을 미치며, 구입한 농지가 경영성과에 부정적 영향을 미치더라도 그 농지를 처분하는 것은 쉽지 않다.

그러므로 농업경영에서 투자에 대한 의사결정은 타당성을 검증하기 위해 반드시 투자분석(investment analysis) 과정이 선행되어야 한다. 투자분석은 과거의 실적만으로 분석하는 것이 아니고, 미래의 변동을 예측하고 고려해야 한다. 이 경우 수익성뿐 아니라 안정성도 분석의 중요한 판단기준이 된다.

　오늘의 현금 100만 원은 1년 후의 100만 원과 가치가 같은가? 그렇지 않다. 화폐는 고려하는 시점에 따라 그 가치가 달라진다. 사람들은 1년 후의 100만 원보다 오늘의 100만 원을 더 선호한다. 왜냐하면 오늘의 100만 원을 예금할 경우 1년 후에 이자수익을 얻을 수 있으며, 오늘의 100만 원으로 소비재를 구입할 경우 1년 동안 그 재화를 즐길 수 있기 때문이다. 그러므로 오늘의 100만 원의 가치는 1년 후의 100만 원의 가치보다 더 크다. 이와 같이 시간의 흐름에 따라 화폐의 가치가 달라지는 것을 화폐의 시간적 가치(the time value of money)라고 한다. 투자에 의한 효과는 장기간에 걸쳐서 나타나기 때문에 투자분석을 위해 화폐의 시간적 가치가 반드시 고려되어야 한다.

　어떤 한 시점에서의 화폐가치는 화폐의 시간적 가치에 따라 조정되어야 한다. 즉 화폐의 가치가 시간의 흐름에 따라 다르기 때문에 평가하는 시점이 필요하다. 현재의 시점을 기준으로 평가할 경우 현재가치(present value)라고 하며, 미래의 어떤 시점을 기준으로 평가할 경우 미래가치(future value)라고 한다.

　현재 100만 원의 1년 후, 2년 후, 그리고 t년 후 시점에서의 가치는 얼마일까? 연 이자율 r에서 복리로 계산하면 현재 100만 원의 원리금은 1년 후 $1,000,000 \times (1+r)$원, 2년 후 $1,000,000 \times (1+r)^2$원, 그리고 t년 후에는 $1,000,000 \times (1+r)t$원이 된다. 즉 현재의 100만 원은 1년 후 $1,000,000 \times (1+r)$원, 2년 후 $1,000,000 \times (1+r)^2$, 그리고 t년 후의 $1,000,000 \times (1+r)t$과 가치가 같다.

　이와 같이 현재의 일정액을 미래의 어떤 시점에서 평가한 것이 미래가치이며, 현재의 일정액 $P0$에 대한 n년 후 미래가치 FV는 다음의 식과 같이 연 이자율 r을 이용한 복리(compounding)에 의해 계산될 수 있다. 이자율과 기간이 평가의 기본적 요소가 되며, 이자율이 높거나 기간이 길수록 미래가치는 커진다.

$$FV = P_0 \times (1+r)^n$$

　미래의 일정한 금액을 현재 시점에서 평가한 것이 현재가치이다. 현재가치는 위의 미래가치를 계산하는 경우와는 정반대로 할인(discounting)에 의해 구할 수 있다. 즉 n년 후 일정액 Fn의 현재가치 PV는 다음의 식과 같이 나타낼 수 있다. 역시 이자율과 기간이 기본적 요소이며, 이자율이 높거나 또는 기간이 길수록 할인액은 증가한다. 이와 같이 미래의 현금흐름을 할인할 때 사용하는 이자율을 할인율(discount rate)이라고 한다.

$$PV = \frac{F_n}{(1+r)^n}$$

투자분석 지표는 단순수익률, 원금회수기간, 자본회수기간, 순현재가치, 이익/비용 비율, 내부수익률 등 여러 가지가 있으며, 분석대상이나 목적에 따라 적합한 지표를 선택해야 한다. 이 중에서 순현재가치 (Net Present Value; NPV)와 내부수익률(Internal Rate of Return; IRR)이 일반적으로 많이 사용된다.

01 순현재가치

순현재가치는 투자 시점부터 투자의 효과가 종료되는 시점까지 연도별 순이익의 흐름을 각각 현재가치로 환산하여 계산된다. 즉 투자에 의한 이익과 비용을 이자율(할인율)에 따라 각각 현재가치로 환산하고, 투자에 의한 이익의 현재가치에서 투자를 위한 비용의 현재가치를 차감한 금액이다.

순현재가치는 투자의 적정성 판단을 위한 정확한 기준을 제시해 주고 계산이 용이하기 때문에 투자분석에서 많이 이용되는 지표이다. 순현재가치의 계산식은 다음과 같이 유도된다. 투자에 의한 t연수의 이익과 비용이 각각 B_t와 C_t이고, 할인율(이자율)을 r, 투자의 효과가 종료되는 연수를 N이라고 하자. 이 경우 투자에 의한 이익의 현재가치와 투자를 위한 비용의 현재가치는 다음의 식과 같이 계산된다.

$$\text{이익의 현재가치: } \sum_{t=0}^{N} \frac{B_t}{(1+r)^t}$$

$$\text{비용의 현재가치: } \sum_{t=0}^{N} \frac{C_t}{(1+r)^t}$$

순현재가치(NPV)는 투자에 의한 이익의 현재가치에서 투자를 위한 비용의 현재가치를 차감한 금액이며, 다음의 식과 같이 나타난다.

$$NPV = \sum_{t=0}^{N} \frac{B_t}{(1+r)^t} - \sum_{t=0}^{N} \frac{C_t}{(1+r)^t}$$
$$= \sum_{t=0}^{N} \frac{B_t - C_t}{(1+r)^t}$$

투자대안에 대한 순현재가치를 계산한 결과 0보다 크면 투자에 의한 이익의 현재가치가 투자를 위한 비용의 현재가치보다 크기 때문에 투자의 타당성이 있다. 반대로 순현재가치가 0보다 작으면 투자를 위한 비용의 현재가치가 투자에 의한 이익의 현재가치보다 크기 때문에 투자의 타당성이 없다고 할 수 있다.

두 개 이상의 투자대안 중에서 하나의 대안을 선택하는 경우 순현재가치가 0보다 큰 대안들 중에서 순현재가치가 가장 큰 투자대안을 선택하는 것이 바람직하다. 또한 여러 개의 투자대안을 결합할 경우 개별 투자대안의 순현재가치를 합계하여 각각의 결합투자에 대한 순현재가치를 계산하고, 이 값이 가장 큰 결합투자를 결정할 수 있다.

02 내부수익률

내부수익률은 투자에 의한 이익의 현재가치와 투자를 위한 비용의 현재가치를 동일하게 만드는 할인율이다. 즉 투자에 의한 이익의 현재가치와 투자를 위한 비용의 현재가치의 차이인 순현재가치를 0으로 만드는 할인율이다.

내부수익률은 〈그림 9-1〉에 의해 설명될 수 있다. 할인율(이자율)이 상승하면 순현재가치는 양의 값에서 음의 값으로 감소한다. 이때 순현재가치가 0이 되는 할인율인 r^*가 내부수익률이다.

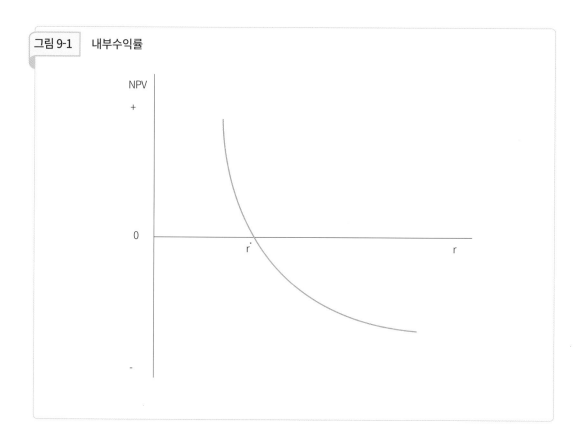

그림 9-1   내부수익률

내부수익률은 앞에서 설명한 투자분석 지표인 순현재가치 계산에 필요한 적합한 할인율이 알려져 있지 않은 경우 매우 유용한 개념이다. 다음의 식에 의해 내부수익률 r^*가 계산될 수 있다.

$$\sum_{t=0}^{N} \frac{B_t}{(1+r^*)^t} - \sum_{t=0}^{N} \frac{C_t}{(1+r^*)^t} = 0$$

또는

$$\sum_{t=0}^{N} \frac{B_t - C_t}{(1+r^*)^t} = 0$$

하나의 투자대안에 대한 투자분석의 경우 내부수익률이 자본의 기회비용인 이자율보다 높은 경우 투자의 타당성이 있는 것으로 해석된다. 반대로 내부수익률이 이자율보다 작으면 투자의 타당성이 없는 것으로 해석된다.

두 개 이상의 투자대안 중에서 하나의 대안을 선택하는 투자분석의 경우 내부수익률이 자본의 기회비용인 이자율을 초과하는 대안들 중에서 내부수익률이 가장 높은 투자대안을 선택하는 것이 바람직하다. 그러나 여러 개의 투자대안을 결합할 경우 앞에서 설명한 순현재가치는 개별 투자대안의 순현재가치들을 단순 합계하여 사용할 수 있지만, 내부수익률의 경우는 비율이기 때문에 사용할 수 없다.

SECTION 04 농업투자분석의 적용

01 투자분석 절차

효과적인 투자분석을 수행하기 위해서는 일정한 순서에 의한 체계적 절차가 필요하다. 투자분석의 절차는 〈그림 9-2〉와 같이 문제의 인식, 투자대안의 식별, 투자분석 지표의 선택, 자료의 수집과 분석, 투자대안의 선택의 순서로 진행된다.

첫 번째는 문제 인식 단계이다. 이 단계는 투자의 필요성을 인식하는 과정이다. 투자가 왜 필요한지에 대한 농업경영자의 정확한 인식이 없을 경우 과잉투자나 중복투자 등 적절하지 못한 투자의 가능성이 있다.

두 번째는 투자대안 식별 단계이다. 이 단계는 문제를 해결할 수 있는 여러 가지 투자대안을 식별하고 검토하는 과정이다. 농업경영자의 기술이나 재정 등을 고려하여 실현가능한 몇 개의 투자대안을 검토할 필요가 있다.

그림 9-2   투자분석 절차

문제 인식

↓

투자대안 식별

↓

투자분석 지표 선택

↓

자료의 수집과 분석

↓

투자대안의 선택

세 번째는 투자분석 지표 선택 단계이다. 여러 가지 투자분석 지표 중에서 분석대상이나 목적에 따라 적합한 지표를 선택해야 한다. 경영의 목표가 순수익 또는 소득 극대화인 개별 경영자의 경우 먼저 순현재가치를 이용하는 것이 적절하며, 내부수익률은 보완적으로 이용하는 것이 바람직하다.

네 번째는 자료의 수집과 분석 단계이다. 이 단계는 투자분석을 위해 여러 가지 자료들을 수집하고 분석하는 과정이다. 투자비용, 투자에 의한 이익의 흐름, 내용연수, 잔존가치, 이자율 등에 대해 믿을 수 있는 자료를 수집할 필요가 있다. 또한 수집한 자료들을 이용하여 투자분석 지표를 계산하고 분석해야 한다.

마지막으로 다섯 번째 단계는 투자대안의 선택이다. 이 단계는 투자분석 지표를 이용하여 적합한 대안을 선택하는 과정이다. 대안이 하나일 경우 수익성이 있는가를 판단해야 하며, 여러 개일 경우에는 수익성이 가장 높은 대안을 선택한다.

02 투자분석의 고려사항

투자분석 과정에서 분석결과에 영향을 미칠 수 있는 중요한 몇 가지 사항을 추가적으로 고려해야 한다. 첫째, 인플레이션을 감안해야 한다. 일반적으로 자금은 현재 투입되지만 투자에 의한 이익은 장기간에 걸쳐 나타난다. 인플레이션을 감안하지 않을 경우 투자에 의한 이익이 명목가치로 나타나기 때문에 실제보다 과대평가될 가능성이 있다. 그러므로 인플레이션을 고려하여 할인율(이자율)을 결정하고 투자분석을 수행할 필요가 있다.

둘째, 위험(risk)을 고려해야 한다. 투자에 의한 이익은 장기간에 걸쳐서 나타나기 때문에 위험을 수반하는 경우가 대부분이다. 예를 들어 생산물의 수확량이 감소하거나 가격이 하락하는 위험이 존재한다. 이와 같이 위험을 수반하고 있는 경우에는 이 사실을 고려하여 분석해야 한다. 즉 투자의 위험부담을 감안하여 적절한 할인율을 선택하여 투자분석을 수행하는 것이 바람직하다.

셋째, 투자 자금의 조달 가능성이다. 투자를 위해 자금의 투입이 필요하며, 자금의 조달이 어려우면 투자가 불가능하다. 투자를 위해 자기자본을 이용할 것인가 아니면 차입자본을 이용할 것인가를 고려해야 한다. 또한 자기자본과 차입자본을 결합할 경우 어느 정도의 비율로 결합할 것인가 등을 고려해야 한다.

투자를 위한 자금의 조달 원천에 따라 할인율(이자율)도 달라져야 한다. 모든 자금을 자기자본으로 투자할 경우는 이 자금을 가장 적절하게 사용했을 때 얻을 수 있는 수익률을 사용하며, 모든 자금을 차입한 경우는 빌릴 때 부과된 이자율을 사용하는 것이 적절하다.

또한 자기자본과 차입자본을 결합할 경우에는 다음의 식과 같이 가장 적절하게 사용했을 때 얻을 수 있는 수익률(rb)과 빌릴 때 부과된 이자율(rp)을 가중 평균하여 사용하는 것이 적합하다. 이때 가중치 B는 투자금액에서 자기자본이 차지하는 비중이며, $(1 - B)$는 투자금액에서 차입자금이 차지하는 비중이다.

$$r = Br_b + (1 - B)r_p$$

03 투자분석의 예시 1: 농기계 구입

어떤 농업경영자가 새로운 농기계의 구입을 고려하고 있으며, 이 농기계에 대한 정보는 〈표 9-1〉과 같다. 구입원가는 700만 원, 사용할 수 있는 기간을 나타내는 내용연수는 10년, 폐기할 때 받을 수 있는 금액을 나타내는 잔존가액은 700,000원이다. 계산을 단순화하기 위해 10년 동안 유지수선비는 없다고 가정한다.

표 9-1	농기계에 대한 정보(예시)
구입원가(원)	7,000,000
내용연수(년)	10
잔존가액(원)	700,000
유지수선비(원)	0

표 9-2 농기계 사용에 의한 이익(예시)

(단위: 원)

연수	이익
1	1,000,000
2	1,000,000
3	1,000,000
4	950,000
5	950,000
6	950,000
7	900,000
8	900,000
9	900,000
10	900,000

　이 농기계를 구입하여 생산에 이용할 경우 생산비 감소나 수확량 증가 등의 이익이 발생하며, 구입 후 내용연수 기간인 10년 동안의 연수별 이익은 〈표 9-2〉와 같다고 한다. 이 농기계 구입을 위한 투자의 타당성을 순현재가치와 내부수익률을 이용하여 분석해 보자.

　먼저 할인율(이자율)을 0.05로 가정한 경우의 순현재가치의 계산과정은 〈표 9-3〉과 같이 요약된다. 각 연수의 이익(Bt)은 농기계 사용에 의한 생산비의 감소 금액이며, 10년째는 잔존가액 70만 원이 추가된다. 비용(Ct)은 0연수(현재)에 농기계 구입원가 7백만 원이며, 유지수선비는 없다고 가정했기 때문에 나머지 기간에는 비용이 없다.

| 표 9-3 | 농기계 구입의 순현재가치(예시) |

(단위: 원)

연수	B_t	C_t	$B_t - C_t$	$\dfrac{B_t - C_t}{(1+0.05)^t}$
0	0	7,000,000	-7,000,000	-7,000,000
1	1,000,000	0	1,000,000	952,381
2	1,000,000	0	1,000,000	907,029
3	1,000,000	0	1,000,000	863,838
4	950,000	0	950,000	781,567
5	950,000	0	950,000	744,350
6	950,000	0	950,000	708,905
7	900,000	0	900,000	639,613
8	900,000	0	900,000	609,155
9	900,000	0	900,000	580,148
10	900,000+700,000	0	1,600,000	982,261

$$NPV = \sum_{t=0}^{10} \frac{B_t - C_t}{(1+0.05)^t} = 769,248$$

각 연수의 농기계 구입에 의한 이익에서 농기계 구입을 위한 비용을 차감한 금액은 $B_t - C_t$로 나타나며, 이들을 현재가치로 환산한 결과는 마지막 열이다. 마지막 열의 합계가 순현재가치이며, 이 농기계 구입에 대한 순현재가치(NPV)는 769,248원으로 계산된다. 순현재가치가 0보다 크기 때문에 이 농기계 구입은 투자의 타당성이 있는 것으로 나타난다.

한편 할인율(이자율)을 0.08로 가정하는 경우 순현재가치는 -276,692원으로 계산된다. 이 경우 순현재가치가 0보다 작기 때문에 투자의 타당성이 없다. 즉 상대적으로 낮은 이자율에서는 투자의 타당성이 있지만, 높은 이자율에서는 투자의 타당성이 없는 것으로 나타난다. 이와 같이 순현재가치는 할인율에 따라 변하기 때문에 투자분석의 결과도 달라질 수 있다.

이제 이 농기계에 대한 내부수익률(IRR)을 구해 보자. 내부수익률은 순현재가치를 0으로 만드는 할인율이며, 다음의 식을 이용하여 계산할 수 있다.

$$NPV = -7,000,000 + \frac{1,000,000}{(1+r)} + \frac{1,000,000}{(1+r)^2} + \frac{1,000,000}{(1+r)^3} + \frac{950,000}{(1+r)^4} + \frac{950,000}{(1+r)^5}$$
$$+ \frac{950,000}{(1+r)^6} + \frac{900,000}{(1+r)^7} + \frac{900,000}{(1+r)^8} + \frac{900,000}{(1+r)^9} + \frac{1,600,000}{(1+r)^{10}}$$

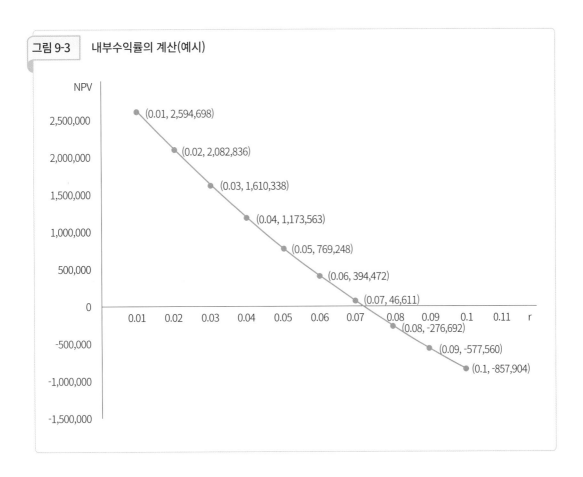

그림 9-3 내부수익률의 계산(예시)

내부수익률은 r에 대해 임의의 숫자들을 대입하는 시뮬레이션 과정을 반복하여 NPV가 0이 되도록 r을 찾아가는 방법에 의해 구할 수 있다. 〈그림 9-3〉은 r을 변화시켜 가면서 순현재가치를 계산한 것이다. r이 0.01일 때 NPV는 2,594,698원, 0.03에서 1,610,338원, 0.05에서 769,248원, 0.07에서 46,611원, 0.08에서 −276,692원, 0.10에서 −857,904원이 된다. r이 상승할 때 NPV는 감소하는 것으로 나타나며, NPV가 0이 되는 내부수익률은 0.07과 0.08 사이에 존재한다. 이와 같은 수치 시뮬레이션 과정에 의해 이 농기계에 대한 내부수익률은 0.071이다.

만약 내부수익률이 이자율보다 높은 경우 투자의 타당성이 있으며, 이자율보다 작으면 투자의 타당성이 존재하지 않는 것으로 해석된다. 이 예시에서 내부수익률이 0.071이므로 이자율이 0.071 미만이면 농기계 구입은 타당성이 있는 것으로 분석된다. 반대로 이자율이 0.071보다 더 큰 경우는 농기계 구입은 적합하지 않는 것으로 해석된다.

앞에서 순현재가치를 계산할 때 할인율을 0.05 또는 0.08로 사용하였다. 이와 같이 할인율을 정확하게 적용할 수 있는 경우 순현재가치를 계산하여 분석할 수 있다. 그러나 투자분석에 필요한 적합한 할인율이 알려져 있지 않은 경우 내부수익률을 계산하여 분석하는 것이 바람직하다. 즉 내부수익률이 0.071이므로 농기계 구입자금을 빌릴 때의 이자율이 0.071보다 낮을 때 농기계 구입의 타당성이 존재한다는 분석결과를 이용하여 농기계 구입에 대한 의사결정을 유도할 수 있다.

04 투자분석의 예시 2: 작물의 선택

농업경영에서 작물의 선택에 대한 의사결정도 투자분석이 필요하다. 예를 들어 어떤 품목의 과수원을 조성한 경우, 다른 품목의 수익성이 상대적으로 유리하다고 하더라도 현재의 과수원을 폐원하고 다른 품목의 과수원을 조성하는 것은 쉽지 않기 때문에 작물 선택을 위한 투자분석이 필요하다.

어떤 농업경영자가 두 개의 작물 중에서 하나의 작물을 선택하려고 하며, 두 작물에 대한 이익(Bt)과 비용(Ct)은 〈표 9-4〉와 같이 나타난다. 분석과정을 단순화하기 위해 작물 A와 B의 초기 투자비용은 모두 2억 원으로 동일한 것으로 가정한다. 또한 두 작물의 5년 동안의 생산비도 매년 천만 원으로 동일하다.

표 9-4 두 작물에 대한 이익과 비용(예시)

(단위: 천 원)

연수	작물 A			작물 B		
	이익(B_t)	비용(C_t)	$B_t - C_t$	이익(B_t)	비용(C_t)	$B_t - C_t$
0	0	200,000	-200,000	0	200,000	-200,000
1	20,000	10,000	10,000	60,000	10,000	50,000
2	20,000	10,000	10,000	60,000	10,000	50,000
3	60,000	10,000	50,000	60,000	10,000	50,000
4	110,000	10,000	100,000	60,000	10,000	50,000
5	100,000	10,000	90,000	60,000	10,000	50,000
합계	310,000	250,000	60,000	300,000	250,000	50,000

그러나 투자에 의한 이익은 서로 다르다. 작물 A는 2년차까지는 2천만 원으로 작지만, 3년차부터 증가하여 3, 4, 5년차는 각각 6천만 원, 1억 천만 원, 1억 원이다. 작물 B는 1년차부터 5년차까지 매년 6천만 원으로 동일하다. 즉 작물 B의 이익은 고려하는 기간 동안 고른 반면에 작물 A의 이익은 전반기에는 작고 후반기에 집중되어 있다. 두 작물 중에서 어느 것이 더 적합한지 투자분석을 해 보자.

화폐의 시간적 가치를 고려하지 않은 단순한 이익(Bt)의 합계는 작물 A는 3억 천만 원, 작물 B는

3억 원으로 작물 A가 작물 B보다 더 크다. 단순한 비용(Ct)의 합계는 두 작물 모두 2억 5천만으로 동일하다. 순이익($Bt - Ct$)의 합계는 작물 A가 6천만 원, 작물 B가 5천만 원으로 작물 A가 작물 B보다 천만 원 더 크게 나타난다. 그러므로 작물 A가 작물 B보다 더 적합한 투자대안이라고 볼 수 있다. 그러나 이것은 화폐의 시간적 가치를 고려하지 않은 잘못된 분석결과이다.

순현재가치와 내부수익률을 계산하여 분석해 보자. 먼저 할인율(이자율)을 0.05로 가정할 때 순현재가치의 계산과정은 〈표 9-5〉와 같다. 작물 A와 작물 B에 대해 각 연수의 순이익($Bt - Ct$)을 현재가치로 환산하고 합계한 결과가 순현재가치이다. 작물 A와 작물 B의 순현재가치(NPV)는 각각 14,574,000원, 16,474,000원이다. 그러므로 작물 B가 작물 A보다 더 적합한 투자대안이다. 이 결과는 순이익의 단순한 합계를 비교한 이전의 결과와 상반된다.

표 9-5 할인율 0.05에서 두 작물의 순현재가치(예시)

(단위: 천 원)

연수	작물 A		작물 B	
	$B_t - C_t$	$\dfrac{B_t - C_t}{(1+0.05)^t}$	$B_t - C_t$	$\dfrac{B_t - C_t}{(1+0.05)^t}$
0	-200,000	-200,000	-200,000	-200,000
1	10,000	9,524	50,000	47,619
2	10,000	9,070	50,000	45,351
3	50,000	43,192	50,000	43,192
4	100,000	82,270	50,000	41,135
5	90,000	70,517	50,000	39,176
	$NPV = \sum\limits_{t=0}^{5} \dfrac{B_t - C_t}{(1+0.05)^t} = 14{,}574$		$NPV = \sum\limits_{t=0}^{5} \dfrac{B_t - C_t}{(1+0.05)^t} = 16{,}474$	

순현재가치는 할인율에 따라 다르게 나타난다. 할인율을 0.03으로 가정하면 순현재가치는 〈표 9-6〉과 같이 계산된다. 작물 A와 작물 B의 순현재가치(NPV)는 각각 31,375,000원, 28,985,000원으로 작물 A가 작물 B보다 더 적합한 투자대안이다. 이 결과는 할인율 0.05일 경우와 반대의 결과이다.

이 예시의 투자분석에서 0.05의 상대적으로 높은 할인율에서는 작물 B가 더 적합한 투자대안이며, 0.03의 상대적으로 낮은 할인율에서는 반대로 작물 A가 더 적합한 투자대안으로 나타난다. 순현재가치는 할인율에 따라 변하기 때문에 순현재가치를 이용하여 투자분석을 할 경우 적절한 할인율을 사용하는 것은 매우 중요하다.

표 9-6 할인율 0.03에서 두 작물의 순현재가치(예시)

(단위: 천 원)

연수	작물 A		작물 B	
	$B_t - C_t$	$\dfrac{B_t - C_t}{(1+0.03)^t}$	$B_t - C_t$	$\dfrac{B_t - C_t}{(1+0.03)^t}$
0	-200,000	-200,000	-200,000	-200,000
1	10,000	9,709	50,000	48,544
2	10,000	9,426	50,000	47,130
3	50,000	45,757	50,000	45,757
4	100,000	88,849	50,000	44,424
5	90,000	77,635	50,000	43,130
	$NPV = \sum\limits_{t=0}^{5} \dfrac{B_t - C_t}{(1+0.03)^t} = 31,375$		$NPV = \sum\limits_{t=0}^{5} \dfrac{B_t - C_t}{(1+0.03)^t} = 28,985$	

작물 A와 작물 B의 내부수익률은 다음의 식을 이용하여 각각 구할 수 있다. 역시 임의의 숫자들을 대입하여 계산하는 시뮬레이션 과정을 반복한다. 작물 A의 경우 r이 0.06일 때 NPV가 6,777,000원이며, 0.07일 때 −647,000원이다. 그러므로 내부수익률은 0.06과 0.07 사이에 존재한다. 이와 같은 과정에 의해 작물 A의 내부수익률은 0.069로 계산된다. 작물 B의 경우 r이 0.07일 때 NPV가 5,010,000원이며, 0.08일 때 −364,000원이다. 그러므로 내부수익률은 0.07과 0.08 사이에 있으며, 작물 B의 내부수익률은 0.079로 계산된다.

$$작물\ A:\ -200,000 + \frac{10,000}{(1+r^*)} + \frac{10,000}{(1+r^*)^2} + \frac{50,000}{(1+r^*)^3} + \frac{100,000}{(1+r^*)^4} + \frac{90,000}{(1+r^*)^5} = 0$$

$$작물\ B:\ -200,000 + \frac{50,000}{(1+r^*)} + \frac{50,000}{(1+r^*)^2} + \frac{50,000}{(1+r^*)^3} + \frac{50,000}{(1+r^*)^4} + \frac{50,000}{(1+r^*)^5} = 0$$

작물 A와 작물 B의 내부수익률은 각각 0.069와 0.079이다. 만약 이자율이 0.079 이상이면 두 작물 모두 투자의 타당성이 없으며, 이자율이 0.069와 0.079 사이에 있으면 작물 A는 투자의 타당성이 없고, 작물 B만 투자의 타당성이 있다. 또한, 이자율이 0.069 이하이면 작물 A와 작물 B 모두 투자의 타당성이 있으며, 작물 B의 내부수익률이 작물 A의 내부수익률보다 더 크기 때문에 작물 B가 작물 A에 비해서 더 적합한 것으로 해석된다. 그러나 앞의 순현재가치에 의한 분석에서 알 수 있듯이 이자율이 0.03 정도로 매우 낮은 경우에는 오히려 작물 A가 작물 B보다 더 적합한 투자대안이다.

1 ㅣ 시설원예 농가의 시설투자에 관한 실제자료를 수집하여 투자분석을 수행하시오.

핵심포인트 농촌진흥청의 표준소득 자료를 참고로 하여 1개 품목을 선정한 후에 10년간의 변화를 비교분석하여 작성함

2 ㅣ 6차 산업화의 일환으로 가공공장에 투자하려고 하는 경영자의 실제자료를 수집하여 투자분석을 수행하시오.

핵심포인트 농가 선정 → 자료조사 → 가공제품 가격 및 판매량 예측 → 이익 및 비용 예측 → 순현재가치, 내부수 익률 계산 → 가격 및 판매량 변화에 따른 민감도 분석

3 ㅣ 6차 산업화의 일환으로 체험시설에 투자하려고 하는 경영자의 실제자료를 수집하여 투자분석을 수행하시오.

핵심포인트 농가 선정 → 자료조사 → 체험수요 예측 → 이익 및 비용 예측 → 순현재가치, 내부수익률 계산 → 수 요량 변화에 따른 민감도 분석

1 ㅣ 화폐의 미래가치와 현재가치를 비교·설명하시오.

2 ㅣ 순현재가치와 내부수익률을 비교·설명하시오.

3 ㅣ 투자분석의 절차와 투자분석 시 고려해야 할 몇 가지 사항을 설명하시오.

4 ㅣ 농기계 구입을 고려하여 정보를 수집했더니 다음과 같다고 한다.

구입원가	5,000,000원
내용연수	10년
잔존가액	0원
이자율	0.1

이 농기계를 구입할 경우 매년 900,000원의 생산비용을 절감할 수 있다고 한다. 이 농기계를 구입하겠는가를 분석하시오(단, 생산물가격과 산출량에는 변화 없음).

5 | 어떤 농기계 구입을 고려하여 정보를 수집했더니 다음과 같다고 한다.

구입원가	10,000,000원
내용연수	10년
잔존가액	0원
이자율	0.1

매년 어느 정도 이상의 생산비용을 절감할 수 있을 때 이 농기계를 구입하겠는가를 분석하시오(단, 생산물가격과 산출량에는 변화 없음).

6 | 어떤 경영자가 새로운 작물을 재배할 것을 고려하고 있으며, 각 작물에 대한 5년간의 토지 단위당 조수입과 생산비가 다음과 같이 예측된다고 한다.

(단위: 천원)

연수	새로운 작물		재래식 작물	
	조수익	생산비	조수익	생산비
1	100	200	560	400
2	275	200	560	400
3	350	200	560	400
4	600	200	560	400
5	500	200	560	400

1) 이 경영자가 5년 동안의 순수익의 단순 합계가 큰 작물을 선택한다고 하면, 어느 작물을 선택하겠는가?
2) 연간 이자율은 0.1이라고 한다. 각 작물에 대해 순현재가치를 구하고, 어느 작물을 선택할 것인지 분석하시오.
3) 1)과 2)는 동일한 결과인가? 만약에 다른 결과라면 그 이유를 설명하고, 어느 작물을 선택하는 것이 적합한지 분석하시오.

참고 문헌

- 김용택 · 김석현 · 김태균, 2003, 『농업경영학』, 한국방송통신대학교출판부.
- 서상택 · 김성석 · 성방욱, 2011, 『농업투자분석』, 농촌진흥청 농업경영교재 2011-09.
- 심영근 · 이상무, 1999, 『새로 쓴 농업경영학의 이해』, 삼경문화사.
- 임재환, 1997, 『농업투자분석론: 이론과 실제』, 선진문화사.
- 정병우 외, 2014, 『농업경영마케팅』, 농촌진흥청.
- Barry, P. J. and P. Ellinger, 2011, *Financial Management in Agriculture*(Seventh Edition), Pearson.
- Castle, E. N., M. H. Becker, and A. G. Nelson, 1987, *Farm Business Management*, Macmillan Publishing Company.
- Kay, R. D., W. M. Edwards, and P. Duffy, 2016, *Farm Management*(Eighth Edition), MaGraw-Hill.

CHAPTER 10

농장경영의 리스크 관리

1 | 농업경영이 직면하는 리스크의 종류와 원인을 기술한다.
2 | 의사결정나무와 의사결정행렬의 개념을 정의한다.
3 | 기대가치의 개념을 정의한다.
4 | 불확실성하의 의사결정 기준들을 기술한다.
5 | 리스크 관리 전략을 설명한다.
6 | 농업보험의 효과와 발전방안을 논한다.

SECTION 01 리스크의 종류와 원인

농업경영이 직면하는 리스크는 생산의 위험(production risk), 시장 또는 가격의 위험(market or price risk), 재정적 위험(financial risk), 제도적 위험(institutional risk), 그리고 인적 위험(personal risk) 등으로 구분된다.

01 생산의 위험

농업생산은 생산기간이 길고 자연조건에 의해 영향을 많이 받으므로 수확기 이전에는 생산량을 예측할 수 없다. 즉 동일한 양의 생산요소를 투입하더라도 기상조건과 병해충, 잡초 등에 의해 영향을 많이 받기 때문에 실제 생산량은 달라지며, 수확기나 판매시기 이전에 정확한 생산량을 예측하는 것은 매우 어렵다.

새로운 종자나 생산기술은 생산의 위험이 더 크게 존재한다. 그러므로 위험회피적인 농업경영자들은 새로운 종자나 생산기술의 도입을 주저하게 된다. 농업에서 새로운 기술의 확산속도가 빠르지 않은 이유가 바로 여기에 있다.

02 시장의 위험(가격의 위험)

농산물 가격은 매년 크게 달라질 수 있으며, 연중에도 계절에 따라 변동할 수 있다. 농산물은 사전에 수확량이나 작부면적을 알 수 없으며, 생산된 농산물의 저장이 힘들기 때문에 시장 공급량 예측이 어렵다. 수요측면에서도 소비자들의 기호나 경제상황이 변하기 때문에 수요량 예측이 쉽지 않다. 또한 수출입량도 변동하기 때문에 미래 어떤 시점의 농산물 가격을 예측하는 것은 거의 불가능하다.

일반적으로 농산물 시장은 경쟁적 시장이다. 그러므로 농산물 가격은 시장의 수요와 공급에 의해 결정되며, 개별 생산자는 시장가격에 영향을 미칠 수 없다. 그러므로 시장상황과 이에 따른 가격 변동은 농업경영자가 직면하는 매우 중요한 위험의 요인이 된다.

03 재정적 위험

농업경영은 재정의 안정성이 낮아져 문제가 발생하는 재정적 위험에 직면할 수 있다. 즉 자금의 조달, 자금의 운용, 지불능력 등의 측면에서 재정의 안정성이 항상 확보되어야 하는데, 다양한 원인으로 인해 안정성이 약화될 수 있다.

자금사정이나 금리가 변화하며, 경제상황에 따라 경영자의 신용이 달라지며, 농산물 판매수익이 변동하기 때문에 상환능력도 불확실하다. 그러므로 농업경영자는 재정적 위험에 항상 직면할 수 있다.

04 제도적 위험

농업과 관련된 정부의 정책이나 법령이 변화할 수 있으며, 이 변화의 시점이나 내용을 정확하게 예측할 수 없는 경우 위험의 원인이 된다. 예를 들어 직접지불제의 개편이나 농업통상정책의 변화는 농업경영의 수익이나 소득에 영향을 미친다.

05 인적 위험

경영자를 포함한 경영의 인적 구성원 자체가 위험요소를 지닐 수 있다. 예를 들어 구성원의 사망, 질병, 상해, 이혼, 행방불명 등은 농업경영에 영향을 미칠 수 있다. 최근 사회가 복잡해지면서 농업경영의 인적 위험에 대한 관리도 중요시되고 있다.

의사결정은 의사결정자가 가지고 있는 정보에 따라 세 가지로 구분된다. 첫째는 확실성(certainty)하의 의사결정이며, 각 대안들이 완전한 정보를 가지며 하나의 결과(outcome)만을 제공하는 경우의 의사결정이다. 둘째는 위험(risk)하의 의사결정이며, 각 대안들은 몇 개의 결과를 제공하며 각각의 결과에 대해 확률(probability)이 알려져 있는 경우의 의사결정이다. 그리고 셋째는 불확실성(uncertainty)하의 의사결정이며, 각 대안들의 결과가 정황에 따라 변하며, 어떤 결과가 나타나는지 객관적 확률이 없는 경우의 의사결정이다.[1] 위험과 불확실성하의 의사결정을 위한 몇 가지 개념을 소개하고, 의사결정 방법들을 살펴보자.

01 의사결정나무와 의사결정행렬

위험과 불확실성하의 의사결정의 기본적 요소는 가능한 행동대안(action), 발생 가능한 상황(event), 각각의 대안과 상황에 대한 결과이다. 이 기본적 요소들을 이용하여 의사결정 문제를 그림이나 표로 나타낼 수 있다. 나무구조로 그린 것이 의사결정나무(decision tree)이며, 표로 나타낸 것이 의사결정행렬(decision matrix)이다.

예를 들어 어떤 농업경영자가 세 가지 작물(A, B, C) 중 하나를 선택할 수 있으며, 발생 가능한 상황은 기상조건(좋음, 보통, 나쁨)이라고 한다. 세 작물 중 기상조건에 의해 가장 큰 영향을 받는 것은 작물 A이고, 그 다음으로 작물 B이며, 작물 C는 기상조건에 전혀 영향을 받지 않는다고 한다.

작물 A를 경작할 경우 기상조건이 좋으면 재배면적 10a당 100만 원의 수익을, 보통이면 65만 원의 수익을 얻을 수 있지만, 기상조건이 나쁘면 40만 원의 손실을 입을 수 있다고 한다. 작물 B를 경작할 경우 기상조건이 좋으면 재배면적 10a당 80만 원, 보통이면 60만 원, 나쁘면 10만 원의 수익이 예상된다. 작물 C는 기상조건에 전혀 영향을 받지 않기 때문에 기상조건에 관계없이 재배면적 10a당 50만 원의 수익을 얻을 수 있다고 한다.

이 의사결정 문제에 대한 의사결정나무는 〈그림 10-1〉과 같이 그릴 수 있으며, 의사결정행렬은 〈표 10-1〉과 같이 나타낼 수 있다. 의사결정나무는 행동대안(작물의 선택), 상황(기상조건), 결과(수익)를 순서대로 나타내고 있다. 의사결정행렬은 첫째 열에 상황을, 그 다음에 각 행동대안의 결과들을 표시하고 있다. 한편 의사결정행렬에서 첫째 열에 행동대안, 그 다음에 상황에 따른 결과들을 나타낼 수도 있다.

---

1 위험과 불확실성은 개념상 차이는 있으나, 실제로는 구분 않고 사용되기도 함.

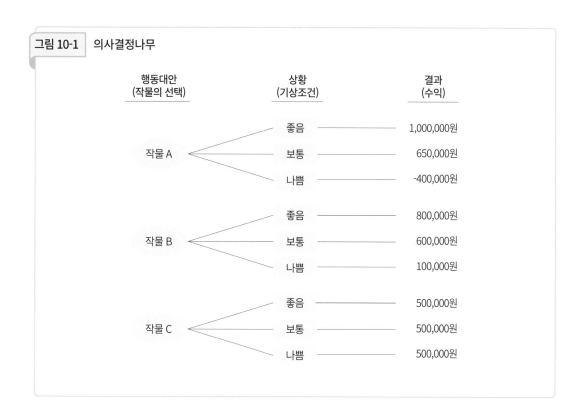

그림 10-1 의사결정나무

행동대안 (작물의 선택)	상황 (기상조건)	결과 (수익)
작물 A	좋음	1,000,000원
	보통	650,000원
	나쁨	-400,000원
작물 B	좋음	800,000원
	보통	600,000원
	나쁨	100,000원
작물 C	좋음	500,000원
	보통	500,000원
	나쁨	500,000원

표 10-1 의사결정행렬

(단위: 원)

상황(기상조건)	행동대안		
	작물 A	작물 B	작물 C
좋음	1,000,000	800,000	500,000
보통	650,000	600,000	500,000
나쁨	-400,000	100,000	500,000

02 위험하의 의사결정

상황이 몇 개로 나타나고 각각의 상황에 대한 확률이 미리 알려져 있는 경우의 의사결정이 위험하의 의사결정이다. 이 경우의 의사결정기준은 각 대안의 기대가치(expected value; EV)를 비교하고, 기대가치를 극대화하는 대안을 선택하는 것이다. 기대가치는 다음의 식과 같이 각 상황에 대한 결과(X_i)에 각 상황의 확률(π_i)을 곱한 것들의 합으로 정의된다.

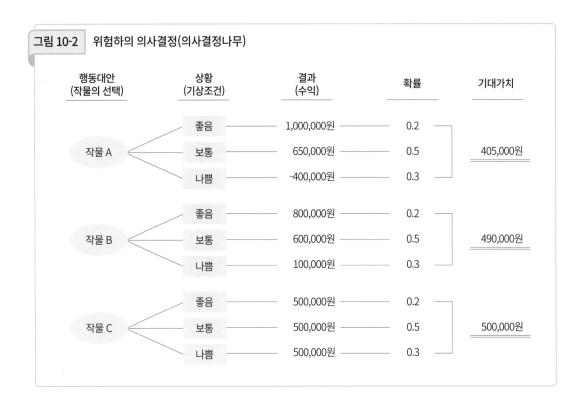

그림 10-2 위험하의 의사결정(의사결정나무)

행동대안 (작물의 선택)	상황 (기상조건)	결과 (수익)	확률	기대가치
작물 A	좋음	1,000,000원	0.2	405,000원
	보통	650,000원	0.5	
	나쁨	-400,000원	0.3	
작물 B	좋음	800,000원	0.2	490,000원
	보통	600,000원	0.5	
	나쁨	100,000원	0.3	
작물 C	좋음	500,000원	0.2	500,000원
	보통	500,000원	0.5	
	나쁨	500,000원	0.3	

$$EV = \sum_{i=1}^{N} X_i \pi_i$$

앞의 예에서 만약에 기상조건이 좋을 확률이 0.2, 보통일 확률이 0.5, 그리고 나쁠 확률이 0.3으로 주어졌다고 하자. 이 경우의 의사결정 과정은 〈그림 10-2〉의 의사결정나무와 〈표 10-2〉의 의사결정행렬로 나타낼 수 있다. 의사결정나무에서는 마지막 열이, 의사결정행렬에서는 마지막 행이 기대가치이다.

표 10-2 위험하의 의사결정(의사결정행렬)

(단위: 원)

상황(기상조건)	확률	행동대안		
		작물 A	작물 B	작물 C
좋음	0.2	1,000,000	800,000	500,000
보통	0.5	650,000	600,000	500,000
나쁨	0.3	-400,000	100,000	500,000
기대가치		405,000	490,000	500,000

각 대안의 기대가치, 즉 작물 A, B, C의 재배면적 10a당 수익의 기대가치는 다음의 식들과 같이 405,000원, 490,000원, 500,000원으로 계산된다. 그러므로 기대가치를 극대화하는 행동대안인 작물 C가 선택된다.

$$EV(작물A) = 1,000,000 \times 0.2 + 650,000 \times 0.5 + (-400,000) \times 0.3 = 405,000원$$
$$EV(작물B) = 800,000 \times 0.2 + 600,000 \times 0.5 + 100,000 \times 0.3 = 490,000원$$
$$EV(작물C) = 500,000 \times 0.2 + 500,000 \times 0.5 + 500,000 \times 0.3 = 500,000원$$

03 불확실성하의 의사결정

발생 가능한 상황에 대한 확률이 알려져 있지 않거나, 확실한 근거에 의해 추정될 수 없는 경우의 의사결정이 불확실성하의 의사결정이다. 이 경우 의사결정의 성격이나 경영자의 성향에 따라 다음과 같은 몇 가지 기준을 적용할 수 있다.

▌비관적 기준(maximin criterion)
비관적 기준은 최대최소 기준이라고도 하며, 미래에 대해서 지극히 비관적인 전망에 준해서 의사결정이 이루어지는 기준이다. 즉 어떤 대안을 선택하더라도 가장 나쁜 결과가 나타난다고 예상하는 가장 비관적인 전망을 가지는 경영자에게 적합한 기준이다. 이 기준에서는 각각의 행동대안에 대한 최소수익을 비교하고, 이들 최소수익 중에서 가장 최대인 행동대안을 선택한다.

앞의 예에서 작물 A를 선택할 경우의 최소수익은 −400,000원, 작물 B를 선택할 경우의 최소수익은 100,000원, 그리고 작물 C를 선택할 경우의 최소수익 500,000원이다. 그러므로 비관적 기준에 의한 의사결정은 작물 C를 선택하게 된다.

표 10-3 각 행동대안에 대한 최소수익

(단위: 원)

행동대안	작물 A	작물 B	작물 C
최소수익	-400,000	100,000	500,000

▌낙관적 기준(maximax criterion)
미래의 상황에 대해 매우 낙관적인 전망에 준해서 의사결정이 이루어지는 것이 낙관적 기준이며,

최대최대 기준이라고도 한다. 어떤 대안을 선택하더라도 가장 유리한 결과를 얻을 수 있을 것으로 예측하는 가장 낙관적인 전망을 가지는 경영자에게 적합한 기준이다. 이 기준에서는 각 행동대안에 대한 최대수익을 비교하고, 이들 최대수익 중에서 가장 최대인 행동대안을 선택한다.

앞의 예에서 각 행동대안에 대한 최대수익은 작물 A는 1,000,000원, 작물 B는 800,000원, 작물 C는 500,000원이다. 그러므로 낙관적 기준에 의한 의사결정은 작물 A를 선택하게 된다.

표 10-4   각 행동대안에 대한 최대수익

(단위: 원)

행동대안	작물 A	작물 B	작물 C
최대수익	1,000,000	800,000	500,000

▌ **후르비츠 기준(Hurwicz criterion)**

일반적으로 의사결정자는 완전히 비관적이거나 낙관적이지 않고 중간의 어느 지점에 있다. 그러므로 후르비츠는 낙관계수(coefficient of optimism)라는 개념을 개발하여 의사결정기준에 사용하였다. 낙관계수(α)는 의사결정자가 미래에 대해 어느 정도 낙관적인 견해를 가지는지를 측정하는 지수로 0과 1 사이의 값을 갖는다($0 \leq \alpha \leq 1$). 의사결정자가 완전히 낙관적이면 낙관계수(α)는 1이고, 반대로 지극히 비관적이면 낙관계수(α)는 0이다. 그러므로 $1 - \alpha$는 비관계수(coefficient of pessimism)로 해석된다.

후르비츠 기준에서는 다음의 식과 같이 최대수익에 낙관계수(α)를 곱한 것과 최소수익에 비관계수($1 - \alpha$)를 곱한 것의 합인 수익의 평가액(appraised value: AV)을 구하여 비교하고, 가장 높은 평가액을 가지는 행동대안을 선택한다.

$$AV = 최대수익 \times \alpha + 최소수익 \times (1 - \alpha)$$

앞의 예에서 농업경영자의 낙관계수(α)가 0이면, 비관계수($1 - \alpha$)가 1이며, 지극히 비관적인 전망을 가진 경우이다. 작물 A, B, C의 재배면적 10a당 수익의 평가액은 다음의 식과 같이 계산된다. 이들 수익의 평가액 중에서 최대인 행동대안은 작물 C를 선택한다. 낙관계수가 0(비관계수는 1)이라는 것은 완전히 비관적인 전망을 가진 농업경영자이다. 그러므로 비관적 기준과 동일한 결과가 도출된다.

$$AV(\text{작물}A) = 1,000,000 \times 0 + (-400,000) \times 1 = -400,000원$$
$$AV(\text{작물}B) = 800,000 \times 0 + 100,000 \times 1 = 100,000원$$
$$AV(\text{작물}C) = 500,000 \times 0 + 500,000 \times 1 = 500,000원$$

만약에 농업경영자의 낙관계수가 1이면, 비관계수가 0이며, 완전히 낙관적인 전망을 가진 경우이다. 작물 A, B, C의 재배면적 10a당 수익의 평가액은 각각 1,000,000원, 800,000원, 500,000원이다. 이들 수익의 평가액 중에서 최대인 대안은 작물 A이다. 낙관계수가 1(비관계수는 0)이라는 것은 완전히 낙관적인 전망을 가진 농업경영자이다. 그러므로 앞의 낙관적 기준과 동일한 결과가 도출된다.

$$AV(\text{작물}A) = 1,000,000 \times 1 + (-400,000) \times 0 = 1,000,000원$$
$$AV(\text{작물}B) = 800,000 \times 1 + 100,000 \times 0 = 800,000원$$
$$AV(\text{작물}C) = 500,000 \times 1 + 500,000 \times 0 = 500,000원$$

만약에 농업경영자의 낙관계수가 0.3이면, 비관계수가 0.7이며, 각각의 행동대안에 대한 수익의 평가액은 작물 A는 20,000원, 작물 B는 310,000원, 작물 C는 500,000만원으로 나타난다. 그리고 이들 수익의 평가액 중에서 최대인 대안은 작물 C이다.

$$AV(\text{작물}A) = 1,000,000 \times 0.3 + (-400,000) \times 0.7 = 20,000원$$
$$AV(\text{작물}B) = 800,000 \times 0.3 + 100,000 \times 0.7 = 310,000원$$
$$AV(\text{작물}C) = 500,000 \times 0.3 + 500,000 \times 0.7 = 500,000원$$

한편, 농업경영자의 낙관계수를 하나의 값으로 부여하는 것은 매우 어렵다. 이 경우 행동대안들의 조합에 대하여 수익의 평가액이 서로 동일할 때의 낙관계수(무차별 낙관계수)를 구하여 의사결정을 유도할 수 있다.

첫째, 작물 A와 작물 B의 수익의 평가액이 같을 때의 낙관계수 α_1^*는 다음의 식에 의해 0.714가 된다. 농업경영자의 낙관계수가 0.714이면 작물 A와 작물 B의 수익의 평가액이 동일하다. 낙관계수가 0.714보다 크면 작물 A의 수익 평가액이 작물 B의 수익 평가액보다 크고, 반대로 낙관계수가 0.714보다 작으면 작물 B의 수익 평가액이 작물 A의 수익 평가액보다 더 크게 된다.

$$AV(\text{작물}A) = 1,000,000 \times \alpha + (-400,000) \times (1 - \alpha)$$
$$AV(\text{작물}B) = 800,000 \times \alpha + 100,000 \times (1 - \alpha)$$
$$AV(\text{작물}A) = AV(\text{작물}B) \Rightarrow \alpha_1^* = 0.714$$

둘째, 작물 A와 작물 C의 수익의 평가액이 동일할 때의 낙관계수 $\alpha_2{}^*$는 다음의 식과 같이 0.643으로 계산된다. 이 결과는 농업경영자의 낙관계수가 0.643보다 크면 작물 C보다 작물 A의 수익 평가액 더 크고, 반대로 0.643보다 작으면 작물 A보다 작물 C의 수익 평가액이 더 크다는 것을 의미한다.

$$AV(작물A) = 1,000,000 \times \alpha + (-400,000) \times (1 - \alpha)$$
$$AV(작물C) = 500,000 \times \alpha + 500,000 \times (1 - \alpha)$$
$$AV(작물A) = AV(작물C) \Rightarrow \alpha_2^* = 0.643$$

셋째, 작물 B와 작물 C의 수익의 평가액이 동일할 때의 무차별 낙관계수 $\alpha_3{}^*$는 다음의 식에서 0.571로 계산된다. 농업경영자의 낙관계수가 0.571보다 크면 작물 C보다 작물 B의 수익 평가액이 더 크고, 0.571보다 작으면 작물 B보다 작물 C의 수익 평가액이 더 크게 된다.

$$AV(작물B) = 800,000 \times \alpha + 100,000 \times (1 - \alpha)$$
$$AV(작물C) = 500,000 \times \alpha + 500,000 \times (1 - \alpha)$$
$$AV(작물B) = AV(작물C) \Rightarrow \alpha_3^* = 0.571$$

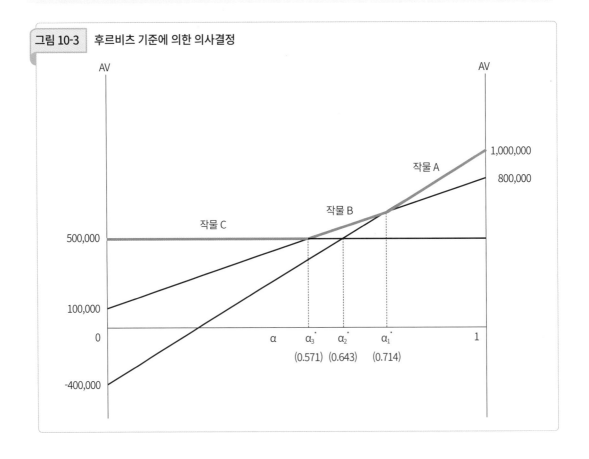

그림 10-3 후르비츠 기준에 의한 의사결정

위의 세 조합에 대한 무차별 낙관계수의 계산결과를 해석하면 다음과 같다. 농업경영자의 낙관계수가 α_1^*(0.714)보다 크면 작물 A를 선택하고, α_1^*(0.714)보다 작고 α_3^*(0.571)보다 크면 작물 B를 선택하고, α_3^*(0.571)보다 작으면 작물 C를 선택한다. 여기서 α_2^*(0.643)은 의사결정을 위한 참조점이 아닌 것을 알 수 있다.

이와 같은 의사결정 과정은 농업경영자의 낙관계수의 변화에 따른 각 작물의 수익평가액을 나타낸 〈그림 10-3〉에 의해 명확하게 설명될 수 있다. 가로축은 농업경영자의 낙관계수(α)를, 세로축은 수익의 평가액(AV)이다. 작물 A와 작물 B의 수익 평가액이 동일한 낙관계수(α_1^*)는 0.714, 작물 A와 작물 C의 수익 평가액이 동일한 낙관계수(α_2^*)는 0.643, 그리고 작물 B와 작물 C의 수익 평가액이 동일한 낙관계수(α_3^*)는 0.571이다. 만약 농업경영자의 낙관계수가 0.714보다 큰 경우 작물 A의 수익 평가액이 가장 크고, 0.714보다 작고 0.571보다 크면 작물 B의 수익 평가액이 가장 높고, 또한 0.571보다 작으면 작물 C의 수익 평가액이 가장 크게 나타난다. 또한 낙관계수가 0.714보다 작고 0.643보다 크거나, 0.643보다 작고 0.571보다 큰 구간에서는 작물 B의 수익 평가액이 가장 크다. 그러므로 0.643은 의사결정의 참조점이 아니다.

▌유감 기준(minimax regret criterion; Savage criterion)

유감 기준은 최소최대유감 기준이라고도 하며, 또는 제안자의 이름을 따서 사베지(Savage) 기준이라고도 한다. 의사결정자는 어떤 행동대안을 선택할 때, 최대수익보다 적은 수익을 얻는 경우 후회할 것이며 유감을 표시한다. 유감 기준에서는 각각의 행동대안에 대한 유감액(최대수익−의사결정시 얻는 수익)을 측정하고, 각 대안에 대한 최대유감액을 극소화(minimax)하는 행동대안을 선택한다.

앞의 예에서 각각의 행동대안에 대한 유감액은 〈표 10-5〉와 같이 나타낼 수 있다. 기상조건이 좋을 경우 작물 A를 선택하면 1,000,000원, 작물 B를 선택하면 800,000원, 작물 C를 선택하면 500,000원의 수익을 각각 얻게 된다. 이때 작물 A를 선택하는 경우는 최대수익을 얻기 때문에 유감액은 0원이다. 그러나 작물 B를 선택할 경우 작물 A를 선택하지 않았기 때문에 200,000원의 유감액이 발생하며, 작물 C를 선택할 경우 작물 A를 선택하지 않았기 때문에 500,000원의 유감액이 발생한다.

기상조건이 보통일 경우 작물 A, 작물 B, 작물 C의 수익은 각각 650,000원, 600,000원, 500,000원이다. 작물 A를 선택하는 경우는 최대수익을 얻기 때문에 유감액은 0원이며, 작물 B를 선택할 경우 작물 A를 선택하지 않았기 때문에 50,000원의 유감액이 발생하며, 작물 C를 선택할 경우 150,000원의 유감액이 발생한다. 기상조건이 나쁠 경우 작물 A, 작물 B, 작물 C의 유감액은 각각 900,000원, 400,000원, 0원이다. 이와 같이 각 행동대안에 대한 유감액은 최대수익과 의사결정시 얻는 수익의 차이로 측정된다.

각 행동대안에 대한 유감액

(단위: 원)

상황(기상조건)	행동대안		
	작물 A	작물 B	작물 C
좋음	0	200,000	500,000
보통	0	50,000	150,000
나쁨	900,000	400,000	0

유감 기준에서는 각각의 행동대안에 대한 최대유감액 중에서 가장 작은 값을 가지는 행동대안을 선택한다. 〈표 10-6〉과 같이 작물 A, 작물 B, 작물 C의 최대유감액은 각각 900,000원, 400,000원, 500,000원으로 나타나며, 이들 최대유감액 중에서 가장 작은 값을 가지는 행동대안인 작물 B를 선택한다.

표 10-6 **각 행동대안에 대한 최대유감액**

(단위: 원)

행동대안	작물 A	작물 B	작물 C
최대수익	900,000	400,000	500,000

▌ 라플라스 기준(Laplace criterion; equal likelihood criterion)

라플라스 기준은 예상되는 상황의 확률을 모르기 때문에 모든 상황에 대해 동일한 확률을 가정한다. 즉 발생 가능한 상황에 대해 동일한 확률을 부여하여 각 대안의 기대가치를 계산하여 비교하고, 기대가치를 극대화하는 행동대안을 선택한다. 동일한 확률을 부여하기 때문에 기대가치는 결과들의 단순평균과 동일하다.

앞의 예에서 기상조건이 좋음, 보통, 나쁨에 대해 모두 동일한 확률 1/3을 부여하면 작물 A, B, C의 재배면적 10a당 수익의 기대가치는 다음의 식들과 같이 각각 416,667원, 500,000원, 500,000원으로 계산된다. 그러므로 라플라스기준에 의하면 작물 A가 상대적으로 열등한 대안이며, 작물 B 또는 C 중에서 하나의 대안을 선택한다.

$$EV(작물A) = 1,000,000 \times \frac{1}{3} + 650,000 \times \frac{1}{3} + (-400,000) \times \frac{1}{3} = 416,667원$$

$$EV(작물B) = 800,000 \times \frac{1}{3} + 600,000 \times \frac{1}{3} + 100,000 \times \frac{1}{3} = 500,000원$$

$$EV(작물C) = 500,000 \times \frac{1}{3} + 500,000 \times \frac{1}{3} + 500,000 \times \frac{1}{3} = 500,000원$$

SECTION 03 리스크 관리 전략

농업경영에는 농업의 특수성 때문에 다른 산업의 경영에 비해 위험과 불확실성이 더 크게 존재한다. 특히 기상이변, 농산물 시장의 불안정성, 자재가격의 변동, 병해충, 가축질병 등은 농업경영이 직면하는 중요한 리스크라고 할 수 있다.

리스크는 농장경영의 성과에 크게 영향을 미치기 때문에 지속적이고 효율적인 농장경영을 위해서는 농업경영자의 리스크를 관리할 수 있는 능력은 필수적 요소이다. 즉 농업경영자는 리스크의 실태를 정확하게 인지하고, 체계적으로 대응할 수 있는 역량개발이 요구된다. 또한 농장경영의 리스크 관리를 위한 제도의 도입 및 개발이 필요하다.

01 생산의 리스크 관리

생산의 다각화

다각화(diversification)는 생산의 위험을 여러 종류의 생산물에 분산시켜 전체 경영의 위험을 줄이는 방법이다. 즉 어느 한 농산물의 생산이나 수익이 감소할 경우 다른 농산물의 생산이나 수익으로 보충하여 전체적인 경영의 안정을 추구하는 것이다. 다각화는 여러 작물을 동일한 시기에 경작하는 작물 배분적 다각화와 서로 다른 시기에 동일한 작물을 경작하는 시간 배분적 다각화로 구분된다.

생산의 다각화는 농업경영의 위험을 줄이는 데는 매우 효과적이지만, 다른 한편으로 경쟁력 제고를 위한 생산의 전문화(specialization)와는 반대되는 전략이다. 그러므로 상충되는 두 전략을 어떻게 조화시킬 것인지에 대한 농업경영자의 신중한 판단이 요구된다.

농업보험

우발적인 사고로 인한 손실에 대비하기 위해 농업경영자는 보험회사와 계약을 맺고 일정액의 보험료를 부담한다. 보험가입자가 수확량의 감소나 가격의 하락으로 인해 손실을 입었을 때, 보험회사는 그 손실의 일부를 보험금으로 지급한다. 그러므로 보험에 가입한 경영자는 어느 정도의 소득보장이 가능하며 위험을 감소시킬 수 있다.

농업보험의 형태는 재해보험(yield insurance)과 수입보험(revenue insurance)으로 구분된다. 재해보험은 기상재해나 병충해 등 생산의 위험을 감소시킬 수 있는 보험형태이며, 수입보험은 수확량 감소나 시장가격 하락에 따른 수입 감소의 위험을 줄일 수 있는 보험형태이다.

우리나라의 농업재해보험은 농작물재해보험과 가축재해보험으로 구분되며, 농작물재해보험은 2001년에, 가축재해보험은 1997년에 도입하였다. 2017년 현재 농작물재해보험의 대상품목은 사과, 배, 벼 등을 포함하여 53개이며, 가축재해보험의 대상품목은 소, 돼지, 닭 등을 포함하여 16개이다. 농업재해보험의 대상품목 및 보장범위가 확대되고 있으며, 이로 인하여 가입농가 수와 가입금액도 지속적으로 증가하고 있다. 정책보험인 농업재해보험은 보험료의 50%를 정부가 지원하고, 20~40%를 지자체가 지원하고 있다.

한편, 수확량 감소 위험뿐 아니라 가격하락에 따른 위험을 관리하기 위하여 농업수입보장보험 시범사업을 실시하고 있다. 농업수입보장보험은 2013년부터 2년간의 도상연습을 거친 후, 2015년에는 3개 품목(콩, 포도, 양파)에 대해, 2016년에는 4개의 품목(콩, 포도, 양파, 마늘)에 대해 주산지에서 시범사업을 실시하였으며, 2024년 현재 대상품목은 콩, 포도, 양파, 마늘, 고구마, 가을감자, 양배추 등 7개이다.

▌재해대비 기술의 수용

농업기술은 위험과 관련하여 위험을 증가시키는 기술(risk increasing technology)과 위험을 감소시키는 기술(risk reducing technology)로 구분될 수 있다. 예를 들어 수확량의 변동성이 큰 종자는 생산의 위험을 증가시키지만, 서리 피해를 방지하는 방상휀은 생산의 위험을 감소시킨다. 농업경영자는 위험을 감소시키는 기술의 적극적 수용을 통해 생산의 위험을 줄일 수 있다. 즉 재해대비 기술의 학습과 수용을 통해서 안정적 생산을 위한 리스크 관리가 필요하다.

02 가격의 리스크 관리

▌생산의 다각화

앞에서 설명하였듯이 다각화는 생산의 위험뿐만 아니라 가격의 위험도 줄일 수 있다. 특히 서로 다른 시기에 동일한 작물을 경작하는 시간 배분적 다각화는 가격의 연중 변동에 의한 위험을 줄이는 데 효과적이다.

▌분산 판매

생산한 농산물을 일시에 판매하지 않고, 시기적으로 분산하여 판매할 경우 가격의 연중 변동에 따른 위험을 감소시킬 수 있다. 농산물은 저장이 불가능하거나, 저장이 가능하더라도 저장비용이 높다. 판매시기를 분산시키기 위해서는 저장비용을 지불해야 한다. 그러므로 분산 판매를 통한 리스크 감소의 이득과 저장비용을 감안하여 판매시기 및 횟수를 결정해야 한다.

▌농업수입보장보험

앞에서 설명하였듯이 농업수입보장보험은 수확량 감소 위험뿐 아니라 가격하락에 따른 위험을 감소시킬 수 있다. 즉, 실제농업수익(당년 실제생산량×당년 수확기 시장가격)이 보장농업수익(평년 생산량×평년 시장가격×보장률)보다 적을 경우 그 차액을 보험금으로 지급하기 때문에 농업수입보장보험을 통하여 가격하락의 위험을 부분적으로 관리할 수 있다.

▌공동계산제

공동계산제는 여러 생산농가들이 생산한 농산물을 등급에 따라 구분하여 공동 관리 및 판매한 후, 판매대금과 비용을 평균하여 개별 경영자들에게 정산하는 방법이다. 이러한 공동계산제는 출하처 또는 출하시기에 따른 판매가격 차이에 관계없이 일정한 기간 내의 총 판매대금을 등급과 출하물량에 따라 배분한다. 그러므로 개별 경영자들은 가격 변동에 따른 위험을 감소시킬 수 있다. 또한 생산자조직은 공동계산제를 통하여 마케팅 능력과 시장교섭력을 제고할 수 있으며, 대량거래의 유리성을 얻을 수 있으며, 규모의 경제를 실현할 수 있다.

▌선도거래

현재 정해진 가격으로 미래의 일정 시점에 상품의 인도 및 대금 지급을 약정하는 거래를 선도거래(forward transaction)라고 한다. 예를 들어 어떤 사과생산자가 올해도 예년과 같이 100,000kg를 수확할 수 있으리라고 예측한다. 수확기까지의 생산비가 4,500원/kg이 될 것이며, 그가 수확할 사과와 같은 품질의 사과가 현재 5,000원/kg에 도매상에 팔리고 있다는 것을 알게 되었다. 그는 수확기의 가격이 4,500원/kg 이하로 떨어질 경우의 손해를 걱정하고 있다. 한편 도매상은 수확기의 가격이 5,500원/kg 이상일 경우를 걱정하고 있었다. 사과생산자와 도매상이 5,000원/kg에 거래계약을 맺고, 수확기에 도매상이 사과를 인수함과 동시에 대금을 지불하기로 하였다. 이와 같은 선도거래에 의해 사과생산자와 도매상은 가격의 위험을 감소시킬 수 있다.

한편, 선도거래와 유사한 개념으로 우리나라의 경우 채소를 중심으로 포전매매가 이루어지고 있다. 포전매매는 밭떼기거래라고도 하며, 농작물의 파종 후 수확기 전에 밭의 작물을 통째로 면적당 계산해서 상인에게 넘기는 매매행위이다. 일반적으로 농업경영자는 계약을 맺을 때 계약금을 받고, 수확기에 잔금을 받는다.

▌ 계약생산

계약생산은 농업경영자가 대량수요처나 가공공장 등과 장기 공급계약을 하고 생산·판매하는 방법이다. 가격과 판매량을 미리 정하여 계약에 명시하기 때문에 안정적인 판로를 확보하는 동시에 가격의 위험을 줄일 수 있다.

▌ 시장에 대한 정보의 축적

지역별 재배면적, 작황, 수출입량, 소비전망, 가격전망 등 농산물의 시장과 가격에 대한 정보를 농업경영자가 직접 모아서 경영의 의사결정에 이용할 경우 가격 변동에 따른 위험을 매우 효과적으로 줄일 수 있다.

1 | 농작물재해보험에 가입한 사과 농가의 과거 10년간 보험료 지불액과 보험금 수입을 조사하여 농작물재해보험 가입의 효과를 분석하시오.

핵심포인트 사과농가 선정 → 보험료 지불액, 보험금 조사 → 농작물재해보험 가입에 의한 위험관리 효과 분석

2 | 배추 밭떼기거래의 계약서를 분석하여 개선방안을 제시하시오.

핵심포인트 배추 밭떼기거래 농가 및 상인 선정 → 계약서 분석 → 농가 조사 → 상인 조사 → 개선방안 도출

3 | 공동계산제를 실행하고 있는 어떤 농협의 조합원들의 농가수취가격을 조사하여 공동계산제의 가격리스크 감소효과를 분석하시오.

핵심포인트 공동계산제 실행 생산자단체(농협, 작목반 등) 선정 → 구성원들의 판매시기별·등급별 판매량 조사 → 판매시기별·등급별 수취가격 조사 → 농가별 공동계산제 유무에 따른 판매수입 계산 → 리스크 감소 효과 분석

4 | 농업보험의 현황을 분석하고, 발전방안을 논하시오.

핵심포인트 농업보험 현황 조사 → 문제점 파악 → 발전방안 도출

연습 문제

1 | 농업경영이 직면하는 리스크의 종류와 원인을 설명하시오.

2 | 위험하의 의사결정의 예에서 기상조건에 대한 확률이 다 주어지지 않고, 부분적 확률만 주어졌다고 한다. 즉 다음의 표와 같이 기상조건이 보통일 확률은 0.5이지만, 좋음과 나쁨의 확률은 모른다. 농업경영자는 기대가치를 극대화하는 의사결정을 한다고 한다.

의사결정행렬

(단위: 원)

상황(기상조건)	확률	행동대안		
		작물 A	작물 B	작물 C
좋음	?	1,000,000	800,000	500,000
보통	0.5	650,000	600,000	500,000
나쁨	?	-400,000	100,000	500,000

1) 작물 A와 작물 B의 기대가치가 동일한 기상조건이 좋음과 나쁨의 확률을 계산하시오.

2) 작물 A와 작물 C의 기대가치가 동일한 기상조건이 좋음과 나쁨의 확률을 계산하시오.

3) 작물 B와 작물 C의 기대가치가 동일한 기상조건이 좋음과 나쁨의 확률을 계산하시오.

4) 기상조건이 좋음의 확률 변화에 대한 작물 A, 작물 B, 작물 C의 기대가치를 그림으로 나타내시오.

5) 의사결정 과정을 설명하시오.

3 | 어떤 경영주가 생산한 농산물을 판매하려고 한다. 현재 시장에 판매할 경우 900,000원을 수익을 올릴 수 있으며, 저장 후 내년에 판매할 경우 1,500,000원, 1,000,000원, 또는 750,000원의 수익을 얻을 수 있다고 한다.

   1) 의사결정나무와 의사결정행렬을 작성하시오.

   2) 불확실성하의 의사결정 기준들을 적용하여 어떤 행동대안을 선택할지 분석하시오.

4 | 농장경영의 리스크를 특성별로 분류하고, 각각의 리스크에 대응하기 위한 적절한 방안에 대하여 논하시오.

참고문헌

- 구재서 외 3인, 1999, 『농업경영학(개정)』, 선진문화사.
- 김재홍, 1995, 『농업경영학신론』, 삼경문화사.
- 김용택 · 김석현 · 김태균, 2003, 『농업경영학』, 한국방송통신대학교출판부.
- 심영근 · 이상무, 1999, 『새로 쓴 농업경영학의 이해』, 삼경문화사.
- 이상문 · 최재선, 1982, 『의사결정론』, 법문사.
- 이순, 1995, 『의사결정론』, 자유아카데미.
- 정병우 외, 2014, 『농업경영마케팅』, 농촌진흥청.
- Barry, P. J. and P. Ellinger, 2011, *Financial Management in Agriculture*(Seventh Edition), Pearson.
- Castle, E. N., M. H. Becker, and A. G. Nelson, 1987, *Farm Business Management*, Macmillan Publishing Company.
- Hardaker, J. B., R. B. M. Huirne, J. R. Anderson, and G. Lien, 2004, *Coping with Risk in Agriculture*(Second Edition), CABI Publishing.
- Kay, R. D., W. M. Edwards, and P. Duffy, 2016, *Farm Management*(Eighth Edition), MaGraw-Hill.

농업경영정보와 의사결정

1 | 자료, 정보, 지식의 개념을 정의한다.

2 | 농업경영에서 정보의 중요성을 설명한다.

3 | 지식영농을 정의하고, 그 성공조건을 설명한다.

4 | 농업정보의 확실성하에서의 의사결정기법을 설명한다.

5 | 선형계획모형과 해를 구하는 과정 및 민감도 분석과정을 설명한다.

6 | 할당모형을 정의하고, 헝가리안법을 적용하여 해를 구하는 방법을 설명한다.

7 | 농업경영을 위한 경영정보시스템의 개념과 구성요소를 설명한다.

8 | 영농정보시스템 기획(AISP)을 정의하고, 구체적인 수행 단계를 설명한다.

SECTION 01 정보화 사회와 농업

01 정보와 지식이란?

정보(information)란 농업부문의 예를 들어 설명하면, 일상적으로 발생하는 생산, 가공, 유통, 수입, 수출, 소비, 판매 등 다양한 활동들을 기록해 놓은 자료(data)를 이용하여, 연도별, 분기별, 월별, 일별 추이분석이나, 합계, 최대, 최소, 평균, 분산 등과 같은 통계 계산 등 경영 의사결정에 유용한 형태로 가공해 놓은 것을 의미한다.

따라서 정보는 자료라는 투입물을 통해 산출되는 생산물로 볼 수 있으며, 정보는 보다 합리적인 경영 의사결정을 통해 사업과 상품의 가치를 증대시키는 역할을 한다.

지식(knowledge)이란 정보를 통해 이해되고 인식된 방법, 원리, 규칙 등을 의미한다. 예를 들어 특정한 품목에 대한 도매가격과 출하량은 자료(data)로서 수확기 이 품목의 출하량 증가로 가격이 하락하다가 정부의 산지폐기 정책으로 가격이 다시 상승하였다고 하자. 이 품목에 관심이 없는 농가에게 이들 도매가격과 출하량은 자료에 불과하지만, 이 품목의 도매가격과 출하량을 지속해서 모니터하고 예측하는 농업관측센터 담당자에게 이는 통계 산출 및 추세 분석에 있어서 중요한 정보(information)가 발생한 것이다. 농업관측센터 담당자는 과거 유사한 패턴에 대한 관찰 및 분석을 통해 출하량에 따른 도매가격 변동폭에 대한 지식(knowledge)을 갖게 될 것이다.

일반적으로 지식의 생성은 자료나 정보보다 오랜 시간이 걸리지만 일단 생성 이후에는 훨씬 오랜 기간 동안 활용된다. 또한 이들의 가치는 생성순서에 따라 자료보다 정보가 높고, 정보보다 지식이 높다.

농업, 수학, 경제 등 학문적 지식이 주로 학교 및 연구소에서 연구를 통해 생성되어 온 것과는 다르게 조직지식(organizational knowledge)은 특정 조직이 현안 문제를 해결하는 과정에서 생성된다. 이러한 조직지식은 체계적으로 검증되거나 관리되지 못하고 개인 차원에서 관리되다 사라지게 되는 경우가 많다는 문제가 있다.

Nonaka(1991)는 조직지식을 언어나 수식 또는 기타 구조적인 형태로 표현 가능한 경우를 형식지(explicit knowledge), 표현 불가능한 경우를 암묵지(tacit knowledge)로 분류하고, 사람들의 두뇌속에만 존재하는 암묵지를 사람들이 공유할 수 있는 형식지로 나타내는 과정에서 조직지식이 창출된다고 주장한다.[1]

비농업부문에 비해 체계적이고, 과학적인 기록 관리가 제대로 이루어지지 않았던 농업경영의 특성상 개별 농업경영자가 자신만이 가지고 정리하거나, 표현하지 않은 암묵지가 상대적으로 많을 것으로 예상된다. 이러한 암묵지를 형식지로 나타내어 농업경영을 위해 공유할 때, 유용하게 형식지로 변환된 지식은 농업부문 효율성 및 생산성을 제고시키는 역할을 수행할 수 있을 것이다.

02 정보의 특성과 정보기술

농가는 매스컴이나 인터넷을 통해 기상정보, 정책정보, 기술정보 등을 접하고, 또한 농업관측정보 등 뉴스레터나 농업전망 등 책자 형태의 공공 정보서비스 매체를 통해서도 정보를 얻을 수 있다.

농가에 유용한 정보란 ① 과학적인 방법으로 수집 또는 분석된 자료에 근거한 신뢰성, ② 확률적 혹은 비확률적 오차가 적고 현실 설명력이 있는 정확성, 그리고 ③ 시기적인 적절성이라는 특성을 보유한 정보로 이해할 수 있다.

정보에 대한 가치는 필요 여부에 따라서 사람마다 다를 수 있으나 많은 사람들이 필요로 하는 유용한 정보는 정보재(information good)로서 거래되는 시장을 형성하기도 한다.

또한 일반적으로 정보는 시간, 축적된 저량(stock), 고객, 그리고 매체에 의존하는 속성를 갖는다. 즉 정보는 노출된 이후 시간이 지날수록 그 필요 가치가 감소하는 경향이 있고, 유용한 정보는 축적될수록 그 가치가 증가하며, 정보를 필요로 하는 고객에게는 가치를 가지지만, 그렇지 않은 사람들에게는 자료에 불과한 속성이 있고, 정보의 전달을 위해서는 매스컴, 인터넷, 뉴스레터, 책자 등 매체에 의존하는 속성이 있다.

---

1 Nonaka, I, The Knowledge Creating Company, Harvard Business Review, Nov-Dec. 1991, pp. 96-104.

필요한 정보를 지속해서 생산해서 활용하기 위해서는 이를 저장, 처리, 전송하기 위한 전산기술 (electronic technology)과 통신기술(communication technology)을 필요로 한다. 통상 이들 두 가지 기술을 통칭해서 정보기술(information technology)이라 한다.

최근 정보기술은 ① 하드웨어(전산 및 통신장비), ② 소프트웨어(운영시스템), ③ DB관리시스템은 물론 보다 유용한 정보를 생산하기 위한 ④ 응용분석 소프트웨어(통계 및 회계 관련 소프트웨어)까지 포함하는 의미로 사용되고 있다.

1990년대 중반까지 농업부문에서 정보기술은 일부 농가의 회계 처리를 위한 보조적인 수단으로 이용되어 왔으나 최근에는 회계 처리는 물론 생산, 판매, 홍보, 고객관리 등 활용영역이 급속히 확대되어 다수의 농가가 경영의 필수적인 수단으로 활용하고 있다.

정보기술을 기반으로 농가가 유용한 정보를 활용할 수 있게 됨으로써 정보기술은 ① 농가의 경영지원 및 ② 경영혁신 수단으로서 역할을 수행한다고 볼 수 있다.

농업경영에서 정보기술의 활용은 농업경영주의 연령, 경영규모, 거래방식(도매시장 거래 혹은 직거래 등) 및 거래대상(국내 혹은 해외) 등에 따라 차이를 보인다.

03 농업경영에서 정보의 중요성

정보기술의 발달과 함께 이용가능한 양질의 정보가 증가함에 따라 농업경영에서 정보의 중요성은 나날이 증대되고 있다. 그러나 농업경영학 및 농업경제학과 관련된 대부분 교재나 연구에서 농산물 시장이 완전경쟁에 가까운 시장으로 간주되어 모든 시장 참여자가 정보를 거래비용 없이 손쉽게 얻을 수 있는 것으로 전제되어 학문적으로 심도 있게 다루어지지 않은 측면이 있다.

농업경영에서 정보를 중요하게 다루어야 하는 이유는 ① WTO 체제 출범 이후 시장의 개방이 확대되는 등 농산물 시장의 세계화(Globalization)가 급속히 진전됨에 따라 국내외 생산자 및 공급자간 경쟁이 심화되어 경쟁에서 우위를 차지하기 위해 국내외 산지 작황, 시장 가격, 소비자 동향, 거시경제 상황 등 다양한 정보가 중요한 역할을 하게 되었고, ② 농촌지역에 컴퓨터 및 인터넷의 보급이 확대됨에 따라 인터넷을 이용을 포함한 전자상거래가 급속히 증대되고, 또한 농가가 직접 인터넷 기반 쇼핑몰을 운영하는 등 e비즈니스 사례가 증대되어 정보를 생산하고 제공하는 기능이 중요해졌고, ③ 현대 사회가 정보화 및 지식화 기반 사회로 진입함에 따라 농업경영의 가치 창출 활동이 토지, 노동, 자본 등 전통적인 생산요소뿐만 아니라 정보의 생산, 저장, 가공, 제공 등 다양한 정보 관련 기능에 의해 상당한 영향을 받게 됨에 따라 정보의 역할과 기능이 강조되었기 때문이다.

01 정보기술의 발달과 지식관리

지식경영 또는 지식기반경영(knowledge-based management)이란 21세기 정보와 지식 기반 사회에서 경영체의 가치 창출을 위한 경영활동의 핵심적인 자원으로서 정보와 지식의 중요성을 강조한 새로운 개념의 경영 패러다임이다. 한편 지식관리란 지식경영과 같은 뜻으로 빈번히 사용되고 있으나, 이는 정보기술을 활용하여 지식이란 자원을 관리한다는 의미로 이해될 수 있다.

정보기술은 앞서 살펴본 바와 같이 전산 및 통산장비 등 하드웨어, 운영시스템 및 응용분석을 위한 소프트웨어, 그리고 DB관리 시스템 등을 포함하는 의미로 사용되고 있는데, 이러한 관련 정보기술이 급속히 발달함에 따라 지식관리의 효율성과 효과성도 혁신적으로 개선되게 되었다.

지식관리의 혁신적인 변화를 가져온 정보기술의 요소로는 ① 정보처리능력(multi-tasking, artificial neural network, data mining 등) 향상에 따른 지식생산 체계의 혁신 ② 지식 저장 및 공유 시스템(인트라넷, 그룹웨어, 원격 화상회의 등)의 혁신 ③ 지식 통합관리(전자문서관리, 워크플로우 관리) 및 의사결정 지원 시스템 등 지식 활용 체계의 혁신 등을 들 수 있다.[2]

02 지식관리시스템

지식관리시스템(knowledge management system)이란 지식 자원을 정보기술을 활용하여 관리하는 시스템을 의미한다. 1990년대 중반까지 농업부문에서 정보기술은 일부 농가의 회계 처리를 위한 보조적인 수단으로 이용되어 왔으나 최근에는 회계 처리는 물론 생산, 판매, 홍보, 고객관리 등 활용영역이 급속히 확대되어 다수의 농가가 경영의 필수적인 수단으로 활용하고 있다.

오늘날 농가는 국내는 물론 세계의 경제, 시장, 날씨, 뉴스, 여행, 쇼핑 등 필요한 다양한 정보를 컴퓨터와 스마트폰을 통해 용이하게 습득하고 이용할 수 있게 되었다. 우리는 구글, 페이스북, 애플 뿐만 아니라 중국의 전자상거래 업체인 알리바바, 현대차 시총에 버금가는 네이버 등의 역할과 규모를 통해 정보와 지식의 중요성과 그 영향을 실감할 수 있다.

지식관리시스템은 지식자산의 가치에 대한 인식, 지식에 대한 평가, 지식 공유 문화 등의 지식 활용을 위한 환경적 인프라와 통신네트워크, 하드웨어 시스템, 각종 소프트웨어 등 정보기술 차원의 인프라를 전제로 한다.

지식관리시스템 운용의 주요 목적은 농업경영체가 필요한 시기와 장소에서 관련 지식을 사용할

---

2 이재규·권순범·임규건(2011) 인용.

수 있도록 지식을 생성, 저장하고 활용할 수 있도록 하는 것이다. 지식관리시스템에 저장되는 지식은 영농 가이드라인, 생산·유통·수출입 등 일지, 회계자료, 관련 정책 및 규정, 예측 및 관측 자료, 참고 자료 등일 것이다. 지식관리시스템에서 이용될 수 있는 주요 정보기술은 인터넷, 웹사이트, 그룹웨어, 지식 베이스, 온라인 토론 그룹 등이 있다.[3]

지식관리시스템은 통상 지식 분산, 지식 공유, 지식 생성, 지식 획득, 지식 코드화 등과 관련해 ① 지식통합관리시스템, ② 그룹협업시스템(GCS, Group Collaboration System), ③ 지식작업시스템(KWS, Knowledge Work System), ④ 전문가시스템(ES, Expert System) 등으로 구분할 수 있다.

▍지식통합관리시스템

지식통합관리시스템이란 농업경영체 내부의 지식과 외부의 지식을 유기적으로 결합함으로써 지식활용 가치를 극대화할 수 있는 시스템을 의미한다. 경영체 내부의 통합은 개인, 팀, 조직 차원의 지식뿐만 아니라 기존 정보시스템들 간의 유기적인 통합을 포함한다. 외부적 통합은 경영체 외부의 정보 또는 지식의 주요 원천인 외부공개 DB, 인터넷뿐만 아니라 정보 제공업체나 전략적 파트너, 공급업체 또는 관련 고객 등과의 통합을 포함한다.

▍그룹협업시스템

그룹협업시스템(GCS)은 경영체 내 구성원들이 포털, 전자메일, 메시징, 소프트웨어 등과 같은 도구들을 활용하여 지식을 검색·저장하고 서로 공유할 수 있게 하며 이를 통해 조직 내·외의 소통과 협업을 하는 데 도움을 주는 지원시스템을 의미한다.

▍지식작업시스템

지식작업시스템이란 상품설계, 공간분석, 회계분석, 통계분석, 전문검색 등 전문화된 작업이 필요한 경우 이러한 작업이 원활히 수행되도록 지원해주는 시스템을 의미한다. 즉 이 시스템은 전문적으로 훈련된 작업자의 전문지식 생성 및 관리 작업을 지원하여 경영활동에 활용할 수 있도록 한다.[4] 지식작업시스템은 경영주의 전문 지식에 대한 욕구를 만족시킬 수 있는 시스템으로 경영의 비전과 목적에 부합하도록 전략적으로 하드웨어, 소프트웨어 및 인터페이스를 신축적으로 구축할 필요가 있다.

---

3   정경수·고일상·박관희·이재정·정철용(2010년) 참조.

4   Laudon, Kenneth C. & Laudon, Jane P.(2006) 인용.

▎전문가시스템

일반적으로 전문가시스템이란 특정분야에 대한 전문적인 의사결정이 필요한 비전문가를 위해 특정 상황에 대해 전문가처럼 사용자에게 의견을 제공하는 시스템을 의미한다. 이 시스템은 특정 분야에 대한 문제 해결을 위해 전문적인 지식을 제공하는 소프트웨어 프로그램이라고 할 수 있다. 농업경영 활동 과정에서 경영체가 직면하는 문제들은 단순한 방법으로 해결되는 경우가 많으나, 종종 생산·유통·수출입 등 전문적인 지식을 필요로 하는 경우도 있다. 이와 같이 상당한 전문지식이 필요한 경우에 해당 분야에 대한 정확한 처방과 전문적인 지식을 축적해두면 필요할 때 요긴하게 사용할 수 있을 것이다. 이와 같이 전문적인 지식을 관리하고 활용할 수 있는 시스템을 전문가시스템이라고 할 수 있다.

03 지식영농의 성공조건

지식영농이란 농업경영체가 정보와 지식을 활용하여 영농의 효율과 효과를 높여, 부가가치를 제고하는 경영활동을 의미한다. 이러한 활동이 성공적으로 이루어지기 위해서는 다음과 같은 몇 가지 조건들이 뒷받침되어야 한다.

① 지식관리시스템의 하드웨어적 구축뿐만 아니라 필요한 지식을 적시에 생산하여 활용할 수 있도록 목적에 부합하는 시스템을 구축 및 운용하는 데 초점을 두어야 한다.

② 지식을 활용하기에 앞서 지식을 단순한 아이디어나 자료들과 분류하는 검증하는 작업이 필요하다. 그렇지 않으면 아이디어, 자료, 지식간 구분이 되지 않아 지식관리시스템 내 지식의 유효성이 떨어질 수 있다.

③ 대내외 농업여건의 변화와 경영체의 영농 목표에 부합하도록 적절한 시기에 지식을 갱신하여야 한다. 지식의 갱신은 지식의 유효성 및 활용도를 높일 수 있는 것으로 전략적으로 적절한 시기에 수행할 필요가 있다.

④ 농업경영주 또는 구성원의 암묵지(tacit knowledge) 형태의 유용한 영농 지식을 전략적으로 기록·관리하고 활용하는 데 초점을 둘 필요가 있다. 통상 경영주나 구성원들의 생각으로 존재하는 암묵지 형태의 지식은 구전되거나, 특정 형태의 지식으로 관리되지 않고 소멸되는 경우가 많다.

⑤ 경영주 및 구성원이 지식관리시스템을 영농활동에 용이하고 효과적으로 활용할 수 있도록 시스템이 이용자 중심으로 구성되어야 한다. 즉 경영주 및 구성원의 시스템 활용 능력과 활용 방향에 적합하도록 하드웨어 및 소프트웨어 등 시스템을 구성할 필요가 있다.

영농 의사결정이란 농업경영체가 당면한 영농 문제를 해결하기 위해 주어진 여러 대안들 중 최적의 것을 선택하는 것을 말한다. 이러한 경영체의 선택행위는 대안, 전략, 실행이라는 의사결정 요소를 포함한다. 반면, 의사결정자의 결정과는 무관하게 의사결정의 결과에 영향을 주는 요소는 관리 불가능 변수가 된다.

의사결정 환경은 불확실성의 정도와 특성에 따라 ① 확실성하에서의 의사결정, ② 위험하에서의 의사결정, ③ 불확실성하에서의 의사결정의 세 가지로 분류될 수 있다.

의사결정을 하기 위해서는 ① 선택 가능한 대안들이 무엇인가 알아야 하고, ② 각 대안을 평가할 수 있는 기준이 있어야 한다. 하나의 대안이 최종 선택되면 그 상황에 따른 결과(수익 또는 비용)가 결정되게 된다. 여기서는 확실성하에서의 의사결정을 다루고, 위험과 불확실성하의 의사결정은 제10장 2절을 참조하면 된다.

확실한 상황하에서의 의사결정이란 의사결정에 필요한 모든 정보를 알 수 있는 상황에서의 의사결정을 의미한다. 확실성하의 의사결정은 모든 가능한 대안, 기준, 결과 등에 대한 완전한 정보(perfect information)를 가지고 의사결정을 하는 것이다. 그러나 현실적으로 완전한 정보를 가지고 불확실한 미래에 대한 의사결정을 한다는 것은 매우 어려운 일이다.

미래 상황은 불확실하지만 확실성을 가정하고 의사결정을 하는 몇 가지 방법이 있다. 경영과학의 여러 모형들 중 선형계획법, 수송모형, 할당모형, 네트워크모형, 확정적 재고모형 등이 확실한 상황하에서의 의사결정을 하도록 고안되어졌다.

01 선형계획법(Linear Programming)과 민감도 분석(Sensitivity analysis)

어떤 상황에서 문제 해결을 위한 여러 가지 대안이 있을 때, 그 중에서 가장 적절한 최적의 대안을 찾아내는 방법을 최적화이론이라고 한다. 선형계획법은 최적화이론의 한 분야로 제약 조건을 연립일차부등식 또는 연립일차방정식으로 나타내고, 알고자 하는 값을 나타내는 목적함수(objective function)도 일차식인 경우에 이 목적함수의 최대값 또는 최소값을 구하는 방법을 제시한다.

선형계획법은 문제를 구성하고 해결하는 과정이 간단명료해서 여러 분야에 걸쳐 문제를 분석하고 예측하는 데 응용될 수 있다는 장점이 있다. 일정한 제약 조건하에서 가장 바람직한 해결 대안을 찾아낼 수 있다는 장점 외에도 여러 가지 다양한 해결방안에 따른 목표의 민감성(sensitivity)을 분석하거나, 활동이나 제약 조건 값의 변화가 변수의 값에 얼마나 영향을 미치는가를 탐색하고자 할 때에도 이용될 수 있다.

구분	과일 1톤 생산에 필요한 원재료		일별 가용량
	딸기(x_1)	사과(x_2)	
투입인력(명)	6	4	24
농기계(대)	1	2	6
톤당 이윤(만 원)	5	4	

표 11-1 선형계획 문제의 예(딸기와 사과 생산)

그러나 선형계획법은 이용 단위가 사람, 가축, 나무 등과 같이 단일체이거나 혹은 단지 0과 1의 값만을 갖게 되는 경우이더라도 비정수의 결과를 생성하게 되는 단점이 있다. 또한 앞서 설명한 바와 같이 모형을 구성하는 데 필요한 비용, 편익, 가격 등 모든 정보를 완전히 알고 있는 것으로 가정하고 있어 위험이나 불확실성이 있는 상황을 다루기 어렵다는 단점이 있다.

선형계획모형은 ① 의사결정 변수(decision variables), ② 최적화(최대 또는 최소) 목표, ③ 제약조건 (constraints) 등의 세 가지 기본요소로 구성된다. 여기서는 2개의 변수로 구성된 단순한 선형계획 문제를 고려하여, 해법을 찾아가는 심플렉스 알고리즘(Simplex algorithm)을 이해해보도록 한다.

〈표 11-1〉은 선형계획 문제의 예를 나타낸 것으로 딸기와 사과를 생산하는 과수원에서 딸기 1톤을 생산하기 위해서는 6명의 인력과 농기계 1대가 소요되고, 사과 1톤을 생산하기 위해서는 4명의 인력과 2대의 농기계가 소요된다고 하자. 일별 가용인력은 24명, 가용 농기계는 6대라고 하고, 톤당 이윤이 딸기의 경우 5만원, 사과의 경우 4만원이라고 하자. 이 문제는 선형계획 문제를 이해하기 위해 구성한 것으로 현실과 상관없는 것이다.[5]

또한 사과 생산(출하)량이 딸기 생산량을 초과할 수 있지만 그 초과량이 1톤을 넘길 수 없고, 사과 생산량이 1일 2톤을 초과할 수 없다는 제약이 있고, 딸기와 사과 생산량이 모두 비음 제약조건 (nonnegativity constraints)을 만족한다면 다음과 같이 수리적으로 문제로 다시 정의할 수 있다.

$$Maximize \quad Z = 5x_1 + 4x_2 \cdots\cdots\cdots\cdots\cdots\cdots\cdots\cdots\cdots\cdots\cdots\cdots\cdots\cdots\cdots (1)$$
$$subject\ to \quad 6x_1 + 4x_2 \leq 24$$
$$x_1 + 2x_2 \leq 6$$
$$-x_1 + x_2 \leq 1$$
$$x_2 \leq 2$$
$$x_1, x_2 \geq 0$$

---

5 최인찬 외(2012)의 예제를 참조하여 농업문제로 변환하여 활용함.

위 식과 같이 목적함수와 제약식을 갖는 선형계획 문제에서 제약식을 만족하는 두 변수의 값을 실행가능한 해(feasible solution)라고 하고, 실행가능하지 않은 해를 실행불가능한 해(infeasible solution)라고 한다. 여기서는 위 문제의 해를 찾는 여러 방법 중에 여유변수(slack variable)를 도입해서 해를 구하는 심플렉스 알고리즘(simplex algorithm)을 소개한다.

$$Maximize \quad Z = 5x_1 + 4x_2 + 0s_1 + 0s_2 + 0s_3 + 0s_4 \quad \cdots\cdots\cdots\cdots\cdots\cdots \quad (2)$$
$$subject\ to \quad 6x_1 + 4x_2 + s_1 = 24$$
$$x_1 + 2x_2 + s_2 = 6$$
$$-x_1 + x_2 + s_3 = 1$$
$$x_2 + s_4 = 2$$
$$x_1,\ x_2,\ s_1,\ s_2,\ s_3,\ s_4 \geq 0$$

(식 11-2)는 여유변수를 도입해서 제약식을 등식으로 만들고 목적함수에도 여유변수를 도입한 것이다. 〈표 11-2〉는 이 식을 이용해서 만든 심플렉스표(Simplex table)이다.

표에서 보는 바와 같이 0의 값을 갖는 변수를 비기저변수(nonbasic variable), 그렇지 않고 특정한 값을 갖는 변수를 기저변수(basic variable)라고 하고, 기저변수들의 해를 기저해(basic solution)라고 한다.

(식 11-1)과 (식 11-2)의 목적함수는 $z - 5x_1 - 4x_2 = 0$으로 다시 쓸 수 있기 때문에 〈표 11-2〉의 심플렉스표 첫 번째 행이 만들어진 것이다.

이 문제의 경우 먼저 $(x_1, x_2) = (0, 0)$인 원점에서 출발해서 해를 찾는 과정을 살펴보자. 이때 (x_1, x_2)는 0의 값을 갖는 비기저변수이고, 나머지 (s_1, s_2, s_3, s_4)가 기저변수로 정의된다. 목적함수와 이들 기저변수들은 〈표 11-2〉의 우측 첫 번째 열에 나타나 있고, 이들 변수가 갖는 값은 표의 좌측 마지막 열에서 보는 바과 같이 (0, 24, 6, 1, 2) 값을 갖고 이들이 초기해가 된다.

표 11-2 심플렉스표

변수	Z	x_1	x_2	s_1	s_2	s_3	s_4	해
Z	1	-5	-4	0	0	0	0	0
s_1	0	6	4	1	0	0	0	24
s_2	0	1	2	0	1	0	0	6
s_3	0	-1	1	0	0	1	0	1
s_4	0	0	1	0	0	0	1	2

표 11-3

표 11-3 진입변수(x_1) 도입과 탈락변수 선정

기저변수	진입변수(x_1)	해	비율
s_1	6	24	$x_1=24/6=4$(최솟값)
s_2	1	6	$x_1=6/1=6$
s_3	-1	1	$x_1=1/(-1)$
s_4	0	2	$x_1=2/0$

한편 심플렉스 최적해의 조건(simplex optimal condition)은 목적함수 등식($z - 5x_1 - 4x_2 = 0$)의 계수들이 음수가 아닌 경우로서, 만약 이들 계수값이 음수인 경우는 최적상태가 아니고, 이때 새롭게 진입시킬 변수는 계수값 중 가장 큰 절대값을 가진 변수를 선택한다. 위 경우는 절대값이 가장 큰 x_1이 진입변수(entering variable)가 된다.

새로운 진입변수가 도입되게 되면 기존의 기저변수 중 한 변수가 탈락되어야 한다. 〈표 11-3〉은 진입변수 x_1 도입에 따라 탈락하게 될 기저변수(leaving variable) 선정 결과를 보여주고 있다.

탈락변수의 선정 기준은 표의 좌측 열(비율)에서 음이나 0값을 갖는 결과는 무시하고, 해를 진입변수값으로 나눈 비율 값들 중 최소값을 갖는 기저변수를 선정한다. 그래서 여기서는 s_1이 탈락변수가 된다.

심플렉스표에서 진입변수와 탈락변수 교체과정은 가우스−조단 연산(Gauss-Jordan operations) 과정을 통해 이루어진다. 이 연산에서 진입변수($x1$) 열을 기준열(pivot row)이라고 하고, 탈락변수($s1$) 행을 기준행(pivot column)이라고 한다. 또한 기준행과 기준열이 만나는 지점의 원소, 6을 기준원소(pivot element)라고 한다.

가우스−조단 연산의 첫 번째 단계는 좌측 변수열에서 탈락변수($s1$)를 진입변수($x1$)로 교체하고 새로운 기준행 값을 계산하는 것이다.

새로운 진입변수, x_1 (새로운 기준행 값) = 탈락변수 행의 현재 값 ÷ 기준원소 값(6)

새로운 기준행 값 = (0, 6, 4, 1, 0, 0, 0, 24) ÷ 6

= (0, 1, 2/3, 1/6, 0, 0, 0, 4)

목적함수 행과 나머지 기저변수들에 대한 가우스−조단 연산은 동일하게 아래 식을 적용하여 계산한다.

새로운 행값 = 현재의 행값 − (기준열 원소) × (새로운 기준행 값)

표 11-4   Gauss-Jordan 연산의 기준열과 기준행

변수	z	x_1	x_2	s_1	s_2	s_3	s_4	해	
z	1	-5	-4	0	0	0	0	0	
s_1	0	6	4	1	0	0	0	24	기준행
s_2	0	1	2	0	1	0	0	6	
s_3	0	-1	1	0	0	1	0	1	
s_4	0	0	1	0	0	0	1	2	
		기준열							

따라서 목적함수 행 및 나머지 기저변수 s_2, s_3, s_4행에 대한 새로운 해는 다음과 같다.

$$\text{새로운 } z\text{행} = (1, -5, -4, 0, 0, 0, 0, 0) - (-5) \times (0, 1, 2/3, 1/6, 0, 0, 0, 4)$$
$$= (1, -5, -4, 0, 0, 0, 0, 0) - (0, -5, -10/3, -5/6, 0, 0, 0, -20)$$
$$= (1, 0, -2/3, 5/6, 0, 0, 0, 20)$$
$$\text{새로운 } s_2\text{행} = (0, 1, 2, 0, 1, 0, 0, 6) - (1) \times (0, 1, 2/3, 1/6, 0, 0, 0, 4)$$
$$= (0, 0, 4/3, -1/6, 1, 0, 0, 2)$$
$$\text{새로운 } s_3\text{행} = (0, -1, 1, 0, 0, 1, 0, 1) - (-1) \times (0, 1, 2/3, 1/6, 0, 0, 0, 4)$$
$$= (0, 0, 5/3, 1/6, 0, 1, 0, 5)$$
$$\text{새로운 } s_4\text{행} = (0, 0, 1, 0, 0, 0, 1, 2) - (0) \times (0, 1, 2/3, 1/6, 0, 0, 0, 4)$$
$$= (0, 0, 1, 0, 0, 0, 1, 2)$$

이와 같은 연산 과정을 통해 생성된 새로운 기저해에 대한 표는 다음과 같다.

표 11-5   Gauss-Jordan 연산을 통한 새로운 기저해

변수	z	x_1	x_2	s_1	s_2	s_3	s_4	해	
z	1	0	-2/3	5/6	0	0	0	20	
x_1	0	1	2/3	1/6	0	0	0	4	
s_2	0	0	4/3	-1/6	1	0	0	2	기준행
s_3	0	0	5/3	1/6	0	1	0	5	
s_4	0	0	1	0	0	0	1	2	
			기준열						

기저변수	진입변수(x_2)	해	비율
x_1	2/3	4	$x_2=4/(2/3)=6$
s_2	4/3	2	$x_2=2/(4/3)=1.5$(최소값)
s_3	5/3	5	$x_2=5/(5/3)=3$
s_4	1	2	$x_2=2/1=2$

표 11-6 진입변수(X_2) 도입과 탈락변수 선정

〈표 11-5〉에서 보는 바와 같이 이 기저해는 목적함수 계수 값 중 음수가 포함되어 있기 때문에, 심플렉스 최적해 조건을 만족하고 있지 않다. 따라서 계수 절대치가 가장 큰 새로운 진입변수, x_2에 대한 새로운 탈락변수를 선정하여야 한다.

위의 결과에 따라 새로운 진입변수(x_2)와 탈락변수(s_2)를 교체하고 가우스-조단 연산과정을 거쳐 다음과 같은 기저해를 다시 얻게 된다.

앞서 설명한 방법에 의해 새로운 기준행 값은 다음과 같다.

$$\text{새로운 기준행 값 } x_2 = (0, 0, 4/3, -1/6, 1, 0, 0, 2) \div (4/3)$$
$$= (0, 0, 1, -1/8, 3/4, 0, 0, 3/2)$$
$$\text{새로운 } z\text{행 값} = (1, 0, -2/3, 5/6, 0, 0, 0, 20) - (-2/3) \times (0, 0, 1, -1/8, 3/4, 0, 0, 3/2)$$
$$= (1, 0, 0, 3/4, 1/2, 0, 0, 21)$$
$$\text{새로운 } x_1\text{행 값} = (0, 1, 2/3, 1/6, 0, 0, 0, 4) - (2/3) \times (0, 0, 1, -1/8, 3/4, 0, 0, 3/2)$$
$$= (0, 1, 0, 1/4, -1/2, 0, 0, 3)$$
$$\text{새로운 } s_3\text{행 값} = (0, 0, 5/3, 1/6, 0, 1, 0, 5) - (5/3) \times (0, 0, 1, -1/8, 3/4, 0, 0, 3/2)$$
$$= (0, 0, 0, 3/8, -5/4, 1, 0, 5/2)$$
$$\text{새로운 } s_4\text{행 값} = (0, 0, 1, 0, 0, 0, 1, 2) - (1) \times (0, 0, 1, -1/8, 3/4, 0, 0, 3/2)$$
$$= (0, 0, 0, 1/8, -3/4, 0, 1, 1/2)$$

이와 같은 연산 과정을 통해 생성된 새로운 기저해에 대한 표는 다음과 같다.

목적함수 z행에서 어떠한 계수 값도 음수가 아니므로 이들 기저해는 심플렉스 최적해의 조건을 만족한다.

이를 통해 우리는 이 과수원은 주어진 제약조건하에서 1일 딸기를 3톤 생산하고, 사과를 1.5톤 생산하며, 이때 1일 톤당 21만 원의 이윤을 얻는 것이 최적상태임을 알게 되었다.

| 표 11-7 | Gauss-Jordan 연산을 통한 최적 기저해 |

변수	z	x_1	x_2	s_1	s_2	s_3	s_4	해
z	1	0	0	3/4	1/2	0	0	21
x_1	0	1	0	1/4	-1/2	0	0	3
x_2	0	0	1	-1/8	3/4	0	0	3/2
s_3	0	0	0	3/8	-5/4	1	0	5/2
s_4	0	0	0	1/8	-3/4	0	1	1/2

이와 같은 선형계획법은 농가 차원의 영농계획을 수립할 때뿐만 아니라, 지역 차원의 자원활용 계획을 구상할 때도 유용하게 이용될 수 있다.

선형계획법의 가정 중에서 가분성(additivity)은 변수가 분수 또는 소수의 값을 가질 수 있음을 전제한다. 사람 혹은 상품 등 단일체로 나타내거나 가부간의 결정을 해야 하는 등 변수가 정수 값만을 가져야 하는 경우에는 선형계획법의 특수한 형태로 정수계획법(Integer programming)을 응용할 수 있다.

한편 선형계획법은 앞서 설명한 바와 같이, 제약식 우변값(자원의 이용가능량)의 변화 및 목적함수 계수값(단위당 수입 및 비용)의 변화에 따른 민감도 분석(sensitivity analysis)을 시행할 수 있다. 여기서는 제약식의 우변값 변화에 대한 민감도 분석 과정을 살펴보자.

선형계획모형을 이용한 민감도 분석 과정을 살펴보기 위해 다음과 같은 문제를 고려하자.[6]

어떤 영농조합이 트랙터, 콤바인, 경운기를 이용하여 3가지 농작업을 수행한다고 하자. 각 작업을 위한 월 가용시간은 각각 430, 460, 420시간이고, 트랙터, 콤바인, 경운기에 대한 단위당 수입은 각각 3, 2, 5만원이다. 트랙터를 이용한 3가지 작업 소요시간은 각각 1, 3, 1시간, 콤바인은 각각 2, 0, 4시간, 경운기는 각각 1, 2, 0시간이다.

| 표 11-8 | 선형계획 문제의 예(농기계를 이용한 농작업) |

구분	농기계별 작업소요시간(ha)			월 가용량(시간)
	트랙터(x_1)	콤바인(x_2)	경운기(x_3)	
농작업 1	1	2	1	430
농작업 2	3	0	2	460
농작업 3	1	4	0	420
단위당 이윤(만 원)	3	2	5	

---

6 최인찬 외(2012)의 예제를 참조하여 농업문제로 변환하여 활용함.

표 11-9 Gauss-Jordan 연산을 통한 최적 기저해

변수	x_1	x_2	x_3	x_4	x_5	x_6	해
z	4	0	0	1	2	0	1,350
x_2	-1/4	1	0	1/2	-1/4	0	100
x_3	3/2	0	1	0	1/2	0	230
x_6	2	0	0	-2	1	1	20

위 선형계획 문제는 수리적으로 다음과 같이 다시 쓸 수 있다.

$$Maximize \quad Z = 3x_1 + 2x_2 + 5x_3 \cdots\cdots\cdots\cdots\cdots\cdots\cdots\cdots\cdots\cdots\cdots\cdots\cdots\cdots\cdots \quad (3)$$
$$subject\ to \quad x_1 + 2x_2 + x_3 \leq 430$$
$$3x_1 + 2x_2 \leq 460$$
$$-x_1 + 4x_2 \leq 420$$
$$x_1, x_2, x_3 \leq 0$$

〈표 11-9〉는 위에서 설명한 심플렉스 접근방법으로 여유변수 x_4, x_5, x_6를 도입해서 도출한 최적 심플렉스표이다.

이제 월 가용시간 변화에 대한 민감도를 분석하기 위해 (식 11-3) 우변에 추가로 D_1, D_2, D_3변수를 도입하자. 이 때 (식 11-3)은 다음과 같이 다시 정의된다.

$$Maximize \quad Z = 3x_1 + 2x_2 + 5x_3 \cdots\cdots\cdots\cdots\cdots\cdots\cdots\cdots\cdots\cdots\cdots\cdots\cdots\cdots\cdots \quad (4)$$
$$subject\ to \quad x_1 + 2x_2 + x_3 \leq 430 + D_1$$
$$3x_1 + 2x_2 \leq 460 + D_2$$
$$-x_1 + x_2 \leq 420 + D_3$$
$$x_1, x_2, x_3 \geq 0$$

(식 11-4)에서 목적함수는 $z - 3x_1 - 2x_2 - 5x_3 = 0$로 쓸 수 있기 때문에 이 문제에 대한 심플렉스 초기표를 〈표 11-10〉과 같이 정리할 수 있다.

〈표 11-10〉에서 보는 바와 같이 목적함수 계수 값에 다수의 음수를 포함하고 있어, 심플렉스 최적해의 조건을 만족하고 있지 않다. 여기서 음영을 표시한 두 부분이 일치함을 알 수 있다.

〈표 11-11〉은 심플렉스 최적 기저해로 우변의 값과 우변에 추가로 도입된 D_1, D_2, D_3변수를 활용하여 다음과 같이 쓸 수 있다.

| 표 11-10 | 민감도 분석을 위한 심플렉스 초기표 |

변수	x_1	x_2	x_3	x_4	x_5	x_6	RHS	D_1	D_2	D_3
z	-3	-2	-5	0	0	0	0	0	0	0
x_4	1	2	1	1	0	0	430	1	0	0
x_5	3	0	2	0	1	0	460	0	1	0
x_6	1	4	0	0	0	1	420	0	0	1

| 표 11-11 | 민감도 분석을 위한 심플렉스 최적 기저해 |

변수	x_1	x_2	x_3	x_4	x_5	x_6	RHS	D_1	D_2	D_3
z	4	0	0	1	2	0	1,350	1	2	0
x_2	-1/4	1	0	1/2	-1/4	0	100	1/2	-1/4	0
x_3	3/2	0	1	0	1/2	0	230	0	1/2	0
x_6	2	0	0	-2	1	1	20	-2	1	1

$$z = 1,350 + D_1 + 2D_2$$
$$x_2 = 100 + (1/2)D_1 + (-1/4)D_2$$
$$x_3 = 230 + (1/2)D_2$$
$$x_6 = 20 + (-2)D_1 + D_2 + D_3$$

이 식의 의미는 농작업 1의 한 단위 변화는 z 를 1만원, 농작업 2의 한 단위 변화는 z 를 2만원, 농작업 3의 한 단위 변화는 z를 변화시키지 않는다는 것이다. 이는 목적함수 $z = 1,350 + D_1 + 2D_2 + 0D_3$로부터 알 수 있다.

이제 우변에 추가로 도입된 D_1, D_2, D_3변수의 유효범위와 자원의 가용범위를 파악하기 위해서 농작업의 가용시간을 각각 480, 440, 400시간으로 가정하자. 각 농작업의 가용시간 변경에 따라 D_1 = 480 − 430 = 50, D_2 = 440 − 460 = -20, D_3 = 400 − 420 = -20이다. 이 값을 x_2, x_3, x_6에 대입하면 다음과 같다.

$$x_2 = 100 + (1/2)D_1 + (-1/4)D_2 = 130 > 0 \text{ (feasible)}$$
$$x_3 = 230 + (1/2)D_2 = 220 > 0 \text{ (feasible)}$$
$$x_6 = 20 + (-2)D_1 + D_2 + D_3 = -110 < 0 \text{ (infeasible)}$$

표 11-12	자원의 가용 범위(민감도) 도출			
구분	유효범위	자원의 가용량		
		하한값	현재값	상한값
농작업 1	$-200 \leq D_1 \leq 10$	230	430	400
농작업 2	$-20 \leq D_2 \leq 400$	440	460	860
농작업 3	$-20 \leq D_3 \leq \infty$	400	420	∞

기저변수가 비음의 조건(non-negative condition)을 만족할 때 실행가능 해가 되기 때문에 위의 결과에서 x_6는 실행가능하지 않은 해(infeasible solution)가 된다.

이제 D_1, D_2, D_3변수의 유효범위와 자원의 가용범위를 파악하기 위해서 한 번에 한 자원에 변화를 준다. 즉 농작업 1의 가용시간만 변한다고 하면 변수 D_1의 유효범위를 알 수 있다.

$$x_2 = 100 + (1/2)D_1 + (-1/4)D_2 \geq 0$$
$$x_3 = 230 + (1/2)D_2 \geq 0$$
$$x_6 = 20 + (-2)D_1 + D_2 + D_3 \geq 0$$

위 식에서 D_1만 변하고, 나머지 D_2와 D_3는 0이므로 우리는 $-200 \leq D_1 \leq 10$이라는 것을 알 수 있다. 이는 아래 식으로부터 도출된 것이다.

$$x_2 = 100 + (1/2)D_1 \geq 0$$
$$x_3 = 230 \geq 0$$
$$x_6 = 20 + (-2)D_1 \geq 0$$

D_2와 D_3의 유효범위도 위와 동일한 방법으로 구하면 된다.

02 수송모형(Transportation model)

수송모형은 다수의 공급지로부터 다수의 수요지까지 총 수송비용을 최소화하면서 상품을 수송하는 의사결정 문제를 다루는 방법이다. 이러한 수송문제는 특수한 형태의 선형계획 문제로 볼 수 있어, 선형계획법으로도 해를 구할 수도 있으나, 번거로운 반복 계산절차를 거쳐야 하는 매우 비효율적인 측면이 있다. 수송모형에 의한 접근은 수송문제를 선형계획법을 이용하는 경우보다 계산시간을 크게 단축시킬 수 있는 장점이 있다. 적용 방법으로는 ① 북서코너법(Northwest-corner method), ② 최소비용법(Least-cost method), ③ 보겔근사법(Vogel approximation method), ④ 수정배분법(MODI 법) 등이 있다.

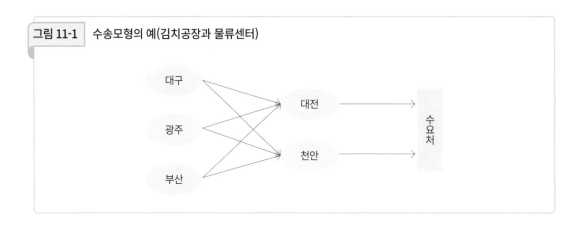

그림 11-1 수송모형의 예(김치공장과 물류센터)

수송모형을 보다 쉽게 이해하기 위해 다음과 같은 예를 살펴보자. 식품회사 아리랑은 대구, 광주, 부산 3곳에 김치공장을 가지고 있고, 대전과 천안에 배송을 위한 물류센터를 소유하고 있다고 하자. 김치 생산능력은 대구공장 월 1,000톤, 광주공장 월 1,500톤, 부산공장 월 1,200톤이고, 물류센터의 월 수요량은 대전센터 2,300톤, 천안센터가 1,400톤이다.

김치 생산공장과 물류센터간 거리와 수송비는 〈표 11-13〉과 같다. 〈표 11-13〉의 내용은 수송모형의 이론적 설명을 위한 것으로 현실적인 것이 아니다.

표 11-13 수송거리와 수송비

구분	대전(1)		천안(2)	
	수송거리(km)	수송비(천원)	수송거리(km)	수송비(천원)
대구(1)	100	80	269	215
광주(2)	125	100	135	108
부산(3)	127	102	85	68

위와 같은 수송비를 최소화하는 문제는 다음과 같은 선형계획 문제로 표현할 수 있다.

$$Maximize \quad Z = 80x_{11} + 215x_{12} + 100x_{21} + 108x_{22} + 102x_{31} + 68x_{32} \quad \cdots\cdots\cdots (5)$$
$$subject\ to \quad x_{11} + x_{12} = 1,000$$

$$x_{21} + x_{22} = 1,500$$

$$x_{31} + x_{32} = 1,200$$

$$x_{11} + x_{21} + x_{31} = 2,300$$

$$x_{21} + x_{22} + x_{32} = 1,400$$

$$x_{ij} \geq 0, \ i = 1, 2, 3, j = 1, 2$$

이와 같은 선형계획 문제는 위에 설명한 바와 같이, 북서코너법(Northwest-corner method), 최소비용법(Least-cost method), 보겔근사법(Vogel approximation method) 등을 이용해서 효율적으로 기저해를 구할 수 있다.[7]

03 할당모형(Assignment model)

할당모형은 선형계획모형과 수송모형의 특수한 형태로 각 공급지의 공급량과 각 수요지의 수요량이 항상 1인 경우의 수송문제로 볼 수 있다. 즉 공급지와 수요지에 물량이 할당되는 경우 1 그렇지 않은 경우 0이 되는 수송문제로 이해할 수 있다.

할당문제의 해법으로 헝가리 수학자 쾨니히(D. Konig)에 의해 개발된 헝가리안법이 가장 널리 응용되고 있는데, 헝가리안법은 보겔추정법에서 사용되는 기회비용의 최소화를 기반으로 하는 방법이다.

〈표 11-14〉는 i 명의 작업자에게 j 개의 업무를 할당하는 일반적인 형태의 할당문제의 예이다. 이 문제에서 Cij 는 각 업무를 작업자에게 할당하는 데 들어가는 비용을 의미한다. 각 작업자를 공급지로 작업을 수요처로 보면 할당문제는 수송문제의 한 형태로 이해될 수 있다. 이때 공급지의 공급량과 수요처의 수요량은 1이 되게 된다. 이러한 특수한 형태의 수송모형을 용이하게 풀 수 있는 방법이 헝가리안법이다.

아래와 같은 농작업 관련 할당문제를 헝가리안법을 이용하여 풀어보자.

헝가리안법 1단계는 각 행의 원소에서 그 행의 최소 비용을 뺀 수로 모형을 다시 구성한다.

헝가리안법 2단계는 1단계의 결과로 구성된 모형에서 0가 생성된 열을 제외한 열의 각 원소에서 최소비용을 제한 수로 모형을 구성한다.

〈표 11-16〉에서 보는 바와 같이 헝가리안법은 비용이 0인 항목들을 참조해서, 김씨에게 과수원 일, 이씨에게 딸기밭 일, 박씨에게 축사청소를 맡기는 실행가능한 최적해를 찾도록 한다. 이때 농작업에 드는 총비용은 21만 원(8+7+6)이 된다.

---

7   수송모형의 해는 엑셀, SAS, TORA 등 선형계획 등의 문제를 다루는 응용 소프트웨어를 이용하여 쉽게 구할 수 있다.

표 11-14 **할당모형의 예**

		작업종류					
		1	2	$\cdots$	j		
	1	C_{11}	C_{12}	$\cdots$	C_{1j}	1	
작업자	2	C_{21}	C_{22}	$\cdots$	C_{2j}	1	
	$\cdots$	$\cdots$	$\cdots$	$\cdots$	$\cdots$	$\cdots$	
	i	C_{i1}	C_{i2}	$\cdots$	C_{ij}	1	
		1	1	$\cdots$	1		

표 11-15 **농작업 할당모형(헝가리안법)**

		농작업 종류		
		딸기밭	과수원일	축사청소
	김씨	13	8	7
작업자	이씨	7	13	8
	박씨	8	10	6

표 11-16 **농작업 할당모형(헝가리안법)**

		농작업 종류		
		딸기밭	과수원일	축사청소
	김씨	6	1	0
작업자	이씨	0	6	1
	박씨	2	4	0

표 11-17	농작업 할당모형(헝가리안법)			
			농작업 종류	
		딸기밭	과수원일	축사청소
	김씨	6	**0**	0
작업자	이씨	**0**	5	1
	박씨	2	3	**0**

04 네트워크모형(Network model)

네트워크모형은 여러 개의 노드(node)와 이들을 연결하는 아크(arc)를 구성요소로 하는 모형으로, 현존하는 도로망에서 양 도시 간 최단 농산물 배송경로를 찾는 문제, 다양한 농산물 배송경로 중 최소 비용 경로를 결정하는 문제, 여러 작업일정(시작과 완료 시점) 중 최적 일정을 찾는 문제, 기존 농산물 배송경로를 이용하여 최대 배송량을 결정하는 문제 등 다양한 문제들이 이 모형으로 구성될 수 있다.

네트워크모형을 최적화 알고리즘의 유형에 따라 분류하면, ① 최소거리나무(Minimal spanning tree algorithm), ② 최단경로문제(Shortest Path algorithm), ③ 최대유량문제(Maximal Flow problem) ④ CPM(Critical path algorithm) ⑤ PERT(Program Evaluation and Review Technique) 등이 있다.

〈그림 11-2〉는 네트워크모형의 여러 알고리즘의 유형을 나타낸 것이다. 최소거리나무 알고리즘은 그림에서 보는 바와 같이 각 지역별로 특정한 서비스를 공급하는 최적 경로를 찾는 문제에 응용될 수 있다.

최단경로문제는 그림에서 보는 바와 같이 각 지점 간 특정 문제의 발생 확률에 대해 가장 신뢰성 높은 최단경로를 찾는 문제이다. 최대유량문제는 유정, 가압장, 정유공장을 통과하여 소비지에 이르는 과정과 같이 각 부문 간 절단 시 최소 유량을 찾는 문제에 대한 것이다. 즉 네트워크에서 절단면 중 최소 유량을 갖는 경로를 찾아 이를 참조하여 최대유량을 결정한다. 여기서 점선이 절단면에 해당된다. CPM과 PERT는 영농계획 및 일정관리 등을 지원하도록 하는 네트워크에 기반을 둔 방법이다.

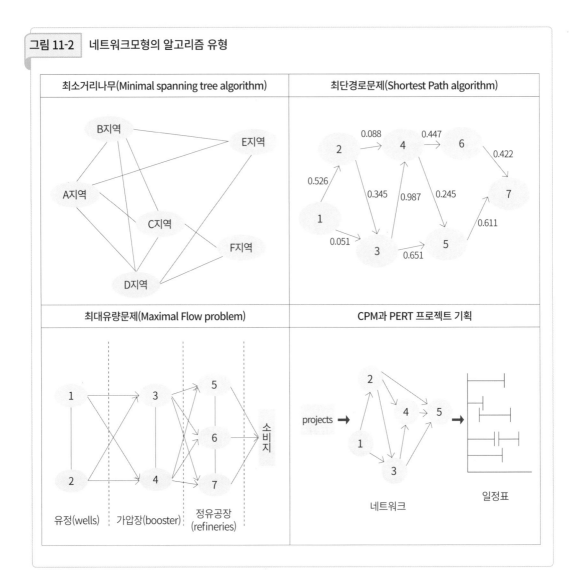

그림 11-2 네트워크모형의 알고리즘 유형

최소거리나무(Minimal spanning tree algorithm)

최단경로문제(Shortest Path algorithm)

최대유량문제(Maximal Flow problem)

유정(wells)　가압장(booster)　정유공장(refineries)

CPM과 PERT 프로젝트 기획

projects

네트워크

일정표

SECTION
04 농업경영과 정보시스템의 활용

01 경영정보시스템의 개념과 구성요소

경영정보시스템(management information system)이란 경영활동에서 의사결정의 유효성을 높이기 위하여, 경영 내외의 관련 정보를 필요에 따라 수집·전달·처리·저장·이용할 수 있도록 편성한 인간과 컴퓨터와의 결합 시스템을 의미한다.

경영정보시스템은 국가 시스템, 교육시스템, 사회시스템, 컴퓨터시스템, 기업의 재무관리 시스템 등 크고 작은 다양한 시스템들이 우리 사회를 구성하고 있듯이, 경영활동의 가치 제고를 위한 하나의 시스템으로 이해될 수 있다.

시스템에 대한 개념은 일반시스템이론(general system theory)에 이론적 근거를 두고 있는데, 이 이론에 의하면 시스템은 서로 상호작용하면서 통일된 개체를 형성하는 사람, 자원, 개념, 절차와 같은 구성요소의 집합이며, 각 요소는 개체의 목적을 달성하기 위해서 특정한 기능을 수행한다.[8]

〈그림 11-3〉에서 나타난 시스템의 구성요소를 살펴보면 다음과 같다.

▌입력(input)
외부로부터 시스템의 경계로 유입되는 요소로 농업경영체의 경우에 중간재·에너지·인력·정보 등의 유·무형 요소들을 의미한다.

▌처리(process)
외부로부터 경영체 시스템내로 유입된 요소들을 최종 목적한 출력요소로 전환·처리하는 과정을 의미한다. 경영체가 처한 환경이나 출력 목적에 따라 상이한 처리과정을 가질 수 있다.

▌출력(output)
처리요소를 거쳐 최종 목적한 산출물을 생성하거나, 최종 산출물을 시스템 외부에 내보내는 요소를 의미한다.

▌피드백(feed-back)

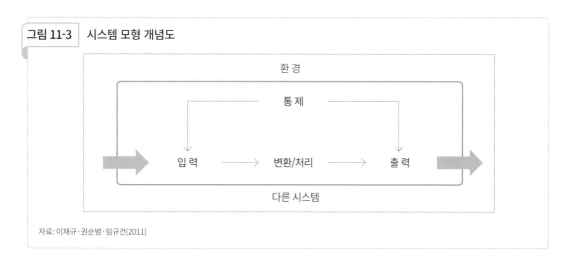

그림 11-3 시스템 모형 개념도

자료: 이재규·권순범·임규건(2011)

---

8   이재규·권순범·임규건(2011) 참조.

시스템에서 출력된 결과가 다시 시스템으로 돌아가 입력되는 재투입의 과정을 의미하는 것으로, 시스템의 활동을 통제 및 조절하는 역할을 수행한다.

▌통제(control)

시스템의 입력, 변환, 처리 등의 과정이 원활하게 이뤄지고 있는지, 목표와 결과물 간의 차이가 있는지를 확인하고 문제가 있을 시 이를 교정하여 설정한 목표를 달성할 수 있도록 하는 기능을 의미한다.

▌경계(boundary)

이는 시스템과 다른 구성요소들을 구분짓는 시스템 내·외부 간 경계를 의미한다. 시스템 경계는 뚜렷이 구분되는 경우가 일반적이나 구분이 모호한 경우도 있다.

▌환경(environment)

규제·기술·정치·사회적인 요소 등을 포함한 시스템의 외부적인 여건을 의미하며, 환경은 시스템의 외부적인 요소이지만 시스템의 성과에 상당한 영향을 미치는 것으로 중요하게 다루어질 필요가 있다.

02 경영정보시스템의 종류

경영정보시스템은 시스템을 보는 관점에 따라 운영방식, 구성, 성과가 달라질 수 있다. 시스템을 이루는 구성요소, 형태, 다른 시스템 및 외부환경과의 상호작용 여부, 성과에 대한 예측 가능성 여부 등 여러 요인들에 의해서 구분될 수 있다.[9]

▌물리적 시스템과 추상적 시스템

시스템은 정보나 데이터 등 물리적인 요소에 의해 구성된다고 볼 수 있다. 이와 같은 물리적 요소에 의해 활동이 관리되는 시스템을 물리적 시스템(physical system)이라고 한다. 반면, 사상체계나 학문체계와 같은 무형의 추상적인 요소에 의해 이루어진 시스템을 추상적 시스템(abstract system)이라고 한다.

---

9 이재규·권순범·임규건(2011) 참조·인용.

▌개방형 시스템과 폐쇄형 시스템

다른 시스템과 상호연결이 자유로워 기술이나 정보가 개방 및 공유되며 확장성이 뛰어난 시스템은 개방형 시스템(open system)이며, 시스템이 외부의 도움이나 교환 등 상호작용 없이 외부환경과 단절되어 있는 시스템을 폐쇄형 시스템(closed system)이라고 한다.

▌확정적 시스템과 확률적 시스템

시스템의 입력 및 처리과정에 따른 출력을 예측할 수 있는 시스템을 확정적 시스템(deterministic system)이라 하고, 예측이 불확실하여 결과를 확률적으로 일어날 가능성을 예측할 수 있는 시스템을 확률적 시스템(probabilistic system)이라고 한다.

▌적응시스템과 비적응시스템

적응시스템(adaptive system)은 환경의 변화나 다른 시스템의 영향에 스스로 조정하거나 적응할 수 있는 시스템을 말하며, 반면에 환경의 변화에도 불구하고 변하지 않는 즉, 적응할 수 없는 시스템을 비적응시스템(non-adaptive system)이라고 한다.

▌인간시스템과 기계시스템

인간시스템(human system)이란 인간이 시스템의 구성요소로 참여하는 시스템을 말하며, 반면에 기계시스템(machine system)은 인간의 참여 없이 기계만으로 작동하는 시스템을 말한다. 또한 인간과 기계에 의해 구성되고 있는 작업시스템을 통틀어 인간-기계시스템(human-machine system)이라고 한다.

03 영농정보시스템의 기획[10]

영농활동을 함에 있어 기획업무는 농업경영체의 효과적인 업무 추진과 목표 달성을 위한 중요한 과정이며 영농정보시스템기획(Agricultural Information System Planning: AISP) 또한 시스템의 구축 및 운영을 위해 필수적인 요소이다.

농업경영체의 활동을 정보시스템이 원활하게 지원할 수 있도록 하기 위해서는 정보시스템이 농업경영체의 목표 및 계획과 부합되어야 하며 농가의 전반적인 정보 요구를 시스템에 정확히 반영시켜야 한다. 이를 위해서는 영농정보시스템에 대한 체계적인 기획이 필요하다.

---

10 이재규·권순범·임규건(2011) 참조·인용.

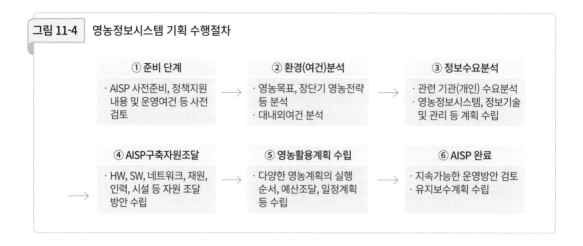

그림 11-4 영농정보시스템 기획 수행절차

① **준비 단계**
· AISP 사전준비, 정책지원 내용 및 운영여건 등 사전 검토

② **환경(여건)분석**
· 영농목표, 장단기 영농전략 등 분석
· 대내외여건 분석

③ **정보수요분석**
· 관련 기관(개인) 수요분석
· 영농정보시스템, 정보기술 및 관리 등 계획 수립

④ **AISP구축자원조달**
· HW, SW, 네트워크, 재원, 인력, 시설 등 자원 조달 방안 수립

⑤ **영농활용계획 수립**
· 다양한 영농계획의 실행 순서, 예산조달, 일정계획 등 수립

⑥ **AISP 완료**
· 지속가능한 운영방안 검토
· 유지보수계획 수립

Bowman, Davis and Wetherbe(1983)에 따르면 정보시스템 기획의 수행단계를 ① 전략적 계획 수립, ② 정보요구분석, ③ 자원할당의 3단계로 구분하였다.[11] 여기서는 이를 포괄하여, ① 준비, ② 환경(여건) 분석, ③ 정보수요분석, ④ AISP구축을 위한 자원 조달방안 수립, ⑤ 영농활용계획 수립, ⑥ AISP 완료와 같이 6단계로 구분한다.

▌ 준비 단계

영농정보시스템의 기획(AISP)의 첫 단계로서, 준비 단계에서는 정보시스템의 기획업무를 수행하기 위한 필요한 여건을 살펴본다. 이를 위해 관련 정책의 지원사항 및 운영여건 등을 종합적으로 조사, 검토한다.

▌ 환경(여건) 분석 단계

환경(여건) 분석 단계에서는 농업경영체의 대내외 영농 여건을 분석하고, 농업경영체의 영농목표, 장단기 영농전략 등을 분석하여, 영농정보시스템 부문과의 효과적인 연계방안을 면밀히 검토하여, 이를 위한 효율적이고, 효과적인 방안을 강구한다.

▌ 정보수요분석 단계

이 단계에서는 농업경영체의 의사결정이나 영농업무를 지원하는 데 필요한 정보요구사항을 분석하고 이를 바탕으로 영농정보시스템, 정보기술, 정보관리 등 조직의 전체 영농정보시스템들의 구성 체계(정보아키텍쳐)를 개발해야 한다. 정보수요분석 단계를 마치고 나면 대내외 정보 수요를 충족할 수

---

11 Bowman, B., Davism G. and Wetherbe, J.C., Three Stage Model of MIS Planning, Information & Management, Vol.6. No.1, 1983, pp. 11-25.

있는 정보시스템 구축 계획이 수립되어야 한다.

▌ AISP 구축 자원 조달방안 수립 단계

앞선 3단계에서 수립된 정보스스템 구축 계획을 실행하기 위해 하드웨어, 소프트웨어, 네트워크, 인적 자원, 시설, 재무계획 등을 구체화하는 단계이다.

▌ 영농활용계획 수립 단계

영농에 구체적으로 활용할 계획의 수립 단계로서 다양한 영농계획의 우선순위를 평가하고 예산, 단계별 일정, 통제 계획, 소요자원계획의 실행가능성을 검토하여 구체화하는 단계이다.

▌ AISP 완료 단계

영농정보시스템 기획의 마지막 단계로서 앞서 5단계까지의 작업을 거쳐 작성된 계획안을 검토하고 수정 및 보완사항을 확인하는 단계이다. 이 단계에서는 시스템이 변화하는 시간과 환경에 대처할 수 있도록 계획안에 대한 적절한 유지보수와 계획안이 실제로 잘 이뤄지고 있는지에 대한 지속적인 관심과 점검 등의 지속가능한 운영방안에 대한 검토가 요구된다.

1 | 정보와 지식에 대해 정의하고, 농업경영에서 정보 활용의 중요성을 설명하시오.

핵심포인트 정보와 지식의 개념을 구분하고, 정보의 특성과 정보기술의 내용을 이해함으로써 농업경영에서 정보를 중요하게 다뤄야 하는 이유를 논의함.

2 | 지식경영의 의미를 설명하고, 지식영농이 성공적으로 이루어지기 위한 조건을 약술하시오.

핵심포인트 21세기 정보와 지식 기반 사회에서 경영체의 가치 창출을 위한 경영활동의 핵심적인 자원으로서 정보와 지식의 중요성을 강조한 새로운 개념의 경영 패러다임으로서 지식경영의 의미를 이해하고, 농업경영체가 정보와 지식을 활용하여 부가가치를 제고할 수 있는 지식영농의 성공조건을 논의함.

3 | 농업정보의 불확실성의 정도에 따른 의사결정의 방법을 구분하고, 확실성하에서의 의사결정 기법들을 설명하시오.

핵심포인트 농업정보의 불확실성의 정도에 따라 확실성하에서의 의사결정, 위험하에서의 의사결정, 불확실성하에서의 의사결정으로 구분되며, 확실성하에서의 의사결정 기법으로 선형계획법, 수송모형, 할당모형, 네트워크모형, 확정적 재고모형 등을 논의함.

4 | 영농경영정보시스템 기획이란 무엇인지 정의하고, 시스템의 구성요소 및 기획절차를 설명하시오.

핵심포인트 영농경영정보시스템의 개념을 이해하고, 농업경영체의 활동을 정보시스템이 원활하게 지원할 수 있도록 영농정보시스템을 체계적으로 구축할 수 있도록 시스템의 구성요소 및 기획절차에 대해 논의함.

연습문제

1 | 어떤 영농조합법인에서 트랙터와 경운기를 이용해서 감귤 과수원과 배추 밭 농작업을 하려고 한다. 감귤 과수원과 배추 밭 농작업소요시간(ha당)과 관련된 정보가 아래와 같다고 할 때 아래 질문에 답하시오.

구분	감귤 과수원(x_1)	배추 밭(x_2)	농작업 가용시간
트랙터	4시간	5시간	28시간
경운기	4시간	3시간	20시간
작업당 수입	500천원	600천원	-

1) 영농조합법인의 수입이 최대가 되도록 하는 선형계획모형을 구성하시오.
2) 심플렉스법을 이용하여 선형계획문제의 해를 구하시오.

2 | 어떤 마을에서 과수원 수확, 밭 파종, 그리고 양돈축사 청소를 하는 농작업을 강씨, 유씨, 고씨 세 사람이 하려고 한다. 각 작업자에게 작업을 할당하는 비용(만 원)에 대한 정보가 다음과 같다고 할 때 아래 질문에 답하시오. 단, 작업 비용은 문제 구성을 위한 것으로 현실적인 수치가 아니다.

구분	과수원 수확	밭 파종	축사 청소
강씨	12	8	6
유씨	6	12	7
고씨	7	9	5

1) 헝가리안법을 이용하여 최적 작업할당 해를 구하시오.
2) 최적 작업할당에서 들어가는 농작업 총비용을 구하시오.

- 김선아·김영걸, 1999년 5월 8일, 『조직지식 창출 프로세스에 관한 탐색적 연구』, 제2회 지식경영 학술심포지엄 논문집, pp. 365-390.
- 김성근·박현주, 2002.12, 『Enterprise Architecture의 필요성 및 추진방안』, Information Systems Review, 제4권, 제2호, pp.19-40.
- 김영걸, 1998, 『지식관리시스템(KMS)의 아키텍쳐 및 구현전략』, 한국정보처리학회지, Vol.5, No.6.
- 김인수, 지식경영: 학문적 연계성과 연구방향, 경영학 연구, Vol. 28, No.3, pp.567-587.
- 김효석·홍일유, 2000, 『디지털 경제시대의 경영정보시스템』, 법문사.
- 두산백과, 용어사전 (인터넷판).
- 박광태·김민철·김보원, 2012, 『EXCEL활용 의사결정』, 박영사.
- 수학백과, 2015, 대한수학회.
- 오재인·안상형·유석천, 1999, 『경영과 정보시스템』, 박영사.
- 이재규·권순범·임규건, 2011, 『경영정보시스템원론』, 법영사.
- 이태공·박성범·이헌중, 2000, 『정보기술아키텍쳐』, 기한재.
- 정경수·고일상·박관희·이재정·정철용, 2010, 『인터넷 시대의 정보시스템』, 이프레스.
- (주)키스톤테크놀로지, 2006, 『지식경영과 지식관리시스템』.
- 최인찬·문일경·류춘호·김재희, 2012, 『경영과학』, 교보문고.
- Bowman, B., Davism G. and Wetherbe, J.C., 1983, Three Stage Model of MIS Planning, Information & Management, Vol.6. No.1, pp. 11-25.
- Laudon, Kenneth C. & Laudon, Jane P, 2006, 『Management Information Systems: Organization and Technology(10th ed.)』, Macmillan Publishing Company, Inc.
- Nonaka, I, The Knowledge Creating Company, 1991, Harvard Business Review, Nov-Dec, pp. 96-104.
- Alavi, M. and Leidner, D. 2001, Review: Knowledge Management and Knowledge Management Systems: Conceptual Foundation and Research Issues, MIS Quarterly, Vol 25, No.1, pp.107-136.
- Earl, M.J., 1989, Management Strategies for Information Technology, Prentice Hall, London.

영농창업과 마케팅

CHAPTER 01 농장창업과 영농계획
CHAPTER 02 마케팅 조사와 전략수립

성공적인 영농정착을 위해서는 세밀하고 실천적인 영농계획을 수립하여 농장을 효율적으로 관리해야 한다. 이를 위해서는 농장을 둘러싼 영농 환경 분석을 통해 영농 품목을 선정하거나 관련 비즈니스모델을 개발하고 매출액 및 이익에 대한 중장기 목표의 설정을 토대로 세부적인 영농 계획을 세울 수 있어야 한다. PART 04에서는 영농계획인 농업 생산계획, 마케팅계획, 투자금융계획에 대한 세부항목들을 제시하여 쉽게 작성할 수 있게 다루었다.

농장창업과 영농계획

SECTION 01 창업이란

01 창업의 정의와 특성

창업은 미래의 이익이란 목적을 달성하기 위해 "처음으로 시작한다"라는 뜻을 지녔다. 개인이나 법인이 사업 아이디어를 가지고 사업목표를 설정한 후에 자본, 인원, 설비 등 자원을 투입하여 새로운 제품이나 서비스를 생산하고 이를 소비자에게 제공하는 것을 의미한다.

창업이 지닌 특성은 다음과 같다. 첫째, 창업은 전형적으로 불확실성하에서 실행하는 의사결정이다. 창업은 지금까지와는 다른 새로운 사업을 시작하는 것이기 때문에 그에 대한 결과 예측이 어렵고 불확실할 수밖에 없다. 둘째, 창업은 많은 자원의 투자를 필요로 하는 의사결정이다. 창업이라는 것이 다수의 인적 자원과 자본의 투자를 통해서 가능한 경우가 많지만, 이런 막대한 자원투자에도 불구하고 투자에 대한 보상은 장기간에 걸쳐 서서히 나타나는 경우가 대부분이다. 더욱이 결과도 불확실하기 때문에 창업에는 커다란 위험이 수반된다. 셋째, 창업의 본질은 진취적이고 창조적이며 모험적인 성격을 지닌다.

02 창업 준비 검토내용

창업에는 다양한 위험이 수반되며 특히 실패를 겪을 경우에는 재기가 어려울 수도 있기 때문에 경영자는 사업을 착수하기 이전에 다음과 같은 구체적인 내용들을 철저히 준비해야 한다.

표 12-1	창업 준비 검토사항	
① 창업환경	창업환경과 전망, 창업자 능력, 가족협력 여부 등	
② 아이템선정	창업트렌드분석, 성장성, 안정성, 관심 아이템 등	
③ 사업타당성	선택아이템의 상품성, 시장성, 수익성, 안전성 등	
④ 시장조사 분석	소비자 수요, 시장규모, 경쟁제품, 유사제품분석 등	
⑤ 공장시설 및 기준	공장설립 인허가 기준, 생산시설배치 및 영업신고 기준 등	
⑥ 자금계획 수립	창업자금은 시설자금과 운영자금으로 구분하고 자금의 용도와 조달 가능성 등	
⑦ 사업계획서 작성	사업현황, 시장분석, 생산계획, 마케팅계획, 자금수지계획, 사업추진일정 등을 검토하고 추정대차대조표와 손익계산서 등을 작성하여 당기순이익, 손익분기점 등	
⑧ 행정절차	사업자 등록, 영업신고, 소방설비신고, 인허가사항 등	

03 창업의 필요 요소

창업은 어떤 제품이나 용역을 생산하여 이익을 창출하는 일련의 과정이다. 또한 창업에는 ① 인적 자원, ② 제품 아이템, ③ 자본 등과 같은 창업의 3요소를 적절히 활용하는 과정이 필요하며 이를 창업절차라 한다.

창업의 가장 핵심적인 요소는 인적 자원으로 창업가와 고용인이 있으며, 제품 아이템이라고 할 수 있는 창업아이디어, 그리고 자본요소인 창업자본이 있다. 성공적인 창업을 위해서는 이들 3가지 핵심 요소들의 합리적인 결합이 필요하다. 이들 3가지 핵심 창업요소들이 합리적으로 결합될 때, 창업기간의 단축과 더불어 창업비용의 절감과도 연계되어 창업의 성공확률이 높아진다.

인적 자원

인적 자원은 창업의 주체인 창업가만을 일컫는 것이 아니라 기업조직의 각 기능에 해당하는 생산, 판매, 일반관리 전반을 담당하는 모든 인적 자원을 포함한다. 창업에는 창업을 주도적으로 계획·추진하고, 또한 재정적 부담과 위험을 책임지는 창업가가 필요하며, 이러한 창업가를 도와 제품이나 서비스를 생산하고 판매하며 기업의 일상적인 업무를 담당하는 고용인이나 경영자가 필요하게 된다.

농업은 대부분 개인소유 형태를 보인다. 또한 법인형태의 농가도 소유자가 경영자인 경우가 대부분이다. 따라서 농가 경영은 농업경영주 개인에 의해 큰 영향을 받으며 경영주, 즉 창업가의 자질이나 능력이 성패에 중요한 요인이 되기 때문에 창업의 3요소 중 가장 중요한 것은 창업가 자신이라 할 수 있다.

▌제품 아이템

제품 아이템이란 기업이 시장에 판매할 목적으로 생산하는 제품의 기능을 의미한다. 제품 아이템은 기업 내외적으로 어디에서든 얻을 수 있으며 열린 눈으로 작은 것까지 살펴보아야 한다. 이러한 아이템들 중에서 기업 내외에서 발생되는 제품아이템은 기업의 목표달성과 환경을 고려하여 전략적으로 추진되어야 한다. 왜냐하면 영업, 생산, 재무 등의 각 부서에서 제안되는 아이템은 각기 자기 부서를 중심으로 추구하는 경향이 강하기 때문이다. 예를 들면, 생산부문에서는 원가절감에 초점을 맞추게 되므로 표준화되고 한정된 모델 중심의 제품 아이템을 작성하는 데 비하여, 판매부문에서는 소비자의 다양한 요구에 초점을 맞추게 되므로, 이를 충족시키기 위하여 다양화되고 세분화된 제품과 디자인 측면에서의 아이템을 중시할 것이다. 이러한 현상을 막기 위해 각 부문 간에는 상호 유기적인 정보교환이 필요하다.

▌자본

자본은 기업을 설립하는 데 필요한 인력, 설비, 기술 등을 동원하는 기본이 된다. 자본은 자기자본과 타인자본으로 구분되며, 초기의 창업단계에서는 자기자본에 크게 의존한다. 이후, 개인의 신용도가 높아지면 타인자본을 영입하여 자본조달이 원활해질 수 있다.

최근에는 신제품이나 신기술의 개발 또는 기업화를 지향하는 창업단계나 초기 성장단계의 기업에게 자본을 지원하는 투자가나 투자회사들도 많이 생겨나고 있어서 이들 자본을 유치하는 것도 자본부족을 해소하는 하나의 방법이 될 수 있다.

04 사업계획서 작성

사업계획서는 사업의 목적과 전략, 표적시장, 재무예측 등을 기술한 계획서이다. 사업계획서는 첫째, 사업을 시작하기 전에 계획한 사업의 전반적인 사항을 조명하는 청사진을 제시한다. 둘째, 계획사업의 타당성을 검토하여 사업의 성공가능성을 높여주는 사업지침서로 활용할 수 있다. 또한 셋째, 사업계획서는 금융기관이나 투자자에 의한 재정지원을 받기 위해서도 반드시 필요한 계획서이다.

사업계획서는 내용도 중요하지만 일반적으로 통용되는 구조화된 틀과 형식을 갖추어야 한다. 사업계획서의 구조는 업종이나 규모 또한 사업계획서의 이용 목적에 따라 차이가 있지만 일반적인 구조는 ① 사업개요(Executive Summary), ② 환경분석(Environment Analysis), ③ 사업목표(Business Goals), ④ 제품과 서비스(Product and Service), ⑤ 생산 및 운영(Production and Operation), ⑥ 사업전략(Business Strategy), ⑦ 추정재무제표(Extimated Financial Statements)로 구성된다. 일반적인 사업계획서 작성형식과 내용은 다음 〈표 12-2〉와 같다.

표 12-2	사업계획 작성형식과 내용	
	작성항목	**주요 작성내용**
소개	요약문	· 계획사업의 핵심내용과 그 가치를 집약해서 설명 · 창업아이템 필요성과 누가, 어떻게 실행하여 성공시킬 수 있는지를 설득력 있게 기술
	회사현황 및 사업개요	· 회사의 전반적인 상태(주주, 주요인력, 업종, 위치 등) 기술 · 회사의 사업목적과 비전 및 경영이념 그리고 추진계획 기술
	제품 및 서비스/기술	· 제품과 서비스가 개발 중인 경우, 현재 어느 단계까지 진척되어 있는지를 설명 · 기술적, 제도적, 관습적, 문화적 장애요인과 해결방안도 제시
분석	시장분석	· 시장규모와 성장성(시장규모는 고객의 수, 단위당 판매, 매출액 등), 시장세분화(어떻게 시장이 세분화 되어 있으며, 어떤 시장을 대상목표로 하고 있는지)
	경쟁제품분석	· 경쟁자(목표고객, 매출액, 가격, 시장점유율, 비용 및 원가위치, 제품수, 유통채널 등 비교)에 대한 내용
계획수립	시설 및 생산계획	· 회사의 목표와 방침에 따른 제품의 생산시설 및 생산계획 · 위치계획, 설비투자계획, 생산계획 등도 포함
	자금조달 및 운용	· 자금조달계획은 사업계획에 대한 총 소요자금을 추정하고 조달계획을 수립 · 창업자와 투자자 자금 등으로 구성된 자기자본과 정책자금, 금융기관 자금, 사금융 등의 자금으로 구성된 타인자본으로 구분하여 작성
	마케팅 전략	· 잠재고객이 누구이며 고객과의 접촉방법, 품질 및 가격과 서비스 수준 그리고 광고 및 홍보전략 등을 작성 · 가격, 유통경로, 판매촉진, 제품서비스 등을 중심으로 작성
	경영조직 및 인력	· 경영조직은 회사의 경영조직도를 제시 · 인력은 핵심 관리자의 이력, 노하우, 직무능력, 과거의 실적 등을 상세하게 기술하여 주어진 역할을 수행하는 능력보유자임을 기술 · 주요 핵심관리자의 정확한 임무와 책임을 정의하고 기술
이익	재무제표	· 재무계획은 사업계획서의 다른 모든 요소를 종합하여 사업이 어느 정도의 수익성을 갖고 있는지를 수치로 나타낸 표 · 원가계산서, 대차대조표, 손익계산서, 현금흐름표 등을 기술

자료 : 농림축산식품부, 2014, 「6차산업창업매뉴얼」

사업계획서 작성 시 기본적 유의사항은 첫째, 사업계획서가 사실로 기술되었느냐이다. 사업계획서에서 거짓이 발견되면 창업 투자는 즉시 중단될 수 있다. 또한 많은 전문용어를 피하는 것이 좋으며 기술적인 용어나 약어 등을 사용할 경우 반드시 별도로 설명한다. 둘째, 사업계획서에서 중요시해야 될 것은 제품보다는 시장에 포커스를 맞추는 것이다. 간혹 제품의 우수성을 강조하다가 시장을 무시하게 되는 경향이 있다. 제품이 시장에서 어떻게 받아들여질 것인지에 대한 설명과 함께 고객반응이나 진행 중인 계약 등을 통해 시장침투능력을 제시하는 것이 좋다. 셋째, 사업계획서는 농장 경영주가 작성하는 것이나 투자자의 입장에서 투자결정을 내리는 위치로 바꾸어 생각하여 작성한다. 사업계획서는 한번 작성되면 끝이 아니라 상황에 따라서 새로운 요소나 변수가 발견될 경우 이것을 참고로 점검하여 계속적으로 수정하고 작성해 나가야 한다. 넷째, 사업계획서는 농장 경영주 자신이 가지고 있는 비전과 목표, 전략을 제3자에게 설득시키는 데 그 목적이 있다고 할 수 있다. 따라서 경영주 자신이 자만하지 않고 객관성을 지니며 자신감을 가져야 한다. 주관적으로 치우치게 되면 사업실행에 오류가 발생될 수 있으며 과대 포장될 수 있어 신뢰도가 하락할 수 있다. 특히, 자금조달운영계획에 있어서 정확하고 실현가능성을 확보해야 한다. 추측이나 가정은 배제해야 하며, 소요자본이나 운영비를 너무 적게 예측하지 않아야 한다. 또한 경쟁업체 및 시장점유율을 분석하여 작성해야 한다. 틈새시장을 집중공략하는 전략이면서 구체적으로 예측된 수량화로 사업의 성공전략을 객관적으로 증빙할 수 있는 자료로 제시해야 한다. 다섯째, 다른 농장과 차별화된 자기 농장만의 아이템 핵심을 중점적으로 부각시켜야 한다. 혹 그것이 기술적 측면의 내용일지라도 해당 관계자들이 알아보기 쉽게 작성한다.

농업에서도 사업계획서를 작성할 경우에 영농대상품목선정, 영농방법, 영농규모, 생산계획, 판매계획과 같은 사업계획의 구체성 부문과 자금마련계획, 경영전문화 의지, 영농관련 경험 등과 같은 실현가능성 부문에 유의하면서 사업계획서를 작성하여야 한다.

표 12-3　사업계획 작성 시 구체성 부문 유의사항

구분	내용	유의사항
1. 품목선정	영농대상 품목을 명확하게 제시	왜 해당 품목을 정했는지 자세하게 기술
2. 영농방법	영농방법은 구체적으로 제시	본인의 영농방법에 대해 구체적으로 작성, 특히 자신만의 독특한 영농방법을 기재
3. 영농규모	영농규모의 적정성	사업계획서상 기재된 품목과 영농방법 등을 고려하여 현실적인 영농규모 계획을 제시
4. 생산계획	생산계획은 구체적으로 제시, 타당성	영농품목의 특성을 고려한 생산계획을 구체적으로 명시
5. 판매계획	생산물 판매를 위한 판로 및 유통망을 구체적으로 제시	모든 판매방법을 포괄적으로 제시하는 것 보다 현실적으로 가능한 계획을 작성

표 12-4　사업계획 작성 시 실현가능성 부문 유의사항

구분	내용	유의사항
1. 자금마련계획	향후 영농 경영을 위한 자금 마련계획에 대한 실현가능 여부	사업자금 융자, 자체조달 등 자금 운용계획에 대해 기술
2. 경영전문화의지	경영개선을 위해 컨설팅 및 코칭 수행실적 및 계획 여부	경영개선실적(3년 이내)이 있거나, 향후 계획이 구체적으로 명시되어 있는지 판단
3. 영농관련 경험	영농관련 경험 여부	영농관련 경험 기간

01 농장의 경영계획 구상

농장을 처음 시작하는 농업경영인이라면 농장설계에 포함할 내용과 구성요소 그리고 계획 작성순서가 어떠한 목적으로 어떻게 작성되며 현장에서 어떻게 활용될 수 있는가를 알아야 한다. 농업경영인으로서 경영 및 창업을 하기 위한 계획은 생산계획, 자금운용계획, 유통계획 등으로 크게 나눌 수 있다. 농장설계는 활용하고자 하는 농업기술에 바탕을 둔 중장기 계획 및 단기계획을 작성하고, 단기계획을 수립하는 과정에서 상황에 따라 필요시 일일계획이나 응급처치계획 등을 작성한다.

농업경영계획의 구상은 〈그림 12-1〉과 같이 농업경영과 관련된 5가지 요소에 대한 체계적인 검토와 분석을 거쳐 이루어진다.

ⅰ) 경영목표설정

ⅱ) 농업여건 변동에 대한 예측 실시

ⅲ) 자신의 능력을 분석하고 목표달성을 위한 추진 계획안 작성

ⅳ) 여러 가지 계획안 중 최선안 선택

ⅴ) 이를 추진하는 과정에서 목표도달 가능성을 점검하여 필요한 경우 계획안을 재조정

그림 12-1 | 영농정보시스템 기획 수행절차

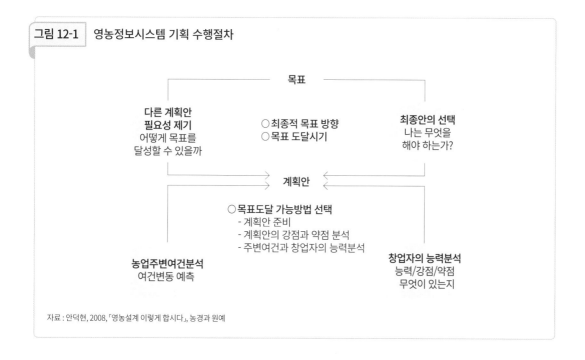

자료 : 안덕현, 2008, 「영농설계 이렇게 합시다」, 농경과 원예

▋ 목표

목표란, 목표계획기간 중 농업경영인이 이루고자 하는 것을 숫자로 구체적 특정시점과 목표지점을 명시화하는 것을 의미한다. 목표설정을 '전문농업경영인이 된다'와 같은 막연하고 추상적인 것이 아니라 '2016년까지 연매출 10억을 달성하는 전문농업경영인이 된다'와 같이, 구체적으로 작성함으로써 어떤 특정 시점(2016년)까지 성취해야 할 목표지점(연매출 10억)을 명확히 해야 한다.

▋ 계획안

목표가 설정되면 목표에 도달할 수 있는 많은 방법들이 있는데 이것을 계획안이라고 한다. 예를 들어 목표 연매출 10억을 달성하는 데 있어서 경영방식이 여러 가지가 있다. 수도작만을 경영할 것인가, 수도작과 비육우 농가를 같이 겸할 것인가, 수도작과 후기작으로 보리 재배를 할 것인가 등의 수많은 계획안들이 존재한다. 이와 같이 목표에 도달하기 위한 방법을 구체화시켜나가는 것을 계획안 작성이라고 한다. 계획안 작성에는 각각의 계획안에 대한 농업여건 변동을 살피고, 농업경영인의 능력을 고려하여 경영인의 강점과 약점을 분석해 가장 적합한 계획안을 선택해야 한다.

▋ 농업여건분석

농장경영계획은 계획 작성 당시의 영농계획이 아니라 미래에 농장을 어떻게 운영할 것인가에 대한 계획이다. 중장기 농업경영계획은 농업여건을 고려하여야 하므로 영농활동을 할 시점에서 계획 작성 이후의 변화될 여건들에 대한 예측이 필요하다. 앞으로 사회·경제·정치·기술적 요인들이 어떻게 변화될 것인가에 대한 예측이 빗나갈 때 경영계획은 실효성을 잃게 되므로 앞으로 부딪힐 여건 변동을 면밀하게 분석하고 이에 적절한 대응책 등을 미리 파악해두어야 한다.

▋ 경영자의 능력분석

농업경영계획은 경영주 본인의 현재 위치에서 계획을 시작하여야 한다. 우선 경영주 자신이 농업경영에 이용할 수 있는 생산자원이 어느 정도인지, 기술 및 경영능력이 어느 수준인지, 자금동원 능력은 얼마만큼인지 등을 객관적으로 면밀히 따져보아야 한다. 다음으로 이러한 분석결과를 근거로 경영주의 강점과 약점을 냉철하게 살펴보아야 한다. 냉정한 평가 이후 "나는 과연 무엇을 할 수 있는가"라는 답이 나오게 되고 창업계획의 시작은 경영주 자신의 능력범위 내에서 약점을 최소화하고 강점을 최대화할 수 있도록 하여야 한다. 주관적 판단의 실수와 욕심으로 인하여 실현 불가능한 계획이나 목표를 설정하는 것은 좋지 않다.

이러한 농장경영설계 구상의 상황들을 고려하여 농장설계를 작성하는 절차는 다음과 같다.

<1단계> 목표설정 및 조사대상 목록작성: 목표를 설정하고 각 단계별 조사, 분석, 예측, 계획안 마련을 위해 무엇을 준비해야 되는지 개략적인 큰 흐름을 파악하는 단계로, 이때 준비할 정보와 자료가 무엇이며 어디에서 얻을 수 있는지에 대한 목록을 작성한다.

<2단계> 수집된 데이터의 분석: 농장설계에 사용할 수 있도록 수집된 데이터를 분석한다. 이때 작성된 데이터의 작성자와 조사대상, 조사방법 등이 다를 경우 조사 결과가 전혀 다르게 나타나는 경우가 많기 때문에 이와 같은 상황을 고려하여 분석해야 한다.

<3단계> 계획안의 작성: 먼저 계획안에 포함될 내용을 논리적 순서나 주제별로 대분류하여 계획안에 포함시킬 전체적인 틀을 구상한다. 주제별로 각종 계획안들의 내용을 쉽게 이해할 수 있도록 정리한다. 이때 도표, 그림, 수식, 그래프 등을 최대한 활용하면 용이하다. 투자분석과 민감도분석 등을 이용하여 최선안 선택을 위한 판단자료를 작성하며 다른 계획안이 있을 수 있는지 여부를 재검토한다.

<4단계> 최선안의 선택: 각 계획안의 장·단점 분석 및 창업자의 여건 등을 파악하고 최선안을 선택한다.

<5단계> 계획안 완성: 최선안에 대한 정확도 및 신뢰도에 대하여 한번 더 면밀히 검토하여 종합적으로 계획을 정리하여 최종안을 작성한다.

02 농장현황조사

농장현황 파악을 위해서는 농장 경영인에 관한 일반사항 및 사업과 관련된 특이사항을 전부 기록할 뿐 아니라 농장에 대해 알 수 있는 모든 사항을 기록한다. 이 항목에서는 특히 주요재배작물 및 그에 따른 주요시설과 재배기술 등에 중점을 두고 자세히 기록하도록 한다.

▌농장 경영주 관련 일반현황
농장 경영주 관련 일반현황에서는 농장 경영주에 대한 신상기록부뿐만 아니라, 창업하고자 하는 농작물에 관한 경영주의 능력을 알아볼 수 있는 경력, 자격증, 특허 등 우수성을 보일 수 있는 사항 또한 포함하여 기록한다.

▌농장일반현황
농장일반현황은 창업하고자 하는 농작물과 관련된 사항으로 객관적인 사실만을 기록한다.

| 표 12-5 | 농장 경영주 일반현황 | | |

no	구 성		내 용	비고
①	성명			
②	농장명			
③	설립일			
④	주요 생산품			
⑤	주민등록번호			
⑥	주소	실제거주지		
		농장소재지		
⑦	전화번호			
	휴대전화			
	팩스번호			
⑧	이메일			
⑨	홈페이지 주소			
	블로그 주소			
	카페 주소			
⑩	가족사항			
⑪	학력		기간/학교명/전공	
⑫	농업경영 및 마케팅 관련 교육 이수		과정명/교육기간/교육기관명	
⑬	자격증 및 연수실적		자격증/교육기간/교육 및 발급기관	
⑭	수상실적		상훈명/훈격/수상기관/수상일자	
⑮	특허출원		특허출원 건수 및 날짜/내용/특허번호	
⑯	농업에 관련된 융자 및 보조금 등의 수령		지원받은 정책사업명/지번/면적(㎡)/총사업비/정부 보조금 또는 융자금	
⑰	친환경인증		인증종류/소재지/인증면적(㎡)/대표품목/인증번호	
⑱	기타사업추진 관련 참고 사항		사업관련 자료만 포함	

| 표 12-6 | 농장일반현황 | | |

no.	구성	내용	비고
①	농작물 생산현황	경영규모 및 경영형태, 재배면적, 재배작목, 생산품목	축산은 가축사육시설 및 사육규모로 표기
②	농작물 재배시설 현황	주요시설 표기 및 각 시설의 몇 개동, 면적 표시, 신조가, 시설연도, 용도	
③	농기자재 현황	자재명, 수량, 구입가, 구입년도, 용도	
④	매출액 및 소득	원 단위	
⑤	판매처	%로 구분하여 표기	

03 농장 영농환경 분석

| 농업환경분석

농업환경 분석에서는 농장의 일반적 개요와 지리적, 사회적, 경제적 환경까지 모두 포함한다.

① 농장개요

농장명, 농장주, 농장위치, 가족사항, 주요작물, 교통망 등을 작성한다.

표 12-7 농장개요

농장명	농장주	농장위치	가족사항	주요작물	교통망	기타사항

② 지리적 환경

재배하고자 하는 작물에 맞춰 현재 농장의 기상환경이나 농장의 지형, 농장의 토양조건, 수리조건, 경지정리 상태, 재해현황 등을 객관적으로 작성한다.

표 12-8 농장의 지리적 환경

기상환경	농장지형	토양조건	수리조건	경지정리 상태	재해현황	기타사항

③ 사회적 경제적 환경

농장 접근성이 어떤지, 농산물 출하시장과의 거리는 얼마나 되는지 해당지역 주요 농산물 생산현황 등에 관해 파악하여 기록한다.

표 12-9 농장의 사회적 · 경제적 환경

① 농장 접근성	③ 해당지역 주요 농산물 생산현황
② 농산물 출하시장과의 거리	④ 기타사항

▌시장환경 분석

시장환경을 파악하기 위해서 시장동향분석, 소비동향분석, 생산·판매·유통분석, 경쟁분석 등이 이루어져야 한다.

시장동향분석에서는 시장의 성장추이와 더불어 수출입 동향까지도 파악하여 시장규모 및 성장률과 시장전망을 예측한다.

소비동향분석이 필요한 이유는 사회적·경제적 환경변화에 따라 소비트렌드 또한 변화하기 때문에 소비트렌드에 맞춘 소비동향파악이나 고객 분석이 중요하다. 예를 들어 요즘 고령화, 핵가족화, 여성경제활동 증가, 여가시간 증가 등의 사회변화로 웰빙지향적이며 편의를 추구하고 가성소비가 늘고 있어, 이에 맞춘 건강 식품화와 쉽고 간편하게 섭취할 수 있는 가공식품화가 이루어지고 있다. 또한 외식분야, 오프라인, 온라인, 수출 등에 맞춘 고객 분석으로 고객 맞춤별 상품화가 이루어져야 한다.

생산량, 생산액, 생산농가 등의 생산동향과 판매수량, 판매금액 등의 판매동향 파악이 이루어져야 하며, 판매가격 추이나 품목별 유통경로를 파악하는 것이 중요하다.

경쟁농가의 품질 면이나 가격, 유통, 촉진, 위생시설 등을 파악하는 것 또한 영농창업을 위한 시장환경 분석에 있어 중요하다.

▌모델농장분석

모델 농장의 분석은 창업에 있어서 비전, 목표, 전략 등 방향설정에 중요한 나침반 역할을 해줄 수 있다. 모델 농장 분석 시 살펴보아야 될 사항은 다음과 같다.

표 12-10	모델농장 분석 내용		
no.	**분석 내용**	**no.**	**분석 내용**
①	농장명	⑧	주요생산시설
②	농장주	⑨	생산현황(생산기술, 생산량 등)
③	농장주소	⑩	판매현황(판매방법, 출하처, 판매금액 등)
④	농장연혁	⑪	수확 후 처리 및 가공방법
⑤	재배작목	⑫	경영비내역
⑥	농장규모	⑬	모델농장 선정사유
⑦	농장인원	⑭	시사점

▍SWOT 분석

SWOT 분석은 미국의 경영컨설턴트인 알버트 험프리에 의해 고안된 분석으로 농장의 내부환경과 외부환경을 분석하여 강점(Strength), 약점(Weakness), 기회(Opportunity), 위협(Threat) 요인을 파악하고 이를 토대로 농장경영 전략을 수립하는 방법이다. 이 분석은 외부의 기회는 최대한 이용하고 위협은 회피하는 방향으로 본인의 강점을 활용하고 약점을 보완한다는 논리이다.

ⅰ) 강점: 농장 내부환경(농장의 경영자원)의 강점
ⅱ) 약점: 농장 내부환경(농장의 경영자원)의 약점
ⅲ) 기회: 외부환경(경쟁, 고객, 거시적 환경)으로부터 온 기회
ⅳ) 위협: 외부환경(경쟁, 고객, 거시적 환경)으로부터 온 위협

SWOT 분석은 농장의 내부환경 분석을 통한 강점과 약점의 파악으로 농장의 전체적인 상황을 평가하는 데 용이하며, 농장의 외부환경 분석을 통해 기회요인과 위협요인을 파악하게 되므로 상황에 따른 적절한 농장전략을 수립할 수 있다.

SWOT 분석의 전략은 다음과 같이 4가지로 나눠볼 수 있다.

ⅰ) 강점-기회전략: 농장의 강점은 살려 기회를 포착한다.
ⅱ) 강점-위협전략: 농장의 강점을 살려 위협을 피한다.
ⅲ) 약점-기회전략: 농장의 약점을 보완하여 기회를 포착한다.
ⅳ) 약점-위협전략: 농장의 약점을 보완하여 위협을 피한다.

표 12-11 SWOT 분석의 예

강점	약점
· 우수한 품종 확보 · 친환경 인증 획득 · 특허 및 독자적인 기술 확보 · 안정적인 공급처 확보	· 조직체계 미흡 · 브랜드의 소비자 인식도 미흡 · 생산규모의 한계 · 유통가격이 높음
기회	**위협**
· 보유기술의 보호 및 활용 증대 · 정책 지원형 사업 · 수출유망사업 · 웰빙에 맞춰 소비자 인지도 상승 · 부자재의 원료공급가격 하락요인 발생	· 수입농산물과의 경쟁 · 경기침체 · 시장가격의 경쟁력 약화

01 농장 경영비전과 목표 및 전략

장기적인 관점에서 농장이 갖추어야 할 자세와 목적을 구체화하여 작성해야 한다. 경영의 기본 방향과 방치, 공유가치, 사고와 행동양식 및 규범, 향후 지속적인 성장과 발전을 위한 경영비전을 제시해야 한다. 명확한 목표설정이 성공의 밑거름이라고 볼 만큼 구체적인 목표설정과 그에 따른 계획은 매우 중요하다.

목표설정방법은 〈표 12-12〉와 같이 작성하는 것이 좋다

표 12-12	목표설정방법
Specific	구체적인 활동과 세부내용
Measurable	목표 달성여부를 측정할 수 있는 방법
Ambitious	달성가능 한 목표
Reachable	현실적인 목표
Time-bound	명확한 기한이 설정된 목표

비전이 제시되면 그에 따른 영농목표 및 전략이 세워져야 한다. 중장기 영농목표는 매출액 및 순이익 목표가 근거에 맞게 구체적으로 수치화하여 작성되어야 한다. 연차별 영농추진전략을 수립하여 목표를 달성한다.

02 농업 생산계획

창업설계의 영농 계획 중 가장 기초가 되는 것이 생산계획이다. 생산계획은 농가가 무엇을, 얼마나, 언제, 어떻게 생산하겠다는 계획으로 5가지 항목이 포함된다. 5가지 항목이란, 재배작목 및 생산량 결정, 토지 및 시설의 확보 및 운용, 노동력 이용 계획, 영농자재계획, 농업 생산기술의 결정이다.

표 12-13	농업생산계획의 5가지
설계항목	검토사항
작목	영농환경과 경제적 측면을 고려한 작목선택과 작부체계도 작성
토지/시설	농지/시설의 규모 및 이용계획, 필요 농지와 시설 임차여부, 소요자금 산출
노동력	작부 체계도에 기초한 노동력 투입방안 검토
영농자재	농작물의 생산단계별 자재의 선택과 구입 시기, 구입량 등 결정
생산기술	월별로 관심을 갖고 추진해야 할 중점기술항목을 기록

▌ 재배 작목의 선택과 생산량 결정

① 재배 작목의 선택

재배 작목의 선택은 농업경영인의 생산 환경 전반에 걸쳐 그 작물을 생산하는 데 적합한지를 검토하는 생산 공간에 대한 분석과 그 작물의 생산으로 얻을 수 있는 소득 추정 등의 경제성 측면, 농업경영인의 보유기술 및 영농기반 등을 고려하여 결정하여야 한다.

가. 생산 공간에 대한 분석

생산 예정지역의 지형과 기후 등 영농지역의 생산 공간을 분석하여 알맞은 작목을 선택하여야 한다. 분석항목으로는 기상환경, 토지, 수리, 도로상태, 재해, 그 지역의 생산통계 등으로 〈표 12-14〉의 항목들이 있다. 또한, 생산 예정지역의 생산작목의 종류들과 연도별 단위면적당 생산량 등을 조사하여 타 지역자료와 비교해 보는 것도 좋은 방법이다.

나. 경제성 측면

지역여건에 알맞은 작목이 선택되면 그 작목의 소득수준과 더불어 수급상황 및 가격 변동 추이까지 분석해야 한다. 가격 및 수급분석은 5~10년 정도의 연도별 평균가격이나 월별 가격 등을 조사한다. 특히 생산량 조정이 용이하지 않고 장기간이 소요되는 젖소, 육우, 과수와 같은 작목 등이나, 수요량이 적은 버섯과 같은 작목들의 경우는 과잉생산으로 인한 가격 폭락에 대비하여 해당 작목의 생산농가 동향 등을 면밀히 분석하여 선택하여야 한다. 생산품의 변질이 우려되는 고급채소나 낙농제품의 경우는 시장의 위치 및 시장 접근이 용이한지 등을 함께 검토해야 한다. 지역 내에서 동일한 작목을 생산하는 농민 현황 및 출하조직의 구성, 활동상태 등을 조사하여 출하 시 기존 유통체제의 활용이 가능한지도 검토해야 한다.

구분	주요 조사 항목
기후	평균기온, 최저기온, 최고기온, 강수량, 최대풍량, 평균풍속, 최대풍속, 평균적설량, 최대적설량, 맑은 일수, 흐린 일수, 비온일수, 결빙일수, 뇌성 친 일수, 서리 온 일수, 첫서리 온 날짜, 마지막 서리 온 날짜 등
토지	토양조건, 비옥도, 경사도, 토심, 수리시설, 경지정리, 포장의 크기 및 모양
도로	농기계의 접근 용이성, 주도로와의 연결도로망
기타	재배작물의 단위면적당 생산통계, 생산성, 노동력 조달여건 등

표 12-14 영농지역 조사항목

자료 : 안덕현, 2008, 「영농설계 이렇게 합시다」, 농경과 원예

다. 기타

창업자 자신의 농업기술 보유현황이나 영농 경험과, 보유하고 있는 영농 기반 등을 충분히 고려하여 작목을 선택한다.

② 영농형태의 결정

영농 지역에서 재배하기에 알맞은 농작물을 파악하고 이들 작목에 대한 경제적인 전망 등을 분석하고 나면 1~2개 작목을 전문화할 것인지 3개 이상의 품목을 복합하여 재배할 것인지 결정하여야 한다. 영농형태는 본인의 농업자원을 최대한 활용하여 가장 효율적이고 효과적으로 소득을 극대화할 수 있는 영농형태를 선택하면 된다. 일반적으로 생산에 있어 계절성이 큰 토지 이용형 농업의 경우 복합영농을 취하는 경우가 많고, 가공·유통 분야까지 사업범위가 확대된다. 연중 노동력을 활용할 수 있는 경우에는 시설경영이나 축산경영으로 전문화하는 것이 바람직하다.

가. 복합경영의 장점

첫째, 여러 작목을 재배함으로써 한 작목이 기상재해나 농산물 가격 폭락으로 어려움을 겪을 때라도 타 작목이 이를 보완해 줄 수 있다. 둘째, 순환영농이 가능하다. 한 작목을 생산하는 과정에서 생산된 부산물을 다른 작목의 생산에 활용(예, 가축분뇨를 퇴비로 활용)할 수도 있다. 셋째, 노동력 소요시기가 다른 작물을 적절히 결합할 경우 노동력의 연중 활용에도 유리하다. 넷째, 작물의 수확시기가 다른 작목을 재배할 경우 수시현금 수입이 가능하여 영농자금 및 가계비 조달이 유리하다.

나. 전문(단일)경영의 장점

첫째, 특정 작목에 대하여 기술 및 경영개선을 위한 노력을 집중할 수 있다. 이에 보다 나은 경영 및 기술을 개발할 수 있고 이를 활용함으로써 농업경영과정에서 발생하는 위험도 피할 수 있다. 둘째, 전문적 재배로 대량 출하가 가능하여 유통 면에서 유리하다. 또한 농기계 및 시설장치의 활용도를 높여 생산비 절감도 가능하다.

표 12-15	생산계획 수립				
	2017년	2018년	2019년	2020년	2021년
단수(10a당 생산량)					
재배면적					
생산량					
예상 농가수취가격					
생산액					

③ 생산계획 수립

재배작목 및 영농형태가 결정되면, 향후 5년간의 재배면적 및 생산량 등 생산계획을 수립한다. 생산계획 수립 목록은 다음 〈표 12-15〉와 같다.

❚ 토지 및 시설의 확보와 운용

토지 및 시설 없이는 농작물을 생산할 수 없을 뿐 아니라, 가장 많은 자본이 소요되므로 농업경영에 있어 가장 중요하다.

① 토지

토지는 소모되거나 감가상각되지 않는 자원이며, 이동이 불가능한 특징을 지니므로 토지의 입지조건에 따라 영농형태에 미치는 영향이 크다. 따라서 영농을 계획할 때 토지확보에는 다음과 같은 사항을 고려하여야 한다. 첫째는 선정 농작물의 최적 생육조건에 적합한 토지 선정이 이루어져야 하며, 둘째는 확보해야 할 토지면적의 결정이다. 마지막으로 토지를 확보하는 방법을 결정하여야 한다.

가. 토지확보에 고려해야 할 사항

첫째, 토지면적의 결정이다. 토지면적과 관련하여 이용가능한 토지가 적으면 노동력과 기계가 충분히 활용되지 못해 투하된 생산요소 대비 수익이 적을 수 있으며, 반대로 처음부터 면적을 너무 과다하게 토지 면적을 확보할 경우에는 이 생산요소에 자금이 크게 소요되어 경영의 첫 단계부터 자금압박을 받을 우려가 있다.

둘째, 토지의 확보 방법이다. 토지를 확보하는 방법에는 크게 소유와 임차 두 가지 방법이 있으며, 최근 농촌지역에서는 이농과 농업인구의 고령화가 급속히 진행되는 지역의 경우 토지의 임차가 용이해지고 있다. 토지의 소유에만 의존하려는 경향을 버리고 한정된 자본을 가지고 적절하게 소유와 임차를 결합하는 방법을 선택한다면 제한된 자본으로도 높은 소득을 올릴 수 있을 것이다. 특히, 우리나라의 특성상 도시 근교지역의 경우 소유보다는 임차가 경제적일 수도 있다. 토지 소유와 임차의 장·단점은 〈표 12-16〉과 같다.

표 12-16	농지의 소유와 임차의 장·단점 비교	
구분	소유	임차
장점	·안정적으로 경지이용가능 - 임차의 경우 임차기간의 연장이 불확실함 ·자금을 융자받고자 할 경우 담보물로 활용가능 ·독자적으로 농지를 이용할 수 있음 ·물가상승 시 실물 자산으로 자산가치를 보존할 수 있음	·농업경영에 필요한 충분한 운전자금 확보 가능 ·경영규모를 확대할 수 있는 융통성이 커짐 ·임차료가 낮은 경우 자금 압박을 적게 받음
단점	·농지 구입 시 많은 자금이 소요됨 ·농업의 경우 토지의 자본 수익률이 다른 경영요소에 비해 상대적으로 낮음 ·농경지에 많은 자금을 투자 할 경우 운전자금이 부족하게 됨 ·경영규모의 확대가 어려움	·장기적인 경지 이용이 불확실함 ·농지 소유자가 임대할 농지의 지력 증진이나 기반 조성에 투자를 꺼려 경지 여건이 상대적으로 취약해짐 ·지가 상승의 경우에도 자산증가 요인이 없음 ·경영자는 영농자금 등의 차입 시 담보 가치가 없어 상대적으로 불리함

자료 : 농촌진흥청, 2011, 「농장경영계획수립」

나. 토지의 효율적 이용

영농 계획 수립에서 토지 이용계획은 매우 중요하다. 왜냐하면 막대한 자본이 투입된 토지를 경제적으로 이용하지 않고는 높은 소득을 올릴 수 없기 때문이다. 토지를 효율적으로 이용하기 위하여 다음 사항을 고려하여야 한다.

표 12-17	작부체계의 구성 및 작업 일정표

작목 (재배면적)	1월	2월	3월	4월	5월	···	9월	10월	11월	12월
	상 중 하	상 중 하	상 중 하	상 중 하	상 중 하	상 중 하	상 중 하	상 중 하	상 중 하	상 중 하
예) 논 : 벼 (300평)			파종 준비		모심기		수확	수확		
합계										

첫째, 토지 이용률을 높이기 위한 작부체계와 작목별 재배면적을 결정하여야 한다. 이를 위하여 농가가 농업생산에 동원할 수 있는 자원(노동력, 토지, 자본 등)의 양이나 기상 및 토양, 수리조건, 작물

재배시기 등의 작물 생육조건을 반영하여 결정한다. 둘째, 노동력의 배분, 작목의 수령과 품종교체 시기를 고려하여 품종과 수령별 면적을 배분한다. 셋째, 연작피해가 있는 작목은 윤작계획을 작성한다. 넷째, 작부체계와 재배면적이 결정되면 농지 이용계획을 〈그림 12-2〉와 같이 도표로 작성한다.

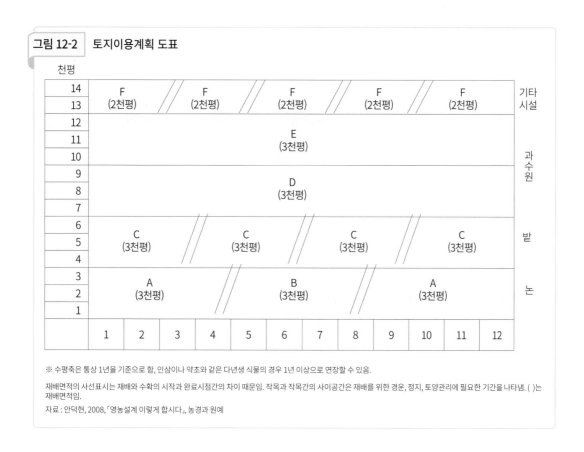

그림 12-2 토지이용계획 도표

※ 수평축은 통상 1년을 기준으로 함, 인삼이나 약초와 같은 다년생 식물의 경우 1년 이상으로 연장할 수 있음.
재배면적의 사선표시는 재배와 수확의 시작과 완료시점간의 차이 때문임. 작목과 작목간의 사이공간은 재배를 위한 경운, 정지, 토양관리에 필요한 기간을 나타냄. ( )는 재배면적임.
자료 : 안덕현, 2008, 「영농설계 이렇게 합시다」, 농경과 원예

수직축에는 토지형태(논, 밭, 과수원 등)별 작물의 실제 재배면적을 나타내고, 수평축에는 작물별 심어야 할 시기와 수확 시기를 표기한다.

② 농기계와 영농시설

가. 농기계 및 시설 선택의 중요성

내용연수가 긴 농기계와 영농시설, 장비는 고정자산이기 때문에 활용유무와 상관없이 고정비용이 발생된다. 따라서 구입 및 설치에는 경제적인 규모와 시설 능력 등을 분석하여 가장 경제적인 것을 선택하여야 한다. 농기계나 시설에 대한 고정투자가 많아지면 상대적으로 운전자금에서 심한 압박을 받게 된다. 농기계나 영농시설·장비를 구입하거나 설치할 때에는 경영규모에 알맞은 규모인지를 신중히 검토하여 선택해야 한다.

나. 적정 농기계 및 시설규모의 결정

영농규모에 알맞은 농기계의 선택이 중요하며 자신의 영농여건이나 영농기술 등이 일반 농가와 비교하여 어떤 수준인지 잘 파악하여 농업기계화의 정도를 선택해야 한다. 또한 기계나 시설 장치와 같은 고정자산이 투자된 이후의 이용률과 가동률을 충분히 고려하여야 한다. 왜냐하면 시설 이용률 또는 가동률이 바로 고정자본의 생산성과 투자 수익률을 결정하는 요인이기 때문이다.

다. 적정 시설규모의 결정 및 시설 설계

생산시설의 설계규모는 재배작목의 수급전망, 투자가능성, 판로확보, 노동력 조달 가능성 등을 고려하여 결정하여야 한다. 시설의 형태는 작물의 생육조건 조성에 필요한 수준으로 설계하여 시설비가 과잉 투자되지 않도록 하여야 한다. 예로 생육조건상 하우스 내부 온도가 10℃ 정도면 되는 작물을 재배하는 데 20℃까지 보장되는 하우스 설계를 할 필요는 없다.

시설 설계에 있어 투자가 결정되었으면 다음의 사항을 고려하여 농업시설의 위치를 선정하여야 한다.

첫째, 시설의 입지분석이다. 농업 시설의 위치는 재배하고자 하는 작목의 생리조건을 만족시켜야 한다. 둘째, 방향, 도로와 접속지점, 시설 등을 작물의 생산이나 판매가 용이하도록 배치할 수 있어야 한다. 셋째, 정부의 토지 이용계획을 고려하여 선정한다. 넷째, 폐기물의 처리 용이성도 타진해 보아야 한다. 다섯째, 전기의 이용 가능성과 농업용수의 공급 가능성을 살펴보아야 한다. 여섯째, 숙식, 문화생활을 위한 도심으로부터의 거리를 고려한다. 일곱째, 중심 도로에서의 거리 및 연결도로의 상태 등을 살펴본다. 여덟째, 대규모 시장의 위치와 접근 용이성은 어떤지 고려해야 한다. 아홉째, 노동력 공급 시장과의 거리나 접근 용이성 등을 고려하여 선정해야 한다.

라. 시설 및 장비의 유지 관리 문제

투자가 많이 된 농기계, 영농시설과 장비를 수선 또는 정기적으로 점검·정비하는 것이 관리의 기본이다. 간단한 수리는 스스로 할 수 있도록 기본적인 기술을 습득하는 것도 중요하다. 특히, 고가의 시설 및 장비인 경우에 정비 및 관리를 철저히 하여 내구연수를 가능한 최대한 늘리는 것이 농업경영에 실질적 이익이 된다.

마. 소요자금의 산출

시설의 위치와 설계도가 결정되면 농지구입 및 시설·기계 설치에 소요되는 자금을 산출하여야 한다. 만약 중장기 자금 지원을 받아 농지 및 시설이나 농기계에 대한 투자를 한 경우 〈표 12-18〉에 의해 원리금 상환 계획을 작성한다. 그리고 〈표 12-19〉의 1차연도 소요자금 총액은 각각에 대한 1차연도 상환액 합계에 연간 경영비를 합하여 계산한다.

표 12-18　농지, 시설, 농기계 확보 및 자금수요 추정

- 농지:　　　　　　　소유:　　　　　　㎡
　　　　　　　　　　　임대:　　　　　　㎡　　　　　임대료:　　　　　　원/㎡
　　　　　　　　　　　구입:　　　　　　㎡　　　　　농지구입비:　　　　원/㎡

- 시설투자:

시설명	소요금액(원)	산출근거	재원조달
합계			

※건축비 이외에 설계, 감리, 측량, 기반 조성작업 등의 비용도 고려

- 농기계확보:

농기계명	규격/형식	소요금액(원)	산출근거	재원조달
합계				

- 연간 운전자금(경영비): 단위당 경영비×생산규모
- 1차 연도 소요자금 총액: 농지+시설투자+농기계+연간경영비

표 12-19　농지, 시설, 농기계 구입자금 상환계

<농지>

필지명	구입연도	면적	구입대금			원리금 상환							융자조건
			융자	자부담	계	1	2	3				계	

<시설>

시설명	융자연도	구입대금			원리금 상환						융자조건
		융자	자부담	계	1	2	3			계	

<기계 및 장비>

시설명	규격	구입대금			원리금 상환						융자조건
		융자	자부담	계	1	2	3			계	

자료: 농촌진흥청, 2011, 「농장경용계획수립」

▮ 노동력 이용계획

농장이 기계화, 자동화 되면서 농업 인력의 수요도 과거 단순 노동력 위주에서 이제는 농기계 운전, 시설장비의 점검·정비 등이 가능한 전문 인력에 대한 수요가 증가하고 있다.

① 농업노동력의 특성

우리나라에서는 아직까지 농업경영에 있어 노임이 차지하는 비율이 높을 뿐만 아니라, 농작업에 있어 적절한 타이밍에 노동력을 확보하고 관리하는 것이 농업생산성을 향상시키는 데 가장 중요한 요인이 된다. 농업노동력의 특성을 살펴보면 다음과 같다.

첫째, 농업생산의 계절성이라는 특성 때문에 계절에 따라 노동수요의 진폭이 큰 경우가 많다. 둘째, 농업 노동력의 재고 활용은 불가능하다. 비료, 농약 등과 같은 농자재와 같이 저장기능을 가지지 못하기 때문에 사용하지 않은 노동력을 재사용할 수 없다. 셋째, 전체 농업 노동량 중 농업경영주와 가족 노동공급량이 가장 큰 비중을 차지한다. 넷째, 노동력을 가진 개인의 노동의 질이나 사기, 인간관계 등에 따라 생산성에 큰 영향을 미치게 된다.

② 농업노동력의 활용계획

농업 노동력의 특성에 비추어 경제적인 농업 노동력 활용 원칙은 첫째, 연중 가용노동력을 최대한 생산 활동에 활용하여야 한다. 즉, 농한기 없는 작부체계의 설계가 중요하다. 둘째, 노동의 효율성 증대이다. 이것은 단위시간에 많은 일을 할 수 있도록 하여야 한다는 것이다. 노동의 효율성 증대를 위해 기계화, 자동화 등의 투자를 증대하거나 작업방법 개선 및 효율적인 작업계획을 수립하여 낭비되는 작업시간을 최대한 줄이려는 노력이 필요하다.

③ 노동력 소요량 산출방법

노동 소요량은 작목의 재배형태, 생산기반 조성상태, 농기계와 시설의 성능 등에 따라 많은 차이가 나므로 작업 단계별 단위 면적당 노동력 소요량을 파악해야 한다. 작업 단계별 노동력 소요량 계산 절차는 다음과 같다.

ⅰ) 작업별10a당 소요 노동시간이 산출되면 연중 작업 단계별 소요 노동시간을 추정한다.

소요 노동시간 = 10a(1,000㎡)당 소요노동시간 × 재배면적/1,000

ⅱ) 작업단계별 소요 노동시간을 계산하고 기간별로 노동시간을 배분한다.

ⅲ) 작목별로 노동시간을 계산한 후 전체 작목에 대한 총 노동시간을 계산한다.

가족노동시간 = 농업참여인원 × 월 작업일수 × 1일 작업시간 × 농작업확률

표 12-20 농기계 활용 계획

순서	작업명	시기	기간 (일)	작업가능일수[1]	재배면적 (평)	1일소요[2]		성능(평/일)[3]			작업[4]일수 (일)	자경면적 (평)[5]	임차료[6]	위탁면적 (a)[7]	평당수수료 [8]	위탁수수료 [9]
						남	여	농기계 (a/hr)	인력	임차료						

주: 1) 기간×작업가능확률

2) 농기계나 장치 조작에 필요한 인원으로 30% 정도 여유를 둘 것

3) 농기계 사용이 곤란하여 인력으로 작업할 경우 작업초가 시간당 할 수 있는 능력

4) 면적/성능

5) 농기계나 장비 임차 시 임대료

6) 농기계나 장치를 임차 시에만 계산(임차료×임차기간)

7), 8), 9) 작업일수가 작업가능일수를 초과하여 남에게 작업을 위탁할 경우

표 12-21 노동력 활용 계획

순서	작업명	시기	기간 (일)		총소요		소요/10a		1일소요		면적	공급방안								노력비 (현금)				노력비 (현금)				계				비고
					남	여	남	여	남	여		자가노력		상용고용		일일고용		위탁	자가	고용			자가	고용			자가	고용			
												남	여	남	여	남	여			상용	일고	계		상용	일고	계		상용	일고	계	

자료 : 농업경영교재 2011-06, 농장경영계획 수립, 농촌진흥청

ⅳ) 고용노동시간 계획을 작성한다.

고용노동시간 = 총 노동시간 -가족 노동시간

ⅴ) 고용 노동시간 계획이 수립되면 인건비를 계산한다.

자가인건비와 고용인건비는 각각 가족노동시간과 고용노동시간에 시급을 곱하여 계산한다.

노동력 소요는 농기계와 분리하여 생각할 수 없으므로 농작업 순서별 농작물명을 기록하고 농기계 활용계획과 노동력 활용계획을 작성한다. 이것이 완료되면 자금운용계획을 작성한다.

영농자재계획

표 12-22	월별 인건비 조달 계획

작목	구분	1월			2월			3월				11월			12월		
		현금	현물	계	현금	현물	계	현금	현물	계		현금	현물	계	현금	현물	계
A	자가노력비																
	고용노력비 (상용) (일용)																
	계										...						
B	자가노력비																
	고용노력비 (상용) (일용)																
	계																
	총계																

주: 1) 노무비는 노동을 제공한 대가로 지급하는 비용으로 급여, 상여금, 퇴직금, 복리 후생비, 잡급(일용직)으로 구성
2) 소요노동시간은 연차별로 동일하게 적용하되 인건비 단가는 매년 물가상승률을 적용하여 산출
자료 : 농업경영교재 2011-06, 농장경영계획 수립, 농촌진흥청

표 12-23	영농자재 조달계획

작목명	시기		자재명1			자재명2			자재명3			...			금액 합계	비고
			수량	단가	금액	수량	단가	금액	수량	단가	금액	수량	단가	금액		
	1월	상														
		하														
	...	상														
		하														
	12월	상														
		하														
	합계															

자료 : 안덕현, 영농설계, 한국농업전문학교

영농자재는 비료, 농약, 사료, 종자 등 농업생산에 소요되는 자본재로서 한 번 사용하면 재사용할 수 없다는 점에서 농기계나 시설장비 등과 구분된다. 농장을 설계할 때에는 농작물의 생육단계에 따른 영농자재의 선택, 구입시기, 구입량 및 구입단가, 방법 등을 결정해야 한다. 영농자재 계획에 필요

한 고려사항은 다음과 같다.

첫째, 작물 생장 단계별 농작업과 필요한 영농자재 소요량을 결정한다. 영농자재(비료, 농약 등)의 과다사용은 경영비를 증가시킬 뿐 아니라 농산물의 품질저하 및 환경오염을 일으킬 수 있다.

표 12-24   영농자재계획 작성양식

항목	수량/10a	면적	총량	단가	금액	구매시기			비고
						1차	2차	3차	
1. 종자비									
2. 무기질 비료									
3. 영양제									
4. 유기질 비료									
5. 농약 가. 살충제 나. 살균제 다. 제초제 라. 기타									
6. 광열동력비 가. 전기 나. 유류 다. 가스 라. 연탄 마. 기타									
7. 수리비 (水利費)									
8. 제재료비									
9. 소농구비									
10. 수선비 대농기구 영농시설									
11. 임차료 대농기구 영농시설									
12. 기타요금									
13. 계									

주: 1) 영농자재 계획은 작목별로 작성

2) 종자란에 과수는 주수 및 수령, 화훼는 종자 혹은 종묘비, 버섯은 종균에 관한 사항기입

3) 버섯은 '제재료비'란을 주재료비(예, 영지표고버섯은 원목, 느타리버섯은 짚, 혹은 폐솜)와 기타 재료비로 구분

4) 각 항목에 있어서 작목의 성격에 따라 수정 혹은 공란으로 둘 수 있음(예, 버섯의 경우 비료란은 불필요)

5) 동일 작물을 계속 재배 시 재배횟수를 고려한 연면적으로 계산하거나 1회 재배한 비용에 재배 횟수를 곱하여 계산

6) 과수의 경우 영농자재계획에 농업수익에 대한 대식물 증식액을 포함하여야 한다.

7) 6,7,9,10,11,12,13번은 단가×면적으로 하여 금액을 넣는다(여기서 단가는 10a당 비용)

자료 : 안덕현, 영농설계, 한국농업전문학교

둘째, 단위면적당 자재소요량을 결정한다. 영농기술에 의해 크게 영향을 받으므로 가장 적절한 재배기술을 결정하고 이에 맞춰 단위면적당 자재소요량을 산출한다.

셋째, 총 소요량 및 소요금액을 산출한다.

$$총\ 자재소요량 = 단위면적(10a)당\ 자재소요량 \times 재배면적$$
$$총\ 소요금액 = 총\ 자재소요량 \times 구매단가$$

다음으로 영농자재의 구입시기와 구입량을 결정한다. 이때 시기별 자재구입량 및 필요한 자금을 추정하는 자재조달 계획을 세운다. 자재구입방법으로 민간자재상, 농협 공동구매, 생산 공장과의 직접 계약 등이 있다. 영농자재를 재차 구입하기보다는 재고관리를 통한 효율적 사용이 더욱 중요하며, 경영비를 절약할 수 있고 생산성을 높일 수 있는 새로운 자재의 사용도 고려해야 한다.

▌ 생산기술의 결정

재배하고자 하는 대상 품목에 대한 재배방법이나 재배공정 등을 어떠한 기술을 중점적으로 사용하게 될지 상세히 기록해두어야 한다. 재배공정 또한 단계별 재배 순서와 내용을 상세히 기술하고 유의사항도 함께 기록한다. 이때 창업 농장의 비전과 목표에 맞는 차별화된 재배기술을 도출해내는 것이 중요하다.

03 마케팅 계획

▌ 유통 계획 시 필수요건

현재 농업은 과거 자급자족의 시대에서 판매를 통해 수익을 창출하는 판매목적의 산업으로 발전하였다. 판매를 목적으로 소비자가 무엇을, 얼마나 원하는지 등의 소비자 선호 단위와 형태는 매우 중요한 고려사항이 되었다. 농산물을 언제, 어디에서, 어떻게 그리고 어떤 형태로 팔 것인가에 대한 유통계획수립이 필요하다. 즉, 판매시기, 판매장소 및 판매방법, 판매형태에 대한 계획수립이다.

여기서 판매시기란, 농산물의 최적 판매시기를 의미하며 최적판매시기를 결정하기 위하여 시장상황을 잘 예측하여야 한다. 농산물의 경우는 생산시기와 시장에서 높은 가격을 받을 수 있는 시기를 맞추는 것이 가장 효율적이다. 또한 자금조달 능력이나 농산물 지연에 따른 보관비용 등 판매시기에 따른 수익과 비용을 타진하여 판매시기를 적절히 조정해야 한다. 판매장소와 판매방법은 주거래 대상자가 누구인지, 이에 맞는 등급, 규격, 포장형태에 따른 거래물량, 출하비용, 가격조사 등이 필요하며, 어느 지역에서 경매에 응할 것인가 또는 직거래를 할 것인가도 판매방법에서 검토해야 한다. 판매형태는 어떤 형태로 팔 것인가의 문제로 상품의 질, 선별, 포장, 가공 등 시장에 출하할 때 판매가치를 갖춘 상품의 상태를 뜻한다.

2) 농산물 유통

① 농산물 유통의 특성

농산물은 대부분 생명체라는 상품의 성격상 다음과 같은 특성을 갖는다.

ⅰ) 농산물은 다수의 소규모 생산자로부터 다수의 소량 소비자까지 전달해야 하기 때문에 수집과 분산과정이 길고 복잡하다.

ⅱ) 부패·변질이 쉬워 유통과정에서 감모나 폐기가 많이 발생하고, 부피가 크고 무거워 수송·보관·하역 등에 많은 비용이 소요되며 표준화·등급화·기계화가 어렵다.

ⅲ) 유통과정상 직·간접비용이 많이 들어 공산품에 비해 유통마진이 상대적으로 높다.

ⅳ) 농산물의 소비는 연중 고르게 이루어지는 반면에 생산은 기상 등 기후변화에 따라 다르므로 수급안정이 어렵고 가격진폭이 심하다.

② 유통의 기능

ⅰ) 상적(商的)인 유통기능: 영농자재 구입, 농산물 판매

ⅱ) 물적(物的)인 유통기능: 수송, 저장, 가공 등 (최근 수집, 집하, 출하, 반출, 납품, 배송 등 상적기능과 물적 기능이 함께 이루어진 형태가 많아짐)

ⅲ) 유통 보조 촉진기능: 시장정보, 위험부담, 선별 및 등급화, 표준화, 유통금융 등

▎ 마케팅믹스 전략

그림 12-3	마케팅믹스(4P)전략 구조

상품(Product)	가격(Price)	유통(Place)	촉진(Promotion)
상품의 종류 품질 특징 서비스 브랜드 이름 포장 크기/규격 디자인	비용 대금지급방법 정가, 할인 지급기간 타제품의 가격 신용조건 가격유연성 수요(가격민감도) 제품수명단계 전자결제	유통 (직거래/마트 등) 경로, 수송 재고, 물류 지역/범위	홍보 광고 판매촉진 직접 마케팅 인터넷 마케팅 웹 프로모션

표적시장

어떠한 상품을 어느 수준의 가격으로 어떤 유통경로를 통해 타깃시장의 소비자들의 구매욕구를 최대한 효과적으로 촉진시킬 것인가에 대한 경영주의 의사결정이 유통전략이다. 마케팅의 믹스전략 4P란 상품전략, 가격전략, 유통전략, 촉진전략을 말한다. 마케팅믹스 전략은 이러한 4P(상품(Product), 가격(Price), 유통(Place), 촉진(Promotion)전략을 적절히 조화하여 표적시장에 도달시키는 것이다. 이런 전략을 구사할 때는 고객 지향적인 입장으로 이루어져야 한다.

04 투자자금운용계획

▌투자자금의 종류

자금은 농업경영의 생산요소 중 하나로 자금운용계획에서 가장 중요한 것은 자금이 필요한 시기와 그 금액이다. 특히 자금상환기간은 매우 중요하다. 장기적 사업을 위해 자금을 융자받아야 할 경우, 투자자금의 상환기간은 사업 소득으로 상환이 가능한 시점보다 긴 것이 좋다. 예를 들어 농기계 구입과 같은 중기자금을 융자받았을 경우에 그 기계의 내구연수와 자금상환기간이 일치하는 것이 바람직하다.

투자자금은 대여기간에 따라 장기자금, 중기자금, 단기자금으로 구분된다. 장기자금은 상환기간이 10년 이상인 경우이나 5년 이상을 장기자금으로 분류하는 경우도 있다. 중기 자금은 자금상환기간이 대략 3~5년 사이인 것을 말한다. 단기자금은 자금상환기간이 통상 2년 이내인 경우가 많다. 농업경영에 있어서 토지, 건물시설 등을 위한 장기자금도 필요하지만 사료구입, 종자구입, 노임지불 등 소요되는 단기자금도 많이 이용된다.

자금 운용계획에 있어서 시설 장비 등 중장기 투자는 어느 곳에 얼마나 투자할 것인가, 농장운영 자금을 어떻게 원활하게 조달할 것인가 하는 사항을 포함시켜 계획해야 한다.

자금운영계획과 관련하여 유의해야 될 것은 투자대상이다. 왜냐하면 사업에 따라 조기자금상환이 가능할 수도 있고 장기간 걸릴 수도 있다. 따라서 자금상환이 가능한 시점을 잘 고려하여 자금의 대여기간을 결정해야 한다. 자금의 흐름은 사업형태나 1년 중 소득과 비용이 발생하는 시기나 형태에 따라 다르므로 사업의 특성에 잘 맞추어 자금운영계획을 세워야 한다. 예를 들어 수도작 농가의 경우 가을 수확 직후는 자금여력이 충분하나 수확 직전에는 자금고갈의 우려가 있고, 낙농 농가의 경우는 연중 자금흐름이 고른 편이므로 이러한 자금 특성을 고려해야 한다.

▌투자자금운영계획

자금운영계획은 지정된 기간 내에 현금의 흐름을 보여주는 것으로 대부분 3개월에서 1개월 단위로 자금흐름을 파악한다. 자금회전이 빠르거나 자금사정이 좋지 않아 세부 흐름을 볼 경우 1개월 미만 단위로 자금흐름을 추정하기도 한다.

표 12-25	자금운영계획
설계항목	검토사항
자금조달 (현금유입)	자금조달 및 자금운용의 실행계획 수립
자금운용 (현금지출)	채무의 원리금 상환 → 영농자재 구입 및 노력비 지급 → 가계비 지출 → 투자지출

그림 12-4 자금운용

자금운영계획은 자금조달 부분과 자금운용 두 부분으로 나뉜다. 자금조달은 현금이 들어오는 것으로 경영주의 현금, 예금, 생산물의 판매대금, 타인자금의 차입, 경영연도 중 현금수익, 타인으로부터 채권을 상환받는 자금 등이 모두 포함된다. 자금운용부분은 현금이 나가는 것으로 차입금 등 채무 원리금 상환, 영농자재구입, 노임지불 등 경영비(단, 여기서 현금의 흐름과 관련이 없는 감가상각비는 제외)지불, 가계비, 토지 및 시설장비 투자 등이 있다. 원리금 상환계획 시 투자금의 성질이나 이자형태를 고려하여 상환결정을 해야 한다.

자금운영계획은 자금의 조달과 자금의 운용상황을 나타내기 위한 목적으로 작성되므로 사업의 수익성을 따지는 손익계산서와는 차이가 있다. 첫째, 자금운영 계획은 오직 현금 흐름만을 고려하고 현금이 아닌 현물 소득이나 현물비용은 고려하지 않는다. 둘째, 자금운영계획은 어떠한 기간 단위로 손익을 계산하는 손익계산과는 달리 어느 한 시점에서의 현금의 들어옴과 나감을 알 수 있다. 즉, 자금운영계획 작성은 일정시점에서의 현금이 들어오고 나가는 것을 추정한 현금 출납부와 유사하다.

〈표 12-26〉는 연차별 자금 흐름도를 나타낸 것인데, 이러한 연차별 자금 흐름도를 월별 세분화시킨 월별 자금 흐름도를 작성하여 보다 세부적으로 관리하는 것이 좋다.

자금 차입 시 유의 사항

자금 차입 시 다음과 같은 사항들이 고려되어야 한다.

표 12-26	연차별 자금운영계획 (현금흐름)

(단위: 만 원)

구분		연차별					
		1차 연도	2차 연도	3차 연도	4차 연도	5차 연도	합계
수입	농산물판매대금						
	농업 외 수입						
	사업착수금						
	자산매각대금						
	융자금						
	소계(B)						
지출	농지투자(상환금)						
	시설투자(상환금)						
	농기계투자(상환금)						
	가축구입						
	기타분야투자						
	경영비						
	소계(A)						
	수지균형(C) (C=B-A)						
	누적수직균현 (D=전년도D+현년도C)						

첫째, 사업으로부터 생긴 수익률은 자금 차입 이자율을 초과해야 한다. 또한 초과한다 하더라도 예기치 못한 상황 발생 가능성까지 고려하여야 한다. 둘째, 사업 추진이 자금의 흐름을 원활하게 하지 못할 우려가 없는지 검토해야 한다. 혹 많은 이익을 남기는 사업이라도 운용자금 부족으로 부도가 나는 경우가 있기 때문이다. 예를 들어 A농가는 20억 원을 5년 중기자금으로 조달하여 20년 내구연수를 지닌 자동화시설을 설치하여 매해 2억 원의 수익이 발생하였다. 이 경우 매년 감가상각비는 1억 원 비용이 계산되나 실제 현금상환액은 매해 4억 원씩이므로 2억 원의 순수익을 얻는 데도 불구하고 부도가 발생하게 된다. 셋째, 농업경영을 지나친 타인자본에 의존하는 것은 위험하다. 자금관리에 있어 중요 지표는 자기자본에 대한 부채 비율로 이 비율이 높을수록 경영 위험도가 높고, 낮을수록 안

전성이 좋다. 대체적으로 농가에서는 매년 원리금상환 금액이 소득의 1/4 이상을 초과하지 않는 것이 좋다. 넷째, 농업의 경우 자본 회수기간이 타 산업에 비해 기간이 길기 때문에 투자금의 조기상환이 어렵다. 따라서 사업목적이나 투자자산의 내용연수에 따라 자금을 활용하여야 한다. 자금의 차입기간이 길수로 농업경영주에게 유리할 수 있으나, 지나치게 긴 경우 상환능력이 있을 때 상환하지 않고 타 용도에 사용될 우려가 있다. 다섯째, 위험과 불확실성에 대하여 대비해야 한다. 농업은 자연조건의 불확실성, 신기술 도입과 같은 기술적 불확실성, 수요와 공급에 따른 가격의 불확실성이 크다. 이러한 위험과 불확실성에 대비하여 대응책을 사전에 강구해 두어야 하고, 자금 차입 시 이와 같은 상황에 대비하여 계획을 세워야 한다.

▎ 자금관리 및 조정

자금의 운영계획과 달리 자금사정이 달라질 수 있으므로 농업경영자는 이에 빠르게 대응할 수 있는 현명한 의사결정이 중요하다. 자금사정이 악화되었을 경우에는 물품대금 지급금 연기, 조기 판매, 물품대금 조기 회수, 부족자금의 융자신청 등이 필요하며, 자금 여력이 될 경우 여유 자금의 활용을 통한 수익창출을 생각해야 한다.

1 | 사업계획 작성형식과 내용에 맞추어 실제적으로 작성하시오.

핵심포인트 본 장에 수록된 사업계획 작성형식에 맞추어 실제적으로 작성해보는 것이 중요함

2 | 농장영농계획의 수립 및 작성 순서에 맞추어 실제적으로 작성하시오.

핵심포인트 본 장에 수록된 농장영농계획 작성 형식에 맞추어 실제적으로 작성해보는 것이 중요함

**연습
문제**

1 | 농장영농계획에 있어서 농업생산계획에 해당하는 항목을 적고 설명하시오.

2 | 창업사업계획 작성 시 구체성 부분 유의사항 내용이 잘못 된 것은? (정답 2개)
① 품목선정: 왜 해당 품목을 정했는지 자세하게 기술
② 영농방법: 본인의 영농방법에 대해서는 자신만의 독특한 노하우가 많으므로 구체적으로 작성하지 않아도 됨
③ 영농규모: 사업계획서상 기재된 품목과 영농방법 등을 고려하여 현실적인 영농규모 계획을 제시
④ 생산계획: 영농품목의 특성을 고려한 계획을 구제적으로 명시
⑤ 판매계획: 모든 판매방법을 포괄적으로 제시

3 | 농업생산계획의 5가지 항목이 아닌 것은?
① 작목
② 토지 및 시설
③ 생산기술
④ 영농자재
⑤ 판매방법

4 | 투자자금운영계획은 자금조달과 자금의 운용상황을 위하 목적으로 작성된다. 이때 자금 운용 상황이 아닌 것은?
① 채무의 원리금상환
② 가계비지출
③ 시설장비 투자계획
④ 타인으로부터 채권을 상환받은 자금

• 김철교, 곽선호, 2011, 「최신 벤처창업경영」, 탑북스.

• 농림축산식품부, 2014, 「6차 산업 창업 매뉴얼」.

• 농촌진흥청, 2011, 『농장경영계획수립』.

• 농촌진흥청, 2014, 『2014 귀농귀촌 상담 종합매뉴얼』.

• 농협, 『귀농컨설팅매뉴얼』, NH농협은행 농식품금융부.

• 박평호, 2014, 『개인창업&법인창업 쉽게 배우기』, 한스미디어.

• 안덕현, 『영농설계』, 한국농업전문학교.

• 안덕현, 2008, 『영농설계 이렇게 합시다』, 농경과 원예.

• 박태훈·이찬, 2015 『e-비즈니스 실전창업』, 일문사.

• 서울대학교 농업생명과학대학 1종 도서 연구개발 위원회, 1997, 『농업경영』, 교육부.

• 한국농어촌공사, 2014, 『농업 농촌에 창조를 담다 -2014년 6차산업화 경진대회 우수사례집』, 농림축산식품부.

농산물 마케팅 전략수립

SECTION 01 농산물 마케팅의 이해

01 농산물 마케팅이란?

우리는 일상생활에서 다양한 마케팅의 사례를 접할 수 있다. 예를 들면 근처 쇼핑몰, TV, 잡지, 이메일, 소셜 미디어를 가득 채우는 광고들과 함께 기업의 다양한 마케팅활동을 직·간접적으로 접하게 된다. 이러한 마케팅 활동은 시야에 들어오는 광고 그 이상의 의미를 갖는다. 우리의 눈을 사로잡는 제품, 서비스, 광고의 이면에는 소비자들의 구매를 이끌어 내기 위한 마케터들의 치열한 전략이 존재한다. 소비자들이 접하는 매우 많은 양의 TV 광고, 이메일 광고, 인터넷 광고들을 생각해보면 사람들이 흔히 마케팅을 판매와 광고라고 생각하는 것이 당연해 보일 수 있다. 그러나 판매와 광고는 마케팅의 한 부분일 뿐이다. 마케팅은 판매 행위라는 기존의 개념에서 벗어나 고객욕구를 만족시키는 과정이라는 새로운 관점에서 이해할 필요가 있다.

오늘날 농업에서도 마케팅의 중요성은 점차 높아지고 있다. 전통적인 농업에서는 식량 증산을 통한 생산 확대를 목표로 하였고 농업인들은 마케팅에 대한 관심이 적었다. 그러나 점차 생산이 증가하고 수입 농산물의 증가로 인해 농산물 시장이 소비자 중심의 시장으로 변화하면서 농업인이나 생산자 단체들에게도 소비자 지향적 마케팅 활동이 요구되고 있다. 이제는 농업에서도 어떻게 생산성을 늘릴 것인가 하는 문제보다 소비자가 요구하는 바를 어떻게 생산에 반영할 것인가가 더 중요하게 되었다.

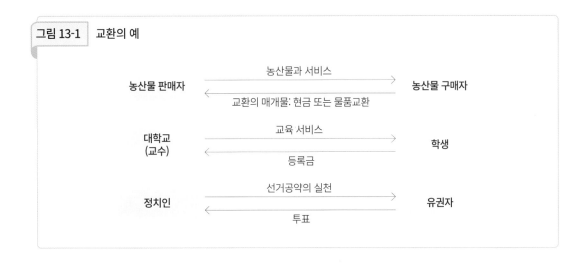

그림 13-1 교환의 예

	농산물과 서비스	
농산물 판매자	→————————→	농산물 구매자
	←————————←	
	교환의 매개물: 현금 또는 물품교환	

	교육 서비스	
대학교 (교수)	→————————→	학생
	←————————←	
	등록금	

	선거공약의 실천	
정치인	→————————→	유권자
	←————————←	
	투표	

마케팅은 수익성 있는 고객관계를 관리하는 과정으로 함축적으로 정의될 수 있는데, 미국 마케팅 협회(AMA)[1]에서는 "개인 및 조직의 목표를 충족시켜주는 교환을 창출하기 위하여 제품, 서비스, 아이디어의 고안, 가격결정, 촉진, 유통 등을 계획하고 실행하는 과정"이라고 정의하고 있다. 이러한 마케팅의 개념은 기업을 중심으로 발전해 왔기 때문에 농업 분야에 그대로 적용하기에는 어려운 점이 있다. 특히 농업은 생산자들이 많고 규모가 영세하다는 점 때문에 마케팅 측면에서 유통 경로가 길어지고 브랜드 육성이 어렵다. 또한 자연자원을 이용하여 생산을 한다는 측면에서 생산시기와 생산량 조절이 어렵다. 이 때문에 가격전략 등 탄력적인 마케팅 전략의 수행이 어렵다. 앞 장에서 서술된 농업경영의 특징을 잘 이해했다면 농산물과 공산품의 마케팅 전략에 차별성이 필요한 이유를 이해할 수 있을 것이다.

넓은 의미에서 보면 마케터는 교환을 창출하기 위해 상품과 서비스에 대한 고객의 반응을 이끌어 내려 노력한다. 교환이란 거래상대방으로부터 자신이 원하는 대상물을 얻는 대가로 이에 상응하는 대상물을 제공하는 행위이다.[2] 반응은 단지 제품과 서비스의 구매 혹은 거래를 이끌어 내는 것 이상을 포함한다. 따라서 마케팅의 목적은 단순히 새로운 고객을 유인하고 거래를 창출하는 것에 머무는 것이 아니라 고객과의 관계를 유지하고 고객과의 거래관계를 키워 나가는 것도 포함하기 때문이다. 뛰어난 마케터는 탁월한 고객가치를 일관성 있게 전달하여 고객들과 강력한 관계를 구축하고자 한다. 이러한 측면에서 마케팅은 개인과 조직의 가치를 창출해 이를 거래 상대방과 교환함으로써 자신들이 원하는 것을 얻는 과정이라고 말할 수 있다.

---

1 American Marketing Association(1985)의 정의를 인용.: Marketing is the process of planning and executing the conception, pricing, promotion and distribution of ideas, goods and service to create exchanges that satisfy individual and organizational objectives.

2 Philip Kotler · Gary Armstrong · 안광호(2013), "마케팅 입문".

일반적인 마케팅의 두 가지 목표는 다음과 같다. 첫째, 가치를 제공하여 신규고객을 유인하는 것, 둘째, 만족을 제공하여 기존고객을 키워 나가는 것이다. 마케팅의 주체는 조직 혹은 개인이 될 수 있으며, 여기서 조직은 다양한 종류의 모든 조직을 포함한다. 기존 농업 분야에서는 고객의 개념에 대한 이해도가 부족했다. 생산만 하면 팔린다는 인식이 강했기 때문이다. 그러나 이제 농업에서도 단순히 생산의 관점이 아닌 소비자 관점의 중요성이 증가했다. 마케팅 관점에서 농산물 공급이 수요를 초과하는 공급 과잉 시대에는 과거와 같은 생산자 중심적 사고방식에서 벗어나야 한다는 것이다. 마케팅은 고객을 다루고 있다는 점에서 매우 중요한 경영기능으로 농업에서 마케팅의 중요성은 더욱 커질 것이다. 시장 개방으로 해외 농산물의 수입이 확대되고, 농산물 시장에서 소비자의 선택권과 힘이 더욱 커졌기 때문이다. 농업에도 소비자 중심적 마케팅이 도입되고 기존의 정부정책 의존적인 경향에서 벗어날 필요가 있다. 우리의 농촌을 살리자는 감정 호소적인 마케팅보다는 농업경영인도 농기업 경영자라는 마인드를 가지고 생산단계에서부터 소비자 지향적 마인드의 접근이 필요하다.

소비자들의 구매를 이끌어내기 위한 마케터의 노력은 매우 다양하다. 마케터가 고객의 욕구를 파악하고, 탁월한 고객가치를 제공하는 제품과 서비스, 효과적인 가격·유통·촉진정책을 개발한다면 농산물의 판매 활동은 한층 쉬워질 것이다. 경영학 분야의 석학이었던 Peter Drucker는 "마케팅의 목적은 판매노력을 불필요하게 만드는 것이다"라고 말했다. 판매와 광고는 마케팅믹스의 일부분으로 마케팅믹스란 고객욕구를 충족시키고 고객관계를 구축하기 위해 사용하는 마케팅 도구들의 집합이다.

〈그림 13-2〉는 농식품 마케팅 과정 모형을 5단계로 구분하여 보여준다. 1~4단계를 통해 마케터는 고객을 이해하고, 고객가치를 창출하며, 강력한 고객관계를 구축하기 위해 노력한다. 마지막 5단계에서 탁월한 고객가치를 창출한 대가로 높은 매출과 수익, 브랜드 충성도 등을 얻게 된다. 즉, 고객을 위한 가치창출을 통해 고객들로부터 가치의 일부를 보상받게 되는데, 이는 높은 매출과 이익, 그리고 장기적 고객자산의 형태를 갖게 된다. 훨씬 비싼 가격에도 친환경 농산물이나 브랜드 농산물을 찾는 소비자들의 행위는 이런 과정을 통해 생성된 고객자산의 보상이라고 할 수 있다.

그림 13-2 농식품 마케팅 과정 모형

02 농산물 마케팅관리

마케팅관리는 표적 시장을 선정하고, 우수한 고객가치를 창조하여 고객에게 전달하고, 고객들과 소통함으로써 고객을 확보·유지·증대시키는 기술과 과학이라고 할 수 있다. 마케팅관리자는 타겟소비자들과 수익성 있는 관계를 구축할 수 있는 전략을 설계한다. 이러한 마케팅관리 활동을 수행하기 위해서는 마케팅 활동의 지침이 되는 철학을 정립할 필요가 있다.

따라서 마케팅관리자는 이러한 마케팅전략의 지침이 될 철학은 무엇인지 고민해 보아야 한다. 또한 고객, 조직체, 사회에 대한 관심 가운데 어떤 것에 더 많은 비중을 두어야 할지에 대한 고민도 필요하다. 문제는 세 가지 영역에 대한 관심이 서로 상충관계에 있을 수 있다는 것이다. 마케팅전략의 토대가 되는 마케팅관리철학에는 생산개념, 제품개념, 판매개념, 마케팅개념, 사회적 마케팅개념의 다섯 가지 유형이 있다. 〈그림 13-3〉에 나타나 있듯이 마케팅의 개념은 다섯 가지 단계로 발전되어 왔으며, 농업 분야에서의 마케팅관리철학은 아직 생산개념에 머물러 있는 경우가 많다.

▎생산개념

생산개념은(production concept)은 소비자들이 합리적인 가격과 쉽게 구입할 수 있는 제품을 선호하기 때문에 생산과 유통의 효율성을 향상시키는 데 주력해야 한다는 사고를 말한다. 이 개념은 그 발전과정이 가장 오래된 마케팅관리철학이다. 식량에 대한 수요가 공급을 초과하던 시대에서는 식량 증산이 정부 정책의 주요과제였고, 이 과정에서 탄생한 것이 다수확 품종인 통일벼이다. 이 시대에는 소비자들에게 저렴한 가격으로 식량을 공급하는 것이 마케팅의 주요 역할이었다.

생산개념은 어떤 상황에서는 유용하기는 하지만, 마케팅근시안(marketing myopia)을 초래할 수 있다. 마케팅근시안이란 미래를 예측하지 못하고 눈앞의 상황만 고려한 마케팅으로 좁은 시각에서 마케팅을 바라보는 것이다. 농가나 생산자단체가 자신이 생산하는 농산물의 관점에만 치우쳐 소비자에게 일방향적인 커뮤니케이션을 하게 되면 마케팅근시안에 빠지게 된다. 이러한 생산개념 관리철학에만 중심을 두는 농가나 생산자 단체는 자신들의 생산성 향상에만 전력을 기울이기 때문에 고객욕구를 만족시키고 고객관계를 구축해야 하는 진정한 마케팅 목표의 중요성을 간과할 위험이 존재한다.

그림 13-3	마케팅관리철학의 변화과정

생산개념 ⟶ 제품개념 ⟶ 판매개념 ⟶ 마케팅개념 ⟶ 사회적 마케팅개념

▮ 제품개념

제품개념(product concept)은 소비자들이 우수한 품질의 제품을 선호할 것으로 생각하고 고품질의 제품 생산에 주력하는 품질중심의 마케팅 철학이다. 농업 분야에서는 국민경제가 성장하고, 국민소득이 증가함에 따라 소비자들이 고품질 농산물을 선호할 것으로 생각하고 농산물의 품질에 주력하는 마케팅 철학이다. 소비자들이 고품질과 혁신적 특성(Innovation feature)을 가진 제품을 선호하기 때문에 지속적인 제품개선에 마케팅전략의 초점을 맞추어야 한다는 것이다.

제품품질과 개선은 마케팅전략의 핵심영역이나 제품 자체에만 초점을 맞추게 되면 마케팅근시안을 초래할 수 있다. 예를 들어, 어떤 제조업체들은 더 나은 제품을 만들 수 있다면 매출을 높일 것으로 생각한다. 그러나 소비자들은 더 나은 성능의 제품이 아니라 소비자들이 갖고 있는 문제를 해결해주는 제품을 원한다.

예를 들면 마케팅에서는 소비자가 드릴을 살 때 진정으로 원하는 것은 드릴 자체가 아니라 더 구체적인 4분의 1인치 짜리 구멍을 낼 수 있는 도구가 필요하다는 것이다.[3] 다시 말하면 드릴 자체는 구멍을 뚫겠다는 목적을 위한 수단인 것이다. 드릴 제조업자는 드릴을 제조하는 것이 주된 목적이 아니라 소비자가 원하는 크기의 구멍을 내는 도구를 제작하는 것임을 알아야 한다. 그렇지 않으면 사업이 실패할 수 있는 중대한 위험에 처할 수 있다.

또한 더 나은 성능을 가진 제품일지라도 매력적인 디자인, 포장, 가격이나 구매의 편리성을 충족시켜주지 못한다면 소비자들이 이를 선택할 가능성은 줄어든다. 제품을 원하는 사람들의 주의를 끌지 못하고, 더 나은 제품임을 소비자들에게 납득시킬 수 없다면 그 제품은 판매되지 않을 것이다.

농업 분야에서도 고품질 농산물 생산도 중요하지만 소비자가 진정으로 원하는 농산물이 무엇인지 고민할 필요가 있다. 예를 들면 사과와 배를 생산하고 있는 농가에서 제품 개념을 중요시하여 고품질의 사과, 배 생산에 집중하여 중량과 당도 중심으로 생산에 전념한다고 가정하자. 현재 한국 농식품 소비 트렌드에서 1~2인 가구의 증가는 굉장히 큰 부분을 차지하고 있다. 이를 반영하고 있는 문화가 혼술, 혼밥 문화인 것이다. 결론적으로 이 가정에는 다음과 같은 오류에 빠질 수 있는 가능성이 있다는 것이다. 혼자 사는 독신남녀들이 고품질로 생산된 큰 크기의 제수용 사과, 배를 1년에 몇 번이나 구매할 것인가? 또한 사회문화적 변화로 제사를 지내지 않는 가정도 늘어나고 있음을 고려해야 할 것이다.

▮ 판매개념

판매개념(selling concept)은 경쟁이 치열한 시장상황 속에서 판매·촉진 노력에 중점을 두는 판매지향적 마케팅 개념을 말한다. 판매개념은 이러한 판매·촉진 활동이 이루어지지 않으면 소비자들은 제품을 구매하지 않을 것이라는 개념이다. 특히 보험과 같은 비탐색재(unsought goods)는 평소에 구

---

3   Theodore Levitt(1962)를 인용. 원문: "People don't want to buy a quarter-inch drill. They want a quarter-inch hole!"

입에 대해 큰 생각을 하지 않는 제품들을 다루는 업체들에 의해 채택된다. 이러한 산업들은 가망고객(prospects)을 찾아내어 그들에게 제품편익에 대해 적극적으로 설득해야 하는 특성을 갖고 있다. 소비자는 가만히 있으면 구매를 충분히 하지 않기 때문에 기업은 적극적으로 판매를 촉진하는 활동을 전개해야 한다는 관리철학이다.

농산물은 인간의 생명유지를 위해 필수적인 재화이므로 판매개념에는 크게 해당되지 않는다고 보는 시각이 존재해 왔다. 하지만 시장개방으로 공급초과 현상이 발생하여 갈수록 경쟁이 치열한 환경 속에서 농업 분야의 판매 개념은 더욱 중요하게 부각될 것으로 보인다. 농산물 생산자단체들을 중심으로 대도시 등에서 이루어지는 판매·촉진 이벤트 등은 이러한 판매 개념의 적극적인 마케팅의 일환인 것이다.

이러한 판매개념에서 공격적인 판매방식은 상당한 위험을 수반하는데, 이는 장기적이고 수익성 있는 고객관계를 구축하기보다는 단기적으로 거래를 성사시키는 데 초점을 맞추기 때문이다. 이 개념을 수용하는 기업은 시장이 원하는 것을 만들기보다는 기업이 만든 것을 적극적인 영업활동을 통해 판매한다. 판매개념은 설득된 고객이 제품을 구매하면 그 제품을 좋아할 것으로 가정하거나 구입한 제품을 별로 좋아하지 않더라도 제품에 대한 실망감을 잊어버리고 그 제품을 다시 구매할 수도 있다고 가정한다. 이러한 생각은 대체로 기업에 부정적인 결과를 초래할 수 있다.

▌마케팅개념

마케팅개념은 소비자만족을 최우선으로 하는 소비자지향적 관리철학으로 목표시장의 욕구를 파악하고 경쟁자들보다 그들의 욕구를 더 잘 충족시켜야만 조직의 목표가 실현된다는 것을 말한다. 마케팅개념을 수용하는 기업은 고객에게 집중하고, 고객가치가 매출과 이익을 증대시키는 데 가장 중요하다고 생각한다. 생산한 것을 판매한다는 제품중심적 철학과 비교하면 마케팅개념은 고객욕구를 감지하고 이에 대응하는 고객중심적 철학을 가진다. 마케팅의 목표는 자사제품에 맞는 올바른 고객을 찾는 것이 아니라 자사고객을 위한 올바른 제품을 찾아내는 것이다.

농업 분야에서 마케팅개념의 실행은 고객이 표현한 욕구에 단순히 대응하는 것 이상의 노력을 말한다. 신선한 농산물을 빠르게 공급받고자 하는 소비자의 욕구를 포착하여 신선한 유기농 채소, 다이어트 식품, 반찬거리 등을 밤 11시까지 주문하면 다음 날 아침 7시에 배송해주는 샛별배송 서비스, 수요자 주문 기반 방식으로 도축 3일 이내의 신선한 축산물만을 판매하는 축산물 유통 스타트업, 단순히 식품을 파는 것이 아니라 음식 문화를 판다는 기치를 내걸고 프리미엄 친환경 식품을 온라인 판매하는 유형 등 농업 분야에도 다양한 창업 사례들이 등장하고 있다. 이와 같은 고객지향적 마케팅은 명확한 고객욕구가 존재하고 고객들이 자신의 욕구를 알고 있을 때 효과를 거둔다.

그림 13-4 판매개념과 마케팅개념의 비교

	출발점	초점	수단	목적
판매개념	농가	상품성	· 도매시장중심 · 이벤트성 판촉활동	농업수익 증대
마케팅개념	시장	고객 욕구	다양한 마케팅 활동	고객만족을 통한 브랜드 가치 제고

▎사회적 마케팅개념

사회적 마케팅개념은 소비자 욕구, 기업의 목표, 사회적 관계 간에 균형을 맞춘 마케팅 의사결정을 내려야 한다는 것을 말한다. 기업은 소비자 만족뿐 아니라 사회적 복지도 함께 추구해야 한다는 것으로, 사회적 마케팅개념은 마케팅개념이 소비자의 단기적 욕구와 장기적 복지 간의 상충관계 (conflicts)를 간과할 가능성에 대해 문제를 제기한다. 사회적 마케팅개념을 수용하는 기업은 마케팅 전략이 소비자와 사회의 복지를 모두 향상시키는 방식으로 고객에게 가치를 전달해야 한다고 주장한다.

사회적 마케팅개념을 더욱 확대시켜, 최근 들어 많은 업계 및 마케팅 선도자들은 공유가치(shared value) 개념을 주장하고 있는데, 이 개념은 경제적 욕구가 아니라 사회적 욕구가 시장을 정의한다고 본다. 많은 기업들이 사회와 기업성과 간의 공유점을 모색하기 위해 경제적 가치와 사회적 가치의 공유를 창출하기 위한 적극적 노력을 기울이기 시작했다. 그들은 단순히 단기적인 경제적 이득이 아니라 고객의 복지, 그들의 사업에 중요한 천연자원의 고갈방지, 주요 공급업체의 능력제고, 그들이 생산·판매하는 지역사회의 경제적 복리 등에 관심을 기울인다. 〈그림 13-5〉에서 보듯이, 농가(생산자단체)는 마케팅전략을 수립함에 있어 농가 소득 증대, 소비자 욕구, 그리고 사회적 관계 간의 균형이 필요하다. 농업 부문에서는 환경과 아름다운 경관의 보전, 식량 안보, 대기 정화, 수자원 함양과 홍수 조절 등의 다원적 기능(Multifunctionality)들이 큰 사회적 가치를 함의한다고 볼 수 있다.

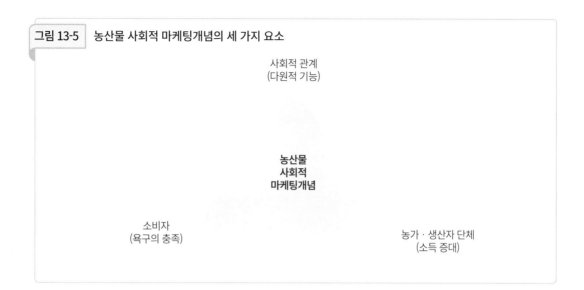

| 그림 13-5 | 농산물 사회적 마케팅개념의 세 가지 요소 |

사회적 관계
(다원적 기능)

농산물
사회적
마케팅개념

소비자
(욕구의 충족)

농가 · 생산자 단체
(소득 증대)

농산물 시장과 소비자

01 농산물 시장의 이해

오늘날의 시장(market)은 인류 경제활동의 기반이 된다. 현대 경제를 이해하기 위해서 시장에 대한 이해는 매우 중요하다. 시장이란 구매자와 판매자가 제품을 구매하고 판매하기 위해 모인 물리적인 장소이다. 경제학자들은 시장을 재화와 용역을 거래하는 구매자와 판매자들의 집합이라고 설명한다. 예를 들어 곡물시장은 곡물이라는 재화를 거래하기 위해 모인 구매자와 판매자들의 집합이다. 이렇게 시장은 제품의 실질적 구매자와 잠재적 구매자들의 집합으로 구매자들은 교환관계를 통해 충족될 수 있는 특정 욕구를 함께 가지고 있으며, 교환 및 관계라는 개념은 시장의 개념과 연결된다. 시장의 개념은 끊임없이 변화하는 동태적 개념으로 의미가 점차 확대되었다.[4] 즉, 시장은 물품의 매매가 이루어지는 교환의 장소이며, 같은 필요와 욕구를 충족시키는 제품들의 집합체이며, 제품거래를 광범위하게 수행하는 사람들과 조직의 집합을 의미한다고 볼 수 있다.

농산물 마케팅에서 시장이라는 용어는 여러 고객들의 세분화를 위해 일상적으로 사용된다. 예를 들면 소비자들의 욕구를 욕구 시장(다이어트 식품 시장), 제품 시장(쌀 시장), 인구통계적 시장(1인가구 시장), 지역적 시장(중국 시장) 등으로 세분화할 수 있을 것이다. 이러한 시장들을 관리하여 수익성 있는

---

4 Philip Kotler · Gary Armstrong · 안광호(2013), "마케팅 입문".

고객관계를 창출하는 것이 마케팅이라 할 수 있을 것이다. 그러나 이러한 관계를 창출하기 위해 마케터의 많은 노력이 요구된다. 농업에 있어서도 농산물 생산자 단체가 구매자를 탐색하고, 이들의 욕구를 파악, 생산에 반영한 후 적절한 채널을 선정하여 이를 유통시켜야 한다.[5] 이와 같이 시장조사, 커뮤니케이션, 가격결정, 서비스 등은 핵심적인 마케팅활동이다. 대개의 경우 마케팅은 판매자에 의해서만 수행되는 것으로 생각되지만, 구매자들도 마케팅을 수행한다. 산지유통인이 적절한 농가를 찾아 좋은 조건으로 농산물을 공급하도록 협상하는 것도 마케팅활동이다.

농산물 시장은 시장 개방과 대형 유통업체의 영향력 증대와 같은 변화를 겪어왔다. 농산물 마케터는 이러한 시장의 변화에 민감하게 대응하여 제반 마케팅 활동을 관리할 수 있어야 한다. 예를 들면 마케터는 생산 이전에 소비자들이 어떤 농산물을 선호하며 어떻게 구매하는지에 대한 사전 조사가 충분히 필요하다. 또한 동일한 농산물을 생산하는 다른 농가는 어떻게 생산하는지, 해외에서 수입되는 동일한 농산물은 어떤 차이가 있으며 이를 어떻게 차별화할 것인가를 고민해야 할 것이다. 이러한 시장조사의 과정을 통해 위험을 최소화할 수 있어야 한다.

02 소비자 행동의 이해

▎소비자 욕구의 이해

마케팅에서 가장 기초적인 개념이 인간의 욕구이다. 사람의 본원적 욕구(needs)란 결핍을 지각하는 상태를 말한다. 인간의 본원적 욕구는 먹을거리와 의복, 따뜻함과 안전을 원하는 생리적(physical) 욕구로부터 소속감과 애정을 원하는 사회적(social) 욕구, 지식을 쌓고 자기표현을 추구하는 개인적(individual) 욕구에 이르기까지 다양한 형태를 띤다.

구체적(수단적) 욕구(wants)는 문화와 개인의 개성적 특성의 영향을 받아 형성된 욕구의 구체적 형태를 말한다. 예를 들면 한국 소비자들은 음식에 대한 본원적 욕구(needs)가 발생되면 설렁탕, 비빔밥 등의 구체적 욕구(wants)를 갖는다. 이에 반해 미국 소비자들은 햄버거, 프렌치프라이, 청량음료 등의 구체적(수단적) 욕구를 갖는다. 구체적 욕구는 그 소비자가 속한 사회에 의해 형성되며 본원적 욕구를 충족시키는 구체적 수단을 의미한다. 이러한 구체적 욕구가 수요(Demands)로 연결되기 위해서는 소비자가 구매력을 가져야만 한다. 농산물 수요는 구매력을 가질 때 유효하기 때문이다.

마케팅역량이 탁월한 기업은 고객의 본원적 욕구, 구체적 욕구, 그리고 수요를 파악하기 위해 최선의 노력을 다한다. 그들은 고객조사를 통해 수집된 고객자료를 세밀하게 분석한다. 그리고 조직의 전 구성원들이 고객을 이해하기 위해 노력한다. 예를 들어 국내 식품기업 C사에서는 대표이사를 비롯한 각 부서 임원, 책임자들이 정기적으로 고객센터에서 상담원으로 근무하며 직접 생생한 현장의

---

5 농가의 영세성으로 생산자 단체의 몫임.

목소리를 듣는다. 이는 각 부서의 협력으로 이어지고 소비자의 요구에 발 빠르게 대응하는 원동력이
되기도 한다.

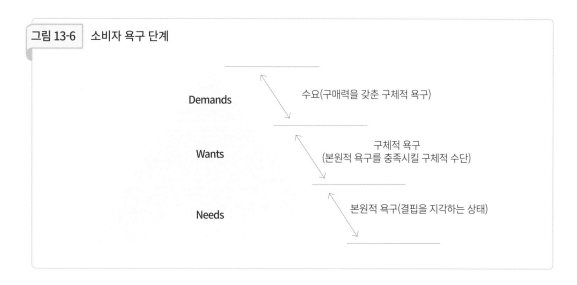

그림 13-6 소비자 욕구 단계

이와 같이 마케터는 시장, 고객, 기술 등에서 일어나는 변화의 트렌드를 파악하기 위해 끊임없이
시장과 고객에 산재돼 있는 다양한 정보와 마케팅 현상의 본질을 이해하려고 노력해야 한다. 각종 관
련 보고서나 컨설팅회사에서 제공해 주는 자료를 보는 것도 큰 그림을 이해하고 고객욕구와 가치의
변화추세를 파악하는 데 도움이 되지만, 이보다 더 중요한 일은 마케터의 눈으로 고객과 시장을 끊임
없이 관찰하는 것이다.

소비자의 욕구를 충족시켜주는 것이 시장제공물이다. 시장제공물(market offering)은 고객의 욕구
를 충족시키기 위한 제품, 서비스, 정보, 혹은 경험을 말한다. 시장제공물은 유형적 제품뿐만 아니라,
판매과정에서 제공되는 무형적 활동과 서비스도 포함한다. 예를 들어 금융, 법률, 항공, 숙박 등의 서
비스도 시장제공물에 해당된다. 이와 같이 넓은 의미에서 시장제공물은 개인, 장소, 조직, 정보, 아이
디어 등을 포함한다.

농업분야에서는 많은 농가들이 고객에게 제공될 구체적 제품에만 주의를 기울이고 그 제품에 의
해 고객이 얻게 될 편익과 경험의 중요성을 소홀히 여기는 마케팅근시안(marketing myopia)의 실수
를 보이기도 한다. 이들은 이러한 마케팅근시안으로 인해 농업인들은 마케팅 성과를 높이는 데 어려
움을 겪는다. 농가 호당 경지면적이 180ha[6]에 이르는 미국과 비교해 볼 때 우리나라는 농가 호당 경
지면적이 1.54ha수준으로 영세하며, 다품목 소량생산 구조를 갖고 있다. 이러한 특성 때문에 마케팅
활동과 관련한 어려움은 당연한 것일 수밖에 없다. 따라서 그 대안으로 농업 법인, 농협과 같은 생산

6 통계청, USDA(미국 농무부) 2015년 기준 자료 인용.

자 단체, 공동마케팅조직 등 다양한 형태의 조직화 및 규모화를 추구하고 이들의 마케팅 역량을 강화해 나가야 할 것이다.

소비자 구매의사결정 과정

소비자 행동은 소비자가 제품과 서비스를 구매할 때 수행하는 인지적 판단과 신체적 활동이다. 제품을 구매하는 행동 외에도 제품을 구매하기 위해 정보를 수집하고, 경쟁사의 제품과 이를 비교해보고, 지인에게 사용경험을 추천하는 행동들을 모두 포함한다. 소비자 행동이 중요한 이유는 다양한 소비자의 욕구를 파악하여 이를 만족시킬 수 있는 마케팅 전략을 계획하고 실행하는 것이 마케팅의 기본이기 때문이다. 기업들은 소비자를 이해하고 잠재적인 소비자의 욕구를 파악하여 상품화하기 위해 소비자 행동을 분석한다. 소비자의 구매의사결정 과정은 〈그림 13-7〉과 같이 나타낼 수 있다.

첫 번째 단계는 문제 인식으로 냉장고에서 빈 우유팩을 발견한다든지, 배고픔과 같은 내적 동기가 활성화되어 이상적 상황과 실제 상황간의 차이를 인지하여 구매욕구가 발생하는 단계이다. 이 단계에서 소비자는 욕구를 인지하고 구매를 통하여 그 욕구를 해결하고자 하므로 마케터는 소비자의 잠재욕구를 활성화할 수 있도록 소비자의 문제인식을 자극해야 한다. 두 번째 단계는 정보 탐색으로 소비자가 상품 및 구매에 관한 정보를 얻으려 노력하는 단계이다. 소비자가 자주 먹는 우유 브랜드가 있다면 과거의 브랜드 경험에 관한 기억을 살펴보고 내적 탐색만으로 구매의사결정을 내리게 된다. 그러나 내적탐색만으로 충분하지 않다면 새로운 정보를 얻기 위해 외적탐색을 수행할 수 있다. 친구에게 물어보는 개인적 원천을 활용할 수도 있고, 컨슈머 리포트를 찾아보는 공적 원천을 활용할 수도 있다. 세 번째 단계는 대안 평가로 정보 탐색을 통해 도출된 상품들을 평가하는 단계이다. 상품의 크기, 디자인, 가격 등 다양한 기준에 의해 평가를 하며, 소비자마다 중요시하는 평가 요소가 다르게 나타난다. 네 번째 단계는 구매 행동으로 실질적인 구매의사를 결정하는 단계이다. 이 단계에서 구체적인 브랜드와 제품, 그리고 구매 장소와 구매 방식 등을 결정한다. 마지막 다섯 번째 단계는 구매 후 행동 단계이다. 소비자는 자신이 구입한 상품으로부터 지각된 효용과 기대했던 효용을 비교하게 된다. 기대보다 더 높은 효용을 얻었다고 판단하면 만족하고, 그 반대의 경우는 불만족하여 심리적 부조화를 느끼게 된다. 기대보다 더 높은 효용을 얻었다고 판단되었을 경우 그 제품에 대한 선호도와 재구매의도가 높아지게 될 것이다.

그림 13-7　소비자 구매의사결정 과정

문제 인식 → 정보 탐색 → 대안 평가 → 구매 행동 → 구매 후 행동

▌ 소비자 행동의 영향요인

① 사회·문화적 요인

사회·문화적 요인은 소비자 구매의사결정에 폭넓게 영향을 미치는 요소이다. 사회·문화적 요인에 의해 국가마다 농축산물 소비 구조가 다르게 나타난다. 예를 들어 미국은 초기 영국 음식 문화가 토대가 되었으나 세계 각지에서 이주한 사람들로 인해 여러 민족의 음식 문화가 혼합되어 다양한 음식 문화가 발달했다. 이슬람 문화권에서는 돼지고기를 먹지 않고 혐오식품으로 인식하는데, 종교적인 금기시와 그 저변에는 유목 생활에 돼지를 몰고 다닐 수 없다는 문화적 특성이 포함되어 있다. 이와 같이 사회·문화적 영향은 사회계층, 준거집단, 가족, 문화, 하위문화를 포함한다.

사회계층은 한 사회 내에서 같은 기준으로 동등한 지위에 있는 사람들로 구성된 집단으로 직업, 소득, 교육수준 등에 따라 결정된다. 일반적으로 같은 사회계층에 있는 소비자들은 유사한 필요와 욕구를 가지게 된다. 준거집단은 개인이 자아평가의 근거로 삼거나 개인적 기준의 원천으로 삼는 사람들이다. 가족은 탄생에서부터 사망에 이르는 과정을 갖는 가족수명주기, 소비자로서 기능하기 위해 필요한 지식, 태도를 획득하는 과정 등 소비자 사회화와 같이 소비자 행동에 영향을 미친다. 문화는 소비자가 속해 있는 국가나 사회의 구성원들이 공유하는 관습, 가치관, 도덕 등을 총칭하며 여러 시대를 거치며 변화되어온 생활방식이다. 따라서 문화는 사회구성원들에 의해 공유되어 소비자 행동의 규범을 제공한다.

② 상황적 요인

상황적 요인은 특정한 시간과 장소의 상황에서 발생한 상태나 조건이 소비자 행동에 영향을 미치는 것을 말한다. 상품이나 서비스를 판매하는 매장의 실내장식, 음악, 혼잡성과 같은 물리적 환경은 구매의사결정 방식에 영향을 미친다. 또한 상권의 크기, 유동인구, 교통의 편리성과 같은 상점의 입지도 영향을 미칠 것이다. 소비상황에 따라서도 소비자들은 상이한 의사결정과 행동을 한다. 예를 들어 평소에는 팝콘과 콜라를 잘 먹지 않는 사람도 영화관에서는 이를 구매하는 경우가 많다. 또한 피서지에서 술과 삼겹살을 구입하는 경우 가격 등 구매조건이 불리함에도 이를 구입하는 경우가 많다. 이와 같이 소비자가 처한 상황에 따라 구매의사결정도 달라진다.

③ 심리적 요인

심리적 요인은 동기, 학습, 태도 등이 소비자 구매와 결정에 영향을 미치는 것을 말한다. 동기는 소비자 행동을 수행하도록 만드는 활력소로 소비자의 욕구(needs)를 충족하기 위해서 소비자 행동이 일어나게 만드는 요인이다. 미국의 심리학자 Maslow는 욕구계층이론을 통해 인간의 욕구를 〈그림 13-8〉과 같이 설명했다.

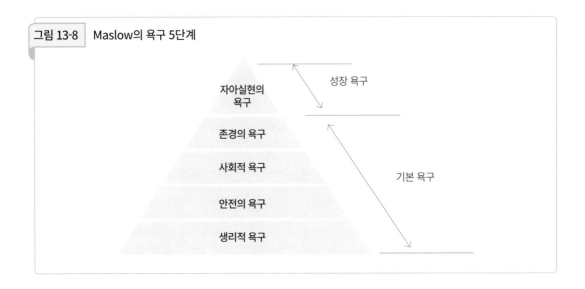

그림 13-8 Maslow의 욕구 5단계

자아실현의
욕구

존경의 욕구

사회적 욕구

안전의 욕구

생리적 욕구

성장 욕구

기본 욕구

생리적 욕구는 인간의 삶에서 기본적으로 요구되는 배고픔, 갈증, 수면욕 등을 말한다. 안전의 욕구는 안전과 보호받고자 하는 욕구이며, 사회적 욕구는 애정과 공감의 욕구라고도 한다. 이는 사람들과 상호 교류를 하며 특정집단에 소속되고자 하는 욕구를 말한다. 존경의 욕구는 출세나 성공을 통해 타인으로부터 존경받고자 하는 욕구이다. 이를 통해 소속된 곳에서 명예나 권력을 누리려는 욕구이다. 마지막으로 자아실현의 욕구이다. 자신이 가진 능력과 잠재력을 발휘하여 자신이 이룰 수 있는 완전한 인격체를 실현하고자 하는 욕구로 최고수준의 욕구이다. 인간은 욕구가 충족되지 않을 경우 욕구를 해소하기 위해 동기가 촉발된다. 배가 고플 때 배고픔을 해결하기 위한 생리적 욕구로 식품을 구매하고자 하는 것이다.

소비자 행동의 상당 부분은 학습을 통해 이루어지는데 학습을 통해 소비자의 신념과 태도 및 행동이 변화된다. 행동적 학습은 반복 노출된 상황에 대해 자동적으로 반응이 형성되는 것으로, 예를 들어 광고에 사용된 배경음악을 듣고 즐거움을 느끼게 되고 자신도 모르게 이런 호의적인 감정이 제품에 전이된다는 것이다. 인지적 학습은 소비자가 여러 가지 대안에 관한 정보를 접하고 처리하여 기존의 소비자의 신념과 통합하는 적극적인 과정이다. 두 개 이상의 아이디어를 연관시키거나 다른 사람들의 행동을 관찰하여 자신에게 적용하는 것 등이다. 태도는 대상에 대해 일관성 있게 나타나는 호의적 혹은 비호의적인 선호경향이다. 태도는 방향성을 가지고 호의적 혹은 비호의적인 방향으로 나타난다. 또한, 태도는 일관적이므로 한번 형성된 태도는 쉽게 바뀌지 않는다. 따라서 특정 브랜드에 대한 호의적인 태도는 그 상품의 구매의도와도 깊은 관련이 있게 된다.

그림 13-9 소비자 구매의사결정 영향 요인

사회 · 문화적 요인	상황적 요인	심리적 요인	개인적 요인
사회계층 준거집단 가족, 문화	소비상황 구매상황 커뮤니케이션 상황	동기, 학습, 태도	인구통계적 요인 라이프스타일 개성
고급레스토랑 유기농산물	피서지 고가의 삼겹살	농촌체험 브랜드 선호	특정브랜드 (햇사레 복숭아)

자극

제품, 유통,
가격, 촉진,
경쟁사 마케팅 전략

의사결정과정

문제인식
정보탐색
대안평가
구매행동
구매 후 평가

반응

상품선택
점포선택
구매시기 결정
구매량 결정

④ 개인적 요인

개인적 요인에는 인구통계적 요인, 라이프스타일, 개성 등이 있다. 인구통계적 요인은 연령, 성별, 소득, 직업 등으로 마케팅 관리에서 활용도가 높은 중요한 요인이다. 라이프스타일은 특정집단이나 개인이 가지고 있는 생활양식으로 나이, 성별, 직업 등 개인의 전반적인 프로필을 집약적으로 나타낸다. 라이프스타일을 측정하는 도구로는 AIO(attitude, interest, opinion)가 자주 이용된다. 이러한 라이프스타일은 시간이 흐름에 따라 필연적으로 변하게 된다. 예를 들어 취업을 하거나 결혼을 하게 되면 개인의 라이프스타일은 크게 바뀌게 될 것이다. 개성은 외부환경으로부터 받는 자극에 대해 일관적인 패턴으로 지속적인 반응을 일으키는 심리적 특성이다. 개성은 특정 제품이나 브랜드를 선택하는 소비자 행동을 설명하고 예측하는 데 도움이 된다. 개성은 지속적으로 유지되지만 개인의 삶에서 중요한 일을 겪거나 점진적으로 나이를 먹으면서 변화하기도 한다.

마케터는 일반소비자, 경쟁사, 시장에서 일어나는 것 등에 관한 마케팅 인텔리전스 정보뿐 아니라 종종 특정 마케팅 상황과 의사결정에 필요한 고객 및 시장 통찰력을 제공하는 공식적인 조치를 필요로 한다. 마케팅 조사는 조직이 직면한 특정 마케팅 상황과 관련된 자료를 얻기 위해 이루어지는 체계적인 조사설계, 자료수집, 자료분석, 보고서 작성 등의 활동이다.

기업은 다양한 상황에서 마케팅 조사를 활용한다. 예를 들어, 마케팅 조사는 마케터들에게 고객의 구매동기, 구매행동, 만족·불만족에 대한 통찰력을 제공한다. 또한 마케팅 조사는 그들이 시장잠재력과 시장점유율을 평가하거나 가격, 제품, 유통 및 촉진활동의 효과성을 측정하는 데 도움을 준다. 대기업들은 자체 조사부서를 갖추고 있으며, 이들은 마케팅 조사 프로젝트를 위해 마케팅 관리자와 함께 일한다.

하지만 농가에서는 개별적으로 이러한 마케팅 과정을 진행할 수는 없기 때문에 농업협동조합과 같은 조직화를 통해 마케팅 활동을 수행하는 것이 효율적이다. 우리가 잘 아는 브랜드인 썬키스트(Sunkist)는 미국 최대의 오렌지 협동조합으로 농식품 분야에서 대표적인 마케팅 성공 사례로 인식되고 있다.

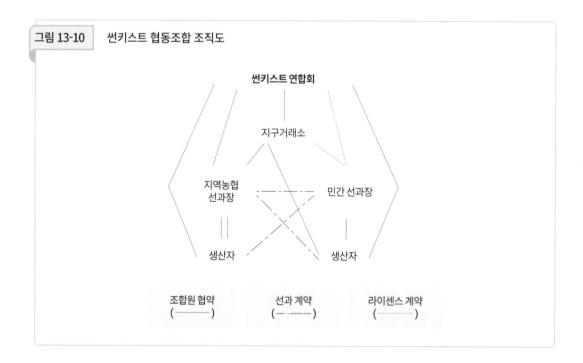

그림 13-10 썬키스트 협동조합 조직도

썬키스트의 내부 조직인 생산자 조합원은 품종과 재배면적을 결정하며 지역농협 선과장이나 민간 선과장으로 전량을 출하하고, 선과장은 농산물의 수확, 수송, 선별, 포장 등 대부분의 기능을 수행한다. 지구거래소는 수·발주 광역센터로서 시장 정보를 전달하고 발주량과 출하량을 조정하는 역할을 담당한다. 썬키스트연합회에서는 판매와 마케팅 기능 이외에 수출 시장 관리, 브랜드 관리와 라이선싱, 광고, 시장교섭 등의 기능을 수행하고 있다. 이러한 마케팅 활동의 결과로 썬키스트라는 브랜드는 전 세계적으로 인지도가 높고 소비자들의 사랑을 받고 있다. 썬키스트 협동조합의 조직도는 〈그림 13-10〉에 나타나 있다.

일반적으로 마케팅 조사 과정은 마케팅 조사 문제의 정의와 조사목적 설정, 조사계획의 수립, 조사계획의 실행, 결과의 해석과 보고서 작성과 같이 네 단계로 구성되며 〈그림 13-11〉에 나타나 있다.

그림 13-11   마케팅 조사 과정

마케팅 조사 문제 정의 및 조사목적 설정 → 정보수집을 위한 조사계획의 수립 → 조사계획의 실행 데이터 수집·분석 → 자료 분석과 보고서 작성

01 마케팅 조사문제 정의와 목적 설정

마케팅 조사 과정의 첫 단계로 조사하고자 하는 문제를 정의하고, 조사목적을 설정해야 한다. 처음부터 문제에 대한 정의를 잘못하거나, 광범위하게 설정한다면 의사결정이 잘못될 수 있고 오랜 조사기간이 소요되어 시의성에 문제가 생기기도 하며 과도한 비용을 수반하게 된다. 조사비용과 조사인력은 한정되어 있으므로 최적의 마케팅 대안을 도출하기 위해서는 정의와 목적 설정이 올바르게 되어야 한다.

마케팅 조사 프로젝트는 그 목적에 따라 탐색적 조사, 기술적 조사, 인과적 조사 등의 세 가지 유형으로 구분된다. 탐색적 조사의 목적은 문제를 정의하고 농산물 마케팅전략과 믹스변수의 효과 등에 관한 가설을 세우는 데 도움이 되는 농산물 관련 사전정보를 수집하는 것이다. 기술적 조사는 농산물의 시장잠재력, 농산물을 구매하는 소비자의 인구통계적 특성과 태도 등과 같은 마케팅현황과 관련된 사실을 수집하는 것이다. 마지막으로 인과적 조사는 원인과 결과 간의 관계에 관한 가설을 개발하고 자료를 수집해 이를 검증하는 것이다. 마케팅관리자는 종종 탐색조사를 먼저 시작해 마케팅 문제를 정확히 이해한 후, 이를 토대로 기술적 조사나 인과적 조사를 진행하기도 한다.

02 조사계획의 수립

조사문제와 조사목적이 결정되면, 조사자는 필요로 하는 정확한 정보가 무엇인지를 결정하고, 이를 효율적으로 수집하기 위한 조사계획을 수립하고 관리자에게 그 계획을 제시해야 한다. 조사계획은 기존자료의 정보원천을 정리해 제시하고, 새로운 자료를 수집하기 위하여 사용될 조사방식, 응답자 접촉방법, 표본추출계획, 자료수집도구(가령 설문지 이용) 등에 대해 기술한다.

조사계획은 제안서의 형태로 제시되어야 한다. 조사 프로젝트의 규모가 크고 복잡할 때 또는 외부회사가 이를 수행할 때 제안서는 특히 중요하다. 제안서에는 경영상의 문제점, 조사목적 및 수집할 정보, 그리고 조사결과가 관리자의 의사결정에 어떻게 도움이 되는지 등이 기술되어야 한다. 또는 제안서에는 추정조사비용도 포함되어야 한다. 관리자의 정보욕구를 충족시키기 위해 조사계획은 1차 자료, 2차 자료, 또는 두 자료 모두의 수집을 원할 수 있다. 2차 자료는 다른 기관에서 자신들의 조사목적에 따라 이미 만들어 놓은 자료로, 다른 목적으로 수집되어 어디엔가 존재하는 정보이다. 1차 자료는 조사자가 현재 수행중인 조사목적을 달성하기 위하여 직접 수집한 자료로, 당면한 특정 목적을 성취하기 위해 수집되는 정보이다.

▌2차 자료의 수집

통상 조사자는 2차 자료의 수집으로 조사를 시작한다. 통계청에서 제공하는 데이터베이스, 농림축산식품부, 한국농수산식품유통공사에서 제공하는 식품산업통계 등이 해당된다. 또한 2차 자료를 개발해 판매하는 다양한 외부정보 원천을 이용할 수 있다. 마케팅 조사자는 상업적인 온라인 데이터베이스를 이용하여 2차 자료 정보원천을 직접 탐색할 수 있는데, 비용이 들기는 하지만 마케팅 의사결정에 적절한 정보원천을 찾는 데 큰 도움이 될 수 있다. 또한 잘 구조화된 인터넷 검색엔진을 통한 자료 수집은 좋은 출발일 수 있으나 자료의 질적 측면에서 비효율적일 수 있다. 2차 자료는 1차 자료보다 더 빨리 그리고 더 저렴한 비용으로 수집될 수 있다. 또한 2차 자료의 정보원천은 때때로 개별기업이 자체적으로 수집할 수 없거나, 수집하는 데 비용이 너무 많이 드는 정보를 제공할 수 있다. 2차 자료는 또한 문제점도 가지고 있는데, 조사자는 2차 자료를 통해 원하는 모든 자료를 확보할 수 없다는 것이다. 따라서 조사자는 2차 자료가 조사 프로젝트의 목적에 맞는지, 신뢰성 있게 수집되었는지, 최신의 정보인지 등을 확인함으로써 신중하게 평가해야 한다.

▌1차 자료의 수집

2차 자료는 마케팅 조사를 하는 데 좋은 출발점이 되고, 조사문제와 조사목적을 정의하는 데 도움을 준다. 그러나 대부분의 경우 기업들은 당면한 마케팅 의사결정을 위해 1차 자료 수집을 필요로 한다. 1차 자료 수집을 위해서는 조사접근방식, 응답자 접촉방법, 표본추출계획, 조사도구(응답자 측정도구) 등에 대한 의사결정이 요구된다.

표 13-1　1차 자료 수집에 대한 계획수립

조사접근방식	접촉방법	표본추출	조사도구
관찰조사	우편	표본추출 단위	설문지
설문조사	전화	표본 크기	기계적 도구
실험조사	개인면접	표본추출 절차	
	온라인		

표 13-2　1차자료 수집 조사방식

관찰조사	· 조사대상으로 적절한 사람, 행동, 상황을 관찰함으로써 1차 자료를 수집(대형 마트는 고객, 통행량 패턴, 점포 주변 환경, 경쟁점포의 위치 등을 조사) · 소비자행동을 관찰
설문조사	· 1차 자료를 수집하기 위해 가장 많이 사용되며 기술적인 정보를 수집하는 데 가장 적합(식생활 소비 행태 패턴 설문조사) · 다양한 상황에서 다양한 정보 획득 가능 · 전화, 우편, 대인면접, 웹 등을 이용해 수행됨
실험조사	· 인과관계적 정보를 수집하는 데 가장 적합 · 원인과 결과 간의 관계를 설명하는 것이 목적

표 13-3　정보수집 접촉방법

우편	· 응답자당 적은 비용으로 많은 양의 정보를 수집하기 위하여 사용 · 자료를 수집하는 데 시간이 많이 걸리고, 응답률이 낮은 경향 · 설문지 응답자를 통제하기 어려운 경우가 종종 발생
전화	· 정보를 빨리 수집할 필요가 있을 때 가장 좋은 방법 · 응답률은 통상 우편설문지보다 높은 경향이 있고, 면접자는 원하는 특징을 갖춘 응답자와 전화면접 요청이 가능 · 비용이 우편설문을 이용하는 경우에 비해 높고, 사람들은 면접자와 개인적인 문제를 얘기하고 싶지 않을 경우 면접자 편견이 발생 · 전화 거부사례
대인면접	· 개인면접과 집단면접의 두 가지 형태 · 개인면접은 집, 직장, 길, 또는 쇼핑몰과 같은 곳에서 사람들과 만나 이야기를 나누는 것 · 집단면접은 훈련된 사회자가 여러명을 초청하여 이들과 식품, 서비스, 또는 기관에 대해 이야기를 나누는 것
온라인	· 인터넷은 마케팅 서베이를 통해 자료를 수집하는 정량적 조사에 특히 적합 · 온라인 마케팅 조사를 통해 1차 자료를 수집하는 경우가 증가 · 빠른 속도와 저렴한 비용이 장점 · 전통적인 전화 또는 우편 서베이조사에 비해 더 상호작용적이면서 참여적 · 누가 온라인 표본에 포함될지를 통제하기 어려움

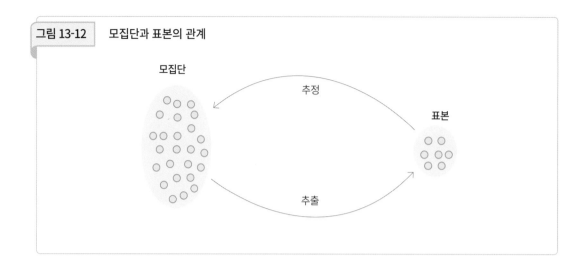

그림 13-12 　모집단과 표본의 관계

모집단

추정

표본

추출

① 조사접근방식

1차자료를 수집하기 위한 조사방식에는 관찰조사, 설문조사, 실험이 있으며 원하는 정보는 우편, 전화, 대인면접 또는 온라인 접촉을 통해 수집된다.

② 표본추출계획

마케팅 조사자는 일반적으로 전체 조사대상자들로 구성된 모집단에서 추출된 적은 수의 표본을 조사해서 얻은 결과를 토대로 전체 모집단의 특성을 추정한다. 표본(sample)은 전체 모집단을 대표할 수 있도록 조사자에 의해 선정된 모집단의 일부분이다. 이상적인 표본은 모집단 전체 구성원들의 생각과 행동을 정밀하게 추정할 수 있도록 모집단을 대표할 수 있어야 한다. 조사할 대상을 결정하고, 얼마나 많은 사람들을 조사할 것인지 표본 크기에 대해 결정하고, 표본 구성원을 어떻게 선정할 것인가 하는 표본추출 절차를 결정해야 한다. 표본추출 방식에 따라 비용과 소요시간, 자료수집의 정확성과 통계적 특성이 달라지므로 어떤 방식이 최선인지는 조사 프로젝트의 목적에 달려 있다.

③ 조사도구

1차 자료를 수집함에 있어서 조사자는 설문지에 답하게 된다. 설문지는 지금까지 가장 많이 사용되어 온 조사도구로서, 대면접촉 혹은 전화나 온라인을 통해서 진행된다. 설문지는 다양한 방식으로 실행될 수 있다는 점에서 유연성이 높다. 선택형 질문은 응답자들이 자신이 원하는 방식으로 응답할 수 있는 질문유형이다. 개방형 질문은 응답자들이 자신이 원하는 방식으로 응답할 수 있는 질문유형이다. 개방형 질문은 응답자의 자유로운 응답을 허용하기 때문에 선택형 질문에 비해 더 많은 정보를 얻을 수 있게 한다. 개방형 질문은 탐색적 조사에서 특히 유용하게 사용될 수 있다. 한편 선택형 질문은 제공된 항목에서 응답자가 선택할 수 있는 방식으로 신속한 응답이 가능하며 응답결과에 대한 코딩이 쉬운 장점이 있다.

03 조사계획의 실행

마케팅 조사의 다음 단계로 조사자는 수립한 계획에 따라 실제로 자료를 수집해야 한다. 이 과정은 정보를 수집하고 처리하고 분석하는 것을 포함한다. 전 과정 중에 비용이 가장 많이 소요되고, 오류가 생기기 쉬운 단계이므로 많은 주의가 필요한 단계이다. 조사자는 계획이 올바로 진행될 수 있도록 그 과정을 꼼꼼히 살펴야 한다. 조사자는 응답자를 접촉하는 과정에서 발생되는 문제점, 즉 응답자가 협조하지 않으려 하거나 왜곡된 응답을 함으로 인해 발생될 조사 참가자 응답의 낮은 질적 수준, 그리고 선발된 면접 조사자들이 실수를 하거나 면접을 간소화하려는 문제가 발생하지 않도록 철저한 훈련이 필요하다.

조사자는 또한 중요한 정보와 시장 통찰력을 이끌어 내기 위해 수집된 자료를 처리하고 분석한다. 그들은 정확도와 완성도를 높이기 위해 자료를 확인하고, 분석을 위한 코딩작업을 진행한다. 다음으로 조사자는 조사결과를 도표화하고 통계적인 측정치를 계산한다. 오늘날에는 인터넷의 발달로 마케팅 조사 자료의 수집 방법도 매우 빠르게 변화하고 있다. 직접 조사원을 활용하지 않고도 인터넷을 활용하여 좀 더 쉽게 자료를 수집하기도 한다.

04 자료 분석과 보고서 작성

마지막 단계로 조사자는 수집된 자료를 분석하고, 이를 해석하여 결론을 도출하여 관리자에게 그 결과를 보고해야 한다. 조사자는 관리자가 직면한 주요 의사결정에 도움이 될 주요 사항과 통찰력을 제시해야 한다. 관리자는 조사결과에 대한 해석을 조사자에게만 맡겨서는 안 된다. 그들은 조사설계와 통계의 전문가이고, 마케팅관리자는 마케팅문제와 그와 관련된 의사결정에 대해 더 잘 알고 있다. 만일 관리자가 조사자의 잘못된 해석을 여과 과정없이 받아들인다면 아무리 훌륭한 조사라도 별 의미가 없게 된다. 이와 유사하게 관리자는 편견을 가지고 결과를 받아들일 수 있다. 관리자는 기대했던 것을 보여 주는 조사결과는 수용하고, 기대하지 않았거나 원하지 않는 결과는 거부하는 경향이 있다. 동일한 분석결과도 사람마다 다르게 해석할 수 있으므로 주의 깊은 해석이 필요한 것이다. 이렇게 조사결과는 여러 가지 방식으로 해석될 수 있기 때문에 조사자와 관리자는 토론을 통해 가장 우수한 해석을 이끌어 낼 수 있도록 노력해야 한다. 따라서 관리자와 조사자는 조사결과를 해석할 때 서로 긴밀하게 협조하고, 조사과정과 이에 기반한 의사결정에 대해 책임을 공유하는 것이 필요하다.

그림 13-13	마케팅 조사 분석 처리 과정

자료확인 → 코딩 → 도표화 → 측정치 계산 → 분석 → 보고서 작성

SECTION 04 농산물 마케팅전략 수립

01 마케팅전략과 마케팅믹스

마케팅전략은 마케팅활동을 통해 기업의 사명과 미션을 달성할 수 있어야 한다. 마케팅의 역할과 마케팅활동은 〈그림 13-14〉에 나타나 있는데, 이는 고객지향적 마케팅전략과 마케팅믹스를 관리하기 위해 수행되는 주요 활동을 요약한 것이다.

고객은 마케팅활동의 중심에 위치한다. 마케팅의 핵심은 고객가치와 수익성 있는 고객관계를 창출하기 위한 활동이다. 마케터는 이러한 목표를 달성하기 위해 마케팅전략(marketing strategy)을 수립하게 되는데, 마케팅전략은 고객가치 창출과 수익성 있는 고객관계 구축을 위해 마케팅활동의 방향을 설정하는 것이다. 구체적으로 표현하면 어떤 고객을 대상으로 하고(시장세분화), 고객을 위해 어떻게 가치를 창출할 것인지(차별화 포지셔닝)를 결정하는 것이다. 이렇게 마케터는 시장의 범위를 파악하고, 그 시장을 유사한 특성을 가진 세분화된 시장들로 나눈 후 자사의 목표와 자원을 고려하여 가장 매력적인 세분시장을 선택하고, 그 세분시장 내 고객을 만족시킬 수 있는 방안을 강구해야 한다.

기업은 마케팅전략에 근거하여 통합적 마케팅믹스 프로그램을 설계하는데, 마케팅믹스는 마케터가 통제할 수 있는 수단인 제품(product), 가격(price), 유통(place), 촉진(promotion)으로 구성된다. 마케팅믹스란 목표시장 안에서 마케팅 목표를 달성하기 위해 기업이 활용할 수 있는 도구들의 집합으로 4P라고 부르기도 한다. 마케팅전략이 성공하려면 그 전략에 맞게 4P가 적절히 조합된 마케팅 믹스가 필요하다. 즉, 기업은 마케팅 전략과 목표시장, 포지셔닝에 맞게 상품 및 서비스를 기획하는 것뿐 아니라, 가격전략과 마케팅 커뮤니케이션 전략, 유통계획으로 고객을 사로잡아야 한다. 최적의 마케팅전략과 마케팅믹스를 개발하기 위해 마케터는 마케팅관리기능을 잘 수행해야 하는데, 주요 마케팅관리기능은 마케팅 분석, 마케팅계획수립, 마케팅 실행, 마케팅 통제로 구성된다.

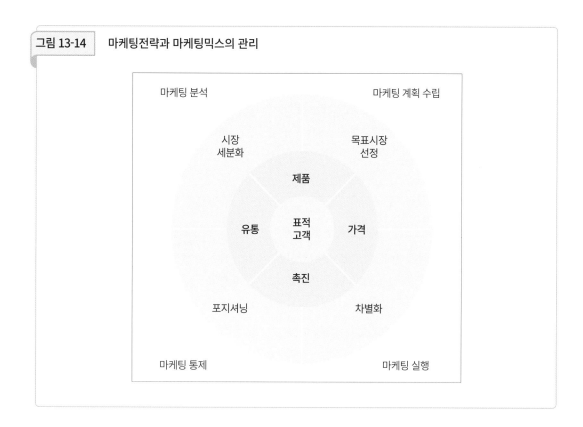

그림 13-14 마케팅전략과 마케팅믹스의 관리

마케팅 분석   마케팅 계획 수립

            시장   목표시장
            세분화   선정

                      제품

              유통   표적   가격
                     고객

                      촉진

        포지셔닝   차별화

마케팅 통제   마케팅 실행

02 마케팅전략의 수립

　기업들은 치열한 경쟁에서 살아남기 위해 신규고객과 함께 경쟁사로부터 고객을 획득하고, 이들에게 더 많은 가치를 제공함으로써 고객을 만족시킬 수 있어야 한다. 고객 만족을 위한 출발은 고객들의 욕구를 제대로 이해하는 것으로부터 시작된다. 훌륭한 마케팅 전략 수립은 신중한 고객분석을 통해 훌륭한 마케팅전략 수립이 가능하다.

표 13-4 STP전략의 단계별 주요 활동

STP 전략	단계별 주요 활동	[예시] 전통 장류 산업
시장 세분화	· 시장세분화 기준 선택 · 시장 세분화와 전략 수립	· 연령(50세 이상)
목표시장 선정	· 각 세분시장 매력도 평가 · 목표 세분시장의 선택	· 중산층 이상
차별화 포지셔닝	· 시장제공물의 차별화 · 세분시장 내 경쟁적 포지션 구축 · 목표고객들과 커뮤니케이션 강화	· 건강 기능성

기업들이 모든 소비자를 대상으로 마케팅활동을 수행하는 것은 비효율성을 가져올 수 있다. 시장에는 다양한 소비자들이 존재하므로 모든 시장의 고객욕구를 다른 세분시장의 고객에게 충족시킬 수는 없다. 따라서 전체시장을 세분화하여 자사에게 가장 유리한 세분시장들을 선택해야 한다. 선택한 세분시장의 고객을 만족시켜 이익을 창출하는 전략이 필요하다. 마케팅전략 수립에서 의사결정이 이루어져야 할 핵심적 요소는 시장세분화(segmentation), 목표시장 선정(targeting), 시장차별화와 포지셔닝(positioning)이다.

▌ 시장세분화

시장은 다양한 유형의 고객, 제품, 욕구들로 이루어진다. 따라서 마케터는 어떤 세분시장이 가장 매력적인 시장인지 파악해야 한다. 소비자는 다양한 집단으로 세분화될 수 있는데, 그 기준에는 지리적 변수, 인구통계적 변수, 심리묘사적 변수, 행위적 변수 등이 있다. 전체시장을 고객의 욕구와 특성, 구매행동 등에서 유사한 구매자집단으로 나누는 과정을 시장세분화(market segmentation)라고 하는데, 마케터는 각 세분시장의 상이한 욕구를 충족시킬 수 있어야 한다.

성공적인 시장세분화를 위해서는 시장세분화를 소비자의 기준에서 할 수 있어야 한다. 철저한 현장 조사와 분석을 통해 소비자의 특성을 잘 반영한 시장세분화가 이루어져야 한다. 또한 세분시장의 규모와 특성들을 객관적으로 측정할 수 있어야 한다. 세분시장의 측정된 자료를 통해 고객들의 구매력과 예상 수요 등을 파악해야 불필요한 마케팅 자원의 낭비를 막을 수 있다.

▌ 목표시장 선정

두 번째 단계로 목표시장 선정(market targeting)은 각 세분시장의 매력도를 평가하고 효율적으로 공략할 수 있는 시장을 선택하는 과정이다. 기업은 이익을 실현할 수 있고, 지속적인 고객창출·유지·확대가 가능한 세분시장을 목표시장으로 선정해야 한다. 기업은 한정된 자원을 가졌기 때문에 하나 혹은 소수의 세분시장을 대상으로 삼을 수 있다.

그러나 목표시장 선정에 있어 시장의 규모와 성장성을 동시에 고려해야 한다. 목표시장의 규모가 작다면, 혹은 축소가 예상된다면 투입되는 마케팅 자원을 이에 맞게 수정해야 한다. 다양하게 세분화된 소비자들의 모든 욕구를 들어줄 수는 없다. 기업은 마케팅 비용과 시간을 고려해야 하기 때문이다. 대부분의 기업들은 초기에 한 세분시장을 목표로 하여 제품시장에 진입한다. 만약 그 시장에서 성공을 거두면 점차 세분시장의 수를 늘려 간다. 그리고 이 회사는 각 세분시장의 특정 욕구를 충족시키기 위해 설계된 서로 다른 제품을 개발한다.

그림 13-15　목표시장 선정 평가요인

세분시장요인	경쟁요인	기업과의 적합성
시장규모	현재의 경쟁자	사업목표
시장성장률		자원
시장수익성	잠재적 경쟁자	마케팅 믹스

▌시장차별화와 시장포지셔닝

STP전략의 마지막 단계인 포지셔닝(positioning)은 목표시장별 자사제품의 차별화와 경쟁기업에 우위를 점할 수 있는 포지션을 구축해 나가는 과정이다. 제품포지션은 소비자들에게 경쟁사들과 비교하여 자사제품이 차지하는 위치를 말한다. 마케터들은 자사제품에 대해 차별화된 시장포지션을 차지하고 싶어 한다. 만약 자사제품이 시장 내 다른 경쟁제품들과 차이가 없는 것으로 지각된다면 소비자는 자사제품에 대한 매력을 느끼지 못하게 되기 때문이다.

포지셔닝(positioning)이란 구체적으로 소비자의 마음속에서 경쟁사들의 제품과 비교했을 때 자사의 제품이 더 명확하고, 더 차별화되고, 더 바람직한 위치에 도달하려는 노력을 말한다. 제품을 포지셔닝함에 있어 기업은 우선 경쟁우위를 제공할 고객가치 차별점에는 어떤 것이 있는지를 규명해야 하는데, 이는 제품포지션 수립의 근간이 된다. 기업은 경쟁사보다 더 낮은 가격을 책정하거나 혹은 더 비싼 가격에 더 많은 혜택을 제공함으로써 더 높은 고객가치를 제공할 수 있다. 효과적인 포지셔닝은 차별화에서 시작되는데, 차별화(differentiation)는 고객에게 더 많은 가치를 제공할 수 있도록 시장제공물을 경쟁사와 차이가 나게 하는 것이다.

03 마케팅믹스의 개발

기업은 시장세분화와 목표시장 선정, 시장차별화와 포지셔닝 전략 등 마케팅전략이 수립되면 마케팅믹스(marketing mix)를 계획하는 단계로 들어간다. 마케팅믹스는 기업이 목표시장의 고객들로부터 기대하는 반응을 창출하기 위한 수단인 마케팅도구의 집합이다. 마케팅믹스는 기업이 제품에 대한 수요에 영향을 미치기 위해 수행하는 모든 것을 포함하지만, 대체로 제품(product), 가격(price), 유통(place), 촉진(promotion)의 4P로 구성된다. 이러한 4P는 각각 개별적인 요소가 아닌 상호 보완적인 요소들로 통합적인 최적의 조합으로 구성되어야 더욱 효과적이다.

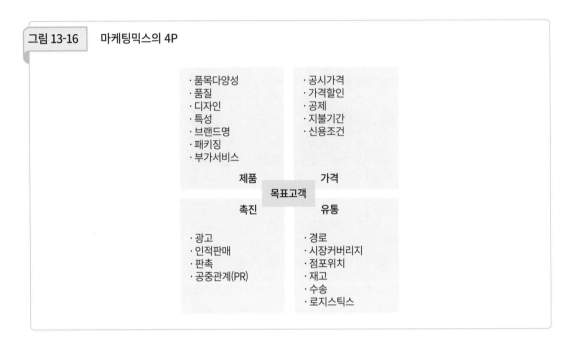

그림 13-16　마케팅믹스의 4P

일부 학자들은 4P를 지나치게 강조하는 것은 기업 내 일부 주요 마케팅활동의 중요성을 상대적으로 간과한다고 지적한다. 4P개념이 시장을 구매자의 관점이 아니라 판매자의 관점에서 본다는 주장이다. 오늘날과 같은 고객관계시대에서 4P는 구매자의 관점에서 4C로 표현될 수 있다.

그림 13-17　4P와 4C의 비교

기업의 입장에서 보면 제품을 판매하는 것이지만, 고객입장에서 보면 가치의 구매 혹은 당면한 문제의 해결책을 구매하는 것이다. 마찬가지로 고객은 단순히 가격 그 자체에만 관심이 있는 것이 아니라 제품을 구매하여 사용하고 처분하는 데 드는 모든 비용에 관심을 갖는다. 또한 고객은 가능한 한 편리하게 구입할 수 있는 제품과 서비스를 원하며, 쌍방향의 커뮤니케이션을 원한다. 이러한 관점에서 볼 때, 마케터는 4C의 관점에서 우선 생각한 다음 이에 상응한 4P를 수립하는 것이 바람직하다. 따라서 마케터는 이와 같은 개념들을 깊이 통찰하고 마케팅 전략을 수행해 나가야 할 것이다.

▌ 제품

제품(product)은 소비자의 욕구를 충족시킬 수 있는 것으로 기업이 목표시장에 제공하는 재화 및 서비스의 묶음을 의미한다. 농산물 마케팅에서는 농가가 소비자들에게 어떤 농산물을 제공할지를 결정하는 것이다. 제품은 물리적 형태를 손으로 만져볼 수 있는 물체뿐 아니라 서비스, 장소, 아이디어, 조직체 등도 제품이 될 수 있다. 오늘날에는 시장경쟁이 치열해지면서 다양한 요소들을 고려하게 되었다. 농식품을 구매하는 데 있어서는 품질, 맛, 가격, 안전성, 편리성, 영양 등 다양한 요소를 고려하게 된다. 최근에는 가사 노동의 기회비용 증가나, 1인 가구라는 인구통계학적 요소의 변화로 편리성이라는 속성이 중요해졌다. 이에 따라 소비자들은 짧은 시간 안에 간편하게 조리가 가능한 가정 간편식(HMR)을 선호하게 된 것이다.

▌ 가격

제공되는 제품 및 서비스의 대가로 요구되는 금액이 가격(price)이다. 오늘날 현대 사회에서는 교환가치의 척도를 화폐가격으로 산정하므로 대부분의 제품, 서비스의 가치는 가격에 의해 평가된다. 농산물 수요와 공급의 가격 탄력성은 비탄력적이다. 가격이 오른다고 소비자들이 밥을 먹지 않을 수 없고, 생산자들이 농산물 생산량을 갑자기 늘릴 수도 없다. 또한 농산물 시장은 완전경쟁시장에 거의 가까운 형태로 농가들이 임의로 가격을 결정할 수 없다. 우리나라 농산물 유통 구조상 도매시장과 대형마트의 가격 결정 교섭력(bargaining power)이 크기 때문에 농가의 입장에서 가격을 수단으로 마케팅 전략을 수행하기보다는 농협과 같은 조직화를 통해 하는 것이 유리할 수 있다.

▌ 유통

유통(place)은 소비자들이 제품을 쉽게 이용할 수 있도록 하는 활동을 말한다. 기업이 아무리 좋은 제품을 만들어 적정한 가격에 출시하여도, 소비자들이 원하는 시간과 장소에서 제품을 구입할 수 없다면 의미가 없을 것이다. 유통경로는 상호의존적인 많은 조직들의 집합이다. 우리나라 농식품 유통의 경우는 규모가 영세했으나 유통시장이 개방되고 대형마트가 성장하면서 급속히 대형화되었다. 최근에는 대형마트의 성장률이 떨어지면서 편의점과 SSM(super supermarket)이 급성장하고 있다. 대형 유통업체들의 영향력이 커지면서 농가와 산지조직들의 교섭력은 약화되었고 일부 유통업체에서 부당한 반품과 같은 불공정 행위가 발생하기도 했다. 이런 문제를 해결하기 위해서는 산지 출하자 조직을 규모화하여 교섭력을 강화할 필요가 있다. 농협의 경우에는 공동판매조직을 통해 규모화를 실현해나가고 있다.

▌촉진

촉진(promotion)은 제품의 장점을 알리고 목표고객이 자사제품을 구매하도록 설득하는 활동을 말한다. 자동차 회사는 다양한 모델에 대한 정보를 소비자들에게 제공하기 위해 매년 많은 광고비용을 지출한다. 자동차 회사의 각 딜러는 잠재구매자들의 의사결정을 지원하고 자사 제품의 우수성을 소비자들에게 알린다. 딜러는 세일, 현금 리베이트, 저금리 등과 같은 구매유발 인센티브를 추가적으로 제공한다. 촉진은 최종소비자로의 일방적인 의사전달이라는 측면이 있으므로 최근에는 마케팅커뮤니케이션이라는 용어를 사용하게 되었다. 이는 갈수록 중요해지는 소비자 중심적인 마케팅으로의 흐름이라고 볼 수 있다. 농산물 마케팅에서 촉진은 다른 영역에 비해 상대적으로 중요도가 낮게 인식되어졌다. 하지만 최근의 마케팅 흐름을 고려할 때 농산물의 마케팅에 있어 촉진 기능을 중요하게 인식하고 광고, 홍보, 판매 촉진, 인적 판매와 같은 촉진 수단을 적절히 활용할 필요가 있다.

04 마케팅 관리기능

마케팅 과정을 관리함에 있어 기업은 네 가지 마케팅관리기능이 필요한데, 여기에는 분석(analysis), 계획수립(planning), 실행(implementation), 통제(control)가 포함된다. 마케팅 분석은 계획수립, 수행, 통제에 필요한 정보와 이에 대한 평가를 제공하는 것이다. 기업전반의 계획을 수립한 다음 이를 각 사업부서, 제품, 그리고 브랜드별 마케팅계획 및 기타 기능별 계획으로 전환시킨다. 기업의 마케팅계획은 실행을 통해 실제적 행동으로 전환된다. 수립된 계획과 실행 간의 일관성은 통제를 통해 유지되는데, 통제는 마케팅 활동의 결과를 측정·평가하고 필요한 조치를 취하는 것이다.

▌마케팅 분석

마케팅기능의 관리는 자사의 상황을 철저히 분석하는 데서 시작된다. 자사분석을 하는 도구로 마케터는 일반적으로 SWOT 분석(SWOT analysis)을 실시해야 하는데, 이는 기업의 강점, 약점, 기회, 위협을 평가하여 바람직한 전략을 수립하는 과정이다.

그림 13-18   SWOT 분석

내부요인	**강점** 목표실현에 도움이 되는 내부역량 Strength	**약점** 목표실현에 방해가 되는 내부 제약요소 Weakness
	S	W
	O	T
외부요인	**기회** 자사에 유리하게 이용가능한 외부요인 Opportunity	**위협** 기업 성과에 부정적 영향을 미칠 수 있는 외부요인 Threat
	긍정적	부정적

그림 13-19   SWOT 분석 과정

내·외부 환경분석을 통한 요인 분류

↓

자사의 강점과 약점 파악

↓

SWOT Matrix 작성

↓

SWOT 분석에 근거한 대응 전략 수립

↓

전략적 시사점 및 과제 도출

기업은 시장 및 마케팅 환경의 분석을 통해 매력적인 기회를 발견하고 외부의 위협을 파악해야 한다. 또한 어떤 기회를 활용하는 것이 최선인지를 결정하기 위해 현재 및 가능한 마케팅조치뿐 아니라 기업의 강점과 약점을 분석해야 한다. 〈그림 13-18〉에서 볼 수 있듯이 강점과 약점은 기업내부의 환경요소, 기회와 위협은 외부 환경요소라고 할 수 있다. 강점은 기업이 목표를 달성하는 데 도움이 되는 기업내부역량, 자원, 긍정적 상황요인 등을 포함한다. 약점은 사업성과를 달성하는 데 방해가 되는 내부적 제약요소와 부정적 상황요인을 포함한다. 또한 기회는 기업이 자사에 유리하게 활용할 수 있는 긍정적 외부환경요인 혹은 추세를 말하며, 위협은 기업성과의 달성에 위협이 될 부정적 외부환경 요인 혹은 추세를 말한다. 마케터들은 빠르게 변화하고 있는 시장상황을 파악하고 경쟁우위를 획득하기 위해서 기회와 위협 요인을 더욱 세심히 살펴보아야 할 것이다. 이러한 분석의 목적은 기업의 장점을 살려 매력적인 기회를 자사의 것으로 만들고, 약점은 제거·극복하고 환경 내 위협을 최소화하는 것이다.

※ SWOT 분석을 통한 전략수립 작성 예시

SWOT 분석은 일반적으로 시장 환경 조사와 분석에서 찾아낸 요인들을 바탕으로 복잡한 과정 없이 전략수립에 적용할 수 있어 널리 이용된다. 하지만 충분한 조사와 분석 없이 작성된 SWOT 분석은 엉뚱한 방향으로 흐르기 쉽다. SWOT 분석의 틀은 단순한 형태이지만 그 요인들을 선택함에 있어 많은 분석과 고민이 필요하다. 충분한 시장 환경 조사와 분석에서 찾아낸 요인을 바탕으로 의미 있는 전략과제를 도출하고 마케팅 목표를 전략적으로 수립해 나갈 수 있다.

SWOT Matrix를 작성한 후 마케터는 자사의 SWOT 분석을 기초로 각 요소를 관련지어 연계전략을 작성한다. 다음 〈표 13-5〉는 한류를 통한 중국시장 농식품 수출 연계 전략을 도식화하였다. 첫째, 강점으로 기회를 활용하는 'S-O요소'에 근거하는 한류의 활용전략이다. 둘째, 강점으로 위협에 맞서는 'S-T요소'에 근거하는 우리 농업의 대응전략이다. 셋째, 약점이지만 기회를 탐구하는 'W-O요소'에 근거하는 탐구전략이다. 넷째, 약점과 위협을 회피하는 'W-T요소'에 근거하는 회피전략이다.

① S-O 전략

드라마 '별에서 온 그대'의 인기로 중국에서 치맥 열풍이 불었던 사례처럼 인기가 높은 한류 드라마에서 보여지는 한국 식품을 통해 높은 홍보효과를 가져올 수 있다. 이처럼 식품을 주제로 한 드라마가 아니더라도 다양한 컨텐츠를 통해 간접적으로 보여지는 한국 식품은 중국 소비자들에게 충분히 관심을 불러일으킬 수 있다. 또한 중국 여성 소비자들에게 한류 여배우가 선망이 되었던 사례를 바탕으로 한류 여배우를 통해서 한국 음식을 다이어트 푸드로 인식시키는 전략도 가능하다. 배우, 가수 등 여러 한류스타를 통한 광고는 한국 식품을 건강, 뷰티 등 다양한 소비자 니즈에 부합시켜 구매 의욕을 불러일으키는 전략을 가능하게 한다.

표 13-5	SWOT 분석 Matrix 작성 사례

한류를 통한 중국시장 농식품수출 SWOT전략

강점

S1. 높은 잠재 가능성과 소비 트렌드에 적합(발효식품, HOT&SPICY푸드, 다이어트 푸드)
S2. 중국의 끊임없는 식품사고로 인해 한국 식품의 안전성에 대한 신뢰도가 높아짐
S3. 서양식품이나 일본식품에 비해 조리방법이 비슷한 우리나라 식품은 중국인들의 입맛에 잘 맞음

약점

W1. 규모의 영세성과 특히 중국 시장과 비교하여 낮은 가격 경쟁력
W2. 문화적 차이(입맛, 식습관 등)에 따른 한국식품의 시장 개척의 어려움
W3. 대 중국 수출 판로가 부족하고 유통 체계가 제대로 갖춰져 있지 않음

기회

O1. 중국 국가경제 성장과 국민 소득 증가에 따른 안전한 식품 수요 증대
O2. 한류 스타를 이용한 스타마케팅, 한류 드라마를 이용한 PPL 등 높은 광고효과
O3. 기업이 문화컨텐츠나 현지에서 개최하는 한국 문화예술 행사를 후원, 협찬하는 형식의 마케팅이 가능
O4. 수준 높은 한류를 통해 한국 농수산식품의 고급화 전략이 가능

위협

T1. 사드(THAAD) 논란 등으로 인한 중국 정부의 금한령이나 혐한류 현상 등 적대감 확대
T2. 중국정부의 방송, SNS, 동영상 커뮤니티(유투브 등)에 대한 제한은 한류의 확산에 한계
T3. 한류가 미치는 영향의 지속성이 불분명하고 영향을 미치는 계층이 제한적

② S-T 전략

최근, 중국에서의 반(反)한류는 관영 CCTV 및 여러 방송사들이 한국 드라마의 방영 시간을 줄여갈 예정이라고 밝히는 것은 물론, 중국 정부 차원에서 한류에 대한 규제를 하기도 했다. 국제적인 안보와 관련된 이해상충 문제로 이른바 금한령이 내려져 한류 스타의 팬미팅 및 공연이 취소되고, 중국 드라마에 출연예정이던 한류 스타가 하차되는 일이 벌어지기도 했다. 중국에서 확대되고 있는 반한류 현상이 한류의 확산에 큰 걸림돌일 뿐만 아니라 한국 농식품에 대한 선호도를 감소시킬 수 있기 때문에 이에 대응하기 위하여 한국 농식품의 다양한 맛과 기능을 활용하여 상쇄하는 전략을 도출할 필요가 있다. 또한 한류와 한식세계화에 대한 노력으로 다양하고 새로운 한국 식품이 재탄생하고 있다. 이러한 한국 농식품의 잠재 가능성을 바탕으로 현지화 전략을 통해 한국 식품에 대한 선호도를 지속적으로 증가시킬 필요가 있다.

③ W-O 전략

우리나라 농가의 영세성과 가격 경쟁력은 중국과의 FTA 체결로 큰 피해를 입을 수 있다. 따라서 한국 식품에 대한 인지도의 증가를 위해서 중국 소비자들에게 적극적인 마케팅이 필요하다. 한류 인적 요소를 활용한 전략으로 많은 인기와 팬이 있는 한류 스타를 통한 마케팅을 통해 약점 요인들을 상쇄시키는 전략 접근이 필요하다. 중국의 길거리나 방송에서 흔히 한류스타의 모습을 접할 수 있다.

직접적인 가격을 통한 경쟁에서 비교열위에 있다면 고급화라든가 한류를 통해 우위에 있는 요소로 마케팅 차별화 전략이 필요하다.

④ W-T 전략

중국의 농업이 가격경쟁력에 있어 우리나라 농식품에 우위를 점하고 있고, 여기에 반한류 정서가 더해진다면 수출 감소로 이어질 수 있다. 따라서 이에 대비하여 우리 농식품 산업의 경쟁력 강화와 패러다임의 전환이 필요하다. 한류에 있어서도 체계적인 관리를 통해 한국 농식품에 대해 긍정적인 이미지를 가지고 더 이상 반한 감정으로 인한 부정적인 정서가 확산되지 않도록 관리가 필요하다. 한류는 그 관리주체가 분명하지 않다는 점에서 정부 및 공공기관의 지원이 필요하다. 여러 연구를 통해 한류의 국가브랜드 및 제품이미지에 미치는 긍정적인 영향이 입증된 만큼 관련 기관을 통한 체계적인 지원이 필요하다. 또한 학계에서도 한류에 대한 연구 노력과 이를 한국 농식품 수출증대 전략에 활용할 수 있도록 해야 한다.

▌ 마케팅계획수립

마케팅계획수립을 통해 기업은 각 사업 단위에 어느 정도의 자원을 배분 할지를 결정한다. 마케팅계획수립은 기업의 목표와 계획의 실현을 돕기 위한 마케팅전략을 개발하는 것으로, 마케터는 각 사업단위, 제품, 혹은 브랜드별 구체적 마케팅계획을 수립해야 한다. 또한, 마케팅계획은 상세한 SWOT 분석을 통해 잠재적 위협과 기회, 강점과 약점으로 현재 마케팅상황을 분석한다. 그 다음으로 마케팅계획은 브랜드가 달성해야 할 주요 목표를 서술하고, 이를 실현하기 위한 마케팅전략의 구체적인 내용을 요약하는 것이다.

마케팅전략은 목표시장, 포지셔닝, 마케팅믹스, 마케팅비용 지출 수준 등에 관한 것을 포함한다. 즉 마케팅전략은 기업이 기대하는 가치를 얻기 위해 목표고객을 위한 가치를 어떻게 창출할 것인가를 정리한 것이다. 마케팅 계획서는 위협, 기회, 핵심이슈에 대처하기 위한 각 전략대안과 마케팅전략을 실행하기 위한 구체적 활동프로그램과 이를 지원하기 위한 마케팅예산을 다루는 부분을 포함해야 한다. 또한 마케팅계획의 마지막 부분은 마케팅활동을 어떻게 통제하고 모니터링하며 이에 대한 적절한 조치까지도 염두에 두어야 한다. 이는 활동 상황을 모니터링하고, 적절한 조치를 취하기 위해 활용된다.

▌ 마케팅 실행

훌륭한 마케팅전략을 수립하는 것은 성공적인 마케팅을 위한 출발점이다. 그러나 아무리 훌륭한 마케팅전략도 이를 잘 실행하지 못하면 소용이 없다. 마케팅 실행은 마케팅목표를 달성하기 위해 마케팅계획을 마케팅행동으로 전환시키는 과정이다. 마케팅계획수립은 어떤 마케팅활동을 해야 하는지를 다루는 반면 실행은 누가, 어디서, 언제, 어떻게 실행해야 하는가의 내용을 다룬다. 일을 계획하는 것 못지않게 일을 올바르게 수행하는 것도 중요하다.

계획과 실행 두 가지 모두 마케팅 성공을 거두는 데 중요하며, 기업은 효과적인 실행을 통해 경쟁우위를 달성할 수 있다. 어떤 기업이 다른 기업과 동일한 전략을 가지더라도 더 나은 마케팅 전략의 실행을 통해 성공을 거둘 수 있다. 문제는 실행이 어렵다는 것인데, 세계화와 빠르게 변하는 마케팅 환경으로 인해 마케팅시스템을 구성하는 모든 사람들은 마케팅전략과 마케팅계획을 실행하는 과정에서 서로 함께 협력해야 한다. 이러한 관점에서 볼 때 오늘날 농업관련 조직(생산자 단체, 농기업 등)들은 마케팅 의사결정 과정에 있어 고객, 구성원, 공급업자, 유통업자, 주주 등 다양한 이해관계자들을 모두 고려할 수 있어야 한다.

▎ 마케팅 통제

마케팅계획의 실행과정에서 많은 예상치 못한 일들이 발생하기 때문에 따라서 지속적인 마케팅 통제가 필요하다. 마케팅 통제는 마케팅전략 및 계획의 실행결과를 평가하고 마케팅목표가 성취될 수 있도록 조치를 취하는 것이다. 마케팅 통제는 네 단계로 구성된다. 관리자는 먼저 구체적인 마케팅 세부목표를 설정한다. 두 번째와 세 번째 단계는 실제 마케팅성과를 측정하고 기대성과와 실제성과 간의 차이가 발생한 원인을 평가하는 것이다. 마지막으로 관리자는 마케팅목표와 성과 간의 차이를 해소시킬 시정조치를 취한다. 이러한 과정은 행동프로그램 혹은 마케팅목표의 수정을 필요로 할 수 있다. 전술 통제는 연간 마케팅계획에 대비한 실제성과를 지속적으로 확인하고 필요할 때마다 수정하는 것이다. 전술통제의 목적은 연간계획에서 결정된 판매, 이익 등의 목표를 확실하게 달성하도록 하는 것이다. 또한 각 제품, 영업지역, 시장, 유통경로별 수익성을 관리하는 것도 포함한다. 전략통제는 기업의 기본전략이 시장기회에 적합한지를 검토하는 것이다. 마케팅전략과 마케팅프로그램은 도입된 지 얼마 안 되어 환경변화를 따라잡지 못할 수 있으므로 기업은 정기적으로 시장에 대한 전반적인 접근방법을 재평가해야 한다.

1 | 자신이 농업 경영자가 되었다고 가정하고, 농업 경영 비즈니스 모델에 대한 SWOT 분석 전략을 수립하시오.

핵심포인트 강점(Strength)은 농업경영체가 내부적으로 가지고 있는 차별화된 강점, 약점(Weakness)은 농업경영체의 성장에 부정적인 영향을 끼치는 내부적인 요소, 기회(Opportunity)는 외부적으로 긍정적인 영향을 미치는 요소, 위협(Threat)은 부정적인 영향을 미치는 외부 요소를 체계적으로 분석

2 | SWOT 분석을 통해 4가지 전략 유형(SO, ST, WO, WT)으로 전략 과제를 설정하시오.

핵심포인트 SO전략에서는 자신의 농업경영체가 가진 강점으로 기회를 포착, ST전략에서는 강점을 이용해 위협 요인을 회피, WO전략에서는 약점을 보완하고 기회를 포착, WT전략에서는 약점을 보완하고 위협을 회피할 수 있는 전략을 수립

3 | 자신의 비즈니스 모델에 적합한 핵심 전략과 실행 과제를 선정하고 발표하시오.

핵심포인트 경영 활동에 있어 농업경영체가 가진 자원은 한정되어 있음. 따라서 자신의 비즈니스 모델에서 가장 핵심적인 전략을 선택하고 이를 실행할 수 있는 구체적인 실행 과제를 선정할 수 있도록 함

1 | 소비자 구매의사결정 과정으로 맞는 것은?
　① 구매행동 → 구매 후 행동 → 정보탐색 → 대안평가 → 문제인식
　② 정보탐색 → 구매행동 → 구매 후 행동 → 문제인식 → 대안평가
　③ 문제인식 → 정보탐색 → 대안평가 → 구매행동 → 구매 후 행동
　④ 정보탐색 → 구매 후 행동 → 구매행동 → 대안평가 → 문제인식

2 | 다음 내용과 관련된 마케팅 관리 철학은?

소비자 욕구, 기업의 목표, 소비자와 사회의 복리 간에 균형을 맞춘 현명한 마케팅 의사결정을 내려야 한다는 믿음으로 소비자 만족뿐 아니라 사회적 복지도 함께 추구해야 한다는 것이다.

　① 사회적 마케팅 개념
　② 판매 마케팅 개념
　③ 제품 마케팅 개념
　④ 생산 마케팅 개념

3 | 매슬로우의 욕구단계를 순서대로 바르게 설명한 것은?

  ① 안전의 욕구 → 존경의 욕구 → 사회적 욕구 → 생리적 욕구 → 자아실현의 욕구
  ② 자아실현의 욕구 → 존경의 욕구 → 안전의 욕구 → 사회적 욕구 → 생리적 욕구
  ③ 존경의 욕구 → 사회적 욕구 → 자아실현의 욕구 → 생리적 욕구 → 안전의 욕구
  ④ 생리적 욕구 → 안전의 욕구 → 사회적 욕구 → 존경의 욕구 → 자아실현의 욕구

4 | 다음 중 2차 자료의 특징으로 알맞지 않은 것은?

  ① 2차자료를 수집하기 위한 조사방식에는 관찰조사, 설문조사, 실험이 있다.
  ② 조사자가 직접 수집한 자료가 아니다.
  ③ 1차 자료수집과 비교하여 시간이나 비용을 줄일 수 있다.
  ④ 통계청에서 제공하는 데이터베이스와 같은 자료이다.

5 | 다음 중 마케팅 믹스 4P에 해당하지 않는 것은?

  ① Product
  ② Plan
  ③ Price
  ④ Promotion

6 | 강점, 약점, 기회, 위협을 평가하여 이를 토대로 마케팅 전략을 수립하는 기법은?

  ① B/C 분석
  ② 군집 분석
  ③ SWOT 분석
  ④ 가치사슬 분석

참고문헌

- 김동환, 2009, HNCOM, "농식품 이제 마케팅으로 승부하라"
- 김상현 외 8명, 2011, 이프레스, "마케팅"
- 양인호, 2013, aflnews, "실전 마케팅전략"
- 정대영, 2011, 청목출판사, "마케팅원론"
- 채서일, 2006, 비앤엠북스, "MARKETING 4th"
- 최죠셉, 2011, 한국농업마케팅연구소, "미래형 농업 마케팅"
- Philip Kotler·Gary Armstrong·안광호, 2013, 피어슨에듀케이션 코리아, "마케팅 입문"
- Philip Kotler·Kevin Lane Keller, 2011, Pearson, "Marketing Management 14/E"
- Swaddling, David C. And Charles Miller, 2001, Customer Power: How to Grow Sales and Profits in a Customer-Driven Marketplace(Dublin, Ohio : The Wellington Press)

CHAPTER 14

스마트농업과 농업경영

학습목표

1 | 스마트농업의 배경을 이해한다
2 | 스마트농업의 정의에 대해 설명한다
3 | 스마트농업의 글로벌 동향에 대해 이해한다

4 | 스마트농업에서 농업경영관리의 중요성을 이해한다
5 | 스마트농업에서 농업경영관리 목표를 이해한다
6 | 스마트농업에서 농업경영관리 영역을 이해한다

SECTION 01 스마트농업의 개요

01 스마트 사회와 농업

4차 산업혁명은 정보통신기술(ICT)의 융합으로 이루어낸 혁명 시대를 의미한다. 이 혁명의 핵심은 인공지능, 로봇공학, 사물 인터넷, 무인 운송 수단(무인 항공기, 무인 자동차), 3차원 인쇄, 나노 기술과 같은 6대 분야의 새로운 기술 혁신이다. 이러한 4차 산업 혁명은 물리적, 생물학적, 디지털적 세계를 빅데이터에 입각해서 통합시키고 경제와 산업 등 모든 분야에 영향을 미치는 다양한 신기술로 설명될 수 있다.

이러한 경향에 맞춰 미래 농업은 기존 농기계, 종자, 농장관리, 생산예측, 관수 등의 개별 시스템이 합쳐진 융합 시스템으로 연결되며, 여기에 인공지능이 결합해 자율 운영되는 첨단산업으로 진화할 것으로 예상된다. 이는 4차 산업혁명의 핵심기술인 로봇, 빅데이터, 인공지능 등이 농업과 결합하면서 첨단화로 새로운 가치를 창출해 내는 것이다. 이들 기술은 다양한 산업들과 융합되고 비즈니스 모델들로 표출되어 경제적, 사회적, 윤리적으로 다중의 가치를 창출하는 초융합 시대를 가져올 것이다

농업부문에서는 작물재배와 인공지능의 결합을 통해 우선적으로는 생산성과 이윤의 향상을 추구하는 오늘날의 스마트농업은 생산에서 소비에 이르는 농업 가치사슬의 모든 단계들이 최적화되는 농산업혁신이다. 국내의 경우 아직 2세대 수준이지만 이미 많은 국가에서는 새로운 아이디어와 첨단 기술을 적용하여 기존의 농업 가치사슬과 산업 경계를 넘어 혁신적인 농업 서비스와 솔루션이 등장하고 있다. 특히, 인공지능은 농업로봇, 원격탐사(remote sensing), 작물 질병 탐지, 가격예측 등의 영역

에서 스마트농업의 핵심 경쟁력으로 자리매김했을 뿐 아니라 지구 온난화에 의한 기후변화와 세계 인구증가에 따른 식량부족 등 글로벌 위기에 대한 대응 방안으로서 그 역할과 중요성이 갈수록 증대되고 있다. 세부적으로는 투입과 산출이 정밀한 최적화가 달성될 것으로 예상된다. 즉, 비료와 농약의 과다 사용은 비용 증가뿐만 아니라 환경문제도 유발하는데, 이러한 문제는 4차 산업혁명 기술을 활용하여 해결이 가능하다. 작물 생장과 현재 토양 상태를 정확하게 파악하여 농자재를 투입하는 정밀농업과 유통, 소비를 연결하는 최적화 농업시스템을 구축함으로써 해결할 수 있다. 많은 비용이 드는 축산악취, 기후변화에 따른 병해충 발생 예측 등 농업 난제를 인간의 지혜와 경험을 능가하는 의사결정이 가능한 4차 산업혁명 기술을 통해 해결할 수 있다.

한편, 기후변화 및 세계시장의 글로벌화, 4차 산업 혁명 등 글로벌 환경변화에 따라 농식품분야에도 다양한 변화를 겪고 있다. 첫째, 인구증가인데, 세계 인구는 증가하고 있으며, 2013년 농업 생산량에 비해 약 50% 증가한 식품 수요가 발생하고 있다. 둘째, 글로벌화인데, 글로벌화로 인해 다양한 교류와 협력이 이루어지면서 식생활 패턴 및 음식 문화도 점차 지역과 국가를 벗어나 보편화되고 있다. 셋째, 건강 트렌드인데, 건강한 삶과 노령 인구 증가로 인해 식품에 대한 소비자 선호도가 다양화하고 있다. 넷째, 도시화인데, 도시화는 가공식품과 고품질 식품에 대한 수요를 증가시키고 있다. 다섯째, 자원 제약인데 자연 자원(농지와 물 등)은 제한적이며, 지나친 화학농법으로 인해 토양침식과 오염문제가 발생하고 있다. 여섯째, 기후 변화인데 높은 기온은 작물 성장에 부정적인 영향을 미치며 가뭄과 홍수로 인한 수확 손실 위험을 증가시키고 있다. 이러한 글로벌 환경변화에 대응하여 한국 농업이 해결해야할 과제는 다음과 같다. 첫째, 우량농지의 보전이다. 농지는 식량 생산과 농촌 지역사회의 발전에 중요한 역할을 한다. 그러나 농지의 과다한 개발과 토양의 부적절한 관리로 인해 농지의 품질이 저하되고 있다. 이를 해결하기 위해 농지의 보전과 지속가능한 관리 방안을 모색해야 한다. 둘째, 농업의 지속성 확보이다. 농업은 지속적인 생산을 유지해야 한다. 기후변화, 자원 부족, 환경 오염 등의 문제로 인해 농업의 지속성이 위협받고 있다. 지속가능한 농업 방법과 자원 관리를 통해 농업의 지속성을 확보해야 한다. 셋째, 농업의 다원적 기능 함양이다. 농업은 단순한 식량 생산뿐만 아니라 다양한 기능을 수행해야 한다. 이는 자연생태계의 유지, 환경 보호, 농촌 지역사회의 발전 등을 포함하며, 다원적 기능을 함양하여 농업의 가치를 높이는 것이 중요하다. 넷째, 기후변화 대응과 그린 투어리즘 및 농촌관광 활성화이다. 기후변화로 인한 영향을 최소화하고, 농촌 지역의 관광 산업을 활성화하여 농업의 지속성을 높이는 것이 필요하다. 그린 투어리즘과 농촌관광을 통해 농업 환경을 보호하고 경제적 가치를 창출할 수 있다. 다섯째, 친환경농업의 도입과 농가소득 안정화이다. 친환경적인 농업 방법을 도입하여 환경 오염을 최소화하고, 농가 소득을 안정화해야 한다. 이를 통해 농촌 지역사회를 지속적으로 발전시킬 수 있다.

02 스마트농업의 필요성

전통적인 농업 방식만으로는 인구 증가, 기후변화, 자원 고갈 등 인류가 직면한 식량, 환경, 자원 문제를 해결하기 어렵다. 이에 혁신적인 농업 패러다임인 스마트농업이 주목받고 있다. 첫째, 스마트 농업은 식량안보 문제에 대응할 수 있다. UN 보고서에 따르면 2050년까지 세계 인구가 97억 명에 이를 것으로 전망되어, 기존 농업 생산량으로는 수요를 충족하기 어려울 것으로 보인다. 하지만 스마트농업을 통해 생산성을 향상시킬 수 있다. 둘째, 스마트농업은 기후변화에 효과적으로 대응할 수 있다. 기후변화로 인한 이상기후와 병해충 피해가 증가하고 있는데, 실시간 환경데이터 모니터링과 정밀 관리로 선제적 대응이 가능하며, 내재해성을 강화할 수 있다. 셋째, 스마트농업은 농촌 고령화와 청년 인력 부족 등 노동력 부족 문제를 해결할 수 있다. 자동화와 무인화 기술을 통해 노동력을 절감하고, 안정적인 생산을 가능하게 한다. 넷째, 스마트농업은 토지, 물, 비료 등 농업 자원 고갈 문제에 대응할 수 있다. 정밀농업으로 자원 이용 효율성을 높이고 화학물질 사용량을 최소화하여 환경부하를 저감할 수 있다. 다섯째, 스마트농업은 농가소득 향상에 기여할 수 있다. 단위 면적당 생산량 증대, 고품질 생산으로 부가가치 향상, 비용 절감을 통한 수익성 제고가 가능하다.

종합적으로 스마트농업은 식량문제, 기후변화, 노동력부족, 자원고갈 등 다양한 과제를 동시에 해결할 수 있는 대안으로, 정부와 기업, 농가의 적극적인 노력으로 지속가능하고 생산적인 농업을 실현할 수 있다. 정부는 스마트농업 기술 개발과 보급을 위한 정책적 지원을 강화해야 한다. 기술 인프라 구축, R&D 투자, 농가 교육 등 다각도의 지원이 필요하다. 기업은 농업 현장의 니즈를 반영한 혁신적인 솔루션을 개발하고 보급해야 한다. 농가 입장에서도 스마트농업 기술의 적극적인 도입과 활용이 중요하다. 기술에 대한 이해도를 높이고 디지털 역량을 강화하여 새로운 농업 패러다임에 능동적으로 대응해야 한다. 정부와 기업, 농가가 협력하여 스마트농업을 확산시켜 나간다면, 지속가능한 미래 농업을 실현할 수 있을 것이다.

이처럼 스마트농업은 식량안보, 기후변화, 자원 고갈, 노동력 부족 등 다양한 농업 문제를 해결할 수 있는 핵심 솔루션으로 주목받고 있다. 첨단 ICT 기술의 접목을 통해 생산성 향상과 환경 친화적인 농업을 실현할 수 있을 것으로 기대된다. 스마트농업은 지속가능한 미래 농업을 실현하는 데 있어 필수불가결한 요소이다. 기후변화로 인한 기상 이변, 자원 고갈, 노동력 부족 등의 문제에 직면하고 있는 상황에서 전통적인 농업만으로는 한계가 있기 때문이다.

스마트농업 기술을 통해 우리는 정밀한 환경 데이터를 실시간으로 수집하고 분석할 수 있다. 이를 바탕으로 최적의 재배 환경을 조성하고, 병해충과 이상기후에 선제적으로 대응할 수 있다. 이는 기후변화에 따른 위험을 낮추고 작황의 안정성을 높이는 데 기여할 것이다. 또한 자동화와 무인화 기술로 노동력 부족 문제를 해결할 수 있다. 농기계와 드론을 활용하여 인력 의존도를 낮추고, 작업 효율성을 높일 수 있다. 이를 통해 농가의 경영비 절감과 생산성 향상을 동시에 실현할 수 있다. 무엇보다 스마트농업의 정밀농업 기술은 한정된 자원을 효율적으로 활용할 수 있게 해준다. 센서 기반 모니터링과 빅데이터 분석으로 물, 비료, 농약 등의 투입량을 최적화할 수 있다. 이를 통해 자원 낭비를 최소화하고 환경 부하를 줄일 수 있다.

03 스마트농업의 개념적 정의

▌스마트농업

스마트농업은 정보통신기술(ICT)을 활용하여 농업 생산성을 높이고 농업경영을 지능화하는 것을 의미한다. 스마트농업은 센서, 드론, 인공지능, 빅데이터 등의 기술을 활용하여 농작물의 성장 상태, 토양의 영양 상태, 날씨 등을 모니터링하고 분석하여 농작물 생산성을 높이는 방법을 제공한다. 또한, 스마트농업은 농업경영을 지능화하여 농업 생산성을 높이는 것 뿐만 아니라, 농업생산과 유통 정보를 제공하여 농업인의 수익증대를 목적으로 한다.

스마트농업은 시설원예, 축산, 노지작물, 과수 분야에 생산−유통−소비 분야와 전후방 산업까지를 포함하는 것이며, 전후방산업은 종자부터 자율주행 농기계, 드론, 로봇 등을 말한다. 즉 모든 분야에 ICT 기술을 융복합하여 생산의 정밀화, 유통의 지능화, 경영의 선진화 등 농업에 새로운 가치 및 혁신을 창출한다. 스마트팜은 비닐하우스나 유리온실 등의 시설원예, 축사 등에 사물인터넷(IoT), 빅데이터, 인공지능, 로봇 등 정보통신기술(ICT)을 접목하여 작물과 가축의 생육환경을 원격·자동으로 적정하게 유지·관리할 수 있는 농장이다.

표 14-1 스마트농업 및 스마트 팜의 개념

구분	주요 내용
스마트농업	생산 뿐만 아니라 가공·유통·소비 등 농업 가치사슬의 모든 단계에 걸쳐, 데이터·인공지능(S/W)에 기반을 두고 농업혁신을 창출하는 광의적 개념
스마트팜	· 생산 기능을 강화하기 위한 시설장비(H/W)에 초점을 둔 협의적 개념 · 시설원예의 경우 '스마트팜', 축산의 경우 '스마트축사', 노지작물 과수의 경우 '노지스마트팜'이라고 부름

자료 : 관계부처 합동, 「빅데이터·인공지능 기반 스마트농업 확산 종합대책」, 2021.3.

스마트농업은 농업 밸류체인(생산과 유통, 소비) 전반에 첨단 ICT 기술이 접목되어 자동화와 지능화를 구현하는 개념이다. 스마트농업은 시설농업, 노지농업 및 생산 후 유통·물류·소비 전반에 ICT 기술이 융합되어 데이터 기반의 효율적 의사결정 및 자동화를 이루는 농업을 포괄한다. 스마트농업은 시설농업을 중심으로 ICT 기술을 융합한 스마트팜, 노지농업을 중심으로 ICT 기술을 융합한 노지농업, ICT기술을 융합하여 생산과 소비를 연결하는 유통과 물류 등을 포함하여 데이터 기반의 디지털 화하는 것을 의미한다. 특히 생산과 유통의 디지털화를 디지털농업이라 한다.

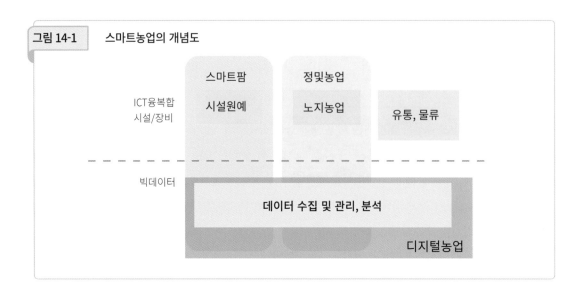

그림 14-1 스마트농업의 개념도

정밀농업

정밀농업은 변량형(變量型) 농법임과 동시에 정보를 수집하고 이를 축적하여 활용함으로써 수익을 극대화할 수 있도록 최적의 농자재를 처방한다는 측면에서 농업 정보 및 전산화를 의미한다. 또한, 농경지의 위치, 환경 특성에 맞는 적절한 관리로 향후 포장 상태 및 수확량을 조절할 수 있기 때문에 환경 보전이라는 사회적 요구에 부합하는 농업이다. 정밀농업을 완전하게 구현하기 위해서는 3가지 범주가 전제되어야 한다. ① 정보취득 범위로 작물의 생육상태, 토양비옥도. 기후 등 농작물이 성장하는 주변 환경의 정보를 위치별로 측정하고 저장하여 활용하는 것이다. ② 취득한 정보 분석 및 의사결정 범위가 결정되어야 한다. 전산화된 지리정보시스테 지도와 데이터베이스를 활용하여 위치별로 작물의 생육 환경정보를 측정·저장하고, 농자재투입량 등 의사결정에 활용하는 것이다. ③ 취득 또는 분석된 정보를 이용하는 범위에 대한 확정이다. 이력추적관리시스템, 친환경 인증이나 관리를 위해 취득한 정보를 이용하거나 의사결정에 맞추어 원하는 위치에 원하는 농자재를 적정한 양만큼 투입하는 것을 의미한다.

▌스마트팜

스마트팜은 첨단 정보통신기술(ICT)을 농업에 접목하여 농작물, 가축, 수산물 등의 생육 환경을 최적화하고, 이를 원격으로 관리하는 지능형 농업 시스템을 의미한다. 이는 4차 산업혁명의 일환으로 농업과 축산업에 신기술을 도입함으로써 자원을 최대한 활용하고 환경에 미치는 영향을 최소화하며, 생산의 양과 질을 높이는 것을 목표로 한다.

스마트팜의 핵심 기술로는 인공지능(AI), 사물인터넷(IoT), 빅데이터 등이 있는데, 이들 기술을 통해 농장의 온/습도, 일조량, 이산화탄소 등을 실시간으로 측정하고, 이를 분석하여 제어장치를 구동해 적절한 환경을 유지한다. 이 모든 과정은 PC나 스마트폰을 통해 실시간 원격 관리가 가능하므로 농장에 직접 가지 않아도 창문 개폐나 사료 공급 등의 업무를 쉽게 처리할 수 있다.

스마트팜은 원예, 과수, 축사 등 다양한 분야에서 활용되고 있는데, 예를 들어, 스마트 과수원은 PC나 모바일을 통해 온·습도, 기상 상황 등을 모니터링하고 원격으로 관수, 병해충 관리 등이 가능하다. 스마트 축산은 내부 습도 관리를 위한 미스트 장치, 암모니아 가스 농도에 따라 자동으로 작동하는 환기 시스템 등이 적용되고 있다. 스마트 온실은 햇빛, 물, 온도, 양분 등을 조절해 농작물에게 최적의 생육조건을 제공하고, 생산성을 높이는 자동화 시스템이다.

스마트팜은 식량난의 대안으로 주목받고 있으며, 기후변화와 전쟁 등의 글로벌 이슈로 인해 식량 문제가 발생하면 국가들은 농산물 수출을 제한하고, 자국민의 보호를 우선적으로 추진하는 것이 일반적이다. 우리나라는 식량자급률이 낮아 이러한 위기에 항상 노출되어 있으며, 이에 대비하기 위해 스마트팜과 같은 국가적 차원의 대응책을 마련할 필요가 있다.

▌스마트농업 기능

스마트 농업은 최근 4차 산업혁명 기술 적용으로 더욱 진화하고 있다. ICT, IoT, Big data, Cloud, AI 등의 신기술을 농작물이나 가축의 생육 환경에 접목하여 지능화된 농업 시스템을 구축하는 것이다. 이를 통해 농업 생산성을 높이고 최종 제품의 품질을 향상시키며 농업혁신을 창출하는 광의적 개념이다. 이러한 스마트농업은 다음과 같이 사전단계·생산·수확·유통·소비 등 농업 가치사슬 단계별로 기능을 가지고 있다.

표 14-2	농업 가치사슬 단계별 스마트농업의 기능	

구분		주요 내용
육종·채종·육묘	종자산업 밸류체인	· 신품종 육성개량, 종자의 채취·처리·가공 자동화 · 육종에 의해 개발된 종자를 대량 확산하여 실용화 · 양질의 묘(苗)를 육성
생산·재배·관리	생산의 정밀화·자동화	· 센싱 기반 시설물 제어 및 생장환경 모니터링 · 로봇·드론을 활용한 농작업 자동화 · IoT·AI 기반의 스마트 팜으로 최적 재배
수확·선별	수확량·수확 시기 판단	· AI·드론·빅데이터 활용을 통해 병해충 질병 예측 및 조기대응 · IoT·로봇·AI 기반 수확 후 처리 자동화 · 포장 공정의 자동화
출하·유통	스마트 유통·가격예측	· 드론 활용한 작황 관측 · AI·빅 데이터 활용 농산물 가격·수급 예측 · 스마트 유통 시스템 및 창고 활용
소비	안전·안심·소비	· 식재료 정보 모니터링 · 생산·가공·유통 단계에 이르는 이력 인증 정보 제공 · IoT·빅데이터 활용 소비자 맞춤형 농산물 주문 및 생산확대

자료: 삼정 KPMG, 「스마트농업, 다시 그리는 농업의 가치사슬」, 2019

▎ 스마트농업의 범위

스마트농업은 정보통신기술(ICT)을 활용하여 농업 생산성을 향상시키는 기술이며, 스마트농업의 범위는 다음과 같다. 첫째, 센서 기술인데, 작물의 성장 상태, 온습도와 조도, 토양의 영양 상태, 기상 정보 등을 측정하여 데이터를 수집하는 기술이다. 둘째, 자동화 기술인데, 농작업을 자동화하여 인력과 시간을 절약하고 생산성을 높이는 기술이다. 예를 들어, 자동화된 농기구를 이용하여 작물을 심거나 수확하는 등의 작업을 수행할 수 있다. 로봇이나 드론을 이용하여 작물 파종부터 농작업 관리, 작물 수확 등 농작업을 자동화하고, 인력을 대체하는 기술이다. 셋째, 빅데이터 분석인데, 센서의 기기로부터 수집된 데이터를 분석하여 작물의 성장 패턴과 예측, 토양조건, 병해충 발생 가능성 등에 활용하여 농작업을 최적화하는 기술이다. 넷째, IoT(Internet of Things)인데, 이는 다양한 장치와 시스템을 연결하여 데이터를 주고받을 수 있도록 연결하는 기술이며, 스마트농업에서는 센서, 제어장치, 서버 등을 연결하여 효율적인 데이터 흐름을 구축하는 것이다. 다섯째, 원격모니터링과 제어인데, 농장주나 관리자가 원격으로 농작업을 모니터링하고 제어할 수 있는 시스템을 제공한다. 스마트폰 애플리케이션이나 웹 인터페이스를 통해 실시간으로 농작업 상황을 확인하고 필요한 조치를 취할 수 있도록 한다. 여섯째, 블록체인 기술인데, 이는 농산물의 유통 과정에서 블록체인 기술을 활용하여 신뢰성 있는 거래를 보장하는 기술이다.

04 스마트농업 사례

▎ 토양관리

농업 산업에서 토양은 농산물 생산의 기초이다. 농작물 재배 및 수확은 지속적으로 변동하므로 농가 수익에 큰 영향을 미칠 수 있는데 이에 대응할 수 있다. 토양 구성이나 강수량 및 온도에 대한 파악을 통해 토양 기능 극대화 도모하고, 살충제나 비료를 추가하거나 줄여야 하는지 결정하며, 토양의 건조 정도를 모니터링하고, 그에 따른 관개 개선을 해결한다.

▎ 작물 모니터링

일관된 작물의 생장과 품질을 달성하고, 다양한 작황 파악이 가능하다. 센서는 잎 품질, 색상 및 뿌리 강도와 같은 항목을 지속적으로 모니터링한다. 현재 측정치를 과거 데이터와 비교하고 작물이 생장 상태를 확인하여 대처가 가능하다.

▎ 예측 유지보수

지능형 IoT 센서의 출현으로 인공지능, 기계 학습 및 데이터 분석이 가능하다. 이는 각종 농기계 및 농자재의 동작 분석 및 온도 측정과 같은 항목을 기반으로 기계 상태의 효율성과 수리 기간, 마모 정도를 측정한다. 이러한 예측 모델을 통해 농기계 등 고가의 자산을 유지 관리하거나 수리를 효율적으로 관리한다.

▎ 가축 관리

가축 모니터링의 전통적인 방법은 개인이 수동으로 동물을 검사하고 질병이나 부상의 징후를 찾는 데 의존했으며, 비용이 많이 들고 매우 신뢰할 수 없으며 비효율적인 방법이다. IoT기반 가축 관리는 동물의 건강을 판단하기 위해 센서를 통해 동물의 위치, 온도, 혈압 및 심박수를 모니터링한다. 예를 들면 수작업으로 질병 검사를 하지 않아도 질병 발생 징후 등을 온도 센서를 통해 체크하여 대응한다.

▎ 프로세스 자동화

일반적으로 농작업을 수행하는 컴퓨터 기술. 관개, 비료, 병해충 방제 및 파종과 같은 반복적인 수동 작업을 간소화할 수 있다. 농작물 성장, 토양 상태와 같은 대량의 성능 데이터를 자동으로 모니터링하여 해당 담당자에게 전달함으로써 작업의 효율성과 생산성을 달성한다. 또한 이러한 각종 데이터를 기반으로 현황분석 및 문제점 파악, 문제해결을 위한 대안 마련, 빠른 실행과 대처를 통해 안정적인 농장운영 가능하다.

스마트농업은 첨단 정보통신기술(ICT)을 농업에 접목하여 생산성과 효율성, 지속가능성을 극대화하는 새로운 농업 패러다임입니다. 기존의 전통농업이 경험과 관행에 의존했다면, 스마트농업은 데이터와 과학기술에 기반한 정밀하고 체계적인 의사결정을 지향합니다.

스마트농업의 핵심 개념은 사물인터넷(IoT), 빅데이터, 인공지능(AI), 클라우드 컴퓨팅, 로봇공학 등 최신 ICT를 활용하여 농장 환경과 작물/가축의 생육 상태를 실시간으로 모니터링하고 분석하는 것입니다. 수집된 방대한 데이터를 기반으로 최적의 재배/사육 환경을 유지하고, 병해충 예찰, 자원 관리, 수확 시기 예측 등 의사결정을 지원합니다.

스마트농업 기술은 전통농업이 직면한 노동력 부족, 기후변화, 식량안보 등의 다양한 과제를 해결할 수 있는 대안으로 주목받고 있습니다. 정밀농업을 통해 자원을 효율적으로 활용하고 생산성을 극대화할 수 있습니다. 또한 실시간 모니터링으로 병해충과 기상 이변에 신속히 대응할 수 있어 작황 리스크를 줄일 수 있습니다.

스마트농업을 가능케 하는 주요 기술로는 IoT 센서와 액추에이터, 위성/드론 원격탐사, 빅데이터 분석, AI 기반 의사결정 지원시스템 등이 있습니다. IoT 센서는 토양 수분, 온도, 일사량, 풍속 등 농장 환경 데이터를 실시간으로 수집하고, 액추에이터는 관수, 가온, 환기, 양액 공급 등을 자동으로 제어합니다. 원격탐사는 드론이나 인공위성으로 농경지 전반의 작물 생육 상태를 공간적으로 모니터링합니다. 수집된 빅데이터는 AI 기반 분석 모델을 통해 병해충 발생 패턴 예측, 작물 생육 모델링, 최적 재배 시기 판단 등에 활용됩니다.

스마트농업의 주요 이점은 다음과 같습니다. 첫째, 생산성 향상이다. 스마트 농업은 작물의 성장 상태를 실시간으로 모니터링하고, 필요한 양의 비료와 물을 정밀하게 공급하는 정밀 농업 기술을 통해 생산성을 극대화할 수 있다. 드론과 센서를 이용한 데이터 수집 및 분석은 작물 성장의 정확한 이해를 가능하게 하여, 최적의 재배 방법을 적용할 수 있다. 이는 결국 수확량 증가 및 제품 품질 개선에 기여한다. 둘째, 자원 효율성 증대이다. 전통적 농업 방식은 자원 낭비를 초래할 수 있으나, 스마트 농업은 필요한 자원의 정확한 양을 투입하는 것이 가능하다. 예를 들어, 스마트 관개 시스템은 실시간으로 토양 수분 수준을 모니터링하고, 필요한 양의 물만 공급하여 수자원을 절약할 수 있다. 또한, 정밀 농업 기술의 사용은 비료와 농약 사용을 최소화하여 경제적 부담을 줄이고 환경 오염을 방지할 수 있다. 셋째, 환경 보호이다. 스마트 농업은 환경 보호에도 크게 기여한다. 화학 비료 및 농약의 과다 사용은 토양 및 수질 오염을 초래할 수 있으나, 스마트 농업 기술은 이러한 문제를 최소화할 수 있다. 지속 가능한 농법은 토양 건강을 유지하고 생태계를 보호할 수 있다. 또한, 기후 데이터 분석을 통해 기후 변화에 적극적으로 대응하는 최적의 농법을 적용할 수 있다. 넷째, 농업 노동력 부족 해결이다. 고령화 및 농업 인력의 감소는 현대 사회에서 큰 문제이다. 스마트 농업은 자동화 기술을 통해 이 문제를 해결할 수 있다. 예를 들어, 자율 주행 트랙터와 로봇의 사용은 수작업을 대체하여 농업 노동력 부족 문제를 완화할 수 있다. 또한, 스마트 농업은 기술 기반의 새로운 형태의 농업을 제시하여 젊은 세대 사이에서 농업에 대한 관심을 증가시키고 새로운 일자리 창출이 가능하다.

　스마트농업은 많은 장점이 있지만, 동시에 몇 가지 단점도 존재한다. 첫째, 높은 초기 투자 비용이다. 스마트농업 기술을 도입하기 위해서는 고가의 장비와 소프트웨어, 그리고 이를 운영할 인프라가 필요하다. 예를 들어, 드론, 센서, 자동화 시스템, 데이터 분석 소프트웨어 등은 상당한 초기 자본 투자가 요구된다. 중소 농가나 자본력이 부족한 농가에게는 이러한 초기 비용이 큰 부담으로 작용할 수 있다. 둘째, 기술적 지식의 필요성이다. 스마트농업을 효과적으로 운영하기 위해서는 기술적인 지식과 역량이 필요하다. 이러한 기술을 이해하고 활용할 수 있는 인력을 확보하는 것이 중요하지만, 농업 종사자 중 상당수는 전통적인 농업 방식에 익숙할 뿐, 최신 기술에 대한 이해도가 낮을 수 있다. 따라서 농가들은 추가적인 교육과 훈련이 필요하다. 셋째, 데이터 보안 및 프라이버시 문제이다. 스마트농업은 다양한 데이터를 수집하고 분석하는 과정에서 데이터 보안 및 프라이버시 문제가 발생할 수 있다. 농업 데이터가 외부로 유출되거나 악용될 경우, 농가의 경제적 손실 뿐만 아니라 개인정보 침해 등 심각한 문제를 초래할 수 있다. 따라서 데이터 보안 및 관리에 대한 철저한 대비가 필요하다. 넷째, 기술 의존성 증가이다. 스마트농업은 기술에 크게 의존하는 특성이 있다. 만약 시스템에 장애가 발생하거나 기술적 문제가 생기면 농업 활동이 중단될 수 있으며, 이는 생산성에 큰 영향을 미칠 수 있다. 기술 의존성이 높아질수록 이러한 리스크도 함께 증가하게 된다. 다섯째, 환경 문제이다. 스마트농업이 오히려 환경에 부정적인 영향을 미칠 수 있는 경우도 있다. 예를 들어, 드론이나 자동화 기계의 사용은 에너지 소비를 증가시킬 수 있으며, 이는 탄소 배출량 증가로 이어질 수 있다. 또한, 전자 폐기물 문제도 스마트농업의 장비와 기기가 주기적으로 교체되면서 발생할 수 있다. 여섯째, 지역 간 격차이다. 기술 접근성의 차이로 인해 지역 간 격차가 발생할 수 있다. 대규모 농가나 자본력이 있는 농가는 스마트농업을 도입해 경쟁력을 높일 수 있지만, 소규모 농가나 저개발 지역의 농가는 이러한 기술을 도입하기 어려워 경쟁에서 뒤처질 가능성이 있다.

　이와 같이 스마트농업은 많은 이점을 제공하지만, 동시에 여러 가지 단점도 존재한다. 이러한 단점을 해결하기 위해서는 정부의 지원과 정책적 뒷받침, 교육 및 훈련 프로그램, 데이터 보안 강화, 기술 개발 및 보완 등이 필요하다. 스마트농업의 장점을 극대화하고 단점을 최소화하기 위한 노력이 계속되어야 할 것이다.

01 미래 새로운 트렌드 등

코로나 19로 인해 사람들의 일상 생활방식이 변화되면서 향후에는 변화와 혁신이 가장 중요한 화두가 될 것으로 전망된다. 즉, 세계 경제의 인플레이션, 국가간 공급망 문제, 신종 바이러스 유행, 기후변화와 같은 글로벌 문제가 대두됨에 따라 농업생산 및 이를 원료로 한 식품시장의 변화와 혁신은 무엇보다 중요한 시점이다.

지구 환경변화에 따라 기후 위기에 대응한 규제와 정책으로 농업생산에서도 탄소배출을 줄이도록 강요받고 있으며, 동시에 지속 가능성과 건강에 대한 소비자의 관심이 증가함에 따라 지속 가능한 방법으로 더 많은 유기농 농산물과 가공식품을 생산하도록 요구하고 있다. 따라서, 환경변화 여건하에 새로운 트렌드의 등장이 예상되고 있다. 즉, 지속가능성에 대한 관심이 증대하고, 건강과 산업 전반에 대한 디지털화, 편의성과 경험에 의한 행동, 글로벌 경기침체에 따른 경제적 압박이 나타날 것으로 전망되고 있으며, 이에 대응하여 농업인들의 생산시스템 대응 노력이 요구되고 있다.

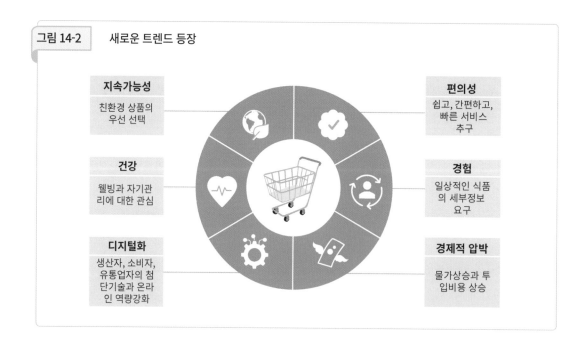

그림 14-2 　새로운 트렌드 등장

지속가능성
친환경 상품의
우선 선택

건강
웰빙과 자기관
리에 대한 관심

디지털화
생산자, 소비자,
유통업자의 첨
단기술과 온라
인 역량강화

편의성
쉽고, 간편하고,
빠른 서비스
추구

경험
일상적인 식품
의 세부정보
요구

경제적 압박
물가상승과 투
입비용 상승

새로운 변화에 대응하여 농업부문의 대응도 매우 중요하게 다루어져야 한다. 농업 부문은 온실가스 배출량의 상당 부분이 농업생산에서 발생하고 있으며, 생물 다양성이 풍부한 천연 토지에서 농지로 전환됨으로써 발생량이 더욱 증가하고 있다. 최근 연구에 따르면 세계 총 배출량의 4분의 1 이상이 농업 생산과 토지 사용에서 비롯된 것으로 나타났다. 온실가스 배출의 주요 원인은 메탄(주로 가축 부문에서 발생)과 질소 산화물(주로 토양에 추가된 비료에서 발생)에서 발생한다. 이에 따라 온실가스 배출을 줄이는 것 뿐만 아니라 새로운 기술과 혁신에 대한 투자를 요구하고 있다. 예를 들면, 관개 방식의 비효율성을 줄여 물을 절약한다거나 식물이 필요한 양만큼 비료를 공급함으로써 토양오염과 탄소배출을 줄이는 방법 등이다.

지속 가능한 식품 생산은 세계 인구가 증가함에 따라 식품 가격과 편의성에 관심이 집중되어 왔으나, 최근 코로나19로 인해 생산에서 유통까지 지속가능한 농식품 시스템으로의 전환 필요성을 인식하게 되었다. 농업 분야의 온실가스 배출량 감소와 소비 트렌드에 대응하기 위해서는 비료와 농약의 감소, 첨단 농기계 투입, 유기농업으로의 전환과 토양 보존, 디지털화 등이다. 결국 이를 실현하기 위해서는 농업의 디지털화와 정밀농업의 도입, 에너지 최소화를 위한 스마트팜 농업생산 등으로의 전환을 추진해야 한다.

02 스마트농업의 이슈 동향

디지털화는 시대적인 기술 변화이며, 다른 부문과 마찬가지로 농업에 중요한 영향을 미칠 것이다. 디지털화는 인터넷, 모바일 기술 및 장치, 데이터 분석을 포함한 정보 통신 기술을 채택하여 디지털 콘텐츠의 생성, 수집, 교환, 조합, 분석, 접근, 검색 가능성을 개선하는 것을 의미한다. 디지털화 프로세스는 농업 방식에 상당한 변화를 가져오고, 혁신을 위한 생산 및 공급망을 구축하는 새로운 방법을 제공한다.

특히, 농업 부문은 정밀농업, 사물 인터넷(IoT), 빅 데이터를 사용하여 생산 및 비즈니스 효율성을 높이는 등 디지털화로 인한 일련의 변혁적인 추세에 직면하고 있다. 이러한 변화에 따라 농업인들이 사용할 수 있는 디지털 기술의 양과 질은 1990년대 이후 발전하기 시작했으며, 이 때 컴퓨터 및 인터넷 기반 기술이 농작물 및 가축 사양관리에 사용되기 시작하였으며, 인터넷 속도의 가속화 및 인적·물적 자원과의 초 연결성, 기술 비용 감소, 빅데이터의 증가와 고급 분석은 농업의 지속 가능성, 생산성, 상업적 농업의 성장과 발전을 유인하였다.

그러나 농업 부문은 기후 변화와 광범위한 환경 악화, 농업 노동력 부족, 인구 증가, 식습관 전환 등 다양한 문제를 해결해야 하는 상황에 놓여 있다. 기존의 정밀농업 기술을 포함한 디지털 기술은 이러한 과제에 대한 해결책의 주요 부분이 될 것으로 예상된다. 호주와 캐나다, 콜롬비아, 덴마크, 영국 및 미국의 조사결과에 따르면 디지털 도구의 광범위한 사용이 옥수수와 대두, 밀, 면화와 같은 노지작물을 비롯하여 가축이나 과일, 채소 및 견과류를 전문으로 하는 농장에서 다양하게 사용되는 것으로 나타났지만, 가축 생산의 모니터링 기술(예: 정밀 계량, 카메라, 관리 앱) 과일 및 채소, 견과류 등 작물에 대한 정밀 해충관리. 알고리즘 기반의 의사결정 및 자동화시스템까지는 이르지 못하고 있다.

농업인의 경우 농업 데이터에서 생성된 디지털 기술과 통찰력은 영농과정에서 다양한 의사결정을 지원하여 혁신을 촉진하고, 농업 생산성 향상 및 지속 가능성을 향상시키는 데 큰 영향을 미칠 것이다. 또한 디지털 기술은 농장의 효율성과 가치 창출의 새로운 원천을 위한 기회를 제공하여 연구와 혁신을 지원하고, 정책측면에서는 디지털 기술을 사용하여 정책을 설계, 구현 및 모니터링하는 방법을 개선하고, 농업 부문을 위한 새롭고 더 나은 정책을 설계할 수 있도록 지원할 것이다.

이상의 내용에서 농업의 디지털화는 매우 중요한 시대적 변화이며, 농업의 변화와 혁신, 생산성 향상과 지속가능성을 달성하는데 중요한 요소이지만, 보다 근본적인 요인은 농업인의 기본 역량과 시스템 구축 비용이 농업의 디지털화에 중요한 요소로 작용할 것이다.

03 스마트농업의 분야별 시장가치

글로벌 스마트농업의 시장가치는 120.4억 달러에서 340.억 달러로 1.8배 정도 상승할 것으로 추정되며, 연평균 약 19% 정도 성장할 것으로 추정된다. 세부적으로는 정밀농업이 2021년 67.3억 달러에서 2026년 127.9억 달러, 가축 모니터링 및 관리 분야가 28.8억 달러에서 79.8억 달러, 스마트팜 분야가 19.3억 달러에서 53.2달러, 양식업 분야가 11.4억 달러에서 31.1억 달러, 기타 분야가 7.5억 달러에서 19.8억 달러로 상승할 것으로 추정된다.

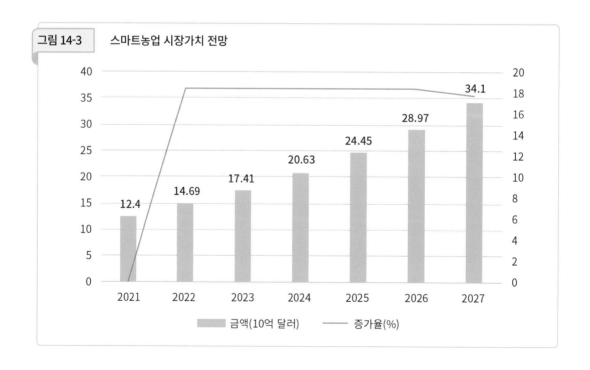

그림 14-3　스마트농업 시장가치 전망

스마트농업 시장가치 중에서 정밀농업 비중이 절반 가량을 차지하고 있어 가장 큰 시장가치를 가지고 있으며, 그 다음으로 가축 모니터링 및 관리분야가 약 23.3%, 스마트팜이 15.8%의 순으로 나타났다. 정밀농업 시장가치 성장은 2021년 대비 2026년에는 90.0% 성장할 것으로 추정되며, 가축 모니터링 및 관리분야는 177.1%, 스마트팜 분야가 175.6%로 향후 가축분야와 스마트팜 분야의 시장가치 성장률이 가장 클 것으로 전망되고 있다.

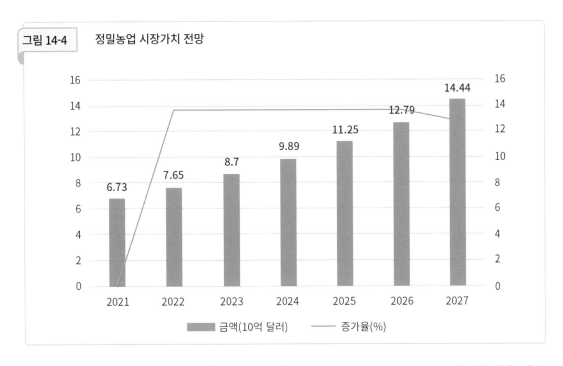

그림 14-4 정밀농업 시장가치 전망

정밀농업은 농업에 ICT 기술을 접목함으로써 환경오염과 기후변화에 대응하여 생산성 향상, 지속가능성 확보, 자연 복원, 정밀한 농장운영 등이 가능하다. 실제로 생산성 향상은 국가와 작물, 토양조건에 따라 다르지만 일반적으로 도입전과 도입후의 생산성은 도입 후가 도입 전에 비해 10% 이상 향상되는 것으로 나타나고 있다. 또한, 지속가능성 측면에서는 적절한 작업을 유인함으로써 토양지도를 활용하여 시비량 감소와 농약 감소를 통한 수질개선, 토양침식 예방, 온실가스 절감, CTF 기술을 활용한 농기계 연료 감소 등 친환경적 농법의 적용을 통한 비용절감과 환경보전을 도모할 수 있다. 자연 회복은 그동안 화학농법에 의한 토양침식과 환경오염의 심각성이 부각됨에 따라 저투입 농법이 새로운 대안으로 등장하게 되었으나 단순히 저투입만으로는 문제해결에 어려움이 있어 디지털 기술을 접목한 위험관리와 불확실성 감소 등을 통해 자연 복원을 추진할 수 있다. 즉 날씨 및 기후데이터, 농업생산 및 환경데이터를 결합한 농장의 의사결정시스템은 갑작스런 기후변화(가뭄과 홍수, 우박, 온도차 등)에 대응할 수 있도록 지원할 수 있다. 다만 이러한 기술은 너무 비싸거나 비효율적이라는 점, 농작업과 직접적인 관련성이 적거나 사용하기 너무 복잡하다는 점, 결과가 정확하지 않다는 점 등이 있으며, 데이터의 소유관과 보인 및 개인정보 보호 및 기밀유지 등의 경제 외적 장벽 등이 현장 기술 적용에 제약요인으로 작용하고 있다.

농업용 로봇은 육체 노동 지원 및 작물 수확과 같은 다양한 작업을 위해 개발되고 있는데, 2026년까지 전 세계적으로 2020년보다 약 1.7배 정도 성장할 것으로 추정되며, 농업용 로봇은 자율주행 트랙터를 중심으로 성장할 것으로 전망된다.

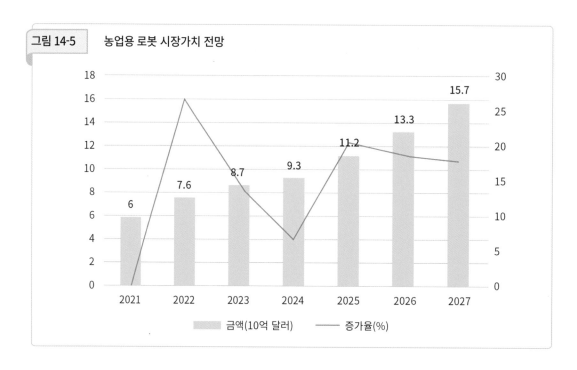

그림 14-5 농업용 로봇 시장가치 전망

농업용 로봇과 더불어 농업용 드론은 비료와 농약살포에서 주로 활용되고 있는데, 드론을 활용한 살포는 잡초를 감지하고 찾아내는 AI 센서 기술을 사용하여 선택적 살포가 가능하고, 필요한 장소에 제초제와 비료를 살포하는 것이다. 이러한 드론시장은 2021년 10.4억 달러에서 2027년 65억 달러로 약 5.5배 정도 성장할 것으로 전망되어 농업용 스마트기기 중에서 가장 크게 성장할 것으로 전망된다.

사물 인터넷(IoT)은 2022년 농업 기술에서 가장 큰 비중을 차지하고 있으며, 스마트농업은 운영 효율성 향상을 달성하기 위해 IoT 기술과 솔루션을 기반으로 하고 있다. IoT 기술은 실시간 현장 데이터를 수집하여 데이터 분석 및 제어 메커니즘 제공하는데. 글로벌 산업용 IoT 시장은 미국과 유럽, 중국을 중심으로 움직이고 있다. 2021년 글로벌 농업분야 사물인터넷(IIoT) 시장가치는 약 4.2억 달러에 이를 것으로 예상된다. 농업 IoT시장은 스마트농업이 널리 보급됨에 따라 향후 몇 년 동안 성장하여 2025년까지 거의 69.8억 달러에 이를 것으로 예상되며, 농업 IIoT 시장은 농장관리 플랫폼, 공급망 및 재고관리 솔루션, GPS 서비스 및 필드 매핑 서비스, 농업 모니터링 서비스 및 마이크로 농업 솔루션으로 성장할 것으로 전망된다.

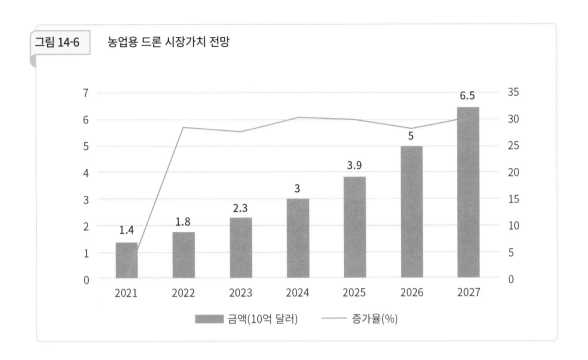

그림 14-6 농업용 드론 시장가치 전망

금액(10억 달러): 1.4, 1.8, 2.3, 3, 3.9, 5, 6.5

■ 금액(10억 달러)　── 증가율(%)

04 축산업 스마트농업의 현황

정밀 축산은 축산농가에 관련 디지털 장비를 공급하여 농장 경영에 도움을 주기 위해 가축을 자동으로 모니터링하거나 관리 결정의 기초가 되는 정보 또는 자동제어 시스템을 활용함으로써 축산 관련 투입물, 생산물 및 영농 환경을 실시간으로 조정하는 기술을 사용하는 것으로 정의할 수 있다. 다만, 전반적으로 대가축을 중심으로 로봇을 적용한 기술을 중심으로 진행되고 있으며, 가금류의 경우 수직통합 시스템을 중심으로 추진되고 있으며, 농장관리 지원분야는 상대적으로 저조한 실정이다.

축산분야의 디지털 기술은 낙농분야의 경우 착유로봇, 자동급이시스템, 발정감지, 열화상 카메라와 카메라 시스템을 활용한 가축관리 시스템을 중심으로 추진되고 있다. 그러나 축산분야의 디지털 기술은 현장 적용이 매우 저조한 실정이며, 각 국가마다 실태조사 자료가 부족한 상황이다. 다만 축사에서 가축을 사육하기 때문에 로봇을 이용한 착유시스템이 상대적으로 현장에 많이 적용되고 있다. 이러한 낙농분야의 착유 로봇은 유럽(네덜란드와 덴마크, 영국)에서 2015년 이후에 증가폭이 크게 나타났지만, 호주나 뉴질랜드, 중국과 러시아, 미국에서는 도입비율이 상대적으로 낮은 편이다.

정밀 축산 기술은 주로 노동력 절감과 품질 향상, 삶의 질 향상 등에 영향을 미치는 것으로 나타났는데, 환경오염이나 환경부하에 영향을 미치는 연구는 거의 없다. 소의 발정감지 장치는 적정 시기에 발정을 체크함으로써 생산성을 높이는데 도움이 되고 있으며, 가축의 행동이나 생체온도 등 생체인식 기술과 안면 인식 기술의 적용이 시도되고 있으며, GIS를 활용한 초지상태 측정과 가축 방목관리 시스템을 도입하여 자원 순환경제를 위한 적용분야도 도입되고 있다.

05 실내농업 현황

실내 농업은 수직으로 쌓인 층, 수직으로 경사진 표면 또는 다른 구조물(예: 초고층 빌딩, 중고 창고 또는 선적 컨테이너)을 이용하여 1년 내내 식품 및 의약품을 생산할 수 있는 최적화된 작물생산 방법이다. 전 세계 실내 농업 시장 규모는 2021년 395억 달러로 평가되었으며 2022년부터 2030년까지 연평균 13.5% 성장할 것으로 예상된다.

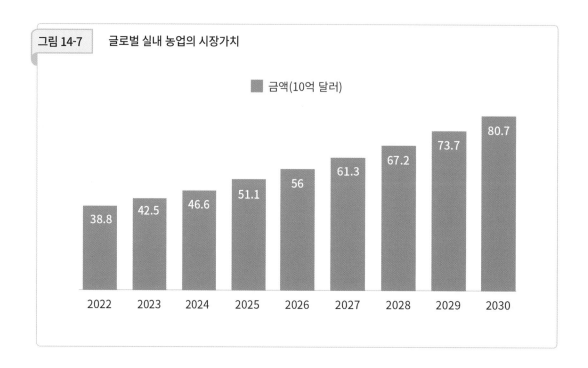

그림 14-7 | 글로벌 실내 농업의 시장가치

특히, 최근 소비패턴이 신선하고 고품질의 식품을 선호하는 소비자 인식이 높아지면서 시장 성장을 주도할 것으로 예상된다. 전 세계적으로 증가하는 인구, 특히 중국 및 인도와 같은 신흥 경제국가에서 식품 수요가 증가하여 향후 실내 농업 시장의 성장에 박차를 가할 것으로 예상된다. 글로벌 실내 농업 시장은 변화하는 기후 조건(경지면적 감소 및 지하수 고갈)과 같은 기존 환경 문제에 대응하여 식량 및 농업생산 시스템에 영향을 미칠 것으로 예상되며, 정부는 이 문제를 극복하기 위해 다른 정책 대안 마련과 더불어 실내 농장 건설을 장려함으로써 시장 성장을 촉진할 것으로 예상된다. 유기농 식품은 더 건강하고, 영양가 있고, 더 안전하고, 더 친환경적인 것으로 인식되고 있는데. 유기농 식품 수요에 영향을 미치는 중요한 요소는 소비자의 식품 구매 행동이며, 이는 생산자와 정부 및 시설 공급자의 전략에 의해 영향을 받을 것이다.

세계은행에 따르면 1인당 전체 경작지는 2013년 0.197ha에서 2016년 0.192ha로 감소했으며, 토지 황폐화로 인한 경작지의 부족은 농업인들이 신선한 식품을 생산하기 위한 새로운 방안을 선택하도록 요구하고 있다. 수직농장(Verticalfarming) 기술을 선택하면 실내 농장주들이 선반, 다층 건물 또는 창고에 쌓인 층으로 실내에서 작물을 재배할 수 있을 것으로 예상되며, 이는 2030년까지 시장에서 중요한 트렌드로 부상할 것으로 예상된다.

실내 농장은 화분에 심은 씨앗을 층층이 쌓아 단위면적당 총 수확량을 늘리는 데 도움을 주어 시장을 주도하고, 실내 농업은 소규모 및 대규모 실내에서 식물이나 작물을 재배하는 방법이다. 실내 농업은 아쿠아포닉스, 수경재배와 같은 방법을 구현하고 적절한 조도와 영양분을 위해 인공 조명을 활용한다. 그러나 실내농장 구축에 대한 초기 투자비 과다와 다양한 작물 재배에 대한 제한은 시장 성장을 저해할 것으로 예상된다.

유럽은 온실 및 수직 농장에 대한 기술 도입으로 인해 가장 큰 시장 점유율을 차지하고 있다. 영국과 독일, 미국, 캐나다와 같은 선진국은 영농 기술을 도입하고 있으나 인도와 중국, 싱가포르와 같은 신흥 경제국가에서는 신선한 작물에 대한 수요 증가로 인해 실내 농장 도입이 크게 증가하고 있다. 신흥 경제국의 국민소득 증가와 도시 인구의 증가는 건강하고 신선하며 영양가 있는 식품에 대한 소비와 수요를 증가시켰고, 이는 실내 농업 시장을 주도할 것으로 예상된다.

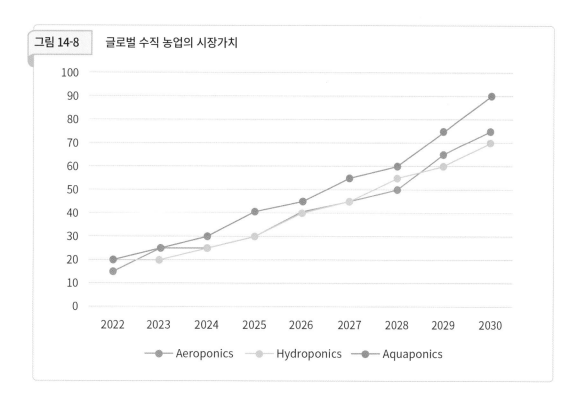

그림 14-8 글로벌 수직 농업의 시장가치

전 세계 수직 농업 시장 규모는 과일과 친환경 채소를 중심으로 2021년 43억 4,000만 달러였으며, 2022년부터 2030년까지 연평균 성장률(CAGR) 25.5%로 확대될 것으로 예상된다. 기술유형별로는 Aquaponics(물고기를 키우는 양식(Aquaculture)과 수경재배(Hydroponic)를 결합한 생산 방식이며, 양식에 사용한 물을 수경재배를 거쳐 다시 양식에 사용하는 방식으로 수산양식과 농작물 재배를 함께 할 수 있고, 물을 순환하여 사용함으로써 환경에 부담을 적게 주는 친환경적인 생산 방식임)가 가장 크게 성장할 것으로 전망되며, 그 다음으로 Aeroponics(농축 영양 용액을 뿌리에 직접 안개로 분무시켜 식물을 재배하기 때문에 토양이 필요 없으며, 더욱 빠르게 식물이 성장함), Hydroponics(흙 없이 배양액이 섞인 물을 이용하는 작물 재배법으로 수경재배라 하며, 식물이 크는데 필요한 여러 가지 영양분을 물에 녹여 식물에게 공급하고, 식물체를 지지하는 역할은 배지나 구조물을 이용함) 순으로 전망된다. 실내 농업의 글로벌 주요 제조업체로는 AeroFarms, Gotham Greens, Plenty(Bright Farms) Lufa Farms, Beijing IEDA Protected Horticulture, Green Sense Farms, Garden Fresh Farms, Mirai 및 Sky Vegetables 등이 있다.

SECTION 03 스마트농업과 농업경영

01 디지털 사회와 경쟁력

경쟁력은 개인, 기업, 국가가 경제적, 사회적 환경에서 생존하고 성장할 수 있는 능력을 의미한다. 경쟁력은 다양한 요소에 의해 결정되며, 경쟁력 강화 방안은 크게 가격경쟁력, 비가격경쟁력, 그리고 경영관리능력으로 구분할 수 있다. 가격경쟁력은 동일한 제품이나 서비스를 경쟁사보다 더 낮은 가격에 제공할 수 있는 능력을 의미하며, 이는 인건비와 원재료비, 물류비 등 비용 절감과 생산성 향상을 통해 달성할 수 있다. 비가격경쟁력은 가격 외의 다른 요소들로 시장에서 경쟁 우위를 확보하는 능력을 의미하는데, 이는 주로 제품의 기술력과 품질, 계약이행, 서비스, 브랜드 이미지 등을 통해 달성된다. 경영관리능력은 농장의 내부 역량을 강화하여 지속 가능한 성장을 이루는 데 중요한 역할을 하는데, 이는 전략적 계획, 인적 자원 관리, 재무 관리 등을 포함하고 있다. 전략적 계획 수립은 장기적인 비전과 목표를 설정하고, 이를 달성하기 위한 전략을 수립하는 것이며, 재무 관리는 효율적인 재무 관리를 통해 건전한 재무 상태를 유지하고, 재정적 리스크를 최소화하고, 신중한 투자 결정을 통해 장기적인 성장을 도모하고, 필요한 자금을 효과적으로 조달하는 것이다. 자원관리는 토지와 시설 등 농업생산에 필요한 각종 자원을 관리하고, 지속적인 교육과 훈련을 통해 전문성을 강화하는 것이다.

이러한 경쟁력은 농산물 생산에 따른 영농활동과 마케팅, 재무 및 회계, 인사와 연구개발 등의 과정을 거쳐 실천하고 사업성과를 도출하는 것이다. 그러나 이러한 진행과정에서 각종 자료와 정보분석의 디지털화가 선행되지 않으면 최적의 의사결정을 내릴 수 없으며, 급속한 환경변화에 대응하여 경쟁력을 갖추는 것이 한계에 이를 수 밖에 없다. 즉, 최적의 의사결정을 위해서는 우선 농장내 필요한 자료를 수집 및 집계, 분석하여 의사결정 정보로 제공되어야 한다. 수작업 기록에 의해 자료의 정리 및 집계를 하는데 많은 시간과 노력이 소요되고, 방대한 계산절차를 거쳐야 하기 때문에, 경영환경 변화에 신축적으로 대응할 수 있는 적시적 정보를 산출하는데 어려움이 따른다. 따라서 효율적이고 과학적인 자료의 수집 및 집계분석이 없이 경영개선을 도모하기에는 제약이 따른다. 특히 디지털 사회에서는 정보와 기술의 활용이 중요한 역할을 한다. 디지털 사회에서 경쟁력을 갖추기 위해서는 디지털 정보화가 필수적이다.

디지털 정보화는 정보 접근성과 활용 능력, 기술적 숙련도, 혁신과 창의성, 데이터 분석 능력 등 다양한 요소들이 디지털화를 통해 강화될 수 있다. 또한, 디지털 정보화 사회는 전통적인 농업 방식에 큰 변화를 가져오고 있다. 정보통신기술(ICT)의 발전과 디지털화는 농업의 생산성, 효율성, 지속 가능성을 높일 수 있는 다양한 기회를 제공한다. 그러나 이러한 기회를 최대한 활용하기 위해서는 농업이 디지털 정보화 사회에서 경쟁력을 갖추기 위한 요소들을 이해하고 실천해야 한다.

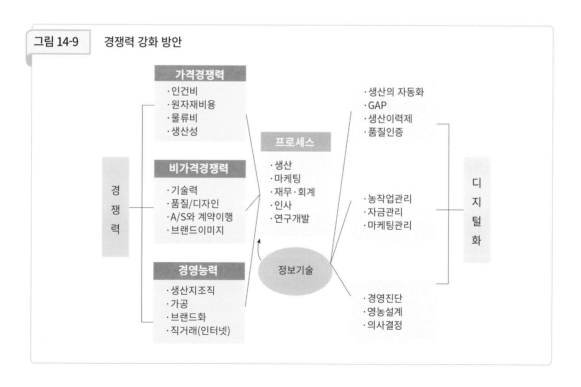

그림 14-9　경쟁력 강화 방안

02 스마트농업 경영관리의 필요성

현대 농업은 빠르게 변화하고 있다. 기존의 전통적인 농업 방식에서 벗어나, 과학기술의 발전과 디지털화가 농업에 큰 영향을 미치고 있다. 이러한 변화 중에서도 특히 주목할 만한 것이 바로 스마트 농업이다. 스마트 농업은 정보통신기술(ICT)을 활용하여 농업 생산성을 향상시키고, 농업경영의 효율성을 높이는 새로운 농업 방식이다.

스마트 농업은 농업의 미래를 형성하는 중요한 역할을 하고 있다. 정보통신기술(ICT)의 발전은 농업에 새로운 가능성을 제시하였다. 이는 농업 생산성을 향상시키고, 농업경영의 효율성을 높이는 데 큰 도움이 되었다. 또한, 농업의 다양한 분야에서 활용되고 있다. 예를 들어, 작물의 성장 상태를 실시간으로 모니터링하거나 농작물에 필요한 양분과 물을 정확하게 제공하는 등의 작업을 자동화하는 데 사용된다. 이러한 기술의 도입은 농업 생산성을 크게 향상시키고, 농업경영의 효율성을 높이는 데 큰 도움이 되고 있다.

스마트농업은 농업경영 전략과 밀접한 관련성을 가지고 있어야 한다. 즉, 농업경영자는 스마트 농업 기술을 활용하여 농장 운영의 전반적인 효율성을 높이고, 농작물의 생산성을 향상시키는 데 필요한 전략을 수립해야 한다. 이는 농업경영의 효율성을 높이고, 농작물의 생산성을 향상시키는 데 큰 도움이 된다. 뿐만 아니라 스마트농업에 필요한 시설장비와 장비를 유지관리를 위해서는 막대한 투자자금을 필요로 하기 때문에 투자금에 대한 자금회수와 안정적인 농장운영을 위해서는 충분한 수익구조를 달성해야 하며, 그렇지 못할 경우 커다란 손실로 귀착될 수 있다. 따라서, 철저한 농장경영관리와 데이터 기반의 다양한 정보분석을 통해 최적의 의사결정을 위한 경영관리 시스템 구축이 요구된다.

03 스마트농업 경영관리의 목표

스마트 농업의 최종 경영목표는 수익을 최대화시키는 데 있으며, 농업경영관리는 이러한 경영목표를 달성하기 위한 수단이다. 따라서 농업경영관리의 영역과 그 절차를 결정하고 농업경영관리의 목표인 수익의 최대화를 달성할 수 있도록 해야한다.

농업경영관리의 목표는 먼저 경영의 수익성이고 그 다음으로 생산성 수준을 명확하게 하는 것이며, 경영의 안전성을 측정하는 것이다. 경영의 수익성은 경영평가의 성과측정의 최종단계이다. 이 수익성은 가족경영에서는 가족노동보수이며 기업경영에서는 자본이익율이다. 수익성의 경우 이익의 절대액의 크기뿐만 아니라 투하된 노동력 및 자본과 비교하여 수익율의 크기를 평가하는 것이 중요하다. 수익성을 나타내는 이익액은 조수익 분석과 비용분석이 필요하며, 조수익 분석은 특히 생산물의 매출액 분석이 중요하다. 수익성의 크기를 결정하는 요인은 경영비 특히 생산원가이다. 경영 간 노동생산성 및 물적 생산성인 생산과정의 효율은 최종적으로 생산원가로서 경제적으로 파악하고, 이 생산원가 절감이 경영합리화의 목표가 된다. 경영 간 격차가 크게 나타나는 것은 생산원가이다. 수익성, 즉 판매액의 경영간 격차도 수익성의 크기를 결정하는 요인이지만 경영간 격차가 그 이상으로 크고 수익성의 크기를 결정하는 요인이 되는 것이 생산원가이므로 비용절감 및 생산원가 관리가 중요시되고 있는 것이다.

두 번째로 판매가격 상승이다. 판매가격 상승은 품질향상, 판매수량, 판매처의 영향에 따라 달라질 수 있다. 품질향상은 가격 상승을 정당화하는 중요한 요소이며, 고객에게 추가 비용을 지불할 가치를 제공할 수 있다. 가격 상승은 판매수량에 부정적인 영향을 미칠 수 있지만, 품질향상과 브랜드 가치, 차별화된 제품 등의 요인이 가격상승의 부정적인 영향을 상쇄할 수 있으며, 전략적 가격 설정과 다양한 판매채널을 통해 그 영향을 최소화할 수 있다. 또한, 적절한 판매처를 선택하고 긍정적인 고객 경험을 제공함으로써 가격 상승의 부정적 영향을 완화할 수 있다. 이러한 요인에 의해 판매가격을 상승시킬 수 있다.

세 번째로 생산성 향상은 경영능력과 작업관리에 따라 좌우된다. 특히, 작업관리에서 환경제어 시스템으로부터 발생하는 자료와 작물 생육 자료의 집계분석은 생산성 향상을 위한 의사결정 정보로 활용할 수 있다. 예를 들어, 토양 센서, 날씨 정보, 작물 성장 데이터 등을 분석하여 토양 조건, 작물 생육 상태, 수확 시기 등을 판단한다. 데이터 분석은 농가에서 정확한 의사결정을 내리고 문제를 해결하는데 도움이 된다.

수익성 및 생산원가가 경영활동의 종합적 성과로서 나타나지만 이러한 성과에 영향을 미치는 것이 생산성이다. 이는 〈그림 14-10〉을 통해 확인할 수 있다. 그림에서 수익성 향상에 영향을 미치는 요인은 생산원가 절감과 판매가격의 상승, 생산성 향상이다. 생산원가 절감의 방법은 구입 생산자재의 가격을 낮추거나 이를 효율적으로 이용하는 것이다. 생산자재의 효율적 이용은 생산체계의 양부에 따라 결정되므로 이의 효율적인 관리가 필요하며, 생산성 향상은 경영능력과 작업관리에 의해 결정되므로 생산성 향상은 수익성의 요인을 파악하는 주요 수단이라 할 수 있다.

따라서 이러한 수익성 및 비용을 결정하는 요인분석으로서 생산성 향상은 경영개선책을 제시하는 중요한 역할을 가지고 있다. 최근에는 과거 일정기간의 작물 생육관리 성과분석과 함께 일상적인 작물 생육관리 및 환경제어 시설장비 관리를 철저하게 하는 등 경영관리적 측면에서 중시되고 있다.

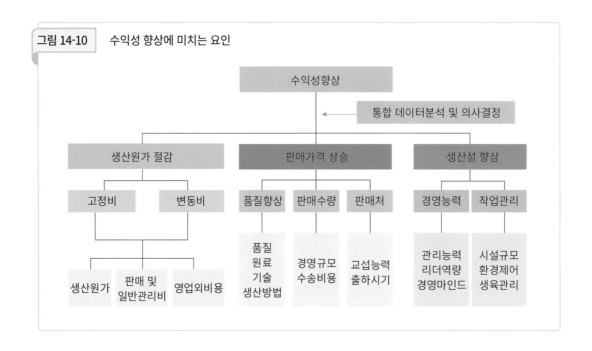

그림 14-10 | 수익성 향상에 미치는 요인

```
                                수익성향상
                                    │
                                    ◄──── 통합 데이터분석 및 의사결정
        ┌───────────────────────────┼───────────────────────────┐
    생산원가 절감                  판매가격 상승                  생산성 향상
        │                           │                           │
    ┌───┴───┐               ┌───────┼───────┐               ┌───┴───┐
  고정비   변동비          품질향상 판매수량 판매처          경영능력 작업관리
    │       │                 │       │       │               │       │
    └───┬───┘                품질    경영규모 교섭능력       관리능력  시설규모
        │                    원료    수송비용 출하시기       리더역량  환경제어
  ┌─────┼─────┐              기술                           경영마인드 생육관리
생산원가 판매 및 영업외비용   생산방법
        일반관리비
```

04 스마트농업 경영관리의 영역

스마트 농업과 농업경영은 두 가지 중요한 영역의 융합을 의미한다. 스마트 농업은 IoT, AI, 원격 감지 등과 같은 현대 기술을 농업 관행에 적용하는 것을 의미하는 반면, 농업경영에는 자원 할당, 계획 및 농장 활동 실행에 대한 전략적 결정을 내리는 것이 포함된다.

스마트 농업 기술은 이러한 통합에서 중요한 역할을 한다. 이러한 기술은 토양관리, 작물 성장, 기상 조건, 해충 방제 등 농업의 다양한 측면에 대한 기초 데이터를 제공할 수 있다. 예를 들어 IoT 장치는 현장에서 실시간 데이터를 수집할 수 있고, AI 알고리즘은 이 데이터를 분석하여 실행 가능한 통찰력을 생성할 수 있다.

스마트 농업 기술로 생성된 데이터와 분석결과는 농업경영에 활용되어 정보에 입각한 결정을 내릴 수 있다. 예를 들어, 토양관리에 대한 데이터는 관개 및 시비에 대한 결정을 내릴 수 있는 반면, 작물 성장에 대한 데이터는 수확 일정을 알려줄 수 있다. 이러한 데이터 기반 접근 방식은 보다 효율적인 자원 할당, 작물 수확량 개선 및 수익성 증가로 이어질 수 있다. 스마트 농업과 농장 관리를 성공적으로 통합한 사례는 몇 가지로 나누어 살펴볼 있다. 예를 들어, 정밀 농업 관행에서는 GPS 기술과 원격 감지를 사용하여 현장 상태를 모니터링하고, 농장 운영을 정확하게 관리한다. 마찬가지로 스마트 온실은 센서와 자동화 시스템을 사용하여 환경 조건을 제어하여 식물 성장을 최적화한다.

결론적으로 스마트 농업과 농장 관리의 통합은 매우 효율적이고 지속 가능한 농업 시스템을 위한 길을 열어주고 있다. 현대 기술의 힘을 활용함으로써 농가들은 생산성과 지속 가능성을 향상시키는 정보에 입각한 결정을 내릴 수 있다. 이러한 통합이 계속 발전함에 따라 더욱 스마트하고 효율적이며 지속 가능한 농업의 새로운 시대를 개척해 나갈 수 있다.

또한, 스마트 농업을 통한 농업경영은 기술의 적용과 데이터 분석을 통해 생산성을 향상시키고 비용을 줄이는 것을 목표로 한다. 다음은 스마트 농업을 통한 농업경영을 추진하는 방법에 대한 관리영역을 구분하여 살펴볼 수 있다.

스마트농업에서 농업경영관리 영역을 세부적으로 살펴 보면, 농업생산관리뿐만 아니라 재무관리, 인적 자원관리, 마케팅과 고객관리, 데이터 기반 의사결정관리 등 농업경영의 모든 측면을 포함하고 있다. 스마트농업과 농업경영관리의 결합은 현대 농업의 경쟁력을 강화하고 지속 가능한 농업을 가능하게 하며, 스마트농업에서 농업경영관리의 세부 관리영역을 살펴 보면 다음과 같다.

첫째, 농업생산관리는 크게 농작물관리와 자원관리로 구분하여 살펴 볼 수 있는데. 농작물관리는 다시 생장 모니터링과 병해충 예측으로 구분할 수 있는데. 생장모니터링은 센서를 통해 토양 수분, 영양 상태, 기상 조건 등을 실시간으로 모니터링하고, 데이터를 분석하여 최적의 농작물 관리 방법을 결정한다. 병해충 예측은 빅데이터와 AI를 활용하여 병해충 발생 가능성을 예측하고, 사전에 예방 조치를 취함으로써 피해를 최소화하는 것이다. 정밀농업 분야에서는 정밀 심기와 파종관리가 우선 필요한데 GPS 안내 트랙터와 심기기: GPS를 활용한 정확한 위치 기반 심기와 파종은 씨앗의 분포를 최적화하고 낭비를 줄여주며, 토양 상태, 과거 데이터 및 실시간 센서 입력을 고려하여 씨앗 밀도를 조절함으로써 더 나은 작물 생산성을 달성할 수 있다. 스마트팜에서는 실시간 모니터링 및 데이터 수집 관리가 중요한데 센서와 IoT 장치는 토양 습도, 온도, 영양소 수준 및 날씨 조건을 지속적으로 모니터링하고, 실시간 데이터를 기반으로 물 공급, 비료 적용, 병해충 관리 등을 최적화할 수 있다. 자원관리는 물관리와 비료 및 농약사용을 들 수 있는데, 물관리는 스마트 관개시스템을 통해 토양의 수분 상태를 실시간으로 감지하고, 필요한 만큼의 물을 자동으로 공급하여 물 자원을 효율적으로 사용할 수 있으며, 비료 및 농약 사용은 드론과 정밀 농업 기술을 활용하여 필요한 위치에 정확한 양의 비료와 농약을 살포함으로써 자원의 낭비를 줄일 수 있다.

둘째, 재무 관리이다. 스마트농업은 재무관리를 혁신적으로 변화시킬 수 있는데, 데이터 기반의 의사결정을 통해 비용을 절감하고, 수익성을 극대화할 수 있다. 비용 절감은 운영 효율성 향상: 자동화된 시스템을 통해 인건비를 절감하고, 효율적인 자원 관리를 통해 운영 비용을 줄일 수 있다. 에너지 절약은 스마트 시스템을 활용하여 에너지 사용을 최적화함으로써 에너지 비용을 절감할 수 있다. 수익성 극대화는 정확한 예측과 재무분석을 포함하고 있는데, 정확한 예측은 데이터 분석을 통해 시장 수요를 정확히 예측하고, 이에 맞춘 생산 계획을 수립하여 수익성을 극대화하는 것이며, 재무 분석은 재무 데이터를 실시간으로 분석하여 경영 성과를 평가하고, 필요한 조치를 신속하게 취하는 것이다.

셋째, 인적 자원관리이다. 스마트농업은 인적 자원 관리도 중요한데, 이는 교육과 훈련, 동기부여를 포함하고 있으며, 첨단 기술의 도입은 직원의 업무 효율성을 높이고, 교육과 훈련을 통해 전문성을 강화할 수 있는 기회를 제공하기 때문에 이와 관련된 관리가 필요하다. 교육과 훈련은 기술교육과 전문성 강화를 포함하고 있는데, 기술교육은 스마트농업 기술을 효과적으로 활용하기 위해 정기적인 교육과 훈련을 실시하고, 이를 통해 직원들의 기술 역량을 강화하고, 최신 기술 동향에 맞춰 지속적으로 업데이트하는 것이다. 또한, 전문성 강화는 AI, 빅데이터 분석 등 고급 기술을 활용하는 데 필요한 전문 지식을 갖춘 인재를 양성하는 것이다. 동기 부여는 성과평가와 보상, 혁신적인 조직문화를 포함하고 있는데, 성과 평가 및 보상은 공정한 성과 평가와 보상 시스템을 도입하여 직원들의 동기 부여와 만족도를 높이는 것이며, 혁신적인 조직 문화는 협력적이고 혁신적인 조직 문화를 조성하여 직원들의 창의성과 참여를 촉진하는 것이다.

넷째, 마케팅과 고객관리이다. 스마트농업은 마케팅과 고객관리에도 긍정적인 영향을 미치며, 데이터 기반의 마케팅 전략을 통해 고객의 요구를 충족시키고, 고객 만족도를 높이는 것이다. 여기에는 시장분석과 고객관리로 구분할 수 있는데, 시장 분석은 다시 데이터분석과 경영분석이 있다. 데이터 분석은 시장 데이터를 분석하여 소비자 트렌드와 요구를 파악하고, 이에 맞춘 마케팅 전략을 수립하는 것이다. 경쟁 분석은 경쟁사 분석을 통해 차별화된 제품과 서비스를 제공하여 시장에서의 경쟁력을 강화하는 것이다. 고객관리는 고객 피드백 수집과 맞춤형 서비스 제공으로 구분할 수 있는데, 고객 피드백 수집은 IoT와 데이터 분석을 활용하여 고객의 피드백을 실시간으로 수집하고, 이를 반영하여 제품과 서비스를 개선하는 것이며, 맞춤형 서비스 제공은 고객의 요구와 선호에 맞춘 맞춤형 제품과 서비스를 제공하여 고객 만족도를 높이는 것이다.

다섯째, 데이터 기반 의사결정관리이다. 이는 농업 분야에서 중요한 역할을 하며, 데이터 분석, 예측 모델링, 그리고 실시간 모니터링을 통해 최적의 의사결정을 내리고 생산성을 향상시키는 것이다. 특히, 데이터 분석은 농업에서 수집된 데이터를 분석하여 의사결정 정보로 활용하는 것인데, 예를 들어, 토양 센서(토양의 습도, 영양소 함량, pH 등), 날씨 정보(기온, 강수량, 풍속 등), 작물 성장 데이터(작물의 생육 주기, 수확 시기, 비료 적용 시점 등)를 분석하여 토양 조건, 작물 생육상태, 수확 시기 등을 결정하여 농가들이 정확한 의사결정을 내리고 문제점을 해결하는데 활용하는 것이다. 또한, 예측 모델링은 날씨 예보, 작물 성장 모델, 수확 시기 예측 등을 통해 농가들이 작업 일정을 최적화하고 리소스를 효율적으로 활용할 수 있다.

표 14-3	스마트농업의 농업경영관리 영역

구분		주요 내용
농업 생산관리	농작물관리	· 생장 모니터링: 센서를 통해 토양 수분, 영양 상태, 기상 조건 등을 실시간으로 모니터링하고, 데이터를 분석하여 최적의 농작물 관리 방법을 결정 · 병해충 예측: 빅데이터와 AI를 활용하여 병해충 발생 가능성을 예측하고, 사전에 예방 조치를 취함으로써 피해를 최소화
	자원관리	· 물 관리: 스마트 관개 시스템을 통해 토양의 수분 상태를 실시간으로 감지하고, 필요한 만큼의 물을 자동으로 공급하여 물 자원을 효율적으로 사용 · 비료 및 농약 사용: 드론과 정밀 농업 기술을 활용하여 필요한 위치에 정확한 양의 비료와 농약을 살포함으로써 자원의 낭비를 감소
재무관리	비용절감	· 운영 효율성 향상: 자동화된 시스템을 통해 인건비를 절감하고, 효율적인 자원 관리를 통해 운영 비용을 감소 · 에너지 절약: 스마트 시스템을 활용하여 에너지 사용을 최적화함으로써 에너지 비용을 절감
	수익성 극대화	· 정확한 예측: 데이터 분석을 통해 시장 수요를 정확히 예측하고, 이에 맞춘 생산 계획을 수립하여 수익성을 극대화 · 재무 분석: 재무 데이터를 실시간으로 분석하여 경영 성과를 평가하고, 필요한 조치를 신속하게 조치
인적 자원 관리	교육과 훈련	· 기술 교육: 스마트농업 기술을 효과적으로 활용하기 위해 정기적인 교육과 훈련을 실시하여 직원들의 기술 역량을 강화하고, 최신 기술 동향에 맞춰 지속적으로 기술력 향상 · 전문성 강화: AI, 빅데이터 분석 등 고급 기술을 활용하는 데 필요한 전문 지식을 갖춘 인재를 양성
	동기부여	· 성과 평가 및 보상: 공정한 성과 평가와 보상 시스템을 도입하여 직원들의 동기 부여와 만족도를 제고 · 혁신적인 조직 문화: 협력적이고 혁신적인 조직 문화를 조성하여 직원들의 창의성과 참여를 촉진
마케팅과 고객관리	시장분석	· 데이터 분석: 시장 데이터를 분석하여 소비자 트렌드와 요구를 파악하고, 이에 맞춘 마케팅 전략을 수립 · 경쟁 분석: 경쟁사 분석을 통해 차별화된 제품과 서비스를 제공하여 시장에서의 경쟁력을 강화
	고객관리	· 고객 피드백 수집: IoT와 데이터 분석을 활용하여 고객의 피드백을 실시간으로 수집하고, 이를 반영하여 제품과 서비스를 개선 · 맞춤형 서비스 제공: 고객의 요구와 선호에 맞춘 맞춤형 제품과 서비스를 제공하여 고객 만족도를 제고
데이터기반 의사결정관리	데이터 분석	· 토양 분석:토양 센서를 통해 토양의 습도, 영양소 함량, pH 등을 측정 · 기상 데이터 분석: 기상 데이터(기온, 강수량, 풍속 등)를 활용하여 작물의 성장에 영향을 미치는 요인을 분석 · 작물 성장 모델링: 데이터를 기반으로 작물의 생육 주기, 수확 시기, 비료 적용 시점 등을 예측하여 작물 성장 모델을 구축 · 병해충 및 질병 감지: 이미지 데이터를 분석하여 작물의 병해충이나 질병을 식별하여 조기에 대응하여 작물 손실을 최소화
	예측모델링	· 날씨 예보, 작물 성장 모델, 수확 시기 예측 등을 통해 작업 일정을 최적화하고 리소스를 효율적으로 사용 · 예측 모델은 농작물 생산성을 향상시키고 비용을 절감에 기여

1 | 스마트농업이란 무엇인지 설명하시오

2 | 스마트농업에서 농업경영관리의 중요성에 대해 설명하시오

3 | 스마트농업에서 농업경영관리 목표가 무엇인지 설명하시오

4 | 스마트농업의 농업경영관리 영역에 대해 설명하시오

연습문제

1 | 스마트농업에서 4차 산업혁명의 핵심 기술로 활용되지 않는 것은?
① 인공지능   ② 나노 기술
③ 전통 농기구   ④ 사물인터넷

2 | 스마트농업이 필요한 이유로 가장 적합하지 않은 것은 무엇인가?
① 인구 증가로 인한 식량 수요 증가
② 기후변화에 따른 이상기후 대응
③ 농업 생산성을 낮추기 위해
④ 농촌 고령화 및 청년 인력 부족 해결

3 | 스마트농업에서 농업경영을 지능화하는 데 사용되는 기술로 적절하지 않은 것은?
① 드론   ② B. 인공지능
③ 빅데이터   ④ D. 내연기관 트랙터

4 | 스마트농업이 제공하는 주요 효과로 가장 적합하지 않은 것은?
① 농업 생산성 향상   ② 자원 이용 효율성 증대
③ 전통 농업 방식의 완전한 보존   ④ 환경 친화적인 농업 실현

5 | 스마트농업의 개념적 정의에 포함되지 않는 요소는?
① 농작물의 성장 상태 모니터링   ② 농업 생산과 유통 정보 제공
③ 전통 농업 기법 사용   ④ 농업경영의 지능화

6 | 경쟁력 강화 방안 중 비가격경쟁력에 해당하지 않는 요소는 무엇인가?

① 제품의 기술력　　　　　　② 서비스
③ 브랜드 이미지　　　　　　④ 물류비 절감

7 | 스마트농업 경영관리가 필요한 이유로 적절하지 않은 것은?

① 농업 생산성을 향상시키기 위해
② 농작물의 생산 원가를 절감하기 위해
③ 농업 생산의 자동화를 지양하기 위해
④ 농업경영의 효율성을 높이기 위해

8 | 스마트농업의 최종 경영목표는 무엇인가?

① 생산성 향상　　　　　　　② 수익성 최대화
③ 재무 관리의 효율화　　　　④ 자원 관리의 최적화

9 | 스마트농업 경영관리의 영역에 포함되지 않는 것은 무엇인가?

① 농업 생산관리　　　　　　② 재무 관리
③ 인적 자원 관리　　　　　　④ 전통 농업 방식 보존

10 | 스마트농업에서 데이터 기반 의사결정 관리의 주요 활동으로 적절하지 않은 것은 무엇인가?

① 토양 센서 데이터 분석　　　② 작물 성장 모델링
③ 전통적 농기구 사용　　　　④ 날씨 예보 활용

![참고문헌]

- 국회예산정책처,「4차산업혁명 대비 미래산업 정책 분석 IV[산업 분야별 육성 및고도화 정책 분석]」, 2017.10.
- 김연중 등 3인, 4차 산업혁명에 대응한 스마트농업 발전방안. R820. 한국농촌경제연구원, 2017.
- 김연중 등 4인,「스마트팜 운영실태 분석 및 발전방향 연구」, 한국농촌경제연구원, 2016.10.
- 김태완,「시설원예농업 ICT 융복합 현황과 과제」,『계간 농정연구』통권52호,농정연구센터,2015.
- 농림축산식품부,「농림사업정보시스템(AGRIX) 사업시행지침서」, 2019.
- 농림축산식품부,「농림축산식품 주요통계 2019」, 2019.9.
- 이승기,「한국형 스마트팜 현황과 전망」,『스마트팜 전략 콘퍼런스 2019』, 2019.10.18.
- 이주량,「스마트농업 현장 착근을 위한 기술정책 제고방안」, 과학기술정책평가원, 2018.
- 일본 농림수산성,「スマート農業の展開について」, 2019.7.
- http://ec.europa.eu
- BIS Research, 2021, Smart farming types Precision Agriculture, Livestock Monitoring and Management, Indoor Farming, Aquaculture, and Others
- www.statista.com
- www.statista, Indoor Farming, 2022

Chapter 1 ○ 현대농업의 환경 변화와 농업경영

 연습문제

❶ ③   ❷ ④   ❸ ②

❹ ①   ❺ ③   ❻ ②

Chapter 2 ○ 농업경영의 접근방법

 연습문제

❶ ④   ❷ ③   ❸ ③

❹ ④   ❺ ②   ❻ ③

❼

적정집약도 투입수준: 평균생산이 극대화되는 지점,

$$AP = \frac{Y}{X} = X^2 + 15X, \quad \frac{dAP}{dX} = -2X + 15 = 0, \quad \therefore X = 7.5$$

최유리집약도 투입수준: 이윤극대화 지점,

$$MR = MC, \frac{d\Pi}{dX} = 3X^2 + 30X - 27 = 0, \quad \therefore X = 9$$

❽ ①   ❾ ②   ❿ (② ④)

⓫ ④   ⓬ ④   ⓭ ①

Chapter 3 농업경영의 발상 전환과 전략경영

연습문제

1 ④   **2** ③   **3** ④

4 ④   **5** ③   **6** ④

7 ①   **8** ②   **9** ②

 Chapter 4 경영이념과 농업경영자 능력

연습문제

1 ③   **2** ④   **3** ②

4 ③   **5** ①   **6** ②

 Chapter 5 농업 경영관리와 경영개선

연습문제

1 ④

해답 풀이 자가노동보수는 생산비에 해당함.

2 ④

해답 풀이 농업소득=조수입-경영비, 농업순수익=조수입-생산비

3 ③

해답 풀이 구입비료비는 비료비로, 지불노임은 고용비, 농기구의 감가상각비는 대농기구상각비로 경영비에 포함되며, 자가생산한 비료사용액의 경우는 값을 자가노력비로 계상하여 생산비에 포함됨

④ ②

⑤ ②

⑥ ②

해답 풀이 수익성 분석은 대차대조표가 아닌 손익계산서를 활용하여 알 수 있음.

⑦ ④

해답 풀이 자본회전율의 경우는 농업경영진단의 수익성분석 지표임.

⑧ ②

해답 풀이 쌀보리재배에서 감자생산으로 작목전환 하는 것이므로, 손실부분은 쌀보리 조수입 17,500천원 + 감자 경영비 20,000천원 = 37,500천원, 이익부분은 쌀보리 경영비 7,500천원 + 감자조수입 35,000천원 = 42,500천원으로, 5,000천원의 순이익이 증가함.

⑨

목적함수	Z=	$8X1+10X2$
제약조건	토지	$10X1+10X2 \leq 60$
	6월 노동	$12X1+6X2 \leq 60$
	7월 노동	$12.5X1+20X2 \leq 100$
	비음조건	$X1 \geq 0 , X2 \geq 0$

해답 풀이 모든 조건이 10a당으로 이루어지므로, 토지제약조건에서 10씩 곱해 준 것임. 또는 토지제약조건을 $X1+X2 \leq 6$ 으로 작성하여도 됨.

연습문제

❶ ①

❷ 다음을 분개하시오

번호	차변	대변	번호	차변	대변
①	농기계 1,600,000 (자산증가)	현금 1,600,000 (자산감소)	⑥	유류비 50,000 (비용발생)	외상매입금 50,000 (부채증가)
②	배합사료 1,000,000 (비용발생)	현금 500,000 외상매입금 500,000 (자산감소) (부채증가)	⑦	기부금 100,000 (비용발생)	현금 100,000 (자산감소)
③	현금 530,000 미지급금 500,000 (자산증가) (부채감소)	대여금 1,000,000 이자 30,000 (자산감소) (수익발생)	⑧	손익 20,000,000 (자본감소)	자본금 20,000,000 (자본증가)
④	인건비 600,000 보통예금 400,000 (비용발생) (자산증가)	차입금 1,000,000 (부채증가)	⑨	사무용품비 100,000 (비용발생)	보통예금 100,000 (자산감소)
⑤	차입금 2,000,000 이자 200,000 (부채감소) (비용발생)	현금 2,200,000 (자산감소)	⑩	외상매입금 10,000,000 (부채감소)	차입금 10,000,000 (부채증가)

❸

기초대차대조표

(2017년 10월 31일 현재)

차변			대변		
유동자산	현금	300,000	부채	외상매입금	400,000
	농자재	50,000		차입금	500,000
고정자산	산란계	200,000			
	한우	600,000	자본	자본금	1,750,000
	콤바인	500,000			
	토지	1,000,000			
계		2,650,000	계		2,650,000

기말대차대조표

(2017년 11월 30일 현재)

차변			대변		
유동자산	현금	330,000	부채	외상매입금	350,000
	농자재	70,000		차입금	500,000
	산란계	200,000		자본금	1,750,000
고정자산	한우	600,000	자본	감가상각누계액	20,000
	콤바인	500,000		당기순이익	80,000
	토지	1,000,000			
계		2,700,000	계		2,700,000

손익계산서

(2017년 10월 31일~12월 31일)

차변			대변		
매출원가	인건비	50,000	매출액	계란판매	60,000
	사료	30,000			
	감가상각비	20,000			
영업외비용	자가소비	25,000		배추판매	115,000
당기순이익		80,000		한우증가액	30,000
계		205,000	계		205,000

❹

– 정액법

　1년차 : (16,000–1,000)/3 = 5,000

　2년차 : (16,000–1,000)/3 = 5,000

　3년차 : (16,000–1,000)/3 = 5,000

– 정율법

　1년차 : (16,000–1,000)*0.6031 = 9,047

　2년차 : (16,000–1,000–9,047)*0.6031 = 3,590

　3년차 : 16,000–1,000–9047–3,590 = 2,363

Chapter 9 ⌒ 농업투자분석과 적용

연습문제

❶

해답 : 현재의 일정액을 미래의 어떤 시점에서 평가한 것이 미래가치(FV)이며, 복리(compounding)에 의해 계산.

$$FV = P_0 \times (1+r)^n$$

미래의 일정한 금액을 현재 시점에서 평가한 것이 현재가치(PV)이며, 할인(discounting)에 의해 구함.

$$PV = \frac{F_n}{(1+r)^n}$$

❷

해답 : 순현재가치는 투자 시점부터 투자의 효과가 종료되는 시점까지 연도별 순이익의 흐름을 각각 현재가치로 환산하여 계산됨. 즉 투자에 의한 이익의 현재가치에서 투자를 위한 비용의 현재가치를 차감한 금액임.

$$NPV = \sum_{t=0}^{N} \frac{B_t}{(1+r)^t} - \sum_{t=0}^{N} \frac{C_t}{(1+r)^t} = \sum_{t=0}^{N} \frac{B_t - C_t}{(1+r)^t}$$

순현재가치가 0보다 크면 투자의 적합성이 있으며, 여러 대안 중에서 하나의 대안을 선택하는 경우 순현재가치가 0보다 큰 대안들 중에서 가장 큰 투자대안을 선택. 또한 결합투자의 경우 개별 투자대안의 순현재가치를 단순 합계하여 각각의 결합투자에 대한 순현재가치를 계산하고, 그 중 가장 큰 결합투자를 선택.

내부수익률은 투자에 의한 이익의 현재가치와 투자를 위한 비용의 현재가치를 동일하게 만드는 할인율. 즉 순현재가치를 0으로 만드는 할인율임. $\sum_{t=0}^{N} \frac{B_t - C_t}{(1+r^*)^t}$

내부수익률이 자본의 기회비용인 이자율보다 높은 경우 투자의 적합성이 있음. 여러 대안 중에서 하나의 대안을 선택하는 경우 내부수익률이 자본의 기회비용인 이자율을 초과하는 대안들 중에서 내부수익률이 가장 높은 투자대안을 선택.

❸

해답 : (1) 인플레이션. 자금은 현재 투입되지만 투자에 의한 이익은 장기간에 걸쳐 나타남.

(2) 위험(risk). 이익은 장기간에 걸쳐서 나타나기 때문에 위험을 수반하는 경우가 대부분임.

(3) 자금의 동원 가능성

(4) 할인율(이자율). 투자를 위한 자금의 조달 원천에 따라 할인율(이자율)도 달라져야 함. 자기자본과 차입자본을 결합할 경우 가장 적절하게 사용했을 때 얻을 수 있는 수익률과 빌릴 때 부과된 이자율을 가중 평균하여 사용.

❹

해답 : t년 동안의 매년 동일한 이익(생산비용 절감): V

이익의 현재가치: $(A)PV = V\left[\dfrac{1}{1+i} + \dfrac{1}{(1+i)^2} + \cdots + \dfrac{1}{(1+i)^t}\right] = ?$

$$\text{put } S_t = \left[\dfrac{1}{1+i} + \dfrac{1}{(1+i)^2} + \cdots + \dfrac{1}{(1+i)^t}\right]$$

$$S_t \dfrac{1}{1+i} = \dfrac{1}{(1+i)^2} + \cdots + \dfrac{1}{(1+i)^{t+1}}$$

$$S_t - S_t\left(\dfrac{1}{1+i}\right) = \dfrac{1}{1+i} - \dfrac{1}{(1+i)^{t+1}} \Rightarrow S_t\left(\dfrac{1+i-1}{1+i}\right) = \dfrac{(1+i)^t - 1}{(1+i)^{t+1}} \Rightarrow$$

$$S_t = \dfrac{(1+i)^t - 1}{i(1+i)^t} = \dfrac{1 - (1+i)^{-t}}{i}$$

$$\therefore (A)PV = V\dfrac{1 - (1+i)^{-t}}{i}$$

이익(생산비용 절감)의 현재가치: $\dfrac{900,000}{1+i} + \dfrac{900,000}{(1+i)^2} + \cdots + \dfrac{900,000}{(1+i)^{10}}$

$$= 900,000\left[\dfrac{1 - (1+0.1)^{-10}}{0.1}\right] = 5,530,110$$

농기계 사용에 의한 생산비용 절감의 현재가치(5,530,110원)가 농기계 구입원가(5,000,000원)보다 크다. 즉 순현재가치가 0보다 크다. ∴ 구입하는 것이 유리

❺

해답 : 위의 4번 해답에서 이익의 현재가치 $(A)PV = V\left(\dfrac{1-(1+i)^{-t}}{i}\right) \Rightarrow V=A\dfrac{i}{1-(1+i)^{-t}}$

매년 어느 정도 이상의 비용을 절감할 수 있을 때 구입? $V=10,000,000\dfrac{0.1}{1-(1+0.1)^{-10}}=1,627,454$원

∴매년 1,627,454원의 생산비용을 절약할 수 있을 때 구입

❻ 1) 해답 :

토지 단위당 순수익

(단위: 천 원)

연수	새로운 작물	재래식 작물
1	-100	160
2	75	160
3	150	160
4	400	160
5	300	160
합계	825	800

순수익의 단순 합계: 새로운 작물이 재래식 작물보다 크다.   ∴ 새로운 작물을 선택

2) 해답 :

토지 단위당 순수익의 현재가치

(단위: 천 원)

연수	새로운 작물	재래식 작물
1	$-100\div(1+0.1)=-90.91$	$160\div(1+0.1)=145.46$
2	$75\div(1+0.1)^2=61.98$	$160\div(1+0.1)^2=132.22$
3	$150\div(1+0.1)^3=112.70$	$160\div(1+0.1)^3=120.21$
4	$400\div(1+0.1)^4=273.20$	$160\div(1+0.1)^4=109.28$
5	$300\div(1+0.1)^5=186.27$	$160\div(1+0.1)^5=99.34$
합계	543.24	606.52

순현재가치: 재래식 작물이 새로운 작물보다 크다.   ∴ 재래식 작물을 선택

3) 해답 : 1)과 2)의 결과가 다름

결과가 다른 이유는 순수익이 시간의 변화에 따라 가치가 다르기 때문임.

투자는 화폐의 시간적 가치를 고려해야 하기 때문에 재래식 작물을 선택하는 것이 적합함.

Chapter 10 · 농장경영의 리스크 관리

연습문제

❶ 해답 : (1) 생산의 위험: 농업생산은 생산기간이 길고 자연조건에 의해 영향을 많이 받기 때문

(2) 시장의 위험(가격의 위험): 농산물은 시장 공급량과 수요량 예측이 어렵기 때문에 어떤 시점의 농산물 가격을 예측하는 것은 거의 불가능

(3) 재정적 위험: 자금사정이나 금리가 변화하며, 경제상황에 따라 경영자의 신용이 달라지며, 농산물 판매수익이 변동하기 때문

(4) 제도적 위험: 농업과 관련된 정부의 정책이나 법령이 변화할 수 있음

(5) 인적 위험: 경영자를 포함한 경영의 인적 구성원의 위험

❷ 1) 해답 : $EV(A) = (1,000,000 \times p) + (650,000 \times 0.5) + (-400,000 \times (0.5-p))$

$EV(B) = (800,000 \times p) + (600,000 \times 0.5) + (100,000 \times (0.5-p))$

$EV(A) = EV(B) \rightarrow p^* = 0.321, \quad 05-p^* = 0.5-0.321 = 0.179$

2) 해답 : $EV(A) = (1,000,000 \times p) + (650,000 \times 0.5) + (-400,000 \times (0.5-p))$

$EV(C) = (500,000 \times p) + (500,000 \times 0.5) + (500,000 \times (0.5-p)) = 500,000$

$EV(A) = EV(C) \rightarrow p^* = 0.268, 05-p^* = 0.5-0.268 = 0.232$

3) 해답 : $EV(B) = (800,000 \times p) + (600,000 \times 0.5) + (100,000 \times (0.5-p))$

$EV(C) = 500,000$

$EV(B) = EV(C) \rightarrow p^* = 0.214, 05-p^* = 0.5-0.214 = 0.286$

4)

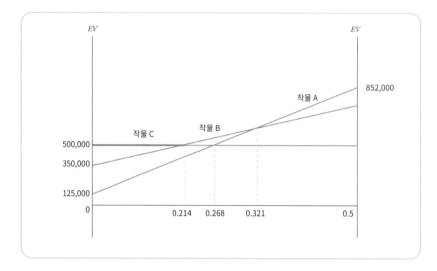

5) 해답 : 기상조건이 좋음의 확률(p^*) ≧ 0.321   → 작물 A

          0.321기상조건이 좋음의 확률(p^*) ≧ 0.214   → 작물 B

          0.214 ≧ 기상조건이 좋음의 확률(p^*)   → 작물 C

❸ 1)

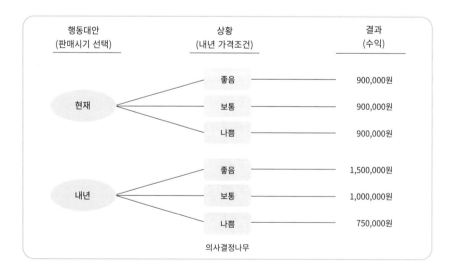

의사결정나무

해답 :

의사결정행렬

상황(내년 가격조건)	행동대안(판매시기 선택)	
	현재	내년
좋음	900,000	1,500,000
보통	900,000	1,000,000
나쁨	900,000	750,000

2) 불확실성하의 의사결정 기준들을 적용하여 어떤 행동대안을 선택할지 분석하시오.

해답 : (1) 비관적 기준(maximin criterion)

각 행동대안에 대한 최소수익

(단위: 원)

행동대안	현재	내년
최소수익	900,000	750,000

⇒ 판매시기 '현재' 선택

(2) 낙관적 기준(maximax criterion):

각 행동대안에 대한 최대수익

(단위: 원)

행동대안	현재	내년
최소수익	900,000	1,500,000

⇒ 판매시기 '내년' 선택

(3) 후르비츠 기준(Hurwicz criterion)

AV(현재) $= 900,000$원

AV(내년) $= 1,500,000 \times \alpha + 750,000 \times (1 - \alpha)$

AV(현재) $= AV$(내년) $\Rightarrow \alpha_1{}^* = 0.2$

⇒ 낙관계수가 0.2보다 큰 경우 판매시기 '내년' 선택

(4) 유감 기준(minimax regret criterion; Savage criterion)

각 행동대안에 대한 유감액

(단위: 원)

상황(내년 가격조건)	행동대안(판매시기 선택)	
	현재	내년
좋음	600,000	0
보통	100,000	0
나쁨	0	150,000

각 행동대안에 대한 최대유감액

(단위: 원)

행동대안	현재	내년
최대유감액	600,000	150,000

⇒ 판매시기 '내년' 선택

(5) 라플라스 기준(Laplace criterion; equal likelihood criterion)

EV(현재) = 900,000원

EV(내년) $= 1,500,000 \times \dfrac{1}{3} + 750,000 \times \dfrac{1}{3} = 1,083,333$원

⇒ 판매시기 '내년' 선택

4 해답 : (1) 생산의 리스크 관리

    가. 생산의 다각화:

        작물 배분적 다각화 , 시간 배분적 다각화

    나. 농업보험

        재해보험(yield insurance), 수입보험(revenue insurance)

    다. 재해대비 기술의 수용

        위험을 감소시키는 기술(risk reducing technology)의 적극적 수용

(2) 가격의 리스크 관리

　　가. 생산의 다각화

　　나. 분산 판매

　　다. 농업수입보장보험

　　라. 공동계산제

　　마. 선도거래

　　　선도거래(forward transaction), 포전매매

　　바. 계약생산

　　사. 시장에 대한 정보의 축적

Chapter 11 농업경영정보와 의사결정

 연습문제

1 1)

$$Maximize \quad Z = 500x_1 + 600x_2$$
$$subject\ to \quad 4x_1 + 5x_2 \leq 28$$
$$4x_1 + 3x_2 \leq 20$$
$$x_1, x_2 \geq 0$$

2)

여유변수(slack variable) 도입

$$Maximize \quad Z = 500x_1 + 600x_2 + 0s_1 + 0s_2$$
$$subject\ to \quad 4x_1 + 5x_2 + s_1 = 28$$
$$4x_1 + 3x_2 + s_2 = 20$$
$$x_1, x_2, s_1, s_2 \geq 0$$

심플랙스 표

변수	z	x_1	x_2	s_1	s_2	해
z	1	-500	-600	0	0	0
s_1	0	4	5	1	0	28
s_2	0	4	3	0	1	20

진입변수(x_2) 도입과 탈락변수 선정

기저변수	진입변수(x_2)	해	비율
s_1	5	28	28/5=5.6(최소값)
s_2	3	20	20/3=6.66

진입변수(x_2)는 변수의 계수값의 절대값이 가장 큰 값을 선택한다. 탈락변수는 해의 값을 진입변수 계수값으로 나눈 비율이 최소인 변수를 선정한다. 그래서 여기서는 S1이 탈락변수가 된다.

기준열과 기준행 선정

변수	z	x_1	x_2	s_1	s_2	해
z	1	-500	-600	0	0	0
s_1	0	4	5	1	0	28
s_2	0	4	3	0	1	20

새로운 기준행값 = 탈락변수 행의 현재 값 ÷ 기준원소 값(5)

$$= (0, 4, 5, 1, 0, 28) ÷ 5$$

$$= (0, 4/5, 1, 1/5, 0, 28/5)$$

새로운 행값 = 현재의 행값 − (기준열 원소) × (새로운 기준행값)

새로운 z행 $= (1, -500, -600, 0, 0, 0) − (-600) × (0, 4/5, 1, 1/5, 0, 28/5)$

$$= (1, -500, -600, 0, 0, 0) − (0, -480, -600, -120, 0, -3,360)$$

$$= (1, -20, 0, 120, 0, 3,300)$$

새로운 S_2행 $= (0, 4, 3, 0, 1, 20) − (3) × (0, 4/5, 1, 1/5, 0, 28/5)$

$$= (0, 4, 3, 0, 1, 20) − (0, 12/5, 3, 3/5, 0, 84/5)$$

$$= (0, 8/5, 0, -3/5, 1, 16/5)$$

기준열과 기준행 선정

변수	z	x1	x2	s1	s2	해
z	1	-20	0	120	0	3,360
x_2	0	4/5	1	1/5	0	28/5
s_2	0	8/5	0	-3/5	1	16/5

새로운 진입변수(x_1) 도입과 탈락변수 선정

기저변수	진입변수(x1)	해	비율
x_2	4/5	28/5	7
s_2	8/5	16/5	2(최소값)

새로운 기준행값 = 탈락변수 행의 현재 값 ÷ 기준원소 값(5)

$\qquad$ = (0, 8/5, 0, -3/5, 1, 16/5) ÷ 8/5

$\qquad$ = (0, 1, 0, -3/8, 5/8, 2)

새로운 행값 = 현재의 행값 − (기준열 원소) × (새로운 기준행값)

새로운 z행 = (1, −20, 0, 120, 0, 3,360) − (−20) × (0, 1, 0, −3/8, 5/8, 2)

$\qquad$ = (1, −20, 0, 120, 0, 3,360) − (0, −20, 0, 60/8, −100/8, −40)

$\qquad$ = (1, 0, 0, 112.5, 12.5, 3,400)

새로운 x_2행 = (0, 4/5, 1, 1/5, 0, 28/5) − (4/5) × (0, 1, 0, −3/8, 5/8, 2)

$\qquad$ = (0, 4/5, 1, 1/5, 0, 28/5) − (0, 4/5, 0, −3/10, 1/2, 8/5)

$\qquad$ = (0, 0, 1, 0.5, −0.5, 4)

최적 기저해

변수	z	x1	x2	s1	s2	해
z	1	0	0	112.5	12.5	3,400
x_1	0	1	0	-3/8	5/8	2
x_2	0	0	1	0.5	-0.5	4

감귤 과수원 2ha, 배추 밭 4ha 작업을 하며, 이 때 340만 원의 수입을 얻는 것이 최적상태인 것으로 나타났다.

❷

1)

헝가리안법 1단계

구분	과수원 수확	밭 파종	축사 청소
강씨	6	2	0
유씨	0	6	1
고씨	2	4	0

헝가리안법 1단계는 각 행의 최소값을 각 원소에서 빼서 도출한다. 이후 0을 포함하지 않는 열에서 최소값을 그 열의 각 원소에서 빼주면 아래와 같이 최종 해를 구할 수 있다.

구분	과수원 수확	밭 파종	축사 청소
강씨	6	**0**	0
유씨	**0**	4	1
고씨	2	2	**0**

위 표와 같이 유씨는 과수원 수확작업, 고씨는 축사청소, 강씨는 밭 파종작업에 할당하는 것이 최적 해이다. 이때 강씨에게 밭 파종작업이나 축사청소 작업 할당할 수 있으나, 고씨에게 축사청소를 할당하였기 때문에 강씨에게 밭 파종을 할당한다.

2)

최적 작업할당에서 들어가는 농작업 총비용은 강씨의 밭 파종작업 8만 원, 유씨의 과수원 수확작업 6만 원, 고씨의 축사 청소작업 5만 원으로 총 19만 원이 된다.

Chapter 12 농장창업과 영농계획

연습문제

❶

① 작목; 영농환경과 경제적 측면을 고려한 작목선택과 작부체계도 작성

② 토지/시설; 농지/시설의 규모 및 이용계획, 필요 농지와 시설 임차여부, 소요자금 산출

③ 노동력; 작부 체계도에 기초한 노동력 투입방안 검토

④ 영농자재; 농작물의 생산단계별 자재의 선택과 구입 시기, 구입량 등 결정

⑤ 생산기술; 월별로 관심을 갖고 추진해야 할 중점기술항목을 기록

❷ ②, ⑤

해답 풀이 : 영농방법 작성시 자신만의 독특한 영농방법 등 구체적으로 기술해야 함. 판매계획에 있어 포괄적으로 제시하는 것 보다 현실적으로 가능한 계획을 작성하는 것이 중요함.

❸ ⑤

해답 풀이 : 판매방법은 생산계획이 아닌 판매계획에 해당함.

❹ ④

해답 풀이 : 자금운영은 자금조달과 자금의 운용으로 나뉘며 자금조달은 현금유입, 자금운용은 현금지출의 계획이다. 보기 중 타인으로부터 채권을 상환 받는 자금의 경우만 자금조달에 해당함.

Chapter 13 ⌒ 농산물마케팅 전략수립

연습문제

❶ ③　　　　　　　**❷** ①　　　　　　　**❸** ④
❹ ①　　　　　　　**❺** ②　　　　　　　**❻** ③

Chapter 14 ⌒ 스마트농업과 농업경영

연습문제

❶ ③

해설 : 4차 산업혁명의 핵심 기술로는 인공지능, 나노 기술, 사물인터넷 등이 포함되며, 전통 농기구는 포함되지 않습니다.

❷ ③

해설 : 스마트농업은 농업 생산성을 높이기 위한 것이며, 생산성을 낮추기 위한 것이 아닙니다. 인구 증가와 기후변화, 노동력 부족 문제를 해결하는 데 중점을 둡니다.

❸ ④

해설 : 스마트농업에서는 드론, 인공지능, 빅데이터 등의 기술을 통해 농업 경영을 지능화하지만, 내연기관 트랙터는 전통적 농업 기계로 스마트 기술에 해당되지 않습니다.

❹ ③

해설 : 스마트농업은 농업 생산성을 향상시키고, 자원 이용 효율성을 증대시키며, 환경 친화적인 농업을 실현하는 데 기여하지만 전통 농업 방식을 완전하게 보존하는 것이 목표는 아닙니다.

❺ ③

해설 : 스마트농업은 농작물의 성장 상태 모니터링, 농업 생산과 유통 정보 제공, 농업 경영의 지능화 등을 포함하지만, 전통 농업 기법 사용은 포함되지 않습니다.

6 ④

해설 : 비가격경쟁력은 제품의 기술력, 서비스, 브랜드 이미지와 같은 요소들을 포함하며, 물류비 절감은 가격경쟁력에 해당합니다.

7 ③

해설 : 스마트농업 경영관리는 농업 생산성 향상, 생산 원가 절감, 경영 효율성 향상을 목표로 하며, 농업 생산의 자동화를 지양하는 것은 적절하지 않습니다.

8 ②

해설 : 스마트농업의 최종 경영목표는 수익성 최대화이며, 생산성 향상, 재무 관리 효율화, 자원 관리 최적화 등은 이를 달성하기 위한 수단입니다.

9 ④

해설 : 스마트농업 경영관리의 영역에는 농업 생산관리, 재무 관리, 인적 자원 관리 등이 포함되며, 전통 농업 방식의 보존은 포함되지 않습니다.

10 ③

해설 : 스마트농업에서 데이터 기반 의사결정 관리는 토양 센서 데이터 분석, 작물 성장 모델링, 날씨 예보 활용 등을 포함하며, 전통적 농기구 사용은 적절하지 않습니다.

색인

ㄱ

가격 /337
가격전략 /306
가공비 /206
가변비용 /145, 147
가변요소 /142
가분성 /137
가용노동력 /300
가우스-조단 연산 /259
가족경영 /162, 165
가족노동 평가액 /119
가족노동보수 /126
가족노동시간 /300
가중치 부여방법 /096
가축 관리 /355
가축관리 시스템 /363
가축재해보험 /244
감가 /114
감가상각 /114, 209
감가상각비 /114, 209, 211
개방형 시스템 /273
개별 프로파일 /100
개인적 요인 /325
객관성의 원칙 /189
거래 /190
거래의 유형 /192
건강 트렌드 /349
겔박 /081
결과 /234
결산 /194
결산의 절차 /194

결합관계 /158
경영 간 비교법 /123
경영개선 /110
경영관리 /195
경영규모 /132
경영기간설계 /131
경영모델 /088
경영분석 /122
경영비 /120
경영설계 /130, 131
경영성과 /092
경영성과 분석 /116
경영순서 과정 /131
경영실태 /121
경영역량 /198
경영의 수익성 /368
경영이념 /084
경영일지 /110, 112
경영자의 능력분석 /286
경영정보시스템 /270, 272
경영진단 /110, 121, 122
경쟁력 /366
경쟁력 원천 /009
경쟁우위 /065, 066
경제성장 /004
경제원리 /141
경합관계 /158
계속성의 원칙 /189
계약생산 /246
계획대비 실적 비교법, 부문 간 비교법 /123
계획력 /094
계획안 /286

고용노동 /114
고용노동시간 /301
고용노력비 /114, 118, 120
고용인건비 /301
고정부채 /202
고정부채비율 /127
고정비용 /145, 147
고정비율 /127
고정요소 /142
고정자본 /115
고정자본 용역비 /115
고정자본용역비 /120
고정자본재 /114
고정자본재가 증가 /216
고정자산 /127, 200
고정자산 대 장기자본비율 /128
공동계산제 /245
공유가치 /318
과수부문 /012
관리회계 /187
광열·동력비 /120
교육프로그램 /100
교환 /313
구매의사결정 과정 /322
구체적(수단적) 욕구 /320
국제화 시대 /iv
그룹협업시스템(GCS, Group Collaboration System)
        /254
근대화와 현대화 /004
글로벌화 /349
기계시스템 /273
기대가치 /235
기본설계 /131
기업경영 /162
기업부기 /189
기저변수(basic variable) /258
기저해(basic solution) /258

기준(표준)비교법 /122
기준열(pivot row) /259
기준행(pivot column) /259
기회비용 /145, 204
기후 변화 /349

ㄴ

낙관계수 /238
낙관적 기준 /237
내부비교법 /123
내부수익률 /219
내부환경 요인 /058
네트워크모형(Network model) /269
노동 소요량 /300
노동력 이용계획 /300
노동생산성 /129
노동수익성 지표 /125
노동집약도 /037, 130
노드(node) /269
녹색혁명 /005
농가경제 주요지표 /044
농가자산 /110
농사체험 /086
농산물 유통의 특성 /305
농약비 /120
농업 노동력 /356
농업 생산관리 /373
농업경영 /110
농업경영 집약도 /032
농업경영관리 /108, 195, 371
농업경영비 /118
농업경영성과 /044
농업경영의 개념 /020
농업경영의 규모 /030
농업경영의 목적 /021
농업경영의 사명 /085
농업경영의 의사결정 /023

농업경영자 /080
농업경영자 능력 /087, 088
농업경영자 능력 진단지표 /094
농업경영자의 역할 /086
농업경영진단 /121
농업경영진단의 방법 /121
농업경쟁력 /011
농업노동력의 특성 /300
농업법인체 /014
농업보험 /243
농업생산구조 변화 /007
농업생산성 지표 /046
농업생산액 /010
농업소득 /117
농업수익 /116, 117, 118
농업수익성 지표 /045
농업수입보장보험 /245
농업순수익 /116
농업여건분석 /286
농업용 드론 /362
농업용 로봇 /362
농업의 6차 산업화 /013
농업의 다원적 기능 /021
농업의 디지털화 /360
농업의 역할 /iv
농업입지론 /025
농업자본재 /114
농업재해보험 /244
농업환경분석 /289
농업회계 /195
농업회사법인 /041
농업회사법인 /166
농작물재해보험 /244
농장 경영성과 /110
농장 경영주 관련 일반현황 /287
농장일반현황 /287
농장창업 /285

농장현황조사 /287
농지기반정비 /132
농촌어메니티 /088
능률성 /128

ㄷ

다각화 /243
단기비용 /146
단기설계 /131
단위면적당 토지순수익 /125
단일성 /137
당좌비율 /128
당좌자산 /200
대농구상각비 /120
대손상각비 /211
대응력 /094
대응의 원칙 /188
대인전략 /072
대차대조표 /193, 194
대체관계 /151
대체탄력성 /154
데이터기반 의사결정관리 /373
도시화 /349
독립성 /137
등생산곡선 /152
디지털 정보화 /367

ㄹ

라이프스타일 /088
라플라스 기준 /242
리더십 /179
리스크 /232
리카르도의 비교우위원리 /028

ㅁ

마을공동경영 /171

마케팅 /315

마케팅 계획 /304

마케팅 과정 모형 /314

마케팅 전략 /332

마케팅 조사 /326

마케팅 조사 과정 /327

마케팅개념 /317

마케팅과 /고객관리 /373

마케팅관리 /315

마케팅관리기능 /332

마케팅근시안 /315

마케팅믹스 /332

마케팅믹스 전략 /305

마케팅의 중요성 /312

매니지먼트·사이클 /108

매출원가 /204

메가트렌드 /054

모델농장분석 /290

목표비교법 /123

목표설정방법 /292

목표시장 선정 /333

무기질비료비 /120

무형자산 /201

문제 인식 단계 /220

물리적 시스템 /272

물적기록부 /110, 112

미래 성장동력 산업 /013

미래가치 /217

미상각잔액 /210

미수확작물 /211

미지급비용·미수수익 /212

민감도 분석(Sensitivity analysis) /256

민스버그 /081

ㅂ

법인경영 /166

보겔근사법(Vogel approximation method) /266

보완생산물 /156

보합관계 /156

복리 /217

복식부기 /189, 197

복합경영 /294

부가가치 /120

부가가치 창출 /015

부기 /189

부기장 /110

부문별 설계 /131

부분예산법 /134

부산물 평가액 /120

부채 /202

부채자본비율 /127

북서코너법(Northwest-corner method) /266

분개 /192

분산 판매 /245

불확실성하의 의사결정 /234, 237

브링크만의 지대이론 /025

비가격경쟁력 /366

비관계수 /238

비관세 장벽 /009

비관적 기준 /237

비기저변수(nonbasic variable) /258

비선형계획법 /137

비영리회계 /187

비용 /204

비용우위 /065

비용우위 전략 /067

비용의 현재가치 /218

비음 제약조건(nonnegativity constraints) /257, 265

비적응시스템 /273

비현금비용 /145

빅 데이터 /359

ㅅ

사물 인터넷 /359, 362

사베지(Savage) 기준 /241

사업계획서 /282

사회·문화적 요인 /323

사회적 마케팅개념 /315

산출물의 최적 결합 /156

산출탄력성 /145

삼위일체적 성격 /198

상품전략 /306

상황 /234

상황적 요인 /323

생명공학 /007

생명산업 /085

생물자산 /207, 208, 210

생산 비용 /145

생산가능곡선 /156

생산경비 /206

생산경제학 /141

생산계획 /292

생산기간설계 /131

생산기술 /142

생산물공급함수 /151

생산방법 /130

생산비 /120

생산성 /128

생산성 향상 /356

생산요소 /110

생산요소의 최적 결합 /152

생산원가 /198, 369

생산원가명세서 /204

생산의 3영역 /144

생산의 위험 /232

생산함수 /143

선급비용·선수수익 /212

선도거래 /245

선형계획법(Linear Programming Method) /136, 256

설계대상 /131

설계시간 /131

설비투자 /127

소농구비 /120

소득 /120

소비자 행동 /320

소비자의 니즈 /009

소요 노동시간 /300

소요자금의 산출 /298

손익계산서 /203

수리(水利)비 /120

수선비 /120

수선비계수 /114

수송모형(Transportation model) /265

수익 /203

수익·비용 /194

수익과 비용 /204

수익성 /123

수익성 분석 /123

수익성 진단 /198

수익의 분류 /203

수익의 원칙 /188

수익의 평가액 /238

수익적 지출 /209

수입과 지출 /204

수입보험 /244

수정배분법(MODI 법) /266

수직농장 /365

수치력 /094

수확체감의 법칙 /137

순수익 /120

순현재가치 /218

순환영농 /294

슘페터 /081

스마트농업 /348, 350, 351

스마트팜 /353

시계열 비교법 /123

시산표 /194
시설 설계 /298
시설규모 /298
시장 또는 가격의 위험 /232
시장 세분화 /333
시장이자율 /124
시장제공물 /321
시장확대 /009
시장환경 분석 /290
식량공급 /085
식량부족 /085
식량생산 /085
식품첨가물 /087
실내 농업 /364
실천력 /094
실행가능한 해(feasible solution) /258
실행불가능한 해(infeasible solution) /258
심리적 요인 /323
심플렉스 알고리즘(simplex algorithm) /258
심플렉스표(Simplex table) /258
싱클레어의 농업입지모형 /028
4차 산업혁명 /008, 348

ㅇ

아크(arc) /269
안전성 분석 /126
암묵지(tacit knowledge) /251
양돈분야 /013
여유변수(slack variable) /258
영농계획 /286
영농기술 /110
영농설계 /131
영농시설상각비 /120
영농자금 /132
영농자재계획 /292
영농조합법인 /042, 166
영농활용계획 /274

영농활용계획 수립 /275
영리회계 /187
영업비 /206
예산법 /134
예산선 /154
예외의 원칙 /189
예측 유지보수 /355
완전공개의 원칙 /189
외부비교법 /123
외부환경 요인 /058
요소수요함수 /150
요인분석 /096
욕구단계이론 /180
원가 /205
원가주의 원칙 /188
위탁영농비 /120
위험 /222
위험을 감소시키는 기술 /244
위험을 증가시키는 기술 /244
위험하의 의사결정 /235
위험회피적 /232
유감 기준 /241
유기적 생산 /086
유기질비료비 /120
유동부채 /202
유동부채비율 /127
유동비율 /128
유동성 /128
유동성분석 /126
유동자본용역비 /120
유동자본재 /115
유동자산 /200
유전 자원보전 /006
유지관리비용 /114
유지수선비 /114
유통(place) /337
유통계획수립 /304

유통의 기능 /305
유통전략 /306
유형자산 /201
융복합기술 /007
의사결정 변수(decision variables) /257
의사결정나무 /234
의사결정행렬 /234
이용설계 /131
이윤극대화 /141
이익의 현재가치 /218
이해관계자 /187
인간-기계시스템(human-machine system) /273
인간시스템 /273
인간의 욕구 /320
인건비 /301
인구증가 /349
인적 위험 /232
인적 자원 /275
인적 자원 관리 /373
인적 자원관리 /182
인플레이션 /222
일반경영학 /081
일반시스템이론(general system theory) /271
임차료 /120
1인당 가족노동보수 /126
1일당 가족노동보수 /126
1차 자료 /328
2요인이론 /180, 182
2차 자료 /328
6차 산업화 /062, 064

ㅈ

자가노동 /114
자가노력비 /120
자가인건비 /301
자금운용 /126, 301
자금운용계획 /285

자금의 조달 가능성 /222
자금의 조달 원천 /222
자금조달 /304
자금차입 /161
자금흐름 /306
자기자본 /126
자기자본비율 /127
자기자본이자 /119
자기토지용역비 /119
자료(data) /250
자료의 수집과 분석 단계 /221
자본 /202
자본구성도 /129
자본생산성 /129
자본수익성 /124
자본순수익 /124
자본순수익률 /125
자본이익률 /124
자본적 지출 /209
자본집약도 /130
자산 /200
자원 제약 /349
자원 효율성 /356
작물 모니터링 /355
장기비용 /146
장기설계 /131
장부가액 /209
장부기입 /189
재무관리 /195, 373
재무제표 /187
재무회계 /187
재정적 위험 /232
재해보험 /244
저장품 /211
적응시스템 /273
적정규모 /033
적정집약도 /033

전략경영 /055
전략경영의 동태적인 과정 /055
전문(단일)경영 /294
전문가시스템(ES, Expert System) /254
전문화 /243
전방연관산업 /006
전산기술(electronic technology) /252
전통문화 /086
전표 /189
전후방산업 /351
정률법 /114, 210
정밀 축산 기술 /363
정밀농업 /352
정보(information) /250
정보력 /094
정보수요분석 /274
정보재(information good) /251
정보통신 기술 /007
정보화 /008
정보화사회 /011
정수계획법 /262
정액법 /114, 209
제도적 위험 /232
제약조건(constraints) /257
제재료비 /120
제조원가 /206
제품 /332
제품 아이템 /281
제품개념 /315
조달자금 /126
조사계획 /327
조사도구 /328
조성비 /120
조직지식(organizational knowledge) /251
조합법인 /162
종묘비 /120
종합예산법 /134

종합점수 산출 /097
주산물 평가액 /120
중간재비 /120
지속적인 능력향상 /100
지식(knowledge) /250
지식경영 /069
지식경영 전략 /070, 072
지식관리 사이클 /072
지식관리시스템(knowledge management system) /253
지식영농 /255
지식작업시스템(KWS, Knowledge Work System) /254
지식통합관리시스템 /254
지역농업 /040
지역농업조직화 /040
직접비교법 /123, 134
진단지표 /093
진단지표 /121
진단항목 /093
진입변수(entering variable) /259
집락영농 /171
집약도 /027

ㅊ

차별화 /335
차별화우위 /065
창업 /280
창업아이디어 /281
창업자본 /281
창업절차 /281
촉진(promotion) /338
촉진전략 /306
총가치생산 /149
총계정원장 /193
총비용 /147
총생산 /143
총수입 /150
최단경로문제(Shortest Path algorithm) /269

최대유량문제(Maximal Flow problem) / 269
최대최대 기준 / 238
최대최소 기준 / 237
최소거리나무(Minimal spanning tree algorithm)
        / 269
최소비용법(Least-cost method) / 266
최소최대유감 기준 / 241
최적 산출수준 / 150
최적 의사결정 / 141
최적 투입수준 / 149
최적의 의사결정 / 367
최적해의 조건(simplex optimal condition) / 259
최적화(최대 또는 최소) 목표 / 257
추상적 시스템 / 272
취득원가 / 208

ㅋ

코드화 전략 / 071
쾨니히(D. Konig) / 267

ㅌ

타인자본 / 126
탈락변수 / 259
토양관리 / 355
토지 / 292
토지 이용률 / 296
토지생산성 / 129
토지수익가 / 125
토지수익성 / 125
토지순수익 / 125
토지자본용역비 / 120
통신기술(communication technology) / 252
퇴직급여충당부채 / 194, 212
투자 / 216
투자대상 / 306
투자대안 식별 단계 / 221

투자대안의 선택 / 221
투자분석 / 216
투자분석 절차 / 221
투자분석 지표 / 218
투자분석 지표 선택 단계 / 221
투자자금운용계획 / 306
투자자산 / 201
튀넨의 고립국 이론 / 026, 027
특별손실 / 204

ㅍ

판매개념 / 315
판매방법 / 304
판매비와 관리비 / 204
판매시기 / 304
판매장소 / 304
판매형태 / 304
평균가치생산 / 149
평균비용 / 147
평균생산 / 143
폐쇄형 시스템 / 273
포지셔닝 / 334
표본 / 330
표준모델농장 / 133
표준비교법 / 123
표준설계법 / 133
표준치비교 / 098
프로세스 자동화 / 355

ㅎ

한계(기술)대체율 / 153
한계가치생산 / 149
한계변환율 / 156
한계비용 / 148, 151
한계생산 / 143
한계생산체감의 법칙 / 143

한계수입 /151

한계투입비용 /149

할당모형(Assignment model) /267

할인 /217

할인율 /217

항목별 가중치 /095

해당작목 부담비율 /114

행동대안 /234

헝가리안법 /267

현금 과부족 /211

현재가치 /217

협조력 /094

형식지(explicit knowledge) /251

화폐의 시간적 가치 /217

확률적 시스템 /273

확실성(certainty)하의 의사결정 /234

확정적 시스템 /273

환경 보호 /356

회계 /186

회계 공준 /188

회계상의 거래 /190, 192

회계원칙 /188

회계학적 비용 /145

회사법인 /162

효율성 /128

후르비츠 기준 /238

후방연관산업 /006

CPM(Critical path algorithm) /269

ERG이론 /180, 181

FTA /009

GDP /005

GMO 농산물 /007

ICT /008

OECD 국가 /004

PERT(Program Evaluation and Review Technique) /269

STP 전략 /333

SWOT Matrix /340

SWOT 분석 /291, 338

WTO체계 /009

X-Y이론 /180, 182

공저자 약력

김배성(金倍成 Kim, Bae-Sung)

고려대학교 농업경제학과 졸업
고려대학교 대학원 농업경제학과(경제학 석사 및 박사)
전 한국농촌경제연구원 연구위원
현 한국농업경제학회, 한국축산경영학회 이사
한국농식품정책학회 감사, 편집위원
제주연구원 연구자문위원회 자문위원, 인사위원
제주대학교 산업응용경제학과 교수

김태균(金兌均, Kim, Tae-Kyun)

고려대학교 농업경제학과 졸업
(미국) 아이오와주립대학교 대학원 경제학과(경제학박사)
전 한국농업경제학회 편집위원장
전 한국농식품정책학회장
현 경북대학교 농업경제학과 교수

김태영(金兌泳, Kim, Taeyoung)

성균관대학교 경제학부 졸업
성균관대학교 대학원 농업경제학과, 경제학석사
미국 오레건주립대학교 대학원 응용경제학과, 응용경제학 박사
전 한국농촌경제연구원 전문연구원
전 미국 테네시대학교 농업자원경제학과 박사후연구원
현 한국농식품정책학회·한국축산경영학회 이사
현 경상국립대학교 식품자원경제학과 교수

백승우(白承雨 Back, Seoung-Woo)

전북대학교 대학원 농업경제학과 졸업(경제학박사)
전 중국 청도농업대학교 농촌경제연구소 객좌연구원
국무조정실 국정과제자문단 자문위원
현 고산농협 사외이사
전라북도협동조합실무지원단 위원
농촌진흥청 마케팅 자문위원
한국식품유통학회 이사, 편집위원
한국농식품정책학회 이사
전북대학교 농업경제학과 부교수

신용광(愼鏞光 Shin, Yong-Kwang)

건국대학교 축산경영학과 졸업
일본 오비히로대학원 농업경제학 석사
일본 이와테연합대학원 농업경제학 박사
전 한국농촌경제연구원 연구위원
현 한국축산경영학회 편집위원장
한국농식품정책학회 연구윤리위원장
한국농업경제학회 이사
한국식품유통학회 이사
한국유기농업학회 이사
한국농수산대학 교수

안동환(安東煥 An, Dong-Hwan)

서울대학교 농경제학과 졸업
서울대학교 대학원 농경제학과(경제학 석사 및 박사)
Un iversity of Southern California, School of Policy,
Planning and Development(계획학 박사)
현 한국농업경제학회, 한국농식품정책학회 편집위원 및 이사
서울대학교 농경제사회학부 농업·자원경제학전공 교수

유찬주(兪贊周, Yu, Chanju)

순천대학교 농업경제학과 졸업
전북대학교 대학원 농업경제학과(경제학석사 및 박사)
전 사)무주천마사업단 단장
전 전북대 바이오식품소재개발및산업화연구센터 산학협동조교수
현 한국농식품정책학회·한국축산경영학회 이사
현 전북대학교 농경제유통학부 식품유통학전공 교수

정원호(鄭源虎 Chung, Won-ho)

고려대학교 농업경제학과 졸업
미국 미네소타대학교 대학원 응용경제학과(응용경제학 석사 및 박사)
전 미국 미네아폴리스 연방준비은행 Research Analyst
한국농촌경제연구원 부연구위원
현 한국농식품정책학회, 한국농업경제학회 이사 및 편집위원
한국유기농업학회, 한국식품유통학회 이사 및 편집위원
한국농촌계획학회 편집위원
농림축산식품부 직접지불제 정책포럼 위원
농림축산식품부 농업보험 정책포럼 위원
부산대학교 식품자원경제학과 교수

제2판
스마트시대 농업경영학

초판발행	2017년 9월 15일
제2판발행	2024년 9월 15일

지은이	김배성·김태균·김태영·백승우·신용광·안동환·유찬주·정원호
펴낸이	안종만·안상준

편 집	조영은
기획/마케팅	최동인
표지디자인	Ben Story
제 작	고철민·김원표

펴낸곳	(주) **박영사**
	서울특별시 금천구 가산디지털2로 53, 210호(가산동, 한라시그마밸리)
	등록 1959. 3. 11. 제300-1959-1호(倫)
전 화	02)733-6771
f a x	02)736-4818
e-mail	pys@pybook.co.kr
homepage	www.pybook.co.kr
ISBN	979-11-303-2086-1 93320

정 가 24,000원